全—本—全—注—全—译

孔子家語

谦德书院　注译

团结出版社

图书在版编目（CIP）数据

孔子家语 / 谦德书院注译 . -- 北京：团结出版社，
2022.9

ISBN 978-7-5126-9403-3

Ⅰ．①孔… Ⅱ．①谦… Ⅲ．①孔丘（前551–前479）
–生平事迹②《孔子家语》–注释③《孔子家语》–译文
Ⅳ．① B222.24

中国版本图书馆 CIP 数据核字 (2022) 第 077039 号

出版： 团结出版社

　（北京市东城区东皇城根南街 84 号　邮编：100006）

电话：（010）65228880　65244790　（传真）

网址： www.tjpress.com

Email： zb65244790@vip.163.com

经销： 全国新华书店

印刷： 北京天宇万达印刷有限公司

开本： 145×210　1/32

印张： 16.75

字数： 390 千字

版次： 2022 年 9 月　第 1 版

印次： 2022 年 9 月　第 1 次印刷

书号： 978-7-5126-9403-3

定价： 58.00 元

《谦德国学文库》出版说明

人类进入二十一世纪以来，经济与科技超速发展，人们在体验经济繁荣和科技成果的同时，欲望的膨胀和内心的焦虑也日益放大。如何在物质繁荣的时代，让我们获得内心的满足和安详，从经典中获取智慧和慰藉，或许是我们不二的选择。

之所以要读经典，根本在于，我们应当更好地认识我们自己从何而来，去往何处。一个人如此，一个民族亦如此。一个爱读经典的人，其内心世界必定是丰富深邃的。而一个被经典浸润的民族，必定是一个思想丰赡、文化深厚的民族。因为，文化是民族之灵魂，一个民族如果不能认识其民族发展的精神源泉，必定就会失去其未来的生机。而一个民族的精神源泉，就保藏在经典之中。

今日，我们提倡复兴中华优秀传统文化，当自提倡重读经典始。然而，读经典之目的，绝不仅在徒增知识而已，应是古人所说的"变化气质"，进一步，是要引领我们进德修业。《易》曰："君子以多识前言往行，以蓄其德。"实乃读经典之要旨所在。

基于此理念，我们决定出版此套《谦德国学文库》，"谦德"，即本《周易》谦卦之精神。正如谦卦初六爻所言："谦谦君子，用涉大川"，我们期冀以谦虚恭敬之心，用今注今译的方式，让古圣先贤的教诲能够普及到每一个人。引导有心的读者，透过扫除古老经典的文字障碍，从而进入经典的智慧之海。

　　作为一套普及型的国学丛书，我们选择经典，不仅广泛选录以儒家文化为主的经、史、子、集，也将视野开拓到释、道的各种经典。一些大家所熟知的经典，基本全部收录。同时，有一些不太为人熟知，但有当代价值的经典，我们也选择性收录。整个丛书几乎囊括中国历史上哲学、史学、文学、宗教、科学、艺术等各领域的基本经典。

　　在注译工作方面，版本上我们主要以主流学界公认的权威版本为底本，在此基础上参考古今学者的研究成果，使整套丛书的注译既能博采众长而又独具一格。今文白话不求字字对应，只在保证文意准确的基础上进行了梳理，使译文更加通俗晓畅，更能贴合现代读者的阅读习惯。

　　古籍的注译，固然是现代读者进入经典的一条方便门径，然而这也仅仅是阅读经典的一个开端。要真正领悟经典的微言大义，我们提倡最好还是研读原本，因为再完美的白话语译，也不可能完全表达出文言经典的原有内涵，而这也正是中国经典的古典魅力所在吧。我们所做的工作，不过是打开阅读经典的一扇门而已。期望藉由此门，让更多读者能够领略经典的风采，走上领悟古人思想之路。进而在生活中体证，方能直趋圣贤之境，真得圣贤典籍之大用。

经典，是一代代的古圣先贤留给我们的恩泽与财富，是前辈先人的智慧精华。今日我们在享用这一份财富与恩泽时，更应对古人心存无尽的崇敬与感恩。我们虽恭敬从事，求备求全，然因学养所限、才力不及，舛误难免，恳请先贤原谅，读者海涵。期望这一套国学经典文库，能够为更多人打开博大精深之中华文化的大门。同时也期望得到各界人士的襄助和博雅君子的指正，让我们的工作能够做得更好！

团结出版社

2017年1月

前　言

　　《孔子家语》又名《孔氏家语》，或简称《家语》。全书十卷，四十四篇，是一部详细记录孔子与孔门弟子及一些公卿大夫问对诘答、言谈行事的著作。它汇聚了大量孔子的言论，再现了孔子与弟子、孔子与时人谈论问题的许多场景，涉及孔子的世系、从政、礼乐制度、与国君问答、与弟子问答、言谈行事，以及七十二弟子的事迹等方面，是孔子言论与思想的精华，从中可以感受到孔子敬老爱幼、谦虚礼让、温良俭朴、诲人不倦、克己重仁的种种美德。

　　《孔子家语》较集中地阐发了儒家的社会政治思想、礼治观、伦理观、人才观、仁政学说等，以及作为一位"圣主""贤君"所应具备的谦逊、虚心纳谏、居安思危、善用人才等品德，并提出了建设和谐社会的措施和蓝图。可以说，它是古代政论文中的一部佳作。其中"君者，舟也；民者，水也。水所以载舟，亦所以覆舟"之句，成为贞观之世的格言广为流传。再如"良药苦于口而利于病，忠言逆于耳而利于行""入芝兰之室，久而不闻其香；入鲍鱼之肆，久而不闻其臭"等，都已成为脍炙人口的名言。

《孔子家语》最早著录于《汉书·艺文志》，共二十七卷，其书早佚。唐颜师古在《汉书·艺文志》的"《孔子家语》二十七卷"下注云："非今所有《孔子家语》。"因为他们已经看不到《汉书·艺文志》著录的本子，看到的基本是三国时魏王肃搜集并撰写的十卷本。

对于《孔子家语》，历来争议颇多。宋王柏《家语考》、清姚际恒《古今伪书考》、范家相《家语证伪》、孙志祖《家语疏证》均认为是伪书。王柏在《家语考》中指出："今之《家语》十卷，凡四十有四篇，意王肃杂取《左传》《国语》《荀》《孟》、二戴之绪余，混乱精粗，割裂前后，织而成之，托以安国之名，舍珠玉而存瓦砾，宝康瓠而弃商鼎，安国不应如是之疏也。"陈振孙《直斋书录解题》卷九认为王肃本《家语》"云博士安国所得壁中书也，亦未必然，其间所载，多已见《左氏传》《大戴礼》诸书"。宋朱熹《朱子语录》、清陈士珂和钱馥的《孔子家语疏证》序跋、黄震《黄氏日抄》等则持有异议。然而一千多年来，该书广为流传，《四库全书总目》曾精辟论述说："其书流传已久，且遗文轶事，往往多见于其中。故自唐以来，知其伪而不能废也。"到了近代，兴起疑古大潮，顾颉刚先生在《孔子研究讲义》中更是将《孔子家语》断为所谓"赝中之赝"，可以说对此书的否定达到了历史的顶点。

然而，这些被定为所谓"典型伪书"的证据，却由于新材料的发现而发生了戏剧性的变化，重新吸引了学者们的审视目光。一九七三年，河北定县八角廊西汉墓出土的竹简《儒家者言》，内容与今本《家语》相近。一九七七年，安徽阜阳双古堆西汉墓也出土了篇题与《儒家者言》相应的简牍（古代书写用的竹木片），内容同样和《家语》有关。后来发现的上博竹书又提供了《孔子家语》"不伪"的有力凭证。古文献专家李学勤先生撰文，论证上述简牍中的古书应是《孔子家语》的原型。此后就引起学者们重新着手对《孔子家语》进行新的研究和评价，使其真实面目逐渐显露出来。这些发现说明，今本《孔子家语》是有来历的，早在西汉即已有原型存在和流传，并非伪书，更不能直接说成是王肃所撰著。它陆续成于孔安国以及与王肃同时代的孔氏学者之手，经历了一个很长的编纂、改动、增补过程，但仍不失夫子本旨，是孔氏家学的产物。对于学习孔子和孔门弟子及儒家思想有着重要的价值。

《孔子家语》是研究孔子及儒学的必备书，是研究古代社会、政治、经济、文物、典章制度的重要资料。通过《家语》，可以与众多传世文献、出土文献相对照，考证上古遗文，校勘先秦典籍，有着巨大的文献价值，是研究先秦儒家思想及中国传统文化"取之不尽，用之不竭"的宝库，对于准确把握早期儒学与孔子思想有着不可比拟的价值。

《孔子家语》与《论语》相比，《孔子家语》叙事内容更加丰富，可能保存了更为完整的情节、脉络，并且富有较多逸闻趣事，对于理解孔子真意，对于"《论语》学"研究，都有着不可替代的重要作用。因此，《孔子家语》也被称为"孔子研究第一书"。

此次出版，原文我们以《四库全书》本为底本，同时参考《四部丛刊》本以及其他一些版本进行整理。在每篇前写有题解，简单介绍这一篇的基本内容，间或作了简要评论。注释主要参考王肃注，也吸纳了其他版本中有价值的注文，力求详尽准确。译文在遵循原文文风的基础上，力求流畅准确。囿于能力，本书在整理过程中难免存在疏漏之处，欢迎广大读者不吝赐教，给予斧正。

目　录

卷　一

卷　二

卷 三

卷 四

卷 五

卷 六

卷 七

卷 八

卷 九

卷 十

卷一

相鲁第一

【题解】这一篇主要记述了孔子在鲁国执政时所表现出的卓越执政才能。主要从几件事上体现出来：第一，孔子初仕，为中都宰，在中都大力推行教化，效果理想，各诸侯纷纷效仿。第二，孔子升任司空，他"别五土之性，而物各得其所生之宜，咸得厥所"。并劝导季桓子"贬君以彰已罪，非礼也。今合之，所以掩夫子之不臣"。此举维护了礼制，也维护了君权。后又从司空升为鲁国大司寇，制订了法律，因民风美善，当地没有乱法犯禁之民。第三，鲁定公和齐景公在齐国的夹谷举行会盟，孔子代行主持礼仪之事及隳三都，这维护了鲁国的尊严和国家利益，加强了鲁国君权。第四，制止奸商及其他不法行为，鲁国得以安定有序。

孔子初仕，为中都宰①。制为养生送死之节②，长幼异食，强弱异任，男女别涂③，路无拾遗，器不雕伪④。为四寸之棺，五寸之椁⑤，因丘陵为坟⑥，不封不树⑦。行之一年，而西方之诸侯则焉。

定公谓孔子曰⑧："学子此法以治鲁国，何如？"

孔子对曰："虽天下可乎，何但鲁国而已哉^⑨！"

于是二年，定公以为司空^⑩。乃别五土之性^⑪，而物各得其所生之宜，咸得厥所。

先时，季氏葬昭公于墓道之南，孔子沟而合诸墓焉。谓季桓子曰^⑫："贬君以彰己罪，非礼也。今合之，所以掩夫子之不臣。"

由司空为鲁大司寇^⑬，设法而不用，无奸民。

【注释】①中都宰：中都邑的地方长官。中都，春秋时期鲁邑，位于今山东省汶上县西。

②养生送死：子女对父母生前的赡养和死后的殡葬。节：礼度，礼法。

③别涂：即"别途"，异途，这里指各行其途。

④雕伪：虚饰，浮华。

⑤椁：古代套在棺材外面的大棺材。

⑥因：依靠，凭借。

⑦不封：不聚土筑坟。不树：不植树。

⑧定公：即鲁定公，姬姓，名宋，春秋时期鲁国第二十五任君主。

⑨何但：岂止。

⑩司空：古代官名，"六卿"之一，中央政府中掌管工程的长官。

⑪五土：山林、川泽、丘陵、坟衍、原隰等五种土地。

⑫季桓子：即季孙斯，季平子之子，继平子之位为鲁国执政。

⑬大司寇：六卿之一，摄国政，掌刑狱。

【译文】孔子刚开始做官时，担任中都宰一职。他制定了关于百姓生前赡养和死后殡葬的礼法，按照年纪长幼吃不同的食物，根据能力大小担任不同的职务，男女走路各行其途，东西遗失在道路上也没有人拾去据为己有，器物不追求虚饰浮华。人死之后装殓的棺厚四寸，椁厚五寸，依靠天然丘陵修建坟墓，不聚土筑坟也不种植树木。这些制度施行一年之后，西边的各诸侯国都纷纷效法孔子的做法。

鲁定公对孔子说："学习您推行的礼法来治理鲁国，您看怎么样呢？"

孔子回答说："即使治理天下也是可以的，岂止是治理鲁国呢！"

这些制度实施两年后，鲁定公让孔子任司空一职。孔子把土地划分为山林、川泽、丘陵、坟衍、原隰五类，使各种作物都得以种植在适宜的环境里，全都各得其所。

从前，季氏把鲁昭公安葬在鲁国先王陵寝墓道的南面，孔子派人挖掘沟壑把鲁昭公的陵墓和先王的陵墓合到一起。孔子对季桓子说："令尊贬抑国君的同时也彰显了自己的罪行，这是不合礼制的行为。现今把陵墓合到一起，可以掩盖令尊不符合臣子规矩的罪名。"

孔子又从司空升为鲁国大司寇，他虽然制订了法律却用不上，因为当时没有乱法犯禁的人。

定公与齐侯会于夹谷①，孔子摄相事，曰："臣闻有文事者必有武备，有武事者必有文备。古者诸侯出疆，必具官以从②，请具左右司马③。"定公从之。

至会所，为坛位④，土阶三等。以遇礼相见⑤，揖让而登⑥。献酢既毕⑦，齐使莱人以兵鼓噪⑧，劫定公⑨。孔子历阶而进⑩，以公退，曰："士，以兵之。吾两君为好，裔夷之俘，敢以兵乱之，非齐君所以命诸侯也⑪! 裔不谋夏⑫, 夷不乱华, 俘不干盟, 兵不偪好⑬。于神为不祥, 于德为愆义⑭, 于人为失礼, 君必不然。"齐侯心怍⑮, 麾而避之⑯。

有顷, 齐奏宫中之乐, 俳优侏儒戏于前⑰。孔子趋进⑱, 历阶而上, 不尽一等, 曰: "匹夫荧侮诸侯者⑲, 罪应诛。请右司马速加刑焉!"于是斩侏儒, 手足异处。齐侯惧, 有惭色。

将盟, 齐人加载书曰⑳: "齐师出境, 而不以兵车三百乘从我者, 有如此盟。"孔子使兹无还对曰㉑: "而不返我汶阳之田, 吾以供命者, 亦如之。"

齐侯将设享礼㉒, 孔子谓梁丘据曰㉓: "齐鲁之故, 吾子何不闻焉㉔? 事既成矣, 而又享之, 是勤执事。且牺象不出门㉕, 嘉乐不野合㉖。享而既具, 是弃礼; 若其不具, 是用秕稗也㉗。用秕稗, 君辱; 弃礼, 名恶。子盍图之? 夫享, 所以昭德也; 不昭, 不如其已。"乃不果享。

齐侯归, 责其群臣曰: "鲁以君子道辅其君, 而子独以夷狄道教寡人, 使得罪。"于是乃归所侵鲁之四邑及汶阳之田㉘。

【注释】①齐侯: 此指齐景公, 齐灵公之子, 春秋时期齐国君主。会于夹谷: 即"夹谷会盟", 公元前500年, 齐景公与鲁定公在齐鲁交界的夹谷会盟。夹谷, 位于今山东莱芜南。

②具官: 配备应有的官员。

③司马: 古代中央政府中掌管军政和军赋的长官。

④坛位: 坛席, 除地为坛, 上设席位, 以示礼遇。

⑤遇礼：诸侯相见的礼节。

⑥揖让：作揖谦让，为古代宾主相见的礼节。

⑦献酢：主宾相互敬酒。

⑧莱：古国名，殷周时分布在今山东半岛东北部，鲁襄公六年被齐国所灭。鼓噪：古代出战时擂鼓呐喊，用以扩张声势。

⑨劫：威逼，胁制。

⑩历阶：登阶，跨过台阶。

⑪非齐君所以命诸侯也：王广谋注："即非齐君所以与诸侯修好之礼也。"

⑫裔：边远地区的民族。

⑬偪：同"逼"，强迫，威胁。

⑭慾义：违反道义。

⑮怍：惭愧。

⑯麾：同"挥"。

⑰俳（pái）优：古代演滑稽戏杂耍的艺人。侏儒：此指表演杂伎或以滑稽动作引人笑乐而身材又过于矮小的艺人。

⑱趋进：小步疾行而前，表示敬意的一种动作。

⑲荧侮：迷惑侮狎。

⑳载书：盟书，会盟时所订的誓约文件。

㉑兹无还：春秋时期鲁国大夫，事迹不详。

㉒享礼：宴会礼仪。

㉓梁丘据：春秋时期齐国大夫。

㉔吾子：古时对人的尊称，可译为"您"。

㉕牺象：古代饰有鸟形、鸟羽或象骨的酒器，一说为牺尊和象尊的

合称。

㉖嘉乐: 古代用于宴飨祭祀的钟磬之乐。野合: 奏乐于郊野。

㉗秕稗: 秕子和稗子, 比喻轻贱。

㉘四邑: 郓、讙、龟、阴四地。

【译文】鲁定公和齐景公在齐国的夹谷举行会盟, 孔子代行主持礼仪之事, 孔子对鲁定公说: "臣听说文事交流一定要有军事力量相随, 军事交流也一定要有文事力量相伴。古代的诸侯离开自己的疆域, 必须配备应有的官员相随, 恳请您带上左右司马。"鲁定公听从了孔子的建议。

到了约定举行会盟的地方, 清扫地面筑起高台, 土台共有三层台阶。鲁定公和齐景公互行诸侯相见之礼, 作揖谦让着登上高台。宾主互相敬酒后, 齐国派遣莱人军队手持兵器擂鼓呐喊, 威逼鲁定公。孔子跨过台阶上前, 保护鲁定公后退, 说: "鲁国士兵, 拿起兵器。我们两国国君在这里是为了两国交好, 这些边远的夷狄作为俘虏, 竟敢拿着兵器扰乱会盟, 这绝不是齐侯想要与诸侯修好的礼节! 边远民族不得图谋我华夏, 蛮夷戎狄不得扰乱我中华, 身为俘虏不得干预会盟, 军队武力不得强迫良善。这对神明来说是不祥的, 从道德来说是违反道义的, 对人来说是违反礼节的, 齐侯必然不是这样想的吧。"齐景公听了内心感到惭愧, 挥手让莱人军队撤离。

过了一会儿, 齐国演奏起宫廷音乐, 又让艺人在国君面前表演滑稽戏和杂技。孔子恭敬地小步疾行上前, 登上第二层台阶, 说: "这些百姓竟敢迷惑戏弄诸侯国君, 按罪当诛。恳请右司马立刻执行刑罚!"于是斩杀了滑稽戏艺人, 使其手足异处。齐景公内心惊惧, 脸上露出羞愧之色。

正当齐鲁两国将要结盟立约的时候，齐国突然在盟书上增写了一段话说："将来齐国出兵征伐时，鲁国要是不派三百辆兵车跟随齐国出征，就要按照盟书上的约定给予制裁。"孔子派鲁国大夫兹无还也增写了一段话作为回应说："你们齐国若不归还我鲁国在汶河以北的属地，还要让鲁国和齐国命运与共的话，也要按照盟书上的约定接受处罚。"

齐景公准备以礼设宴款待鲁定公，孔子对齐国大夫梁丘据说："齐、鲁两国的传统礼仪，您难道没听过吗？会盟之事既然已经完成，齐侯却还要以礼设宴款待，这是徒然辛劳齐国主管此事的大臣啊。况且象征礼仪的鸟形象骨酒器按照规矩不能拿出宫门使用，用于宴飨祭祀的钟磬雅乐按照规矩不能在郊野演奏。如果宴席之上这些礼器礼乐全都齐备，就是抛弃礼制；如果宴席之上这些礼器礼乐没有齐备，就和用轻贱的秕稗招待我们一样。用轻贱的秕稗招待我们，有辱齐侯的脸面；抛弃礼制，有损齐国的名声。您为什么不考虑一下呢？以礼设宴，是为了宣扬美德；如果不能宣扬美德，那还不如不办宴会。"于是齐国真的没有举行宴会。

齐景公回到都城，责备群臣说："鲁国臣子用君子之道来辅佐国君，而你们却只是用蛮夷戎狄那些无礼的方式来指导寡人，使寡人做出这么多失礼的事。"于是齐国就归还了之前侵占鲁国的四座城邑以及汶河以北的土地。

孔子言于定公曰："家不藏甲^①，邑无百雉之城^②，古之制也。今三家过制^③，请皆损之。"乃使季氏宰仲由隳三都^④。叔孙不得意于季氏^⑤，因费宰公山弗扰率费人以袭鲁^⑥。孔子以公与季孙、叔孙、孟孙入于季氏之宫，登武子之台⑦。费人攻之，及台侧，孔子命申句须、乐颀勒士众下伐之⑧，费人北。遂堕三都之城。强公室，弱私家，尊君卑臣，政化大行。

【注释】①家：此指卿大夫。甲：兵甲。

②邑：古代诸侯分给大夫的封地。百雉：指城墙的长度达三百丈，是春秋时国君的特权。雉，古代计算城墙面积的单位，长三丈高一丈为一雉。

③三家：即"三桓"，春秋时鲁国大夫孟孙、叔孙、季孙都是鲁桓公的后代，故称"三桓"。鲁文公死后，三桓势力日强，分领三军，实际掌握了鲁国的政权。过制：超过礼制的规定。

④仲由：字子路，又字季路，春秋时期鲁国人，孔子弟子，性格勇武，孝敬父母。堕（huī）：毁坏。三都：春秋时期鲁国三桓执政，季孙的费邑、孟孙的成邑、叔孙的郈邑，都建城仿照国都，称三都。

⑤叔孙：此指叔孙辄，字子张，春秋时期鲁国人，叔孙氏庶子。季氏：此处应指"叔孙氏"。

⑥费：古地名，在今山东省鱼台县西南。公山弗扰：费邑长官，事迹不详。

⑦武子之台：有说此台位于季氏宅内。

⑧申句须、乐颀：均为鲁国大夫。勒：统率。

【译文】孔子对鲁定公说："卿大夫不能藏有兵甲，封地内不能建有国君才能使用的三百丈的城墙，这是古代流传下来的礼制。现今季孙氏、叔孙氏、孟孙氏三家都超过了礼制的规定，请您削弱这三家的势力。"于是派季氏家臣仲由拆毁三家大夫都邑中那些超过礼制的城墙。叔孙辄在叔孙氏中不得志，就和费邑长官公山弗扰一同率领费邑军队袭击鲁国都城曲阜。孔子护着鲁定公，与季孙氏、叔孙氏、孟孙氏三家大夫躲到季氏宅中，登上武子台。费邑军队又进攻武子台，等他们攻到武子台的侧面，孔子命申句须、乐颀二人统率士兵下台讨伐叛逆，费邑军队败退。就这样才拆毁了三家大夫都邑中超过礼制的城墙。这一举措，加强了诸侯的权力，削减了大夫的势力，使国君获得尊崇，臣子更加卑服，政治教化得以广泛施行。

初，鲁之贩羊有沈犹氏者，常朝饮其羊以诈市人。有公慎氏者，妻淫不制。有慎溃氏，奢侈逾法。鲁之鬻六畜者^①，饰之以储价^②。及孔子之为政也，则沈犹氏不敢朝饮其羊，公慎氏出其妻^③，慎溃氏越境而徙。三月，则鬻牛马者不储价，卖羊豚者不加饰，男女行者别其涂，道不拾遗。男尚忠信，女尚贞顺。四方客至于邑者，不求有司^④，皆如归焉。

【注释】①鬻（yù）：卖，出售。六畜：猪、牛、羊、马、鸡、狗六种禽畜，也泛指家畜。

②储价：抬高物价。

③出：休弃。

④有司：指官吏，古代设官分职，各有专司。

【译文】起初，鲁国有一个叫沈犹氏的羊贩，经常在早上让自家的羊灌上满肚子水去诓骗买羊人。有一个叫公慎氏的人，妻子淫乱，他却无法管制。有一个叫慎溃氏的人，浪费钱财追求享受已经超越了礼法。鲁国贩卖六畜的商人，粉饰六畜用来抬高物价。等到孔子当政的时候，沈犹氏不敢在早上让自家的羊灌饱水，公慎氏休掉了淫乱的妻子，慎溃氏逾越鲁国疆界迁徙离去。三个月后，贩卖牛马的商人不敢再抬高物价，贩卖羊猪的商人不敢再粉饰牲畜，男女走路各行其途，东西遗失在道路上也没有人拾去据为己有。男子崇尚忠诚信实，女子崇尚专一婉顺。四方宾客来到鲁国的城邑，不用请求当地官吏的帮助，都像是回到家一样。

始诛第二

【题解】这一篇记录了孔子的两个判案例子，主要讲的是孔子对于刑罚、诉讼的态度和主张。

一则是诛杀少正卯一案，孔子非常果断，不仅诛杀，而且暴尸三日，毫不手软。原因在于，对这类严重影响社会人心的乱法之人，若不及时严惩，会导致正不胜邪，必招大乱。乱法，实质是惑乱人心，使百姓失去善恶、是非、邪正的判断能力，影响深远。若智慧不足，往往无法察觉、判断，夫子见微知著，故而从速严惩。

另一则案子，是关于父亲控告儿子不孝的。孔子不同寻常的处理，让人不解，因此他讲述了法制与道德教化的关系。他说："上失其道，而杀其下，非理也。不教以孝而听其狱，是杀不辜也。"而且指出，百姓犯罪的原因在于"上教之不行，罪不在民故也"。提醒君王反求诸己，以身作则，首先对百姓进行伦理道德教育，然后树立道德模范加以引导，最后不得已才施以刑罚。

孔子为鲁司寇①，摄行相事，有喜色。仲由问曰："由闻君子祸至不惧，福至不喜。今夫子得位而喜，何也？"孔子曰："然，有是言也。不曰'乐以贵下人'乎？"

于是朝政七日而诛乱政大夫少正卯②，戮之于两观之下③，尸于朝三日。

子贡进曰④："夫少正卯，鲁之闻人⑤。今夫子为政而始诛之，或者为失乎？"孔子曰："居，吾语汝以其故。天下有大恶者五，而窃盗不与焉。一曰心逆而险，二曰行僻而坚，三曰言伪而辩，四曰记丑而博⑥，五曰顺非而泽。此五者，有一于人，则不免君子之诛，而少正卯皆兼有之。其居处足以撮徒成党⑦，其谈说足以饰衰莹众⑧，其强御足以反是独立。此乃人之奸雄，有不可以不除。夫殷汤诛尹谐⑨，文王诛潘正⑩，周公诛管蔡⑪，太公诛华士⑫，管仲诛付乙⑬，子产诛史何⑭，凡此七子皆异世而同诛者，以七子异世而同恶，故不可赦也。《诗》云：'忧心悄悄，愠于群小⑮。'小人成群，斯足忧矣。"

【注释】①司寇：古代中央政府中掌管司法和纠察的长官。

②少正卯：名卯，官至少正，春秋时期鲁国大夫，和孔子同期开办私学。少正，古官名，为六卿之长"正"的副职。

③两观：王肃注："两观，阙名。"

④子贡：姓端木，名赐，字子贡，春秋时期卫国人，孔子弟子，善于经商，富有口才。

⑤闻人：有名望的人。

⑥丑：不义，不合乎道义。

⑦撮：聚。

⑧衺：同"邪"，邪恶，不正当。

⑨殷汤：即成汤，子姓，名履，商朝开国君主。尹谐：事迹不详。

⑩文王：指周文王，姬姓，名昌，儿子武王建立周朝后，追尊为文王，是历史中的一位明君。潘正：事迹不详。

⑪周公：姬姓，名旦，又称叔旦，周武王姬发的弟弟，因采邑在周地，故称周公，西周初期政治家。管蔡：周武王弟弟管叔鲜与蔡叔度的并称。武王驾崩后，成王年幼，管蔡二人联合纣王之子武庚发动叛乱，之后周公前往讨伐，平定叛乱。

⑫太公：即姜太公，姜姓，吕氏，名尚，周文王拜为"太师"，尊称太公望，后辅佐武王建立周朝，被封为齐侯。华士：王肃注"士之为人虚伪以聚党也。而韩非谓华士'耕而后食，凿井而饮'，信其如此而太公诛之，岂所以谓太公者哉？"

⑬管仲：姬姓，管氏，名夷吾，字仲，春秋时期齐国著名政治家，助齐桓公成为春秋时期第一个霸主。付乙：又称忓乙、符里、付里乙，春秋时期齐国人，在他居住的地方聚集人群，以言谈迷惑众人，后被管仲所诛。

⑭子产：姬姓，名侨，字子产，又字子美，春秋时期郑国著名政治家。史何：《荀子·宥坐》作"邓析、史付"，邓析，春秋时期郑国人，与子产同期，邓析认为先王不值得效仿，礼义并不是正确的，但《左传》记载定公九年，驷歂杀邓析，而此时子产已去世二十一年。史何、史付，事迹不详。

⑮"忧心"二句：语出《诗经·邶风·柏舟》。

【译文】孔子任鲁国大司寇，又代理为国君相礼之职，脸上露出欣喜之色。弟子仲由问："我听说君子祸来不惧，福来不喜。现今夫子您身居要职而流露出欣喜的神色，这是为什么呢？"孔子回答说："确实，是有这样的说法呀。但不是还有'身居显贵仍以谦卑待人为乐事'的说法吗？"

就这样，孔子管理朝政才七天就诛杀了扰乱礼法的大夫少正卯，在宫门前的双阙下杀了他，还在朝廷之上暴尸三日。

弟子子贡向孔子进言说："少正卯，是鲁国有名望的人。现今夫子您刚管理朝政就杀掉他，这样做是否有些失当呢？"孔子说："你坐，我告诉你杀他的缘由。天下间有五大恶行，连盗窃这样的恶行都不包括其中。一是心存悖逆又阴险狡诈，二是行为邪僻又固执己见，三是言语虚妄又巧言善辩，四是记录不义又不厌其多，五是顺遂邪佞又粉饰美化。这五大恶行，人只要犯下其中一种，就免不了受到君子的诛杀，而少正卯这五大恶行兼而有之。他的居处足以聚集门徒结党营私，他的言论足以粉饰邪说迷惑大众，他的权势足以悖逆正道独树邪见。他就是人群中奸人的魁首啊，不可不除。过去殷汤诛杀尹谐，周文王诛杀潘正，周公诛杀管叔鲜、蔡叔度，姜太公诛杀华士，管仲诛杀付乙，子产诛杀史何，这七个人生于不同的时代却都有被诛杀的命运，是因这七人虽处异世却都具有相同的恶行，所以不能赦免他们。《诗经》中说：'忧心忡忡难以消除，小人成群令人烦恼。'若是小人成群的话，就足以让人担忧了。"

孔子为鲁大司寇，有父子讼者，夫子同狴执之^①，三月不别。其父请止，夫子赦之焉。

季孙闻之不悦^②，曰："司寇欺余，曩告余曰^③：'国家必先以孝。'余今戮一不孝以教民孝，不亦可乎? 而又赦，何哉?"

冉有以告孔子④，子喟然叹曰:"呜呼! 上失其道而杀其下，非理也。不教以孝而听其狱，是杀不辜。三军大败，不可斩也;狱犴不治⑤，不可刑也。何者? 上教之不行，罪不在民故也。夫慢令谨诛⑥，贼也; 征敛无时，暴也; 不试责成，虐也。政无此三者，然后刑可即也。《书》云:'义刑义杀⑦，勿庸以即汝心，惟曰未有慎事。'言必教而后刑也。既陈道德以先服之，而犹不可，尚贤以劝之; 又不可，即废之; 又不可，而后以威惮之。若是三年，而百姓正矣。其有邪民不从化者⑧，然后待之以刑，则民咸知罪矣。《诗》云:'天子是毗，俾民不迷⑨。'是以威厉而不试，刑错而不用⑩。今世则不然，乱其教，繁其刑，使民迷惑而陷焉。又从而制之，故刑弥繁而盗不胜也。夫三尺之限，空车不能登者，何哉? 峻故也。百仞之山，重载陟焉，何哉? 陵迟故也⑪。今世俗之陵迟久矣，虽有刑法，民能勿逾乎?"

【注释】①狴(bì):牢狱。

②季孙:季氏，姬姓，"孙"为尊称，又称季孙氏，春秋后期鲁国掌权的贵族，鲁桓公少子季友的后裔，"三桓"之一。

③曩(nǎng):以往，从前。

④冉有:即冉求，字子有，春秋时期鲁国人，孔子弟子，性格谦恭退让，富有才艺，擅长政事，鲁哀公三年成为季氏家臣。

⑤狱犴:泛指监禁囚犯的地方。犴，古代乡镇的拘留所。

⑥慢令谨诛:法令松弛却处罚严厉。

⑦义刑义杀：语出《尚书·康诰》篇，恰当的刑罚与杀戮。

⑧邪民：奸邪的百姓。

⑨"天子"二句：语出《诗经·小雅·节南山》。

⑩刑错：刑罚置放不用。

⑪陵迟：此指坡度缓。下句中的陵迟指渐趋衰败。

【译文】孔子担任鲁国大司寇时，有父子二人前来打官司，孔子就把他们关押在同一间牢房里，三个月过去了也没有判决。那位父亲请求撤回诉讼，孔子就赦免了这二人。

季孙氏听说此事很不高兴，说："司寇欺骗了我，他之前告诉我说：'一个国家必须把提倡孝道放在第一位。'现今我杀掉一名不孝的人来教导其余的百姓要遵守孝道，不也是可以的吗？而司寇却赦免了那对父子，这是为什么呢？"

冉有把季孙氏的话告诉了孔子，孔子感慨地叹息道："唉！身居上位不能依道教化百姓却要滥杀他们，这是不合情理的。不教导百姓孝顺父母友爱兄弟却随意判案定罪，这是滥杀无辜。三军遭受惨重的失败，不可以因此斩杀兵士；监狱之中混乱不堪，不可以对犯人使用残酷的刑罚。这是为什么呢？因为处于上位之人的教化没有取得成效，罪责不在百姓。法令松弛却处罚严厉，这是对百姓的残害；随意征收赋税而又没有定时，这是对百姓的暴政；不教化百姓而又苛求他们遵守礼法，这是对百姓的虐待。施政的过程中没有这三种弊害，然后才可以施用刑罚。《尚书·康诰》篇说：'义刑义杀，勿庸以即汝心，惟曰未有慎事。'说的是必须先施行教化再使用刑罚。陈述道德伦理让百姓先明白信服，如果还不行，就应该树立尚贤之风来引导勉励他们；若是这样还不行，就放逐罢黜一些品行不端的人；若是这样还不行，而后才可以用威势震慑他们。如果这样施行三年，百姓自然就会遵纪守法民风淳厚了。其中有不服从教化的奸邪之徒，才可用刑罚对待他们，这样一来百姓就都知晓道理羞于犯罪了。《诗经》上说：'尽心辅佐天子，使百姓不受迷惑。'因此威严的政令就不被使用，刑罚也可以搁置不用。当今的社会却不是这样，教化散乱无序，刑罚繁多复杂，使百姓心神迷乱不辨是非从而陷入犯罪。随之而来又用刑罚约束百姓，所以刑罚越来越多而盗窃屡禁不止。三尺高的险阻，即使空无一物的车子也不能登上，为什么呢？是因为地势陡峭的缘故。百仞高的山峰，即使负载极重的车子也能登上，为什么呢？是因为坡度平缓的缘故。当今社会风气已渐趋败坏很久了，即使有刑法，百姓能不违犯吗？"

王言解第三

【题解】这一篇讲的是"明王之道"，即圣明君王的治国之道。孔子简而言之："内修'七教'，外行'三至'。"即在国内推行敬老、尊齿、乐施、亲贤、好德、恶贪、廉让七种教化，对外实现"至礼不让、至赏不费、至乐无声"三种至行。内修"七教"，可以使国家固守，君王不必担心外强进犯；外行"三至"，可以让国家征伐不义之国，战无不胜，而且不让国家耗费财物。不论"七教"还是"三至"，其实都不离古圣先贤"建国君民，教学为先"的总原则。

孔子闲居，曾参侍①。孔子曰："参乎，今之君子，唯士与大夫之言可闻也。至于君子之言者，希也。於乎！吾以王言之，其不出户牖而化天下②。"

曾子起，下席而对曰："敢问何谓王者言？"孔子不应。曾子曰："侍夫子之闲也难，是以敢问。"孔子又不应。曾子肃然而惧，抠衣而退③，负席而立④。

有顷，孔子叹息，顾谓曾子曰："参，汝可语明王之道与？"

【注释】①曾参：即曾子，姒姓，曾氏，名参，字子舆，春秋时期鲁国人，孔子弟子。

②户牖（yǒu）：门窗，借指家。

③抠衣：提起衣服前襟，古人迎趋时的动作，表示恭敬。

④负席：背对席位，这里指在席位之后。

【译文】孔子在家闲居，弟子曾参在身边侍候。孔子说："曾参啊，现今地位高的人中，只有士和大夫的言论能够听到。至于那些人格高尚的君子的言论，却很少听到了啊。唉！我把治理天下的王道讲给执政者听，那他们不用出家门就可以教化天下了。"

曾参恭敬地起身，走下坐席面朝孔子说："请问夫子什么是治理天下的王道呢？"孔子没有回应。曾参说："遇上夫子空闲的时候也很难，因此才大胆向您请教。"孔子又没回应。曾参肃然起敬而又忐忑不安，提起衣襟退了下去，站在孔子的坐席后面。

过了一会儿，孔子感慨地叹息了一声，回过头对曾参说："曾参啊，你能谈谈古圣贤王的治国之道吗？"

曾子曰："非敢以为足也，请因所闻而学焉。"

子曰："居，吾语汝！夫道者，所以明德也；德者，所以尊道也。是以非德道不尊，非道德不明。虽有国之良马，不以其道服乘之①，不可以取道里。虽有博地众民，不以其道治之，不可以致霸王。是故，昔者明王内修七教，外行三至。七教修，然后可以守；三至行，然后可以征。明王之道，其守也，则必折冲千里之外②；其征也，则必还师衽席之上③。故曰内修七教而上不劳，外行三至而财不费。此之谓明王之道也。"

【注释】①服乘：车马。此指驾驭。

②折冲：打退敌人攻城的战车，指克敌制胜。

③衽席：泛指卧席，引申为寝处之所，借指安居的生活。

【译文】曾参说："我不敢自认有足够的知识来谈论这些道理，请您谈谈您所知道的让我学习一下吧。"

孔子说："你坐，我来告诉你！道，是用来彰显德的；德，是用来尊崇道的。所以，没有德那道就不会被尊崇，没有道那德也就无法彰显。即使有全国知名的好马，如果不能按照正确的方法来驾驭，它就不可能在道路上疾驰。即使有广阔的土地和众多的百姓，如果国君不用符合伦理道德的教化来治理，就不可能成为霸者或成就王业。因此，昔日那些古圣贤王对内实行'七教'，对外实行'三至'。'七教'修成，对内就可以守护基业；'三至'实行，对外就可以征伐不义。按照古圣贤王的治国之道，对内守护基业，就一定能克敌制胜于千里之外；对外征伐不义，也就一定能得胜回师于安居之所。所以说在内实行'七教'就不会因为政事而操劳，对外实行'三至'就不至于浪费国家资产。这就是所谓的古圣贤王的治国之道。"

曾子曰："不劳不费之谓明王，可得闻乎？"

孔子曰："昔者帝舜左禹而右皋陶①，不下席而天下治。夫如此，何上之劳乎？政之不中，君之患也；令之不行，臣之罪也。若乃十一而税，用民之力岁不过三日，入山泽以其时而无征，关讥市廛皆不收赋②，此则生财之路而明王节之，何财之费乎？"

【注释】①舜：姚姓，名重华，号有虞氏，上古五帝之一，因其先国于虞，故称"虞舜"，为古代传说中的圣君。禹：姒姓，夏后氏，名文命，号禹，史称"大禹"，夏朝开国君主，因治洪有功，接受舜的禅让成为天子。皋陶（gāo yáo）：偃姓，皋氏，名繇，字庭坚，又名咎繇、咎陶，传说是虞舜时的司法官，掌管刑狱。

②关讯：在关市负责稽查和征税。市廛：店铺集中之处。

【译文】曾参说："不为政事操劳并且不浪费钱财就称为明君，其中的道理可以讲给弟子听听吗？"

孔子说："昔日帝舜左有大禹右有皋陶，不用走下坐席天下就得到了治理。这样的话，君王还有什么可操劳的呢？政局动荡不安，是国君的祸患；政令难以推行，是臣子的罪过。如果按照十分之一的标准征税，百姓每年服劳役的时间不超过三天，让百姓按照季节进入山林川泽伐木渔猎却不随意征收赋税，在关市和市集也都不滥收赋税，这些都是生财之道而古圣贤王却会加以节制，又怎会浪费国库里的钱财呢？"

曾子曰："敢问何谓七教？"

孔子曰："上敬老则下益孝，上尊齿则下益悌，上乐施则下益宽，上亲贤则下择友，上好德则下不隐，上恶贪则下耻争，上廉让则下耻节，此之谓七教。七教者，治民之本也。政教定，则本正也。凡上者，民之表也，表正则何物不正？是故，人君先立仁于己，然后大夫忠而士信，民敦而俗朴，男悫而女贞①。六者，教之致也，布诸天下四方而不怨，纳诸寻常之室而不塞。等之以礼，立之以义，行之以顺，则民之弃恶如汤之灌雪焉。"

【注释】①悫（què）：诚实，谨慎。

【译文】曾参问："敢问什么是七教呢？"

孔子回答说："居上位的人孝敬老人，下层百姓就会更加恪守孝道；居上位的人尊敬老人，下层百姓就会更加兄友弟恭；居上位的人乐善好施，下层百姓就会更加仁爱宽厚；居上位的人亲近贤人，下层百姓就会选择结交良友；居上位的人注重德行，下层百姓就不会暗中胡作非为；居上位的人厌恶贪婪，下层百姓就会以争名夺利为耻；居上位的人清廉谦让，下层百姓就会更加知耻守节。这就是所谓的'七教'。这七种教化，是治理百姓的根本啊。政治教化的原则确定了，那治民的根本就端正了。凡是身居上位执政的人，都是百姓的表率啊，表率端正那还有什么是不端正的呢？因此，国君首先要自己做到仁，然后大夫们就会做到忠于国家，进而士们也会做到讲求信义，百姓敦厚民风淳朴，男子诚实谨慎而女子忠贞不渝。这六者，是教化百姓的结果啊，这样的教化散布到天下四方而没有怨恨，传播到寻常人家而不会阻塞。用礼法来区分等级辈分，用道义来立身处世，用和顺来作为行事准则，那么百姓放弃恶行就如同用热水浇灌冰雪一样了。"

曾子曰："道则至矣，弟子不足以明之。"

孔子曰："参以为姑止乎？又有焉。昔者明王之治民也，法必裂地以封之^①，分属以理之。然后贤民无所隐，暴民无所伏。使有司日省而时考之^②，进用贤良，退贬不肖，则贤者悦而不肖者惧。哀鳏寡，养孤独，恤贫穷，诱孝悌，选才能。此七者修，则四海之内无刑民矣。上之亲下也，如手足之于腹心矣；下之亲上也，如幼子之于慈母矣。上下相亲如此，故令则从，施则行，民怀其德，近者悦服，远者来附，政之致也。夫布指知寸③，布手知尺，舒肘知寻，斯不远之则也。周制，三百步为里，千步为井，三井而埒，埒三而矩，五十里而都，封百里而有国，乃为福积资裘焉，恤行者之有亡。是以蛮夷诸夏④，虽衣冠不同，言语不合，莫不来宾⑤。故曰无市而民不乏，无刑而民不乱。田猎罩弋⑥，非以盈宫室也；征敛百姓，非以盈府库也。懆怛以补不足⑦，礼节以损有余。多信而寡貌⑧，其礼可守，其言可復，其迹可履。如饥而食，如渴而饮。民之信之，如寒暑之必验。故视远若迩，非道迩也，见明德也⑨。是故兵革不动而威，用利不施而亲，万民怀其惠。此之谓明王之守，折冲千里之外者也。"

【注释】①裂地：划分土地。

②日省：每天考察或省视。

③布指：伸开手指。

④蛮夷：古代泛指华夏中原民族以外的少数民族。诸夏：周代分封的中原各个诸侯国，泛指中原地区。

⑤来宾：蕃属或诸侯入贡朝见天子，引申为归顺臣服。

⑥罩：捕鸟的竹笼或掩网。弋：用带绳子的箭射鸟。

⑦懆怛：悲痛忧伤。此有同情之意。

⑧寡貌：朴质自然，不加矫饰。

⑨明德：崇高显明的德性。

【译文】曾参说:"这样的治国之道真是好到极致了,以学生目前的知识还不足以明白其中的道理。"

孔子说:"曾参你以为只有这些就行了吗? 还有呢。昔日圣明之君治理百姓,依照法规,定会划分土地分封给诸侯,诸侯在自己的属地上治理百姓。这样的话,贤良的人就不会被埋没,凶暴的人也无处隐藏。派遣主管官员每天考察定时考核,选拔任用贤良之才,罢免谪贬品行不好的官员,于是贤良之人就会心情愉悦,而品行不好的官员就会害怕。怜悯鳏夫寡妇,抚养幼而无父及老而无子之人,体恤贫困穷苦之人,诱导百姓孝顺父母友爱兄弟,选拔才能出众的人。做好这七个方面,那么四海之内就没有犯罪受刑的百姓了。身居上位之人爱护下面的百姓,就如同手足爱护心腹一样;那么下面的百姓爱戴身居上位之人,就如同幼儿依恋慈母一样了。上下能够这样相亲相爱,那么上面下达的政令百姓就会听从,政策也就会推行,百姓感念他的恩德,近处的人会心悦诚服,远方的人会来归附,这是仁政所导致的结果。伸直手指可以知道寸的长短,伸开手掌可以知道尺的长短,舒展肘臂可以知道寻的长短,这是距离我们不远的准则。以周代的制度来说,三百步为一里,一千步见方为一井,三井合并为一埒,三埒而为一矩,五十里的疆域可以建造大都市,分封百里的土地可以建立诸侯国,这是为了积聚财物,体恤出行在外之人家产的丰薄。因此偏远地方的少数民族,虽然服饰不同,语言不通,没有不前来归附的。所以说没有市场交易百姓的生活也不会匮乏,没有严峻的刑罚百姓也不会混乱不堪。打措捕鱼,并不是为了充盈宫室;征收赋税,并不是为了充实府库。以同情之心来面对百姓的不足,用礼节教化来节制淫逸奢靡。对百姓多一些诚信少一些矫饰,那么所推行的礼法就会得到遵守,所说的话就会得到回复，所做的事就会让人效仿。就如同人饿了需要吃饭，渴了需要喝水一样自然。百姓对国君的信任，就像相信寒来暑往的规律必定不会改变一样。所以看起来离百姓很远的国君就像近在身边一样，这不是因为和国君的距离近，而是在四海之内都遍布着崇高显明的德性啊。所以圣明之君不必动用军队自然就有威慑之力，不必赏赐财物百姓自然就会来亲附，天下万民都感怀国君的恩德。这就是所谓圣明之君守卫国家的方法，克敌制胜于千里之外的原因啊。"

曾子曰："敢问何谓三至？"

孔子曰："至礼不让而天下治，至赏不费而天下士悦，至乐无声而天下民和。明王笃行三至①，故天下之君可得而知，天下之士可得而臣，天下之民可得而用。"

【注释】①笃行：切实地实行。

【译文】曾参说："敢问什么是三至呢？"

孔子说："最高境界的礼法是不需要谦让而把天下治理得井井有条，最高境界的奖赏是不耗费财物而让天下士人都感到喜悦，最高境界的音乐是没有声音而使天下百姓都心境祥和。圣明之君力行这三种极致，所以天下的诸侯王都可以知道他的圣明，天下的贤士都可以成为他的臣子，天下的百姓都可以为他所用。"

曾子曰："敢问此义何谓？"

孔子曰："古者明王必尽知天下良士之名，既知其名，又知其实，又知其数及其所在焉。然后因天下之爵以尊之，此之谓至礼不让而天下治。因天下之禄以富天下之士，此之谓至赏不费而天下之士悦。如此，则天下之明名誉兴焉，此之谓至乐无声而天下之民和。故曰：所谓天下之至仁者，能合天下之至亲也。所谓天下之至知者，能用天下之至和者也。所谓天下之至明者，能举天下之至贤者也。此三者咸通，然后可以征。是故仁者莫大乎爱人，智者莫大乎知贤，贤政者莫大乎官能。有土之君修此三者，则四海之内供命而已矣①。夫明王之所征，必道之所废者也，是故诛其君而改其政，吊其民而不夺其财②。故明王之政，犹时雨之降，降至则民悦矣。是故行施弥博，得亲弥众，此之谓还师衽席之上。"

【注释】①供命：执行命令，听从差遣。

②吊：慰问遭遇不幸的人。

【译文】曾参说："敢问这话的具体含义是什么呢？"

孔子说："古代的圣明之君必定知道天下所有贤士的名字，既知道他们的名字，又知道他们实际的德行，还知道他们的言论以及他们所居住的地方。然后用天下的爵位封赏他们让他们得到百姓的尊崇，这就是最高境界的礼法不需要谦让而把天下治理得井井有条。用天下的俸禄让天下的贤士都得到财富，这就是最高境界的奖赏不耗费财物而让天下士人都感到喜悦。这样的话，天下的百姓就会重视好的名声，这就是最高境界的音乐没有声音而使天下百姓都心境祥和。所以说：天下最有仁德的人，能够聚集天下至亲之人。天下最有智慧的人，能够任用使天下百姓和睦的人。天下最圣明的人，能够举荐天下最贤良的人。这三方面都能做到通达，然后就可以对外征伐不义了。所以说仁德者莫过于爱护百姓,有智者莫过于知晓贤才,贤明的执政者莫过于能任用贤能的官吏。拥有国土的君主若能做到这三点,那么四海之内的百姓都可以执行他的命令听从他的差遣了。圣明的君主所征伐的国家,必定是违背天理道义的国家,所以要责罚这个国家的君主而改变他们的政治,慰问这个国家遭遇不幸的百姓而不掠夺他们的财物。所以圣明之君的政治,就像天降及时雨,一旦降下,百姓就会感到欣悦无比。所以施行教化的范围越来越广,得到亲附的民众就越来越多,这就是能得胜回师于安居之所的原因。"

大婚解第四

【题解】这里的婚，指夫妇一伦，所谓大，指夫妇关系是影响君王为政的关键之一。夫妇一伦正了，就可以对内尽宗庙祭祀之礼，能得到天地祖宗的庇荫；对外就能以礼义治理天下，树立上敬下爱之风。孔子尤其举了圣王的例子：夏、商、周三代的圣王，都敬重自己的妻儿。因为，妻子是家里侍奉父母长辈、祭祀祖宗最重要的主人，孩子则是自己宗族的后代。知道了如此重要的关系，怎敢不敬他们呢？因此，中国古人有言：正天下，首正人伦，正人伦，首正夫妇，实为至论矣。

孔子侍坐于哀公①，公曰："敢问人道孰为大②？"

孔子愀然作色而对曰③："君及此言也，百姓之惠也，固臣敢无辞而对。人道政为大。夫政者，正也。君为正，则百姓从而正矣。君之所为，百姓之所从。君不为正，百姓何所从乎！"

公曰："敢问为政如之何？"

孔子对曰："夫妇别，男女亲，君臣信。三者正，则庶物从之。"

公曰："寡人虽无能也，愿知所以行三者之道，可得闻乎？"

孔子对曰："古之政，爱人为大；所以治爱人，礼为大；所以治礼，敬为大；敬之至矣，大婚为大。大婚至矣，冕而亲迎者，敬之也。是故君子兴敬为亲，舍敬则是遗亲也。弗亲弗敬，弗尊也。爱与敬，其政之本与？"

【注释】①侍坐：在尊长近旁陪坐。哀公：姬姓，名将，鲁定公之子，春秋时期鲁国第二十六任君主。

②人道：中国古代哲学中与"天道"相对的概念，一般指人事、为人之道或社会规范。

③愀（qiǎo）然：形容神色变得严肃或不愉快。作色：脸色变化，指神情变严肃或发怒。

【译文】孔子在鲁哀公身旁陪坐，哀公说："请问人道中最重要的是什么？"

孔子脸色骤然变得严肃起来，回答说："您能问出这个问题，真是百姓的幸运啊，所以臣才敢不予推辞地回答这个问题。在人道中政事最为重要。所谓政，就是正。只要国君能做到正，那么百姓也就跟着做到正了。国君的所作所为，百姓是要跟着效仿的。国君做得不正，百姓又能跟从国君学什么呢！"

哀公问："请问如何为政呢？"

孔子回答说："夫妇要有别，男女要相亲，君臣要有信。这三个方面做正了，那么其他方面就可以跟随着做好了。"

哀公说："寡人虽然没有才能，还是希望能够如您所说做好这三个方面的事情，其中的道理可以讲给我听听吗？”

孔子回答说：“古人治理国家政事，爱人最为重要；要做到爱人，礼法最为重要；要做到推崇礼法，恭敬最为重要；最为恭敬的事，就表现在天子诸侯的婚娶中。到了婚娶的时候，天子诸侯要头戴冠冕身穿礼服并且亲自去迎接，就是表达恭敬啊。所以君子要用恭敬的态度对待婚姻，如果舍弃恭敬那就是遗弃了原来相爱的婚姻。不亲近不恭敬，夫妻双方就不能互相尊重。爱与敬，大概就是治国的根本了吧？”

公曰：“寡人愿有言也。然冕而亲迎，不已重乎？”

孔子愀然作色而对曰：“合二姓之好①，以继先圣之后，以为天下宗庙社稷之主，君何谓已重乎？”

公曰：“寡人实固②，不固安得闻此言乎！寡人欲问，不能为辞，请少进③。”

孔子曰：“天地不合，万物不生。大婚，万世之嗣也，君何谓已重乎？”孔子遂言曰：“内以治宗庙之礼，足以配天地之神；出以治直言之礼，足以立上下之敬。物耻则足以振之，国耻则足以兴之。故为政先乎礼，礼其政之本与！”孔子遂言曰：“昔三代明王④，必敬妻子也，盖有道焉。妻也者，亲之主也。子也者，亲之后也。敢不敬与？是故君子无不敬。敬也者，敬身为大。身也者，亲之枝也，敢不敬与？不敬其身，是伤其亲；伤其亲，是伤其本也；伤其本，则枝从之而亡。三者，百姓之象也。身以及身，子以及子，妃以及妃，君以修此三者，则大化忾乎天下矣⑤，昔太王之道也⑥。如此，国家顺矣。"

【注释】①二姓之好：指两家因婚姻关系而成为亲戚。

②固：鄙陋，见识浅少。

③少进：稍作进一步的阐述。

④三代明王：指夏、商、周三代的圣明之君。

⑤大化：广远深入的教化。忔：遍及，到。

⑥太王：公亶父，姬姓，名亶，又称周太王，周文王的祖父，太王即古公亶父的尊号。

【译文】哀公说："我还有一个问题想问问您。天子诸侯头戴冕冕身穿礼服亲自去迎亲，这礼节不会太隆重了吗？"

孔子脸色骤然变得更加严肃，回答说："婚姻是两家因此而成为亲戚，用以延续先世圣人的后嗣，使之成为天下、宗庙、社稷的主人，您怎么能说这礼节太隆重了呢？"

哀公说："寡人实在是见识浅薄，不浅薄的话又怎能听到您说的这些话呢！寡人还想问一问，您可不能推辞，请您再进一步给我讲讲吧。"

孔子说："天地阴阳不交合，万物就不会生长。天子诸侯的婚姻，诞生的是能使社稷延续至万代的后嗣啊，您怎么能说这礼节太隆重了呢？"孔子接着说："对内执行宗庙祭祀的礼仪，足够与天地之间的神灵相配；对外政治清明以礼服众，足够树立上下之间恭敬的礼仪。行事失当以礼匡救，国家面临耻辱以礼振兴。所以治理国家先要有礼，礼就是治理国家的根本啊！"孔子继续说："昔日夏商周三代的圣明君主，必定敬重他们的妻子，大概就是这个道理啊。妻子，是亲近家人祭祀宗庙的主体。儿子，是家族和宗庙的延续。怎敢不敬重呢？所以君子没有不敬重妻儿的。恭敬这件事，敬重自身最为重要。我们自身，就是家族的分枝后代，怎敢不敬重呢？不懂得敬重自身，就是伤害了父母亲人；伤害了父母亲人，就是伤害了根本；伤害了根本，那么家族分枝就要随之灭绝。夫妇有别、男女相亲、君臣有信这三者，是百姓所效法的。以爱护自身的心去爱护百姓的身体，以爱护自己儿子的心去爱护百姓的儿子，以敬重自己妻子的心去敬重百姓的妻子，国君能够做好这三件事，那么深远的教化就可遍布天下了，这就是昔日太王的治国之道。这样，国家就和顺了。"

公曰："敢问何谓敬身？"

孔子对曰："君子过言则民作辞，过行则民作则。言不过辞，动不过则，百姓恭敬以从命。若是则可谓能敬其身，敬其身则能成其亲矣。"

公曰："何谓成其亲？"

孔子对曰："君子者，乃人之成名也①。百姓与名谓之君子，则是成其亲为君而为其子也。"孔子遂言曰："爱政而不能爱人，则不能成其身；不能成其身，则不能安其土；不能安其土，则不能乐天②；不能乐天，则不能成其身。"

公曰："敢问何能成其身③？"

孔子对曰："夫其行己不过乎物④，谓之成身。不过乎，合天道也⑤。"

公曰："君子何贵乎天道也？"

孔子曰："贵其不已也。如日月东西相从而不已也，是天道也；不闭而能久，是天道也；无为而物成，是天道也；己成而明之，是天道也。"

【注释】①成名：美名、盛名。

②乐天：乐于顺应天命，引申为乐于自己的处境而无忧无虑。

③成其身：即修身，陶冶身心，涵养德性。

④行己：立身行事。

⑤天道：自然规律。

【译文】哀公问："请问什么是敬重自身？"

孔子回答说："君子即使说错了话，百姓也会当成信条；即使做错了事，百姓也会效仿。因此，君子言语谨慎不说错话，行为慎重不违礼义，百姓就会恭恭敬敬地听从君子的号令。若能这样就可说是敬重自身了，能敬重自身就可说是能成就亲人了。"

哀公问："什么叫成就亲人？"

孔子回答道："君子，就是有美名的人。百姓送给他好名声称他为君子，就是成就了他的亲人使其成为有名望的君，而他自己则是君的孩子。"孔子接着说："治理国家而不能爱护百姓，就不能涵养自身；不能涵养自身，就不能安定国家；不能安定国家，就不能顺应自然；不能顺应自然，就不能涵养自身。"

哀公问："请问怎么做才算涵养自身呢？"

孔子回答说："自己立身行事都不违背世间万物，就称之为涵养自身。不违背世间万物，就是合乎自然规律。"

哀公问："请问君子为什么要重视自然规律呢？"

孔子说:"重视它是因为自然规律运行流转永不止息。就像太阳月亮每天自东向西互相追随永不停歇一样,这就是自然规律啊;运行不停而能永久流转,这就是自然规律啊;顺应天命不施刑罚而万物自然生长,这就是自然规律啊;万物成就了自己而使功业得以显明,这就是自然规律啊。"

公曰:"寡人且愚冥①,幸烦子之于心。"

孔子蹴然避席而对曰②:"仁人不过乎物,孝子不过乎亲。是故仁人之事亲也如事天,事天如事亲,此谓孝子成身。"

公曰:"寡人既闻如此言,无如后罪何?"

孔子对曰:"君之及此言,是臣之福也。"

【注释】①愚冥:愚蠢蒙昧。

②蹴然:恭敬的样子。避席:离开座位说话,以示尊敬。

【译文】哀公说:"寡人实在是愚昧,希望您能耐心地给我讲讲其中的道理。"

孔子恭敬地离开坐席回答说:"仁德的人不违背世间万物的法则,孝顺的人不超越父母亲人的规范。所以仁德的人侍奉父母就如同侍奉天一样,侍奉天就如同侍奉父母一样,这就是所谓的孝子涵养自身。"

哀公说:"寡人既已听到了这样的道理,那以后犯下过错该怎么办呢?"

孔子回答说:"您能说出这样的话,是臣子的福分啊。"

儒行解第五

【题解】这一篇记述了孔子回答鲁哀公的提问，通过叙说儒者的自立、容貌、进仕、交友、恭谨谦让等诸多方面，将儒者形象刻画得栩栩如生，表现了孔子心目中理想的"儒者"形象。孔子告诫弟子要做"君子儒"，不做"小人儒"。本篇对今人修身养性、完善人格有很大裨益。

孔子在卫①，冉求言于季孙曰："国有圣人而不能用，欲以求治，是犹却步而欲求及前人，不可得已。今孔子在卫，卫将用之。己有才而以资邻国②，难以言智也，请以重币求之③。"季孙以告哀公，公从之。

孔子既至，舍哀公馆焉。公自阼阶④，孔子宾阶⑤，升堂立侍⑥。

公曰："夫子之服，其儒服与？"

孔子对曰："丘少居鲁，衣逢掖之衣⑦。长居宋，冠章甫之冠⑧。丘闻之，君子之学也博，其服以乡，丘未知其为儒服也。"

【注释】①卫：即卫国，周朝分封的诸侯国，周武王弟康叔封地，在今河北南部、河南北部一带。

②资：帮助。

③重币：重金，厚礼。

④阼阶：东阶，古时宾主相见，主人立此接待宾客。

⑤宾阶：西阶，古时宾主相见，宾客从西阶而上。

⑥升堂：登上厅堂。立侍：在尊长身旁站立侍奉。

⑦逢掖：衣腋下宽大，古儒者的服饰。

⑧章甫：一种古代的礼冠，以黑布制成，始于殷朝，殷朝亡后存于宋国，为读书人所戴的帽子。

【译文】孔子在卫国，冉求对季孙氏说："一个国家中有圣人却不能任用，这样还想治理好国家，就像是躲闪着后退而又想追赶前面的人一样，是不可能做到的。如今孔子正在卫国，卫国准备任用他。我们鲁国自己的贤才却要去帮助邻国，对我们而言难以称得上是明智之举啊，请您用厚礼延请他回来。"季孙氏就把冉求的建议禀告给鲁哀公，哀公听从了这个建议。

孔子回到鲁国，住在哀公的馆舍里。哀公作为主人从东阶而下迎接孔子，孔子从西阶而上觐见哀公，然后登上厅堂，站在哀公身旁陪侍。

哀公说："先生穿的衣服，就是儒者的服装吗？"

孔子回答说："我小时候住在鲁国，穿的是宽大衣袖的服装。长大后居住在宋国，戴的是殷朝流传下来的章甫。我听说，君子学问须广博，穿衣要入乡随俗，我不知道我身上的是不是儒者的服装。"

公曰："敢问儒行^①？"

孔子曰："略言之，则不能终其物；悉数之，则留更仆未可以对^②。"

哀公命席^③，孔子侍坐，曰："儒有席上之珍以待聘，夙夜强学以待问^④，怀忠信以待举，力行以待取。其自立有如此者。

"儒有衣冠中，动作顺，其大让如慢，小让如伪。大则如威^⑤，小则如愧。难进而易退^⑥，粥粥若无能也^⑦。其容貌有如此者。

"儒有居处齐难^⑧，其起坐恭敬，言必诚信，行必忠正。道涂不争险易之利^⑨，冬夏不争阴阳之和。爱其死以有待也，养其身以有为也。其备预有如此者。

"儒有不宝金玉而忠信以为宝，不祈土地而仁义以为土地，不求多积而多文以为富^⑩。难得而易禄也，易禄而难畜也^⑪。非时不见，不亦难得乎？非义不合，不亦难畜乎？先劳而后禄，不亦易禄乎？其近人情有如此者。

"儒有委之以财货而不贪，淹之以乐好而不淫^⑫，劫之以众而不惧，阻之以兵而不慑。见利不亏其义，见死不更其守。往者不悔，来者不豫，过言不再，流言不极^⑬。不断其威，不习其谋。其特立有如此者^⑭。

【注释】①儒行：儒家的道德规范或行为准则。

②更仆：侍御之人轮流相代。

③命席：下令安排座位。

④强学：勤勉学习。

⑤威：通"畏"，畏惧。

⑥难进而易退：即"难进易退"，慎于进取，勇于退让。

⑦粥粥（yù）：谦卑貌。

⑧居处：平日的仪容举止。齐（zhāi）难：庄敬。齐，通"斋"。

⑨险易：险阻与平坦。

⑩多文以为富：即"多文为富"，以学识的渊博为富足。

⑪难畜：难以留下。畜，保留。

⑫不淫：不沉湎、不过分。

⑬不极：不寻根究底。

⑭特立：有坚定的志向和操守。

【译文】鲁哀公问："请问儒者的行为准则是什么样的呢？"

孔子说："如果简单地讲，就不能把儒者的行为准则全部讲完；如果详细地说，就算侍奉的官员换班了也未必能够说完。"

哀公下令给孔子安排座位，孔子在哀公旁边陪坐，说："儒者如同宴席上的珍品等待聘任，昼夜不停勤勉学习等待别人请教，心怀忠信等待举荐，努力实践等待别人录用。儒者修身立心就是这样的。

"儒者的衣冠端正，行为举止温和从容，在大事上谦让，好像很傲慢；在小事上谦让，好像很虚伪。做大事时周密慎重好像很畏惧，做小事时恭敬谨慎好像很愧疚。他们慎于进取而勇于退让，谦卑恭让得像是没有才能的样子。儒者的容貌就是这样的。

"儒者平日的仪容举止庄重恭敬，他们安坐起立肃敬有礼，讲话必定诚恳信实，行为必定忠诚正直。在道路上不与人争夺平坦好走的路，冬天不与人争暖和的地方，夏天不与人争凉爽的地方。这是珍惜自己的生命以等待时机，保养自己的身体以有所作为。儒者的事前准备就是这样的。

"儒者不珍视金玉而是把忠信当成珍宝，不祈求土地而是把仁义当成土地，不追求积蓄而是把学问渊博当成富足。儒者难得却容易接受俸禄，虽容易接受俸禄却难以长期留住。不是合适的时候就不愿出现，这不是很难得到吗？不是合乎道义的事情就不愿合作，这不是很难留住吗？先行效劳而日后才讨要俸禄，这不是很容易接受俸禄吗？儒者的为人处世就是这样的。

"儒者对于他人委托的财货不会有贪念之心，身处于声色犬马之中却不会有沉迷之心，受到众人的威逼不会有恐惧之心，被人用武器威胁不会有害怕之心。见利不减内心道义，见死不改内心操守。对过去的事情不后悔，对未来的事情不犹豫，对说错的话不重复，对没有根据的话不追究。不间断保持威严，不学习阴谋诡计。儒者的坚定志向就是这样的。

"儒有可亲而不可劫，可近而不可迫，可杀而不可辱。其居处不过，其饮食不溽①，其过失可微辩而不可面数也②。其刚毅有如此者。

"儒有忠信以为甲胄，礼义以为干橹③，戴仁而行，抱德而处，虽有暴政，不更其所。其自立有如此者。

"儒有一亩之宫，环堵之室④，荜门圭窬⑤，蓬户瓮牖⑥。易衣而出⑦，并日而食⑧。上答之，不敢以疑；上不答之，不敢以谄。其仕有如此者。

"儒有今人以居，古人以稽；今世行之，后世以为楷。若不逢世，上所不受，下所不推，谗谄之民有比党而危之，身可危也，其志不可夺也；虽危犹起居，竟身其志，乃不忘百姓之病也。其忧思有如此者。

"儒有博学而不穷，笃行而不倦，幽居而不淫，上通而不困⑨。礼必以和，优游以法，慕贤而容众，毁方而瓦合⑩。其宽裕有如此者。

【注释】①不溽：不会追求美味。溽，味浓厚，尤指美味。

②微辩：隐约而委婉地讽喻。面数：当面数落别人的过错。

③干橹：小盾与大盾，泛指武器。

④环堵：四周环着每面一方丈的土墙，形容狭小、简陋的居室。

⑤荜门圭窬(yú)：形状如圭的小户，比喻贫苦人家居住的简陋。荜门，以荆枝编制的门。圭窬，墙上的小门，借指穷人家的门户。

⑥蓬户瓮牖：用蓬草编成的门，以破瓮作为窗户，形容穷苦人家的简陋房屋。

⑦易衣：这里指全家只有一件衣服，轮流换上，形容家庭贫困。

⑧并日而食：隔几天才能吃一天的饭，形容生活窘困之极。

⑨上通：出仕。

⑩毁方而瓦合：即"毁方瓦合"，毁去棱角，与瓦砾相合，比喻屈己从众，君子为道不远离于人。

【译文】"儒者可以亲密而不可以挟制，可以接近而不可以逼迫，可以杀死而不可以侮辱。他们的日常住处不会过于奢华，他们的饮食不会追求美味，他们的过失可以委婉地劝说却不可以当面数落。儒者的刚强坚毅就是这样的。

"儒者把忠诚信实作为盔甲衣胄，把礼法道义作为武器盾牌，崇尚仁义以行事，持守德行以处世，即使遇到专制暴虐的统治，也不改变自己的操守。儒者修身立心就是这样的。

"儒者的住房只有一亩，屋子的四面围绕土墙，开着形状如圭的小门，用蓬草编成门、以破瓮作窗框。家中只有一件体面的衣服，谁出门谁穿，隔几天才能吃一顿饭。国君采纳他的建议，不敢私自猜疑；国君没有采纳他的建议，不敢谄媚讨好。儒者的做官原则就是这样的。

"儒者和今人一起居住，以古时君子的行为来要求自己；儒者当代的作为，可以垂范后世。如果没有遇上好世道，上面没人提拔任用，下面没人推举引荐，奸猾谄媚的人拉帮结派来陷害他们，只能损害他们的身体，而不可强行改变他们的志向；虽然能扰乱他们的日常生活，最终他们还要实现自己的抱负，还不忘百姓的疾苦。儒者的忧民思想就是这样的。

"儒者知识渊博却学无止境，身体力行却不会倦怠，隐居山野却不会放纵，出仕做官而不会困于名利。遵循礼法必以和睦为原则，闲暇之时以遵循礼法为原则，思慕贤人而包容众人，收敛自己的锋芒和个性，而与众人相合。儒者的宽容就是这样的。

"儒有内称不避亲，外举不避怨。程功积事①，不求厚禄。推贤达能，不望其报。君得其志，民赖其德。苟利国家，不求富贵。其举贤援能有如此者。

"儒有澡身浴德②，陈言而伏，静言而正之，而上下不知也，默而翘之③，又不急为也。不临深而为高，不加少而为多。世治不轻,世乱不沮。同己不与,异己不非。其特立独行有如此者。

"儒有上不臣天子,下不事诸侯,慎静尚宽,砥厉廉隅④。强毅以与人,博学以知服⑤。虽以分国,视之如锱铢,弗肯臣仕。其规为有如此者。

"儒有合志同方,营道同术⑥,并立则乐,相下不厌⑦。久别则闻流言不信,义同而进,不同而退。其交有如此者。

"夫温良者,仁之本也;慎敬者,仁之地也;宽裕者,仁之作也;逊接者,仁之能也;礼节者,仁之貌也;言谈者,仁之文也;歌乐者,仁之和也;分散者,仁之施也。儒皆兼此而有之,犹且不敢言仁也。其尊让有如此者。

"儒有不陨获于贫贱⑧,不充诎于富贵⑨,不溷君王⑩,不累长上⑪,不闵有司⑫,故曰儒。今人之名儒也妄,常以儒相诟疾。"

哀公既得闻此言也,言加信,行加敬,曰:"终没吾世,弗敢复以儒为戏矣!"

【注释】①程功:衡量功绩。

②澡身浴德:谓修养身心,使之高洁。

③翘:启发。

④砥厉廉隅:磨练节操。廉隅,棱角,喻指方正的操守。

⑤服:这里指竭力而行。

⑥营道:研习道艺。同术:方法相同。

⑦相下:互相谦让。

⑧陨获:丧失志气。

⑨充诎(qū)：得意忘形而失去操守。

⑩涽(hùn)：侮辱。

⑪累：这里指拖累。

⑫闵：忧虑。

【译文】"儒者举贤对内不避亲属，对外不避仇人。衡量功绩，积累政绩，不是为了追求优厚的俸禄。推荐贤人，举荐能人，不是为了得到他们的报答。国君得到了他们，就可以实现自己的志向，百姓依赖他们的恩惠，就可以生活得更好。只求有利于国家，不图个人的富贵。儒者的举贤就是这样的。

"儒者修身养性，使自己身心高洁，陈述自己的言论时伏下身子，安静地恪守为臣之道，如果君主没有正视自己的善言，就再委婉地提醒，也不会过于急躁。不在地位较低的人面前显示自己高贵，不在功绩很少的人面前夸耀自己有很多功绩。时局安定的时候不轻视自己，时局混乱的时候不灰心沮丧。不和与自己志向、政见相同的人结党，对与自己见解不同的人也不加以诋毁。儒者的特立独行就是这样的。

"儒者上不臣服天子，下不侍奉诸侯，恭敬沉静，崇尚宽厚，磨炼自己的节操，行事方正不苟。刚强坚定而能与人为善，学识渊博而能竭力而行。即使把国家分封给他们，在他们眼中也不过是锱铢那样的小事，不肯为臣入仕。儒者的行为准则就是这样的。

"儒者交朋友，要志同道合，做学问的方法相同，彼此都能有所成就就会感到快乐，互相谦让也不厌烦。他们就算长久分开听到对方的流言也不相信，他们如果有相同的志向就与之交往，志向不同就敬而远之。儒者与朋友相交就是这样的。

"温和善良是仁的根本，谨慎恭敬是仁的基础，宽广大度是仁的准则，谦恭待人是仁的功能，礼仪规矩是仁的外表，言谈举止是仁的文采，歌曲音乐是仁的和谐，分散财物是仁的施与。儒者兼有这几种美德，尚且不敢说自己已经做到仁了。儒者的克制谦让就是这样的。

"儒者不因为贫贱而丧失志气，不因为富贵而得意忘形，不侮辱君王，不拖累上司，不让官吏忧虑，所以叫作儒。现今的人们自命为儒却是名不副实，所以儒者才会常常被人诟病。"

哀公听到这些话后，对儒者的言论更加信任，对儒者的行为更加恭敬，说："直到我去世，再也不敢拿儒者开玩笑了。"

问礼第六

【题解】《诗经》中说："人而无礼，胡不遄死？"意思是说，一个人如果不懂得礼，不如马上死了好。《孝经》中也说："安上治民，莫善于礼。礼者，敬而已矣。"可见礼对于为人、治国的重要，同时也告诉我们礼的本质就是"敬"。在本篇中，鲁哀公向孔子问礼，孔子不仅讲述了礼的重要性，更重要的是阐述了践行礼的关键，那就是克制自己的欲望。并且懂得为人着想，恭敬有礼，这样才会受人尊敬；有礼，则社会和谐，国家兴旺。本篇又见于《礼记·哀公问》和《大戴礼·哀公问孔子》。

哀公问于孔子曰："大礼何如^①？子之言礼，何其尊也？"

孔子对曰："丘也鄙人，不足以知大礼也。"

公曰："吾子言焉！"

孔子曰："丘闻之，民之所以生者，礼为大。非礼则无以节事天地之神焉^②，非礼则无以辨君臣上下长幼之位焉，非礼则无以别男女父子兄弟婚姻亲族疏数之交焉^③。是故君子此为之尊敬，然后以其所能教顺百姓所能④，不废其会节⑤。既有成事，而后治其文章黼黻⑥，以别尊卑上下之等。其顺之也，而后言其丧祭之纪⑦，宗庙之序，品其牺牲，设其豕腊⑧，修其岁时，以敬祭祀，别其亲疏，序其昭穆⑨，而后宗族会宴，即安其居，以缀恩义。卑其宫室，节其服御⑩，车不雕玑⑪，器不雕镂，食不二味⑫，心不淫志，以与民同利。古之明王行礼也如此。"

公曰："今之君子胡莫之行也？"

孔子对曰："今之君子，好利无厌，淫行不倦，荒怠慢游，固民是尽，以遂其心，以怨其政。忤其众，以伐有道。求得当欲，不以其所；虐杀刑诛，不以其治。夫昔之用民者由前，今之用民者由后，是即今之君子莫能为礼也。"

【注释】①大礼：庄严隆重的礼仪。

②节事：行事有节制，使其合乎准则。

③疏数：亲疏。

④教顺：教化顺应。

⑤会节：行礼之节期。

⑥文章：指车服旌旗等，古代于其上加彩饰以区别尊卑贵贱。黼黻（fǔ fú）：泛指礼服上所绣的华美花纹。

⑦丧祭：古丧礼，葬后之祭称丧祭。纪：法度。

⑧豕腊：干猪肉。

⑨昭穆：古代宗法制度，宗庙或宗庙中神主的排列次序，始祖居中，以下父子（祖、父）递为昭穆，左为昭，右为穆。

⑩服御：指服饰车马器用之类。

⑪雕玑：刻绘文采之几，诸侯祭祀时设。

⑫食不二味：吃饭没有两种菜肴，形容饮食俭朴。

【译文】哀公问孔子："请问庄严隆重的大礼是什么样的？您谈论礼的时候，为什么总是那么尊崇礼呢？"

孔子回答："我只是个乡野之人，不足以得知什么是庄严隆重的大礼。"

哀公说："您还是谈谈吧！"

孔子说："我听说，百姓之所以能够生活，礼是最为重要的。没有礼就不能有节制地侍奉天地间的神灵，没有礼就不能区别君臣、上下、长幼的地位，没有礼就不能分别男女、父子、兄弟、婚姻、亲族、亲疏的关系。因此君子对礼十分尊敬，然后用自己所能做到的礼来教化百姓顺应礼法，使他们不废除行礼的节日。等到礼的教化已经普及，然后才能整顿车服、旌旗等物上面的花纹，用来区别尊卑、上下的等级。百姓顺应礼法，然后才能谈论丧葬祭祀的法度，宗庙祭祀的顺序，按照标准准备好祭祀用的牲畜，布置好祭祀宗庙的干猪肉，确定好每年举行祭祀的时间，以此表达对祭祀的崇敬，区别血缘亲疏，确定宗庙神主的次序，祭祀之后亲属一起举办宴会，就依序坐在各自的位置上，用以联络亲情关系。住在简陋的房屋之中，节约服饰、车马等用度，车辆上不摆设雕几，器物上不使用雕刻，饮食上不追求奢侈，心中不存在放荡的心思，与天下百姓享有共同的利益。以前的古圣贤王就是这样行礼的。"

哀公说："现在的国君为什么不能这样做了呢？"

孔子回答道："现在的国君，爱好财利贪得无厌，纵欲放荡不知厌倦，荒怠政务到处遨游，一味压榨百姓来满足自己的贪心，以致百姓怨恨国家。现在的国君还违背民众的意愿，去讨伐有道之国。为了满足国君的欲望，不择手段；虐待致死而肆意刑杀，不照法度办事。昔日的国君治理和役使民众用的是前面的办法，现在的国君治理和役使民众用的是后面的办法，这就是现在的国君不能以礼治国的原因啊。"

言偃问曰①："夫子之极言礼也，可得而闻乎？"

孔子言："我欲观夏道，是故之杞②，而不足征也，吾得《夏时》焉③。我欲观殷道，是故之宋，而不足征也，吾得《坤乾》焉④。《坤乾》之义，《夏时》之等，吾以此观之。夫礼，初也始于饮食。太古之时，燔黍擘豚⑤，汙蹲抔饮⑥，蒉桴土鼓⑦，犹可以致敬鬼神。及其死也，升屋而号告曰：'高⑧！某复⑨！'然后饮腥苴熟⑩，形体则降，魂气则上，是谓天望而地藏也⑪。故者南向⑫，死者北首⑬，皆从其初也。

"昔之王者，未有宫室，冬则居营窟⑭，夏则居橧巢⑮。未有火化⑯，食草木之实，鸟兽之肉，饮其血，茹其毛。未有丝麻，衣其羽皮。后圣有作，然后修火之利，冶金合土，以为宫室户牖。以炮以燔⑰，以烹以炙，以为醴酪⑱。治其丝麻，以为布帛，以养生送死，以事鬼神。

"故玄酒在室⑲，醴醆在户⑳，粢醍在堂㉑，澄酒在下㉒。陈其牺牲，备其鼎俎㉓，列其琴、瑟、管、磬、钟、鼓，以降上神，与其先祖。以正君臣，以笃父子，以睦兄弟，以齐上下，夫妇有所，是谓承天之佑。

"作其祝号^㉔，玄酒以祭，荐其血毛，腥其俎，熟其殽^㉕。越席以坐^㉖，疏布以幂^㉗，衣其浣帛^㉘，醴醆以献，荐其燔炙。君与夫人交献^㉙，以嘉魂魄。然后退而合烹，体其犬豕牛羊，实其簠簋笾豆铏羹^㉚，祝以孝告，嘏以慈告^㉛，是为大祥。此礼之大成也。"

【注释】①言偃：叔氏，字子游，春秋时期吴国人，孔子弟子，以文学著称。

②杞：即杞国，是中国历史上自夏朝到战国初年的一个诸侯国，姒姓，是禹的直系后裔，在今河南省杞县一带。

③《夏时》：夏朝的历法。

④《坤乾》：古书名，即古《易》书。

⑤燔（fán）黍擘（bò）豚：上古烹饪用具出现前对食物的简单加工情况。燔黍，古时炊爨尚未用釜甑，将黍米放在烧石上烤熟而食。燔，使肉烤熟。擘，分开，掰开。豚，小猪。

⑥汙（wā）鐏抔（póu）饮：掘地为坑当酒樽，以手捧酒而饮。鐏，同"樽"。

⑦蒉桴（kuài fú）：用草和土抟成的鼓槌。蒉，即凷（kuài），块，土的意思。土鼓：以陶土为框，两面蒙皮的一种原始打击乐器。

⑧高：通"皋"，置于句首，表示拉长而缓慢的语气。即"啊""哎"等呼号的声音。

⑨某复：古人为刚咽气的亲人招魂的习俗。意为"某某你快回来"。

⑩饭腥苴（jū）熟：古代送死送葬的风俗，人刚死，使口含珠贝或

生稻之米，安葬前，在苞苴上放置熟物祭奠死者。

⑪天望：人刚死，望天而招魂。地藏：埋葬于地。

⑫南向：古人认为南方属阳，因此生者以南为尊。

⑬北首：头朝北，古代礼制，古人认为北方属阴，人死入葬，尸体头朝北，所以北首为死人之象。

⑭营窟：上古时掘地或累土而成的住所，一说是相连的洞穴。

⑮橧（zēng）巢：古时用柴木在树上筑成像鸟巢一样的住所。

⑯火化：用火烧熟食物。

⑰炮（páo）：一种烹调方法，在旺火上急炒。

⑱醴（lǐ）酪：甜酒和奶酪。酪，用乳汁制的半凝固状食品。

⑲玄酒：古代祭礼中当酒用的清水。

⑳醴醆（zhǎn）：甜酒和白酒。

㉑粢醍：浅红色的清酒。

㉒澄酒：一种清酒。

㉓鼎俎：鼎和俎。古代祭祀、燕飨时陈置牲体或其他食物的礼器。

㉔祝号：六祝六号。六祝，祭神的六种祈祷辞。六号，古代对三种神祇和三种祭品各有美称，合称"六号"。

㉕殽：通"肴"，菜肴。

㉖越席：结蒲草为席。

㉗疏布：素布，粗布。幂：覆盖。

㉘浣帛：经过煮练染色的丝织品，多用作祭服。

㉙交献：古代祭祀仪式之一，帝、后交替献酒以祀神。

㉚簠簋（fǔ guǐ）：簠与簋，古代祭祀时盛稻粱黍稷的两种礼器，青

铜制，长方形，有四短足，有盖。笾（biān）豆：笾与豆，古代祭祀及宴会时常用的两种礼器，用来盛枣栗之类的竹器为笾，盛菹醢之类的高脚木器为豆。铏（xíng）羹：古代祭祀时盛在铏器中调和五味的羹。

㉛嘏（gǔ）：古代祭祀时，执事人（祝）为受祭者（尸）致福于主人。王肃注："嘏，传先祖语于孝子。"

【译文】言偃问孔子："夫子您极力推崇的礼，可以给我讲讲吗？"

孔子说："我曾经想要了解夏朝的礼仪，所以前往杞国，但年代久远，已经无法验证了，我得到了夏朝的历法《夏时》。我曾经想要了解殷朝的礼仪，所以前往宋国，也无法得到验证，我得到了他们的易书《坤乾》。我通过阅读这两部书，看到了《坤乾》中的道理，《夏时》中的尊卑。礼，起初诞生于饮食之中。太古的时候，烹饪用具尚未出现之前，人们只懂得把黍米放在烧石上烧熟，把猪肉放在烧石上烤熟，在地上挖个坑当作酒樽，用手捧着酒喝，用草和土抟成的鼓槌敲击土鼓，虽然如此，也可以向鬼神表达敬意。等到有人去世的时候，其他人就爬上屋顶高声呼喊：'哎！某某某你快回来！'然后给死者口中含上珠贝或生稻米，还在安葬的时候把食物放在草袋上祭奠死者，尸体埋入地下，魂魄升上天空，这就是所谓的望天招魂和埋葬于地。所以活着的人面朝南方属阳，死去的人尸体头朝北方属阴，全都是遵从最初定下的规矩啊。

"昔日的国君不懂建造房屋，冬天就住在地穴里，夏天就居住在柴木建造的巢穴中。当时不懂用火烧熟食物，只吃草木的果实，生吃鸟兽的肉，喝下动物的血，吃下带毛的肉。当时不懂纺织丝麻，只穿着鸟羽兽皮。后来有圣人出现，懂得利用火的便利，冶炼金属混合泥土，建造房屋门窗。或炒或烧，或煮或烤，制作甜酒和奶酪。利用丝麻，制作各类布帛，用以供养生者、料理丧事以及祭祀鬼神。

"所以祭祀之时，把清水放在屋内，把甜酒和白酒放在门内，把浅红的清酒放于礼堂，把清酒放在堂下。摆好祭祀用的牲畜，准备好放置煮熟牺牲的礼器，排列好琴、瑟、管、磬、钟、鼓等乐器，用来迎接上神和家中先祖的降临。在祭祀中端正君臣关系，增强父子感情，使兄弟和睦相处，使上下都能得到好处，使夫妻各有自己应处的地位，这就是所谓的蒙受老天的保佑。

"祭祀中准备六祝六号的时候，设置玄酒以祭神，先进献牲畜的血和毛，再将生肉放在礼器之中，最后将半生不熟的牲肉献上。践踏蒲席，用粗布盖着酒樽，身穿祭服，以醴酒和酸酒为献礼，祭献烤肉。主人和主妇交替献酒，以使祖先的灵魂感到欣慰。然后退下，并把所有进献过的牲畜一起煮熟，分解狗、猪、牛、羊，用黍稷稻粱盛满簋簠、用枣栗肉酱盛满笾豆、用调和五味的羹汤盛满铏器，庙祝的祝辞要将主人的孝心传达给先祖，嘏辞则把先祖的慈爱转达给主人，这就是大祥。这样祭礼就算大功告成了。"

五仪解第七

【题解】领导者最重要的能力之一是知人善任，老子教诲我们"知人者智，自知者明"。古人说"欲知人者先自知"，自知方可知人。这一篇正是鲁国国君向孔子求教怎样自知、知人，怎样用人。

孔子首先向鲁哀公介绍了五种人的标准，即庸人、士人、君子、贤人、圣人。这个标准就像一面镜子，让我们每个人都能清楚看到自己是哪个位次的人。鲁哀公是个聪明人，当然用不着孔子评价他。孔子告诉哀公这五种人，既能帮助他认清、识别人才，又给了他一把衡量自己的尺子。

鲁哀公生长于深宫后院，他虽然明白了上述标准，但很担心自己还不知人间哀、忧、劳、惧、危的情感，恐怕不能用好这些方法，所以再次请教孔子该怎么办。孔子就从哀公每天面对的事情启发他学习体会这五种情感，让我们领略到圣人的智慧和仁慈：应机教化，生活处处皆学问。最后还讲出了"君者舟也，民者水也。水所以载舟，亦所以覆舟"这一千古名句。

接着，哀公又问取人之法，孔子强调取舍之要，无不是先德后才。尤其强调，没有德行而又非常聪明能干的人，就像豺狼一样，这样的人不可以接近。

最后哀公问，一个国家的存亡祸福，是天命支配，而非人力所能改变，对吗？孔子肯定地回答，存亡祸福，都是由自己决定的。还告诉我们，天灾与怪异的现象胜不过良好的政治；不好的梦兆胜不过良好的品行。

本篇虽然谈及许多关于人才识别、任用的问题，但孔子在应对中，自始至终无不贯穿着首重德行的观念，反映出在孔门四科——"德行、言语、政事、文艺"中，德行是首位的。

哀公问于孔子曰："寡人欲论鲁国之士①，与之为治，敢问如何取之？"

孔子对曰："生今之世，志古之道②；居今之俗，服古之服。舍此而为非者③，不亦鲜乎？"

曰："然则章甫絇履④、绅带缙笏者⑤，皆贤人也？"

孔子曰："不必然也。丘之所言，非此之谓也。夫端衣玄裳⑥，冕而乘轩者，则志不在于食荤；斩衰菅菲⑦，杖而歠粥者⑧，则志不在于酒肉。生今之世，志古之道；居今之俗，服古之服，谓此类也。"

公曰："善哉！尽此而已乎？"

孔子曰："人有五仪⑨，有庸人，有士人，有君子，有贤人，有圣人。审此五者，则治道毕矣。"

公曰："敢问何如斯可谓之庸人？"

孔子曰："所谓庸人者，心不存慎终之规[10]，口不吐训格之言[11]，不择贤以托其身，不力行以自定。见小暗大[12]，而不知所务；从物如流，不知其所执。此则庸人也。"

公曰："何谓士人？"

孔子曰："所谓士人者，心有所定，计有所守，虽不能尽道术之本[13]，必有率也；虽不能备百善之美，必有处也。是故智不务多，必审其所知；言不务多，必审其所谓；行不务多，必审其所由。智既知之，言既道之，行既由之，则若性命之于形骸不可易也[14]。富贵不足以益，贫贱不足以损。此则士人也。"

公曰："何谓君子？"

孔子曰："所谓君子者，言必忠信而心不怨，仁义在身而色无伐[15]，思虑通明而辞不专。笃行信道，自强不息。油然若将可越，而终不可及者。君子也。"

公曰："何谓贤人？"

孔子曰："所谓贤人者，德不逾闲[16]，行中规绳[17]。言足以法于天下而不伤于身，道足化于百姓而不伤于本。富则天下无宛财[18]，施则天下不病贫。此贤者也。"

公曰："何谓圣人？"

孔子曰："所谓圣人者，德合于天地，变通无方[19]。穷万事之终始，协庶品之自然[20]，敷其大道而遂成情性[21]。明并日月，化行若神。下民不知其德，睹者不识其邻。此谓圣人也。"

公曰："善哉！非子之贤，则寡人不得闻此言也。虽然，寡人生于深宫之内，长于妇人之手，未尝知哀，未尝知忧，未尝知劳，未尝知惧，未尝知危，恐不足以行五仪之教，若何？"

孔子对曰："如君之言，已知之矣，则丘亦无所闻焉。"

公曰："非吾子，寡人无以启其心，吾子言也。"

孔子曰："君子入庙，如右②，登自阼阶，仰视榱桷㉓，俯察几筵㉔，其器皆存，而不睹其人。君以此思哀，则哀可知矣。昧爽夙兴㉕，正其衣冠；平旦视朝㉖，虑其危难。一物失理，乱亡之端。君以此思忧，则忧可知矣。日出听政，至于中冥㉗。诸侯子孙，往来为宾。行礼揖让，慎其威仪。君以此思劳，则劳亦可知矣。缅然长思㉘，出于四门，周章远望㉙，睹亡国之墟，必将有数焉。君以此思惧，则惧可知矣。夫君者，舟也；庶人者，水也。水所以载舟，亦所以覆舟。君以此思危，则危可知矣。君既明此五者，又少留意于五仪之事，则于政治何有失矣！"

【注释】①抡：古同"抡"，挑选。

②志古：笃信古道。

③舍此：指处于这种处境的人，有此种作为的人。

④絇（qú）履：有絇饰的鞋。絇，古时鞋上的装饰物。

⑤绅带：古时士大夫束腰之大带。缙笏：插笏，古代君臣朝见时均执笏，用以记事备忘，不用时插于腰带上。

⑥端衣：古代一种礼服，多用于丧祭场合。

⑦斩衰：旧时五种丧服中最重的一种，用粗麻布制成，左右和下边不缝，服制三年，子以及未嫁女为父母，媳为公婆，承重孙为祖父母，妻妾为夫，均服斩衰，先秦诸侯为天子、臣为君亦服斩衰。菅（jiān）菲：菅

履，草鞋。

⑧歠（chuò）粥：喝粥。歠，饮，喝。

⑨五仪：五等，这里指人的五个等次。

⑩慎终：慎重地考虑到事情的后果。

⑪训格之言：可以奉为行为准则的教诲之言。

⑫见小暗大：小事清楚，大事糊涂。

⑬道术：治理国家的方法。

⑭形骸：人的身体。

⑮色无伐：没有自夸的神色。伐，自夸。

⑯逾闲：越出法度。

⑰规绳：规矩绳墨，比喻法度。

⑱宛财：积聚财物。

⑲无方：无定例、无定规。

⑳庶品：众物，万物。

㉑敷：传布。

㉒如右：此指沿着右侧行走，古人以右为尊。

㉓榱桷（cuī jué）：屋椽。

㉔几筵：案桌。

㉕昧爽：拂晓，黎明。

㉖平旦：天亮的时候，古人根据天色把夜半以后分为鸡鸣、昧旦、平旦三阶段：昧旦指天将亮而未亮的时间；平旦指天亮的时间。视朝：临朝听政。

㉗中冥：午后。

㉘缅然：遥远的样子。长思：思虑深远。

㉙周章：周遍流行、遍及各地。

【译文】哀公问孔子："寡人想要挑选鲁国的人才，和他们一同治理国家，请问该如何选取人才呢？"

孔子回答道："生于今世，笃信古人之道；处于现今的习俗，身穿古时的衣服。这样做了还会为非作歹的人，不也很少见吗？"

哀公问："这样的话，头戴章甫、脚穿绚履、系着绅带、腰插笏板的人，都是贤人吗？"

孔子说："不一定。我刚才的话，并不是这个意思。那些身穿端衣玄裳，头戴冠冕，出入乘车的人，他们的志向不在于可以吃荤；而身穿麻衣丧服，脚穿草鞋，手拄丧杖，只能喝粥的人，他们的志向也不在于可以喝酒吃肉。生活在当今的世上，笃信古人之道；处于现今的习俗，身穿古时的衣服，说的就是这类人。"

哀公说："说得好！这就全都说完了吗？"

孔子说："人可以分五个等次，有庸人，有士人，有君子，有贤人，有圣人。能够分得清这五种人，那治国之道就完备了。"

哀公说："请问怎样的人才叫庸人？"

孔子说："所谓庸人，他们心中没有善始善终的规诫，口中说不出可以奉为准则的言语，不结交贤人为友，不努力做事来稳定自己的地位。小事清楚，大事糊涂，不知自己该干什么；只知道随大流，不知道自己该把握什么。这样的人就是庸人。"

哀公说："请问什么是士人？"

孔子说："所谓士人，他们的心中有确定的原则，有明确的计划，虽然不能尽到治理国家的本分，也一定有遵循的法则；虽然不能集百善于一身，也必定有自己的处世之道。所以他们的知识不一定渊博，但一定要清楚所掌握的知识是否正确；话不一定说得很多，但一定要清楚自己说得是否合理；做事不一定做得很多，但一定要清楚做得是否符合事理。已经掌握的知识一定是准确无误的，说出口的话一定是准确得当的，所做的事一定是符合事理的，那么这就像生命对于身体不可改变一样。富贵不能够对他有所增益，贫贱不能够对他有所减损。这样的人就是士人。"

哀公说："请问什么是君子？"

孔子说："所谓君子，言谈必定忠诚信实，心中没有怨恨，为人宽厚正直却没有自夸之色，思虑通明，说话不会专横。笃行信道，自强不息。从容和缓好像将要被人超越，却始终不能追上。这样的人就是君子。"

哀公说："请问什么是贤人？"

孔子说："所谓贤人，德行不逾越法度，行为还符合标准。言论足以让天下效法而不会给自身招致灾祸，道德足以教化百姓却不会给自己带来伤害。自己富有的话，天下人就不用积聚财富，广施恩惠的话，天下人就不用忧虑贫穷。这样的人就是贤人。"

哀公说："请问什么是圣人？"

孔子说："所谓圣人，德行与天地之道相合，不会墨守成规。穷究世间万事的演变之理，协调世间万物的本性，传布大道而成就本性。像日月一样明辨事理，像神灵一样使教化施行。天下百姓不知道他的德行，看到他的人也没能认出他就在身边。这样的人就是圣人。"

哀公说："说得好啊！若非有您这样贤德的人，寡人就没法听到这些言论啊。虽然如此，但是寡人生于深宫之中，长于妇人之手，从来不知道什么是哀伤，什么是忧虑，什么是辛劳，什么是恐惧，什么是危险，恐怕还不足以实行五仪之教，这该怎么办呢？"

孔子回答道："照您刚才的那番话，说明您已经知道该怎么做了，而我也没有更多见闻需要向您转达的了。"

哀公说："若非您的话，寡人的心就无法获得启发，您再给我讲一讲吧。"

孔子说："您进入宗庙举行祭祀，沿着右侧行走，从东阶而上，仰头看到屋椽，俯身查看案桌，先祖使用过的器物都还在，却看不到祖先的身影。您因此想到哀伤，就知道什么是哀伤了。您天还没亮就起床，端正衣冠；天一亮就临朝听政，考虑国家是否会有危难。一件事处理不当，就会成为国家混乱灭亡的开始。您因此想到忧虑，就知道什么是忧虑了。太阳升起后就处理政事，直到午后。接待各国诸侯及子孙，还有往来的宾客。见面行礼揖让，谨慎地展示国君的威仪。国君因此想到辛劳，就知道什么是辛劳了。心怀忧思，走出城门，周游各地，登高远望，亲眼看到那些亡国的废墟，可见一定有数个灭亡的国家。国君因此感到恐惧，就知道什么是恐惧了。国君是舟，百姓是水。水可以载舟，也可以覆舟。国君因此想到危险，就知道什么是危险了。国君能明白这五个方面，再稍微留心五仪之事，那么治理国家时还会有什么失误呢！"

哀公问于孔子曰："请问取人之法？"

孔子对曰："事任于官，无取捷捷[①]，无取钳钳[②]，无取啍啍[③]。捷捷，贪也；钳钳，乱也；啍啍，诞也[④]。故弓调而后求劲焉，马服而后求良焉，士必悫而后求智能者。不悫而多能，譬之豺狼不可迩⑤。"

【注释】①捷捷：贪食的样子，引申为贪得无厌。

②钳钳：妄言不谨诚的样子。

③哼哼：多言的样子。哼，通"谭"。

④诞：欺诈，虚妄。

⑤迩：近。

【译文】哀公问孔子："请问您选拔人才的原则是什么？"

孔子回答道："要根据每个人的能力来授予相应的官职，不选取贪得无厌的人，不选取随口胡说的人，不选取多嘴多舌的人。捷捷，就会贪得无厌；钳钳，就会扰动是非；哼哼，就会欺诈虚妄。所以弓要先调整好再要求有劲，马要先驯服好再要求跑得快，士人必须先诚实谨慎再要求有智谋和才能。一个人如果不诚信却十分有才，就像豺狼一样不可接近。"

哀公问于孔子曰："寡人欲吾国小而能守，大则无攻，其道如何？"

孔子对曰："使君朝廷有礼，上下相亲，天下百姓皆君之民，将谁攻之？苟违此道，民畔如归①，皆君之仇也，将与谁守？"

公曰："善哉！"于是废泽梁之禁，弛关市之税②，以惠百姓。

【注释】①畔：通"叛"，背叛。

②弛：解除，取消。关市：关隘与市场，古代指设在交通要道的集

市，后来专指设在边境同外族或外国通商的市场。

【译文】哀公问孔子："寡人想要鲁国国力弱小时而能够自守，国力强大时也不去征伐，有什么办法能做到呢？"

孔子回答道："假若您的朝廷内外讲究礼制，上至君王下到百姓都互相亲爱，那么天下的百姓就都是您的子民，谁还会来攻伐您呢？假如有违此道，百姓就会像急着回家一样离开您，那么天下百姓都是您的仇人，谁还会来守卫您呢？"

哀公说："说得好啊！"于是废除了禁止百姓进入山林和川泽的政令，取消了关市的税收，以此惠及百姓。

哀公问于孔子曰："吾闻君子不博①，有之乎？"

孔子曰："有之。"

公曰："何为？"

对曰："为其二乘②。"

公曰："有二乘，则何为不博？"

子曰："为其兼行恶道也③。"

哀公惧焉。

有间④，复问曰："若是乎，君子之恶恶道至甚也？"

孔子曰："君子之恶恶道不甚，则好善道亦不甚；好善道不甚，则百姓之亲上亦不甚。《诗》云⑤：'未见君子，忧心惙惙⑥。亦既见止，亦既觏止⑦，我心则悦。'《诗》之好善道甚也如此。"

公曰："美哉！夫君子成人之善，不成人之恶。微吾子言焉，吾弗之闻也。"

【注释】①博：即博戏，古代的一种棋戏。

②二乘：相互争胜。

③兼行恶道也：王肃注："此具博三十六道也。"

④有间：片刻，有一会儿。

⑤《诗》：即《诗经·召南·草虫》。

⑥惙惙（chuò）：忧伤貌。

⑦觏（gòu）止：遇见，相遇。

【译文】哀公问孔子："我听说君子不参与博戏，有这回事吗？"

孔子说："确实有这回事。"

哀公说："为什么呢？"

孔子回答说："因为博戏时双方会互相争胜。"

哀公说："博戏时双方互相争胜，为什么就不能参与博戏呢？"

孔子说："因为争胜之心会让人走上邪道。"

哀公对此感到害怕。

过了一会儿，哀公又问孔子："如果真是这样的话，君子一定特别厌恶邪道吧？"

孔子说："君子如果不特别厌恶邪道的话，那么对正道也不会特别喜欢；不喜欢正道的话，那么百姓也不会特别亲近他们。"《诗经》上说：'未见君子，忧心忡忡。遇见君子，满心欢喜。'《诗经》中特别喜好正道也是这样啊。"

哀公说："说得好啊！君子成就别人的善事，不成就别人的恶事。没有您的这番话，我就不会听到这样的道理啊。"

哀公问于孔子曰:"夫国家之存亡祸福,信有天命①,非唯人也?"

孔子对曰:"存亡祸福,皆己而已,天灾地妖,不能加也。"

公曰:"善! 吾子之言,岂有其事乎?"

孔子曰:"昔者殷王帝辛之世②,有雀生大鸟于城隅焉③,占之者曰:'凡以小生大,则国家必王,而名必昌。'于是帝辛介雀之德④,不修国政,亢暴无极⑤,朝臣莫救,外寇乃至,殷国以亡。此即以己逆天时,诡福反为祸者也。又其先世殷王太戊之时⑥,道缺法圮⑦,以致夭蘖⑧,桑穀生于朝⑨,七日大拱⑩,占之者曰:'桑穀野木而不合生朝,意者国亡乎?'太戊恐骇,侧身修行⑪,思先王之政,明养民之道,三年之后,远方慕义,重译至者⑫,十有六国。此即以己逆天时,得祸为福者也。故天灾地妖,所以儆人主者也⑬;寤梦征怪⑭,所以儆人臣者也。灾妖不胜善政,寤梦不胜善行。能知此者,至治之极也,唯明王达此。"

公曰:"寡人不鄙固此⑮,亦不得闻君子之教也。"

【注释】①信: 果真,的确。

②帝辛: 即商纣王。

③城隅: 城墙角上作为屏障的女墙。

④介雀之德: 王肃注:"介,助也,以雀之德为助也。"介,因,凭借。

⑤亢暴: 强暴,凶暴。

⑥太戊: 商王太甲之孙,商朝君主,与太甲、祖乙并称三示,即三位

有贡献的君主。

⑦圮(pǐ)：毁灭，断绝。

⑧夭蘖(niè)：指树木生长出现反常的情况。蘖，树木砍去后从残存茎根上长出的新芽，泛指植物近根处长出的分枝。

⑨桑榖(gǔ)：二木名，古时迷信以桑榖生于朝为不祥。

⑩大拱：形容粗大。拱，两手合围。

⑪侧身：形容恐惧不安。

⑫重译：辗转翻译。

⑬儆：使人警醒，不犯过错。

⑭寤梦：醒时有所见而成之梦，与无所见而全凭想象者异。征怪：怪异的征兆。

⑮鄙固：鄙陋，不通达。

【译文】哀公问孔子："国家的存亡祸福，真是天命而决，不是只靠人力就能改变的吗？"

孔子回答道："存亡祸福，都是由人自己决定的，天灾地妖，是不能改变一个国家的运势的。"

哀公说："说得好啊！您的言论，莫非有什么事实依据吗？"

孔子说："昔日在殷纣王帝辛的年代，有一只鸟在国都的城墙角生下一只大鸟，负责占卜的人占卜后说：'凡是以小生大，那么国家必定会称霸天下，国名必定会广传天下。'于是商纣王因小雀生下大鸟这个吉兆，不理朝政，残暴至极，朝中大臣也没人能挽救，外敌前来讨伐，商朝因此灭亡。这就是凭借一己之力违逆天时，诡异的福兆反而变成灾祸的例子。在商纣王的先祖殷王太戊之时，道德缺失，法纪崩坏，以至于出现夭天的树苗，朝堂上生长出桑、榖二树，仅仅七天就长到两手合围那么粗，负责占卜的人占卜后说：'桑、穀这样野生的树木不应该生长于朝堂之上，上天难道是要灭亡我国吗？'太戊恐惧至极，整日里修养德行，思考先王治国之道，了解养育人民的方法，这样三年之后，远方的国家倾慕殷朝的仁义，辗转传译前来朝见的，有十六国之多。这就是凭借一己之力违逆天时，灾祸的征兆反而变为福祉的事实依据。天灾地妖，是用来警戒国君不再犯错的；梦中的各种怪异征兆，是用来警戒臣子不再犯错的。天灾地妖胜不过善政，梦中的各种怪异征兆胜不过善行。能明白这个道理的人，就能使国家政治修明、繁荣昌盛，只有圣明的国君才能做到。"

哀公说："寡人如果不是鄙陋至此，也就听不到您的这番教诲了。"

哀公问于孔子曰："智者寿乎？仁者寿乎？"

孔子对曰："然。人有三死，而非其命也，行己自取也。夫寝处不时①，饮食不节，逸劳过度者，疾共杀之。居下位而上干其君②，嗜欲无厌而求不止者，刑共杀之。以少犯众，以弱侮强，忿怒不类③，动不量力者，兵共杀之。此三者，死非命也，人自取之。若夫智士仁人，将身有节④，动静以义，喜怒以时，无害其性，虽得寿焉，不亦可乎？"

【注释】①寝处不时：指日常起居不合时宜。

②干：触犯，冒犯，冲犯。

③类：法，这里指合乎礼法。

④将身：立身处世。

【译文】哀公问孔子："有智慧的人能长寿吗？有仁德的人能长寿吗？"

孔子回答说："是的。人有三种死法，并非命中注定，而是自己折损掉的。日常起居不合时宜，吃喝饮食不加节制，过度安逸、过度劳累的人，疾病就会夺去他的性命。居于下位却无视国君，贪得无厌、索求无度的人，刑罚就会夺去他的性命。用少数人去侵犯多数人，自己弱小去欺负强大的人，愤怒时无法克制自己，做事不自量力，刀兵战事就会夺去他的性命。这三种人，都是死于非命，也是咎由自取。而那些有才智有德行的人，立身处世坚持操守，行为举止遵循道义，情绪喜怒合于时宜，不违背自己的本性，他们能够长寿，不也是正常的吗？"

卷二

致思第八

【题解】一个领导人，其处事待人的存心如何，非常重要。古代圣王贤臣无不以仁爱存心，处处为别人着想。本篇的三个事例，都是讲孔子启发学生体会仁爱存心。

作为司法官吏，季羔对罪犯的态度是秉公执法而又同情不忍，这样的存心，让犯人后来在紧要关头能心存感恩，救他的性命。孔子感叹地说："思仁恕则树德，加严暴则树怨。"

作为地方官的子路，看到百姓的苦难，想到的是自己救济。孔子则批评他，不能这样做。赈灾的事情要让君王来做，使百姓对君王感恩戴德，而不是感激你，这才是为臣者应该具有的存心，为君王着想，为大局着想。

子贡请教如何管理人民，孔子说如果用伦理道德来教化百姓，他们就会成为通情达理的好人；否则，他们就会变成我们的仇敌。圣贤所思，无非是敬人、爱人。

孔子北游于农山①，子路、子贡、颜渊侍侧②。孔子四望，喟然而叹曰:"于斯致思,无所不至矣。二三子各言尔志,吾将择焉。"

子路进曰:"由愿得白羽若月③,赤羽若日④,钟鼓之音上震于天,旌旗缤纷下蟠于地⑤。由当一队而敌之⑥,必也攘地千里⑦,搴旗执馘⑧。唯由能之,使二子者从我焉。"

夫子曰:"勇哉!"

子贡复进曰:"赐愿使齐、楚合战于漭瀁之野⑨,两垒相望,尘埃相接,挺刃交兵。赐着缟衣白冠⑩,陈说其间,推论利害,释二国之患。唯赐能之,使夫二子者从我焉。"

夫子曰:"辩哉!"

颜回退而不对。孔子曰:"回,来,汝奚独无愿乎?"

颜回对曰:"文武之事,则二子者既言之矣,回何云焉?"

孔子曰:"虽然,各言尔志也,小子言之。"

对曰:"回闻薰莸不同器而藏⑪,尧桀不共国而治⑫,以其类异也。回愿得明王圣主辅相之,敷其五教⑬,导之以礼乐,使民城郭不修,沟池不越⑭,铸剑戟以为农器,放牛马于原薮⑮,室家无离旷之思⑯,千岁无战斗之患。则由无所施其勇,而赐无所用其辩矣。"

夫子凛然曰:"美哉!德也。"

子路抗手而对曰⑰:"夫子何选焉?"

孔子曰:"不伤财,不害民,不繁词,则颜氏之子有矣。"

【注释】①农山:山名,在鲁国境内。

②颜渊：即颜回，曹姓，颜氏，名回，字子渊，春秋末期鲁国人，孔子门生，尊称复圣颜子。

③白羽：古代军中主帅所执的指挥旗，又称白旄，亦泛指军旗。

④赤羽：赤色旗帜。

⑤旍（jīng）旗：旗子的通称。蟠：屈曲，环绕，盘伏。

⑥当：率领。

⑦攘地：开拓疆土。

⑧搴（qiān）旗：拔取敌方旗帜。馘（guó）：通"聝"，古代战争中割取敌人的左耳以计数献功。

⑨漭瀁（mǎng yǎng）：广大的样子。

⑩缟衣白冠：白色衣冠，是一种凶服。

⑪薰莸（yóu）：香草和臭草，比喻善与恶。薰，香草名，即蕙草，俗名佩兰，又名零陵香。莸，古书上指一种有臭味的草。

⑫尧桀：即唐尧和夏桀。

⑬五教：五常之教，指父义、母慈、兄友、弟恭、子孝五种伦理道德的教育。

⑭沟池：护城河。

⑮薮：生长着很多草的湖泽。

⑯离旷：丈夫离家，妇人独处。

⑰抗手：举手，施礼。

【译文】孔子北游来到农山，子路、子贡、颜渊陪侍左右。孔子向四方眺望，深深地感叹道："在这里思考问题，没有想不出的。你们各自谈谈自己的志向，我将从中进行选择。"

子路上前说："我希望得到像月亮一样皎洁的白色指挥旗，像太阳一样耀眼的赤色战旗，让敲击钟鼓的声音在天空中回荡，繁多杂乱的旌旗在地面上飘扬。我率领一队人马去征伐敌人，定会开拓千里疆土，拔取敌人的旗帜，割取敌人的左耳。这件事只有我能做到，您就让子贡和颜渊跟着我吧。"

孔子说："真是勇武啊！"

子贡也上前说："我希望出使到齐、楚两国正在交战的广阔战场上，两国的营垒互相对望，两军激起的尘埃到处飞扬，士兵们举起兵刃交战。我穿着缟衣，戴着白冠，在两军之间奔走相劝，陈述战争的利弊，消除两国之间的灾祸。这件事只有我能做到，您就让子路和颜渊跟着我吧。"

孔子说："真是善辩啊！"

颜回后退不回答。孔子说："颜回，过来，为什么只有你没谈论志向呢？"

颜回回答说："文武这两方面的事，子路和子贡都已谈论过了，我还有什么可说的呢？"

孔子说："虽然如此，大家也只是各自谈谈自己的志向，你就说说吧。"

颜回回答说："我听说香草和臭草不能放在同一个容器中，唐尧和夏桀不能共同治理一个国家，因为他们不是同类。我希望能辅佐明王圣主去治理国家，向百姓传布父义、母慈、兄友、弟恭、子孝这五常之教，用礼乐来教导百姓，让百姓不用修筑城墙，不用跨越护城河，把剑戟之类的兵器铸成农具，在平原湖泽放牧牛马，家中妇女不用因为丈夫离家而挂念，长久没有战争的隐患。这样的话子路就没有机会施展他的勇武，子贡也没有机会施展他的善辩了。"

孔子神情严肃地说:"说得好啊! 真是仁德啊!"

子路举手施礼问道:"夫子您选择哪一种呢?"

孔子说:"不滥用钱财,不危害百姓,不夸夸其谈,就只有颜回的志向满足这三点啊。"

鲁有俭啬者,瓦鬲煮食食之①,自谓其美,盛之土型之器②,以进孔子。孔子受之,欢然而悦,如受大牢之馈③。

子路曰:"瓦甂④,陋器也。煮食,薄膳也。夫子何喜之如此乎?"

子曰:"夫好谏者思其君,食美者念其亲,吾非以馔具之为厚⑤,以其食厚而我思焉。"

【注释】①瓦鬲(lì):古代陶制的炊器,三足,形似鼎而无耳。

②土型:古代一种盛汤羹的瓦器。

③大牢:祭祀时并用的牛、羊、豕三牲,也称"太牢"。牢,古时人们祭祀燕烹时用的牲畜。

④瓦甂(biān):古代陶制的扁形盆类器物。

⑤馔具:陈设食物之具,餐具。

【译文】鲁国有一个节俭的人,用瓦鬲煮熟食物然后吃掉,自己觉得这样烹饪非常美味,就用一种专门盛汤羹的瓦器装上食物,进献给孔子。孔子接受了这些食物,非常开心,就像接受了大牢一样。

子路说:"瓦甂,是简陋的器具。水煮的食物,也是薄膳。夫子您为什么这么开心呢?"

孔子说:"喜好进谏的人时刻思念着国君,喜好美食的人时刻思念着亲人，我重视的并不是餐具的好坏，而是因他吃到美食还想着我而开心。"

孔子之楚，而有渔者而献鱼焉，孔子不受。渔者曰："天暑市远，无所鬻也，思虑弃之粪壤，不如献之君子，故敢以进焉。"

于是夫子再拜受之，使弟子扫地，将以享祭。门人曰："彼将弃之，而夫子以祭之，何也？"

孔子曰："吾闻诸，惜其腐馁①，而欲以务施者②，仁人之偶也，恶有受仁人之馈而无祭者乎③？"

【注释】①腐馁（rěn）：腐烂变质。

②务施：乐善好施。

③恶：古同"乌"，疑问词，哪，何。

【译文】孔子到楚国，有一个渔夫献给他一些鱼，孔子不肯接受。渔夫说："天气炎热市场遥远，无处可卖，想着与其扔到污秽之地，不如献给君子，所以我才敢献给您。"

于是孔子郑重地拜了两次接受了这些鱼，让弟子扫除地上的尘土和污物，准备举行祭祀。弟子说："渔夫本来是要把这些鱼扔掉的，而夫子却要用这些鱼来进行祭祀，这是为什么呢？"

孔子说："我听说，舍不得食物腐烂变质，而把它施舍给他人的人，和仁德的人是同类啊，哪有接受了仁德之人的馈赠而不进行祭祀的呢？"

季羔为卫之士师①，刖人之足②。俄而，卫有蒯聩之乱③，季羔逃之，走郭门④，刖者守门焉。谓季羔曰："彼有缺。"季羔曰："君子不逾。"又曰："彼有窦⑤。"季羔曰："君子不隧⑥。"又曰："于此有室。"季羔乃入焉。

既而追者罢，季羔将去，谓刖者："吾不能亏主之法而亲刖子之足，今吾在难，此正子之报怨之时，而逃我者三，何故哉？"

刖者曰："断足，固我之罪，无可奈何。曩者君治臣以法令⑦，先人后臣，欲臣之免也，臣知。狱决罪定，临当论刑，君愀然不乐。见君颜色，臣又知之。君岂私臣哉？天生君子，其道固然，此臣之所以悦君也。"

孔子闻之，曰："善哉为吏！其用法一也⑧。思仁恕则树德，加严暴则树怨。公以行之，其子羔乎！"

【注释】①季羔：即高柴，字子羔，又称子皋、子高等，春秋时期齐国人，孔子弟子。士师：古代执掌禁令刑狱的官名。

②刖：古代的一种酷刑，把脚砍掉。

③蒯聩（kuǎi kuì）：即卫后庄公，姬姓，卫氏，卫灵公之子。

④郭门：古代的城池通常有两道墙，外墙称为郭，郭门即指外面城墙的城门。

⑤窦：孔、洞。

⑥隧：钻进地道，钻洞。

⑦曩：以往，从前，过去的。

⑧用法：依法断罪，泛指运用刑法。

【译文】季羔在卫国担任士师时，曾经砍下一个人的脚。过了不久，卫国发生蒯聩之乱，季羔准备逃走，逃到城门时，正是那个被砍下脚的人在守门。他对季羔说："那里有处缺口。"季羔说："君子不翻墙。"他又说："那里有个洞。"季羔说："君子不钻洞。"他又说："这里有间屋子。"季羔就躲入屋中。

过了一会儿追兵都回去了，季羔将要离去，对被砍下脚的人说："从前我不能违背国家的法律而亲自下令砍下您的脚，如今我正处在危难之中，这正是您报仇的时候，您却提供三种帮助我逃脱的方法，这是为什么呢？"

被砍下脚的人说："砍下我的脚，是我罪有应得，这是无可奈何的事。昔日您依照法令来惩治我，先审理他人的案子后审理我的，是想减免我的罪罚，这我知晓。案件判决罪名论定，等到行刑的时候，您愀然不乐。看见您的脸色，我就明白了。您岂有偏爱我的道理？您是天生的君子，本性就是这样仁德。这就是我爱戴帮助您的原因啊。"

孔子听说了这件事，说："季羔作为官员可真是太好了！他审案断狱始终以法律为准绳。断罪时心怀仁爱宽容就会树立恩德，断罪时用刑残酷暴虐就会结下仇怨。能够公正地依法断罪，大概就是子羔这样吧！"

孔子曰："季孙之赐我粟千钟也①，而交益亲。自南宫敬叔之乘我车也②，而道加行。故道虽贵，必有时而后重，有势而后行。微夫二子之贶财③，则丘之道殆将废矣。"

【注释】①季孙：即季康子，姬姓，季氏，名肥，谥康，史称"季康子"，春秋时期鲁国正卿。钟：古容量单位，春秋时齐国公室的公量，合六斛四斗。

②南宫敬叔：姬姓，鲁国南宫氏，名阅或说，谥敬，是孟僖子的儿子，在孔子准备向老聃求教时，向鲁国国君报请，使孔子出行拥有了马车，南宫敬叔也陪同前往。

③贶（kuàng）：赠，赐。

【译文】孔子说：“季孙氏送给我千钟粮食，我又转赠给朋友，使我和朋友的交往更加亲密了。自从南宫敬叔送给我马车，使我的求学之旅更加顺畅了。所以我的学说虽然珍贵，但也必须要有合适的时机才会被重视，要有足够的声势才能去施行。要是没有季孙氏和南宫敬叔赠送给我的财物，那么我的学说可能就要废弛了。”

孔子曰：“王者有似乎春秋，文王以王季为父①，以太任为母②，以太姒为妃③，以武王④、周公为子，以太颠⑤、闳夭为臣⑥，其本美矣。武王正其身以正其国，正其国以正天下；伐无道，刑有罪，一动而天下正，其事成矣。春秋致其时而万物皆及，王者致其道而万民皆治。周公载己行化，而天下顺之，其诚至矣。”

【注释】①王季：即季历，姬姓，名历，季是排行，所以称季历，尊称为公季、王季、周王季，周文王之父，商王文丁时，受封为“牧师”，成为西方诸侯之长。

②太任：任姓，又称大任，商朝时期西伯侯季历之正妃，周文王之母。

③太姒：姒姓，周文王的正妃，周武王之母，后为贤母的范例。

④武王：即周武王，姬姓，名发，周文王姬昌与太姒的嫡次子，西

周王朝的开国君主,因商纣暴虐无道,乃率领诸侯伐商,为后世尊崇为古代明君。

⑤太颠:辅佐周文王、周武王的大臣,在武王伐纣时,与散宜生、闳夭都执剑以卫周武王。

⑥闳夭:西周开国功臣,与散宜生、太颠等共同辅佐周文王。

【译文】孔子说:"王者就如同四季轮转一样,周文王有王季作为父亲,有太任作为母亲,有太姒作为妃子,有武王、周公作为儿子,有太颠、闳夭作为臣子,他作为王者的根基是很好的。周武王先修身养性再去治理国家,先治理好自己的国家再去治理天下;讨伐无道之国,处罚犯法的人,所以自身一动天下就得到了治理,他的事业就成功了。四季按照规律正常轮转,那么万物都能得到生长;王者遵循为王之道,那么百姓都能得到治理。周公以身作则教化百姓,天下百姓都顺从于他,是他的诚意达到了极致啊。"

曾子曰:"入是国也,言信于群臣,而留可也;行忠于卿大夫,则仕可也;泽施于百姓,则富可也。"

孔子曰:"参之言此,可谓善安身矣。"

【译文】曾子说:"进入一个国家,如果言谈能取信于群臣,就可以留下了;行为能忠诚于卿大夫,就可以做官了;恩泽能施行于百姓,就可以富裕了。"

孔子说:"曾参的这些话,可说是善于立身了。"

子路为蒲宰①,为水备②,与其民修沟渎③。以民之劳烦苦也，人与之一箪食④，一壶浆⑤。

孔子闻之，使子贡止之。子路忿然不悦，往见孔子，曰："由也以暴雨将至，恐有水灾，故与民修沟洫以备之。而民多匮饿者⑥，是以箪食壶浆而与之。夫子使赐止之，是夫子止由之行仁也。夫子以仁教而禁其行，由不受也。"

孔子曰："汝以民为饿也，何不白于君，发仓廪以赈之⑦？而私以尔食馈之，是汝明君之无惠，而见己之德美矣⑧。汝速已则可，不已，则汝之见罪必矣⑨。"

【注释】①蒲：古邑名，春秋卫地，在今河南长垣。

②水备：防止水患的设施。

③沟渎：沟渠、水道。

④箪食：装在箪笥里的饭食。箪笥，竹或苇制的圆形和方形盛饭器。

⑤壶浆：用壶盛放饮料或酒。

⑥匮饿：缺粮饥饿。

⑦仓廪：储藏米谷的地方。赈：救济。

⑧见：通"现"，出现，显露。

⑨见罪：被人怪罪。

【译文】子路任蒲宰时，为了预防水患，和当地百姓一起修筑沟渠。因为百姓疲劳辛苦，就分给每人一箪饭食，一壶水。

孔子听闻此事，就派子贡前去制止。子路愤怒不悦，前往拜见孔子，说："我是因为暴雨将至，担心有水灾发生，所以和百姓一起修筑沟渠来防备水患。而百姓中多有缺粮饥饿的人，因此给百姓分发一箪饭食，一壶水。夫子让子贡前来制止，这是夫子阻止我施行仁政啊。夫子以仁德教育我们，却禁止我施行仁政，我没法接受。"

孔子说："你知道百姓在忍受饥饿，为什么不上报给国君，请求发放仓廪中的粮食救济百姓呢？而你却用自己的粮食赠送给百姓，你这么做是在表明国君对于百姓不施恩惠，而显露自己的仁德啊。你立即停止还来得及，不停下的话，就一定会获罪的啊。"

子路问于孔子曰："管仲之为人何如？"

子曰："仁也。"

子路曰："昔管仲说襄公①，公不受，是不辨也；欲立公子纠而不能②，是不智也；家残于齐而无忧色③，是不慈也④；桎梏而居槛车⑤，无惭心，是无愧也；事所射之君，是不贞也；召忽死之⑥，管仲不死，是不忠也。仁人之道，固若是乎？"

孔子曰："管仲说襄公，襄公不受，公之暗也⑦；欲立子纠而不能，不遇时也；家残于齐而无忧色，是知权命也⑧；桎梏而无惭心，自裁审也；事所射之君，通于变也；不死子纠，量轻重也。夫子纠未成君，管仲未成臣，管仲才度义，管仲不死束缚而立功名，未可非也。召忽虽死，过与取仁，未足多也。"

【注释】①襄公：即齐襄公，姜姓，吕氏，名诸儿，齐僖公长子，在位期间，荒淫无道，昏庸无能。

②公子纠：春秋时期齐国人，齐僖公之子，齐桓公之兄。

③家残于齐：这里指管仲的父母被齐国所杀。

④不慈：不爱其子，这里指不爱自己的父母。

⑤桎梏：脚镣和手铐。槛车：囚车。

⑥召忽：春秋时齐国人，与管仲同事齐襄公的弟弟公子纠，齐桓公即位后，命鲁人杀公子纠，召忽死之。

⑦暗：愚昧，糊涂。

⑧权命：审度时命。

【译文】子路问孔子："管仲为人如何？"

孔子说："他是仁德之人。"

子路说："昔日管仲劝说齐襄公，齐襄公没有接受，这说明他没有口才；想立公子纠为国君而没有实现，这说明他没有智慧；父母被齐国所杀而他面无忧色，这说明他不爱父母；戴着脚镣手铐被关在囚车之中，脸上没有羞愧之色，这说明他不懂得惭愧；侍奉曾经想要射杀的国君，这说明他不够坚定；召忽为公子纠而死，而他却没有一同赴死，这说明他不够忠诚。仁德之人的处世方法，难道是这样的吗？"

孔子说："管仲劝说齐襄公，齐襄公没有接受，这是齐襄公愚昧糊涂；想立公子纠为国君而没有实现，这是没有遇上好的时机；父母被齐国所杀而他面无忧色，这是懂得审度时命；戴着脚镣手铐而脸上没有羞愧之色，这是自己心中有了思量；侍奉曾经想要射杀的国君，这是善于变通；不随着公子纠去死，这是懂得衡量轻重。公子纠没有成为国君，管仲也没有成为公子纠的大臣，管仲凭借自己的才智做出正确的选择，没有死于道义的束缚从而建立功名，这无可非议。召忽虽然为公子纠而死，但他过于追求仁德，并不值得称赞。"

孔子适齐，中路闻哭者之声，其音甚哀。孔子谓其仆曰："此哭哀则哀矣，然非丧者之哀矣。"

驱而前，少进，见有异人焉，拥镰带素①，哭者不衰。孔子下车，追而问曰："子何人也？"

对曰："吾丘吾子也②。"

曰："子今非丧之所，奚哭之悲也？"

丘吾子曰："吾有三失，晚而自觉，悔之何及？"

曰："三失可得闻乎？愿子告吾，无隐也。"

丘吾子曰："吾少时好学，周遍天下，后还，丧吾亲，是一失也；长事齐君，君骄奢失士，臣节不遂，是二失也；吾平生厚交，而今皆离绝，是三失也。夫树欲静而风不停，子欲养而亲不待，往而不来者年也，不可再见者亲也，请从此辞。"遂投水而死。

孔子曰："小子识之，斯足为戒矣！"

自是弟子辞归养亲者十有三③。

【注释】①素：洁白的绢。

②丘吾子：又称丘吾，春秋时期齐国人，孝子，后以丘吾为孝子的代称。

③自是：从此。

【译文】孔子前往齐国，半路听到有人在哭泣，哭声非常哀伤。孔子对驾车的人说："这哭声哀伤倒是很哀伤，然而并不是有人去世的那种哀伤啊。"

于是驱车上前，没走多远，看见有个怪人，抱着镰刀带着素绢，不停地哭泣。孔子下车，追上他问道："您是什么人？"

那人回答说："我是丘吾子。"

孔子说："这里并不是举行葬礼的地方，您为什么哭得如此悲痛呢？"

丘吾子说："我这一生有三处过失，年纪大了才有所察觉，后悔又怎么来得及呢？"

孔子说："我能听听您的三处过失吗？希望您能告诉我，不要隐瞒。"

丘吾子说："我年少时一心追求学问，游遍天下，后来回到家，我的父母都已经去世了，这是第一处过失；稍微年长一点儿就开始侍奉齐国国君，国君骄奢失去士人的支持，我没有尽到作为人臣的节操，这是第二处过失；我平生的至交好友，如今全都和我断绝了联系，这是第三处过失。树木想要保持静止而风却不停吹拂，孩子想要赡养父母而父母却不在了，过去了就不再回来的是时间啊，错过了就不能再见的是父母啊，就让我从此辞别人世吧。"说完他就投水死了。

孔子说："你们要记住，这足以为戒了！"

此后，弟子中辞别老师回家赡养父母的有十三人。

孔子谓伯鱼曰①："鲤乎，吾闻可以与人终日不倦者，其唯学乎②？其容体不足观也，其勇力不足惮也，其先祖不足称也，其族姓不足道也，终而有大名，以显闻四方，流声后裔者，岂非学之效也？故君子不可以不学，其容不可以不饬③。不饬无类④，无类失亲，失亲不忠，不忠失礼，失礼不立。夫远而有光者，饬也；近而愈明者，学也。譬之污池⑤，水潦注焉⑥，萑苇生焉⑦，虽或以观之，孰知其源乎？"

【注释】①伯鱼：即孔鲤，子姓，孔氏，名鲤，字伯鱼，孔子唯一的儿子，尊礼守纪，胸襟豁达，比孔子早故，后用作对别人儿子的美称。

②其：也许，大概。

③饬：修整，整治。

④无类：没有朋类或同伴。

⑤污池：水池。

⑥水潦：雨水。

⑦萑（guàn）苇：泛指芦苇。

【译文】孔子对伯鱼说："鲤啊，我听说可以让人从早到晚不知疲倦的，大概只有学习了吧？容貌体态不足以让人欣赏，勇武有力不足以让人忌惮，已故的祖先不足以让人称道，宗族姓氏不足以让人谈论，最终能够声名显赫而名扬于四方，流芳后世的人，难道不是学习的成果吗？所以君子不可以不学习，仪容不可以不修饰。不修饰仪容就会没有同伴，没有同伴就会失去亲近之人，失去亲近之人就会没有忠信，没有忠信就会违反礼法，违反礼法就会无法立身。远看光彩照人的人，那是修饰的结果；近看而愈加耀眼的人，那是学习的成果。比如有一个水池，雨水注入其中，里面长出芦苇，就算有人来观赏，又有谁能知晓它的源头呢？"

子路见于孔子曰："负重涉远①，不择地而休；家贫亲老，不择禄而仕。昔者由也事二亲之时，常食藜藿之实②，为亲负米百里之外。亲殁之后，南游于楚，从车百乘，积粟万钟，累茵而坐③，列鼎而食，愿欲食藜藿，为亲负米，不可复得也。枯鱼衔索④，几何不蠹⑤？二亲之寿，忽若过隙⑥。"

孔子曰："由也事亲，可谓生事尽力，死事尽思者也。"

【注释】①负重涉远：背着重东西走远路，比喻能够负担艰巨任务。

②藜藿(lí huò)：粗劣的饭菜。

③累茵：多层垫褥，后以"累茵之悲"为悲念已故父母的典故。

④枯鱼衔索：把干鱼串在绳索上，比喻存日不多。

⑤蠹(dù)：蛀蚀器物的虫子。

⑥忽若：恍若，好像。过隙：这里指"白驹过隙"，像白色的骏马在缝隙前飞快地越过，比喻时间过得很快，光阴易逝。

【译文】子路拜见孔子说："背负着沉重的东西走远路，不选择好的地方才去休息；家里贫穷父母年老，不选择俸禄高的时候才去做官。昔日我侍奉双亲的时候，经常吃粗劣的饭菜，为双亲到百里之外背米。父母去世后，我南游到楚国做官，跟随的兵车有一百辆，贮存的谷物有上万钟，坐在重重垫褥之上，饭菜陈列在面前选着吃，但我却希望吃粗劣的饭菜，为双亲背米，再也回不到过去了。把鱼干串在绳索上，什么时候会生出蠹虫呢？双亲的寿命，好像白驹过隙一样。"

孔子说："仲由侍奉双亲，可以说是父母在世时竭尽全力，父母去世时竭尽哀思啊。"

孔子之郯①，遭程子于涂②，倾盖而语终日③，甚相亲。顾谓子路曰："取束帛以赠先生④。"

子路屑然对曰⑤："由闻之，士不中间见⑥，女嫁无媒，君子不以交，礼也。"

有间，又顾谓子路。子路又对如初。

孔子曰："由，《诗》不云乎：'有美一人，清扬宛兮，邂逅相遇，适我愿兮⑦。'今程子，天下贤士也，于斯不赠，则终身弗能见也。小子行之！"

【注释】①郯（tán）：古国名，在今山东省临沂市郯城一带，少昊后裔中的炎族首领就封于炎地，春秋前后，炎国演化为郯国。

②程子：原名程本，字子华，春秋时期邢地中丘（今邢台市内丘县）人，先秦诸子百家之一，著名哲学家。

③倾盖：途中相遇，停车交谈，双方车盖往一起倾斜，形容一见如故或偶然地接触。盖，马车上的伞盖。

④束帛：捆为一束的五匹帛，古代用为聘问、馈赠的礼物。

⑤屑然：恭敬的样子。

⑥中间：这里指介绍。

⑦"有美"四句：语出《诗经·郑风·野有蔓草》。

【译文】孔子去往郯国，途中碰到了程子，他们将车子停靠在一起交谈了整日，二人非常亲近。孔子回头对子路说："取一束帛来赠送给先生。"

子路恭敬地回答说："我听闻，士人无人引荐就相见，女子没有媒人就出嫁，君子是不和这样的人交往的，这是遵循礼的做法。"

过了一会儿，孔子又回过头对子路说。子路还像刚才那样回答孔子。

孔子说："仲由，《诗经》上面不是说：'有位美人，眉目清秀，温婉动人，无意中相遇，正合我意。'如今程子是天下间的贤士啊，此时不赠送给他礼物,可能终生也无法再见到他了。你还是按我说的去做吧!"

孔子自卫反鲁,息驾于河梁而观焉①。有悬水三十仞②,圜流九十里③,鱼鳖不能导④,鼋鼍不能居⑤。有一丈夫,方将厉之。孔子使人并涯止之⑥,曰:"此悬水三十仞,圜流九十里,鱼鳖鼋鼍不能居也,意者难可济也。"

丈夫不以措意,遂渡而出。孔子问之曰:"巧乎?有道术乎?所以能入而出者,何也?"

丈夫对曰:"始吾之入也,先以忠信;及吾之出也,又从以忠信。忠信措吾躯于波流⑦,而吾不敢以用私,所以能入而复出也。"

孔子谓弟子曰:"二三子识之,水且犹可以忠信成身亲之,而况于人乎!"

【注释】①息驾:停车休息。

②悬水:瀑布。仞:古代计量单位,为周尺八尺或七尺,周尺一尺约合二十三厘米。

③圜流:漩涡急流。

④导:王肃注:"导,行。"

⑤鼋鼍(yuán tuó):大鳖和猪婆龙,猪婆龙即扬子鳄。居:停留。

⑥并涯:沿着河岸。并,通"傍",挨靠,沿着。

⑦措:安放。

【译文】孔子从卫国返回鲁国,在桥梁上停车休息观赏风景。周围有一座瀑布高达三十仞,漩涡急流长达九十里,鱼鳖都不能顺流而下,鼋鼍都不能在此停留。有一名成年男子,正要从这里涉水而过。孔子派人沿着河岸阻止他,说:"这处瀑布高三十仞,漩涡急流长九十里,鱼鳖鼋鼍都无法停留,你恐怕很难渡过。"

男子不以为意,跃入水中渡河而出。孔子问他:"你有特殊的技巧吗?还是身怀道术?跃入急流还能安然而出,这是为什么呢?"

男子回答道:"我刚进入水中的时候,心中先想着忠信;等到我从水面浮出的时候,依然想着忠信。忠信在水流中托着我的身躯,而我也不敢有私心,所以能进入这湍急的水流又能安然而出啊。"

孔子对弟子们说:"你们要记住,心怀忠信连水都可以亲近,更何况是人呢!"

孔子将行,雨而无盖①。门人曰:"商也有之②。"

孔子曰:"商之为人也,甚悋于财③。吾闻与人交,推其长者④,违其短者⑤,故能久也。"

【注释】①盖:车盖,古代车上遮雨蔽日的篷子,形圆如伞,下有柄。

②商:即卜商,姒姓,卜氏,名商,字子夏,孔子弟子,春秋时期卫国人,擅长文学、孔门诗学。

③悋:通"吝",当用的财物舍不得用,过分爱惜。

④推:举荐,指出某人优点。

⑤违:避开。

【译文】孔子将要出行,正赶上下雨而孔子却没有车盖。弟子们说："子夏那里有车盖。"

孔子说："子夏为人，非常吝啬钱财。我听闻与人交往，应该推崇他的长处，避开他的短处，这样交往才能长久啊。"

楚昭王渡江^①，江中有物大如斗，圆而赤，直触王舟，舟人取之。王大怪之，遍问群臣，莫之能识。

王使使聘于鲁^②，问于孔子。子曰："此所谓萍实者也^③，可剖而食之。吉祥也，唯霸者为能获焉^④。"

使者反，王遂食之，大美。久之，使来，以告鲁大夫。大夫因子游问曰："夫子何以知其然？"

曰："吾昔之郑^⑤，过乎陈之野^⑥，闻童谣曰：'楚王渡江得萍实，大如斗赤如日，剖而食之甜如蜜。'此是楚王之应也。吾是以知之。"

【注释】①楚昭王：芈姓，熊氏，名壬，又名轸，楚平王之子。

②聘：访问。

③萍实：萍蓬草的果实，后来谓甘美的水果，指吉祥之物。

④霸者：以武力称霸的诸侯盟主。

⑤郑：周代诸侯国名，在今河南省新郑一带，姬姓，郑国以经济发达、法制健全、民主政治和诗乐文化闻名于世，是中国法制和法家思想的重要起源地之一。

⑥陈：周代诸侯国名，在今河南省淮阳县一带，妫姓，是帝舜后裔，为三恪和春秋十二诸侯之一。

【译文】楚昭王渡江，江中有个东西像斗一样大，圆形红色，径直撞向王舟，船夫把它取来。楚昭王大感奇怪，问遍了群臣，没有一人认识。

楚昭王派遣使者去鲁国访问，向孔子请教。孔子说："这就是萍实啊，可以剖开吃。这是吉祥的象征，只有霸主才能获得。"

楚国使者返回复命，楚昭王就吃掉了萍实，味道十分甜美。过了很久，楚国使者再度访问鲁国，把此事告知了鲁国大夫。鲁国大夫就通过子游请教孔子："夫子怎么知道萍实可以吃呢？"

孔子说："我昔日前往郑国，路过陈国的野外，听闻童谣唱道：'楚王渡江得萍实，大如斗赤如日，剖而食之甜如蜜。'楚昭王这次的经历正好应验了歌谣中的内容。我是由此知道的。"

子贡问于孔子曰："死者有知乎？将无知乎？"

子曰："吾欲言死之有知，将恐孝子顺孙妨生以送死；吾欲言死之无知，将恐不孝之子弃其亲而不葬。赐不欲知死者有知与无知，非今之急，后自知之。"

【译文】子贡向孔子请教说："死去的人是有知觉呢？还是没有知觉呢？"

孔子说："我要是说人死后还有知觉，就害怕孝顺的儿孙害了自己的性命去送死；我要是说人死后没有知觉，又害怕不孝的儿孙遗弃亲人的尸体不埋葬。赐，你不要去想人死后到底是有知觉还是没有知觉，这都不是现今紧要的问题，以后你自然就会知道了。"

子贡问治民于孔子。

子曰："懔懔焉若持腐索之扞马①。"

子贡曰："何其畏也？"

孔子曰："夫通达御之②，皆人也。以道导之，则吾畜也；不以道导之，则吾仇也。如之何其无畏也？"

【注释】①懔懔：危惧的样子。腐索：这里指腐烂的缰绳。扞：通"悍"，勇猛，剽悍。

②通达：通行无阻。

【译文】子贡向孔子请教治理百姓的问题。

孔子说："要战战兢兢就像手持腐烂的缰绳驾驭烈马一样。"

子贡说："为什么要这样畏惧呢？"

孔子说："想要畅通无阻地治理百姓，在于你怎么做。你用道义来引导百姓，百姓就会顺从你；你不用道义来引导百姓，百姓就会仇视你。像这样又怎么能无所畏惧呢？"

鲁国之法，赎人臣妾于诸侯者①，皆取金于府②。子贡赎之，辞而不取金。

孔子闻之曰："赐失之矣。夫圣人之举事也③，可以移风易俗，而教导可以施之于百姓，非独适身之行也。今鲁国富者寡而贫者众，赎人受金则为不廉，则何以相赎乎？自今以后，鲁人不复赎人于诸侯。"

【注释】①臣妾：服贱役的男女。

②府: 即府库, 国家储藏财物的处所。

③举事: 行事。

【译文】按照鲁国的法律, 赎回在其他诸侯国服贱役的男女, 都可以从府库获得钱财奖励。子贡赎回一个人, 却推辞不要应得的钱财。

孔子听闻此事后说: "这是赐的过失啊。圣人行事, 可以移风易俗, 从而将教导推行到百姓之中, 并非只是为了顺应自身的行为啊。现今鲁国富人少而穷人多, 如果因赎回在他国服贱役的男女而接受金钱就被认为没有节操的话, 那他们拿什么来赎人呢? 从今往后, 鲁国人再也不会赎回在其他诸侯国服贱役的男女了。"

子路治蒲, 请见于孔子曰: "由愿受教于夫子。" 子曰: "蒲其如何?" 对曰: "邑多壮士, 又难治也。"

子曰: "然。吾语尔, 恭而敬, 可以摄勇①; 宽而正, 可以怀强; 爱而恕, 可以容困; 温而断, 可以抑奸。如此而加之, 则正不难矣②。"

【注释】①摄: 通"慑", 慑服。

②正: 通"政", 治理。

【译文】子路治理蒲邑, 向孔子请教说: "我希望能从夫子这里得到教导。" 孔子说: "蒲邑治理得怎么样了?" 子路回答说: "蒲邑内有很多壮士, 难以治理。"

孔子说: "这样啊! 我告诉你, 对人恭谨尊敬, 可以使勇士摄服; 对人宽厚正直, 可以怀柔强者; 对人仁爱宽恕, 可以容纳贫困; 对人温和果断, 可以抑制奸邪。若能这样做的话, 治理蒲邑就不难了。"

三恕第九

【题解】恕道是中国传统文化的主要精神之一。孔子的学生曾子在《论语》中曾总结说："夫子之道,忠恕而已矣。""己所不欲,勿施于人。"即自己不愿做的事情,不要求别人去做,这是恕道的精神。

本篇孔子介绍了君子修身的重要态度——三恕,旨在讲述君臣、父子、兄弟间要讲恕道。在家有孝悌的修养,在外才能行忠恕之道。

人有了一定的地位、名望、成就之后,难免会自满、傲慢,就很难宽恕别人。孔子为我们介绍"宥坐之器"的含义,启发、教导我们持满之道,让我们明白"满招损,谦受益"。

孔子曰:"君子有三恕^①,有君不能事,有臣而求其使,非恕也;有亲不能孝,有子而求其报,非恕也;有兄不能敬,有弟而求其顺,非恕也。士能明于三恕之本,则可谓端身矣。"

【注释】①恕：以自己的心推想别人的心。

【译文】孔子说："君子应该做到三种"恕"，有国君而不能尽心侍奉，有下属却要求他服从派遣，这不是恕；有父母而不能孝顺，有子女却要求他有所报答，这不是恕；有兄长而不能尊敬，有弟弟却要求他顺从自己，这不是恕。士人能够明白这三种"恕"的根本，就可以说是操行端正了。"

孔子曰："君子有三思，不可不察也。少而不学，长无能也；老而不教，死莫之思也；有而不施，穷莫之救也。故君子少思其长则务学，老思其死则务教，有思其穷则务施。"

【译文】孔子说："君子应做到三种"思"，不可不明察啊。年少时不爱学习，年长时就没有才能；年老时不教导子孙，去世后就没有人思念；富有时不愿意施舍，贫穷时就没有人救济。所以君子年少时思考长大后的事情就会努力学习，年老时想到去世后的事情就会教导儿孙，富有时想到穷困时的事情就会乐善好施。"

伯常骞问于孔子曰①："骞固周国之贱吏也②，不自以不肖③，将北面以事君子④。敢问正道宜行⑤，不容于世；隐道宜行⑥，然亦不忍。今欲身亦不穷，道亦不隐，为之有道乎？"

孔子曰："善哉！子之问也。自丘之闻，未有若吾子所问辩且说也。丘尝闻君子之言道矣⑦，听者无察，则道不入⑧；奇伟不稽，则道不信。又尝闻君子之言事矣⑨，制无度量⑩，则事不成；其政晓察⑪，则民不保。又尝闻君子之言志矣，刚折者不终⑫，径易者则数伤⑬，浩倨者则不亲⑭，就利者则无不弊⑮。又尝闻养世之君子矣⑯，从轻勿为先，从重勿为后，见像而勿强，陈道而勿怫⑰。此四者，丘之所闻也。"

【**注释**】①伯常骞：复姓伯常，周王朝的史官。

②周国：这里指周王朝。

③不肖：不贤，无才能。

④北面：古代君主面朝南坐，臣子朝见君主则面朝北，所以对人称臣称为北面。

⑤宜：通"仪"，法度，标准。

⑥隐道：不求仕进以保持名节的处世态度。

⑦言道：议论为政之道。

⑧入：接纳，采纳。

⑨言事：古代专指向君王进谏或议论政事。

⑩度量：法规，法则。

⑪晓察：至察，苛刻。

⑫刚折：刚直不阿，敢于当面指摘人的过失。

⑬径易：直接平易。数伤：侮辱。

⑭浩倨：傲倨，怠慢不恭的样子。

⑮就利：趋利，求利。弊：衰落、没落。

⑯养世：安身处世。

⑰怫：通"悖"，违反，逆乱。

【**译文**】伯常骞向孔子请教说："我本是周朝一名职位卑微的官吏，却不认为自己没有才能，将为人臣去侍奉国君。请问您，我要是遵循正确的道德准则行事，则不被世道所接纳；若是只为保持名节而行事，又于心不忍。现今我既不想穷困，又想为官并保有名节，有什么办法吗？"

孔子说："问得好啊！您的这个问题太好了。在我的所见所闻中，从未有像您一样提出的问题既需要思考辨析又需要议论说明的。我曾听闻君子议论为政之道，如果听者不能做到明察，那么道就不会被采纳；如果说些怪异无从考证的话，那么道就不会被相信。我又曾听闻君子议论国家大事，没有制定明确的法规法则，那么事情就不会成功；为政时过于苛刻，那么百姓就不能维持原状。我又曾听闻君子言其志向，刚直不阿的人往往不得善终，直接平易的人则会受到侮辱，怠慢不恭的人则不会有人亲近，追求利益的人则没有不失败的。我又曾听闻善于安身处世的君子，容易的事不抢着做，繁重的事不会退缩，推行法令而不勉强人接受，陈述道义而不悖逆事实。这四个方面，都是我所听闻的。"

孔子观于鲁桓公之庙①，有欹器焉②。夫子问于守庙者曰："此谓何器？"对曰："此盖为宥坐之器③。"

孔子曰："吾闻宥坐之器，虚则欹，中则正，满则覆。明君以为至诚，故常置之于坐侧。"顾谓弟子曰："试注水焉！"乃注之。水中则正，满则覆。夫子喟然叹曰："呜呼！夫物恶有满而不覆哉④？"

子路进曰："敢问持满有道乎⑤？"

子曰："聪明睿智，守之以愚；功被天下，守之以让；勇力振世，守之以怯；富有四海，守之以谦。此所谓损之又损之之道也⑥。"

【注释】①鲁桓公：姬姓，名允，鲁惠公嫡长子，春秋时期鲁国第十五位国君，谥桓。

②欹（qī）器：古代一种倾斜易覆的盛水器。欹，倾斜不正。

③宥（yòu）坐之器：即欹器，古时国君置于座右，以为不要过或不及之劝诫。

④恶：古同"乌"，疑问词，哪，何。

⑤持满：端着盛满的水，而维持满水状态，比喻居高位，而能持守既有的成就。

⑥损之又损：指去其华伪以归于纯朴无为，引申指尽可能节省或谦逊。

【译文】孔子参观祭祀鲁桓公的宗庙，看见一件欹器。孔子问负责守庙的人："这个是什么器物？"守庙人回答："这是国君放在座位右侧用来劝诫不要太过或者不及的欹器。"

孔子说："我听说国君放在座位右侧用来劝诫的欹器，内中空虚时就会倾斜，水量适中时就会端正，水量盈满时就会倾覆。贤明的国君把它当作至诚，所以经常把它放置在座位右侧。"说完回过头对弟子们说："往里面灌一些水！"弟子就把水灌进欹器。水不多不少时欹器就正了，水满时就翻倒了。孔子感叹地说："唉！哪里有盈满而不倾覆的东西呢？"

子路上前问道："请问有身居高位而能持守道义的方法吗？"

孔子说："聪明睿智的人，就要用敦厚若愚来持守；功盖天下的人，就要用礼让不争来持守；勇力冠绝的人，就要用小心畏惧来持守；

富甲天下的人，就要用恭敬谦逊来持守。这就是所谓的"损之又损"之道。"

孔子观于东流之水。子贡问曰："君子所见大水必观焉，何也？"

孔子对曰："以其不息，且遍与诸生而不为也，夫水似乎德；其流也，则卑下倨邑必循其理①，此似义；浩浩乎无屈尽之期②，此似道；流行赴百仞之嵠而不惧③，此似勇；至量必平之，此似法；盛而不求概④，此似正；绰约微达⑤，此似察；发源必东，此似志；以出以入，万物就以化絜⑥，此似善化也。水之德有若此，是故君子见必观焉。"

【注释】①卑下：低矮，低洼。倨邑：此处应为"倨拘"，又称"倨句"，器物弯曲的角度，微曲的为倨，大曲的为句。

②浩浩：水势很大。屈尽：竭尽。

③嵠：古同"溪"，山里的小河沟。

④概：量米粟时刮平斗斛用的木板，量米粟时，放在斗斛上刮平，不使过满，引申为刮平。

⑤绰约：柔弱的样子。微达：通达于细小之处。

⑥絜：古同"洁"，干净。

【译文】孔子观察东流之水。子贡问道："君子见到大河必定会停下来观察，这是为什么呢？"

孔子回答说："因为水流动不息，并且惠及天下苍生而没有目的，就像有德行一样；水流动时，奔向低洼之地，虽然弯曲，必定遵循自己的道理，这品格就好像义；水流浩浩荡荡无穷无尽，这品格就好像道；水流奔赴百仞之溪而不惧怕，这品格就好像勇；水积聚在一起水面必定平齐，这品格就好像法；水盈过量时而不用刮平，这品格就好像正；本身柔弱却能到达细微之处，这品格就好像察；发源之后必定奔流向东，这品格就好像志；允许流出也允许流入，天下万物用水清洁自己，这品格就好像善于教化。水有这样的德行，所以君子看见一定要停下观察啊。"

子贡观于鲁庙之北堂，出而问孔子曰："向也赐观于太庙之堂①，未既辍②，还瞻北盖③，皆断焉。彼将有说耶？匠过之也？"

孔子曰："太庙之堂，官致良工之匠④，匠致良材，尽其功巧⑤，盖贵久矣。尚有说也。"

【注释】①太庙：封建皇帝为祭拜祖先而营建的庙宇。

②辍：中止，停止。

③盖：通"阖"，门扇。

④致：求取。

⑤功：土木营造之事。巧：细致精巧。

【译文】子贡参观鲁国太庙的北堂，出来后向孔子请教："刚才我参观了太庙的北堂，尚未参观完就停下来，回头看见前方北面的门，都是用断开的木材拼接而成的。其中有什么说法吗？是工匠的失误吗？"

孔子说："建造太庙的厅堂，朝廷必定寻找能工巧匠，工匠必定寻找优秀木材，竭尽全力把太庙建造得细致精巧，这是为了太庙能够长久。这里应该还有说法。"

孔子曰："吾有所耻，有所鄙，有所殆。夫幼而不能强学，老而无以教，吾耻之；去其乡，事君而达，卒遇故人，曾无旧言，吾鄙之；与小人处而不能亲贤，吾殆之。"

【译文】孔子说："我有感到耻辱的事，有感到鄙夷的事，有感到危险的事。年幼而不能勤勉学习，年老而没有可以教导的知识，我对此感到耻辱；离开家乡，侍奉君主发达后，偶然遇到故人，竟然不谈论旧事，我对此感到鄙夷；能够和小人相处却不能亲近贤人，我对此感到危险。"

子路见于孔子。孔子曰："智者若何？仁者若何？"子路对曰："智者使人知己，仁者使人爱己。"子曰："可谓士矣。"

子路出，子贡入，问亦如之。子贡对曰："智者知人，仁者爱人。"子曰："可谓士矣。"

子贡出，颜回入，问亦如之。对曰："智者自知，仁者自爱。"子曰："可谓士君子矣。"

【译文】子路来见孔子。孔子说："智者应该是什么样子的？仁者应该是什么样子的？"子路回答说："智者能够让他人了解自己，仁者能够让他人爱护自己。"孔子说："你可以称为士人了。"

子路退出房间，子贡进入，孔子问了他相同的问题。子贡回答说："智者能够了解他人，仁者能够爱护他人。"孔子说："你也可以称为士人了。"

子贡退出房间，颜回进入，孔子又问了他相同的问题。颜回回答说:"智者能知晓自身,仁者能爱惜自身。"孔子说:"你可以称得上是士人中的君子了。"

子贡问于孔子曰:"子从父命,孝乎?臣从君命,贞乎?奚疑焉①?"

孔子曰:"鄙哉!赐,汝不识也。昔者明王万乘之国,有争臣七人②,则主无过举;千乘之国,有争臣五人,则社稷不危也;百乘之家,有争臣三人,则禄位不替。父有争子,不陷无礼;士有争友,不行不义。故子从父命,奚讵为孝③?臣从君命,奚讵为贞?夫能审其所从,之谓孝,之谓贞矣。"

【注释】①奚:文言疑问代词,相当于"胡""何"。

②争:同"诤"。

③奚讵:岂,难道。

【译文】子贡向孔子请教:"儿子听从父亲的命令,难道不是孝顺吗?大臣听从国君的命令,难道不是忠诚吗?有什么好怀疑的呢?"

孔子说:"你的认识太浅薄了!赐,你不知道啊。昔日贤明的君主治理有万乘兵车的国家,有七名诤臣,君主就不会有错误的行为;治理有千乘兵车的诸侯国,有五名诤臣,诸侯国就不会有危难的时候;治理有百乘兵车的大夫之家,有三名诤臣,官职就不会有被代替的时候。父亲有能够规劝的儿子,就不会陷入失礼的情况;士人有能够规劝的朋友,就不会干出不义的事情。所以儿子听从父亲的命令,难道就是孝顺了吗?大臣能听从国君的命令,难道就是忠诚了吗?能够判断自己所听到的命令是否正确，才称得上孝顺，才能称得上忠贞啊。"

　　子路盛服见于孔子。子曰："由，是倨倨者何也①？夫江始出于岷山②，其源可以滥觞③，及其至于江津④，不舫舟⑤，不避风，则不可以涉，非唯下流水多耶？今尔衣服既盛，颜色充盈，天下且孰肯以非告汝乎？"

　　子路趋而出，改服而入，盖自若也。子曰："由，志之，吾告汝，奋于言者华，奋于行者伐。夫色智而有能者，小人也。故君子知之曰智，言之要也；不能曰不能，行之至也。言要则智，行至则仁。既仁且智，恶不足哉！"

　　【注释】①倨倨：神气傲慢。

　　②岷山：位于四川松潘县北，绵延于四川、甘肃两省边境，为长江、黄河两大水系的分水岭。

　　③滥觞：浮起酒杯，比喻事情的开始。

　　④江津：江边渡口。

　　⑤舫舟：两船相并。

　　【译文】子路穿着华丽的服饰拜见孔子。孔子说："由，你为什么一副神气傲慢的样子呢？长江发源于岷山，源头的水流只能浮起酒杯，等流至江边渡口的时候，不相并两船，不躲避大风，就无法渡河，难道只是因为下游的水多吗？现如今你的服饰已经如此华美，又满是傲慢之色，天下间谁还肯把你的过错告诉你呢？"

　　子路快步退出房间，换了服饰又进入，脸色恢复到原来的样子。

孔子说:"由,你要记在心里,我告诉你,夸夸其谈的人往往会华而不实,喜欢表现自己的人往往会自吹自擂。看起来聪明并且有能力的人,只是小人而已。所以君子知道就说知道,这是说话的要点;不能就说不能,这是做事的准则。说话有重点就是有智慧,做事有原则就是有仁德。既有仁德又有智慧,哪还有什么不足的呢!"

子路问于孔子曰:"有人于此,被褐而怀玉①,何如?"

子曰:"国无道,隐之可也;国有道,则衮冕而执玉②。"

【注释】①被褐:身穿短褐,多指生活贫苦。怀玉:怀抱仁德。

②衮冕:衮衣和冕,古代帝王与上公的礼服和礼冠,这里指登朝入仕。执玉:执玉圭,古以不同形制之玉圭区别爵位,因以指称仕宦。

【译文】子路向孔子请教:"现今有这样的人,身穿短褐却怀抱仁德,这是为什么?"

孔子说:"国家没有德政的话,就不求仕进以保持名节;国家政治清明的话,就可以穿戴衮冕、手持玉圭登朝入仕了。"

好生第十

【题解】作为一国之君，在问古代圣王时，只关心他们戴什么帽子这样的小事，可见其见识与胸襟气度的狭小。在本篇中，孔子以此事为切入点，针对时弊，循循善诱，让鲁哀公学习舜王的好生之德。春秋时期征伐杀戮，生灵涂炭，所以孔子在此特别强调好生之德，并且描绘好生之太平盛景，意欲将其促成。

鲁哀公问于孔子曰："昔者舜冠何冠乎？"孔子不对。

公曰："寡人有问于子，而子无言，何也？"

对曰："以君之问不先其大者，故方思所以为对。"

公曰："其大何乎？"

孔子曰："舜之为君也，其政好生而恶杀，其任授贤而替不肖。德若天地而静虚，化若四时而变物。是以四海承风①，畅于异类②，凤翔麟至，鸟兽驯德③。无他也，好生故也。君舍此道而冠冕是问，是以缓对。"

【注释】①四海承风：政令、教化通行于天下。承风，接受教化。

②异类：古代对少数民族的蔑称。

③驯德：顺从德化。驯，顺从。

【译文】鲁哀公向孔子请教说："昔日舜戴什么样的帽子？"孔子没有回答。

鲁哀公说："寡人有问题请教您，而您却不说话，这是为什么呢？"

孔子回答说："因为国君您不先问最重要的问题，所以我正在思考该怎样回答您。"

鲁哀公说："关于舜最重要的问题是什么呢？"

孔子说："舜任君主时，他为政爱惜生命并且厌恶杀生，他任用贤德的人以替换没有才能的人。他的德行像天地一样清净无欲，教化像四季一样可改变万物。所以四海之内政令、教化通行无阻，并达于周边的异族，凤凰飞翔、麒麟到来，鸟兽都顺从德化。没有别的原因，就是因为舜爱惜生命而不嗜杀。国君您舍弃这些治国之道而去问帽子的问题，所以我才回答得慢了。"

孔子读史，至楚复陈①，喟然叹曰："贤哉楚王②！轻千乘之国，而重一言之信。匪申叔之信③，不能达其义；匪庄王之贤，不能受其训。"

【注释】①楚复陈：王肃注："陈夏徵舒杀其君，楚庄王讨之，因陈取之，而申叔时谏，庄王从之，还复陈。"

②楚王：即楚庄王，芈姓，熊氏，名旅，楚穆王之子，春秋时期楚国国君，春秋五霸之一。

③申叔：即申叔时，楚国公族。

【译文】孔子阅读史书，读到楚国恢复陈国政权的时候，感叹地说："楚庄王真是贤明啊！轻视一个拥有千乘兵车的国家，而重视申叔时说的信义。不是申叔时的信义，就不能让楚庄王明白道理；不是楚庄王的贤明，就不能接受申叔时的谏言。"

孔子尝自筮其卦①，得《贲》焉②，愀然有不平之状。

子张进曰③："师闻，卜者得《贲》卦，吉也，而夫子之色有不平，何也？"

孔子对曰："以其离耶④！在《周易》⑤，山下有火谓之《贲》⑥，非正色之卦也⑦。夫质也，白宜正白，黑宜正黑，今得《贲》，非吾吉也。吾闻丹漆不文⑧，白玉不雕，何也？质有余不受饰故也。"

【注释】①筮：古代用蓍草占卦。卦：古代用来占卜的符号。

②《贲》：即贲（bì）卦，《易经》六十四卦之一。

③子张：即颛孙师，复姓颛孙，名师，字子张，春秋战国时期陈国人，孔子弟子。

④离：即离卦，八卦之一，代表火。

⑤《周易》：中国儒家经典《易经》的别称，分《经》《传》两部分，《经》据传为周文王所作，由卦、爻两种符号重叠演成六十四卦、三百八十四爻，依据卦象推测吉凶。

⑥山下有火：这里指贲卦的卦象，主卦是离卦，卦象是火，在下；

客卦是艮卦,卦象是山,在上。

⑦正色:纯正的颜色,指青、黄、赤、白、黑等色。

⑧丹漆:朱红色的漆,这里指用朱漆涂饰。不文:不加修饰。

【译文】孔子曾经自己用蓍草占卜,得到《贲》卦,脸上露出严肃的表情,心中有些不满。

子张上前说:"我听闻,占卜的人得到《贲》卦,认为是吉兆,而夫子的神色却有些不满意,这是为什么呢?"

孔子回答说:"因为这卦的主卦是离!在《周易》中,山下有火被称为《贲》卦,并非颜色纯正的卦象。从本质上来说,白色应该是纯白,黑色应该是纯黑,今天得到《贲》卦,对我来说并不是吉兆。我听闻用朱漆涂饰就不用再做其他的装饰了,有洁白的美玉就不用再雕琢了,这是为什么呢?是它们本就很好,所以就不用再接受修饰的缘故啊。"

孔子曰:"吾于《甘棠》①,见宗庙之敬也甚矣。思其人必爱其树,尊其人必敬其位,道也。"

【注释】①《甘棠》:诗名,后被收录于《诗经·国风·召南》。王肃注:"邵(四库本作'召')伯听讼于甘棠,爱其树,作《甘棠》之诗也。"

【译文】孔子说:"我读完《甘棠》这首诗,看到人们对于宗庙中的祖先是非常尊敬的。思念一个人必定会爱惜他栽种的树木,尊敬一个人必定会敬慕他待过的地方,这就是道。"

子路戎服见于孔子,拔剑而舞之,曰:"古之君子以剑自卫乎？"

孔子曰："古之君子，忠以为质，仁以为卫，不出环堵之室而知千里之外。有不善则以忠化之，侵暴则以仁固之①，何持剑乎？"

子路曰："由乃今闻此言，请摄齐以受教②。"

【注释】①侵暴：侵扰冒犯。固：安守，坚守。

②摄齐：提起衣摆，古时官员升堂时谨防踩着衣摆而跌倒失态，表示恭敬有礼。

【译文】子路穿着军服来拜见孔子，拔出宝剑舞动起来，说："古时候的君子也用剑来保卫自己吗？"

孔子说："古时候的君子，以忠信为本质，以仁德为护卫，不出房屋就能知晓千里之外的事情。有对自己不友善的恶人就用忠信来教化他，有侵扰冒犯自己的人就用仁德来抵御他，为什么还要用剑呢？"

子路说："我今天才听闻这番话，请允许我郑重地向您行礼，以接受您的教诲。"

楚恭王出游①，亡乌嗥之弓②，左右请求之。王曰："止。楚王失弓，楚人得之，又何求之！"

孔子闻之，惜乎其不大也。不曰，人遗弓人得之而已，何必楚也！

【注释】①楚恭王：即楚共王，芈姓，熊氏，名审，楚庄王之子，春秋时期楚国国君。

②乌嗥：良弓名。

【译文】楚恭王外出游猎，丢失了乌嗥良弓，随从请求寻回。楚恭王说："不必了。楚国的国君丢了良弓，还是由楚国的百姓捡到，又何必再去寻回它呢！"

孔子听闻了这件事，可惜楚恭王的心胸还是不够宽广。他不如说，人丢失了弓，还是由人捡走而已，何必非得是楚人呢！

孔子为鲁司寇，断狱讼①，皆进众议者而问之，曰："子以为奚若？某以为何若？"皆曰云云，如是，然后夫子曰："当从某子，几是。"

【注释】①断：判断，裁决。狱讼：诉讼的案件。

【译文】孔子担任鲁国司寇，审理诉讼案件时，都会邀请众人议论并且询问他们对于案情的看法，说："您认为怎么样？某某认为怎么样？"众人都发表看法，说像这样，之后孔子说："应当听从某人的意见，大概就是这样的。"

孔子问漆雕凭曰①："子事臧文仲、武仲及孺子容②，此三大夫孰贤？"

对曰："臧氏家有守龟焉③，名曰蔡④。文仲三年而为一兆⑤，武仲三年而为二兆，孺子容三年而为三兆。凭从此之见。若问三人之贤与不贤，所未敢识也。"

孔子曰："君子哉，漆雕氏之子！其言人之美也，隐而显；言人之过也，微而著。智而不能及，明而不能见，孰克如此？"

【注释】①漆雕凭：复姓漆雕，春秋时期蔡国人，孔子弟子。

②臧文仲：即臧孙辰，姬姓，臧氏，名辰，春秋时期鲁国大夫。武仲：即臧孙纥，臧文仲之孙，春秋时期鲁国大夫。孺子容：春秋时期鲁国大夫，事迹不详，结合上文或为臧武仲的后代。

③守龟：天子诸侯占卜用的龟甲。据《周礼》记载，此龟甲由专人掌守，故称守龟。

④蔡：占卜用的大龟。

⑤兆：古代占验吉凶时灼龟甲所成的裂纹。

【译文】孔子问漆雕凭说："你曾经侍奉过臧文仲、臧武仲以及孺子容，这三位大夫谁更贤明？"

漆雕凭回答说："臧氏家中有专门用来占卜的龟甲，叫作蔡。臧文仲三年占卜了一次，臧武仲三年占卜了两次，孺子容三年占卜了三次。凭借这一点就能看出了。要是问我这三位大夫究竟是贤明还是不贤明，我不敢判断。"

孔子说："漆雕氏之子，真是君子啊！谈论他人的优点时，言辞含蓄，却能让人明白其中之意；谈论他人的过错时，描述细致，观点鲜明。那些自称有智慧却达不到的人，自称能识人却发现不了的人，谁能做到这样呢？"

鲁公索氏将祭而亡其牲①。孔子闻之，曰："公索氏不及二年将亡。"后一年而亡。

门人问曰："昔公索氏亡其祭牲，而夫子知其将亡，何也？"

孔子曰："夫祭者，孝子所以自尽于其亲。将祭而亡其牲，则其余所亡者多矣。若此而不亡者，未之有也。"

【注释】①公索氏：复姓公索的宗族。

【译文】鲁国公索氏将要祭祀祖先的时候丢失了祭祀的牲畜。孔子听闻了这件事，说："公索氏用不了两年就会衰亡。"而后只过了一年公索氏就衰亡了。

弟子请教孔子说："昔日公索氏弄丢了祭祀用的牲畜，而夫子您就知道了他将要衰亡，这是为什么呢？"

孔子说："祭祀，是孝顺的子孙竭尽全力供奉自己祖先的一种仪式。将要祭祀却丢失了要用的牲畜，那么丢失的其他东西就更多了。像是这样都不衰亡的宗族，还从未有过。"

虞、芮二国争田而讼①，连年不决，乃相谓曰："西伯②，仁人也，盍往质之③？"

入其境，则耕者让畔④，行者让路。入其邑，男女异路，斑白不提挈。入其朝，士让为大夫，大夫让为卿。虞、芮之君曰："嘻！吾侪小人也⑤，不可以履君子之庭。"遂自相与而退，咸以所争之田为闲田矣。

孔子曰："以此观之，文王之道，其不可加焉。不令而从，不教而听，至矣哉！"

【注释】①虞：姬姓，也称北虞，是西周初期分封的诸侯国，在今山西平陆县北。芮：是西周、春秋时期的一个诸侯国，在陕西大荔县朝邑镇南。

②西伯：即周文王。

③质：评断。

④畔：田地的界限。

⑤吾侪：我辈，我们这类人。

【译文】虞、芮两国因为争夺田地而去打官司，连续几年也没有判决，就相互商量说："西伯侯，是一位有德行的人，为什么不前往他那里让他评断呢？"

他们进入西伯侯管辖的国境后，看到农夫互相谦让田地的界限，行人互相谦让道路。进入城邑后，看到男女各行其途，头发花白的老人不用手提重物。进入西伯侯的朝廷后，士人们互相谦让着做大夫，大夫们互相谦让着做卿。虞、芮两国的国君说："唉！我们真是小人啊，不应该走进西伯侯这君子的朝廷啊。"于是他们二人就一起离开了，还把之前争夺的田地当作闲田。

孔子说："从这件事来看，周文王的治国之道，已经再贤明不过了。不用命令百姓就会接受，不用教导百姓就会服从，这就是贤明的最高境界了！"

曾子曰："狎甚则相简①，庄甚则不亲。是故君子之狎足以交欢，其庄足以成礼。"

孔子闻斯言也，曰："二三子志之，孰谓参也不知礼也！"

【注释】①狎：亲昵，亲近而不庄重。简：怠慢，倨傲。

【译文】曾子说："过分亲昵就会显得怠慢，过分庄重就会显得不亲近。所以君子亲昵只要能做到一同欢乐就行了，庄重只要能做到礼仪完备就行了。"

孔子听闻曾子的话，说："你们记住这些话，谁说曾参不懂得礼仪啊！"

哀公问曰："绅委章甫①，有益于仁乎？"

孔子作色而对曰："君胡然焉②？衰麻苴杖者③，志不存乎乐。非耳弗闻，服使然也。黼黻衮冕者，容不亵慢④，非性矜庄，服使然也。介胄执戈者⑤，无退懦之气，非体纯猛，服使然也。且臣闻之，好肆不守折，而长者不为市。窃夫其有益与无益，君子所以知。"

【注释】①绅：古代士大夫束腰的大带子。委：即委貌，周代一种礼帽，以黑色的丝织物制成。

②胡然：为何，表示疑问或反诘。

③衰麻：丧服，衰衣麻绖。苴杖：古代居父丧时孝子所用的竹杖。

④亵慢：举止不庄重。

⑤介胄：被甲和头盔，为古代的军服。

【译文】鲁哀公问孔子说："身束大带、头戴委貌冠或者章甫冠，有益于施行仁政吗？"

孔子脸色变得严肃回答说："国君您为什么这样问？身穿丧服使用丧杖的人，心中不在乎音乐。并非双耳没有听到，是身上的丧服使他这样的。穿戴华美衮衣冠冕的人，仪表不能不庄重，并非本性严肃庄敬，是身上的礼服使他这样的。身穿铠甲手拿兵刃的人，没有畏缩懦弱的情绪，并非本身质朴勇猛，是身上的军服使他这样的。而且臣听闻，喜好经商的人不会坐等亏损，而年长有德的人不会去做买卖。我认为其中是有益还无益，君子是应该知晓的。"

孔子谓子路曰："见长者而不尽其辞，虽有风雨，吾不能入其门矣。故君子以其所能敬人，小人反是。"

【译文】孔子对子路说："拜见年长有德的人而不能说尽想要说的话，即使遇上风雨，我也不会进入他家。所以君子要尽其所能地尊敬他人，小人则与之相反。"

孔子谓子路曰："君子以心导耳目，立义以为勇①；小人以耳目导心，不逊以为勇。故曰，退之而不怨，先之斯可从已。"

【注释】①立义：奉行大义。

【译文】孔子对子路说："君子用心来引导耳目，把奉行大义当作勇敢；小人用耳目来引导心，把不服从当作勇敢。所以说，君子被屏退也不会怨恨，让他作为带头人，别人也能服从他。"

孔子曰："君子有三患：未之闻，患不得闻；既闻之，患弗得学；既得学之，患弗能行。有其德而无其言，君子耻之；有其言而以无其行，君子耻之；既得之而又失之，君子耻之；地有余而民不足，君子耻之；众寡均而人功倍己焉，君子耻之。"

【译文】孔子说："君子担忧的事有三种：尚未听过的知识，担忧无法听到；已经听过的知识，担忧无法学到；已经学到的知识，担忧无法施行。有德行而没有发表言论,君子为此感到耻辱;有言论而没有付出行动,君子为此感到耻辱;已经得到却又失去,君子为此感到耻辱;土地有余而百姓却不富足,君子为此感到耻辱;百姓数量都相同而别人的功绩多出数倍,君子为此感到耻辱。"

鲁人有独处室者,邻之嫠妇亦独处一室①。夜,暴风雨至,嫠妇室坏,趋而托焉。鲁人闭户而不纳。嫠妇自牖与之言②:"子何不仁而不纳我乎?"鲁人曰:"吾闻男女不六十不同居。今子幼,吾亦幼,是以不敢纳尔也。"妇人曰:"子何不如柳下惠然③?妪不逮门之女④,国人不称其乱。"鲁人曰:"柳下惠则可,吾固不可。吾将以吾之不可,学柳下惠之可。"

孔子闻之曰:"善哉!欲学柳下惠者,未有似于此者。期于至善而不袭其为,可谓智乎!"

【注释】①嫠(lí)妇:寡妇。

②牖:窗户。

③柳下惠:即展禽,春秋时期鲁国大夫,展氏,名获,字禽,食邑在柳下,谥惠。《孟子》中多次把他与伯夷并列,誉为儒家的模范。

④妪不逮门之女:用身体温暖来不及出城门的妇女,这里指柳下惠"坐怀不乱"的故事。柳下惠夜宿城门,遇一无家女子,恐其冻伤,而使坐于己怀,以衣裹之,竟宿而无淫乱行为,后以"坐怀不乱"形容男子正派,虽与女子同处而无惑乱。妪,以体相温。不逮,不及。

【译文】鲁国有一个独居的人,邻居寡妇也是一人独居。一天夜里,狂风暴雨骤然而至,寡妇的房子损坏,快步前去隔壁请求收留。鲁国人关上屋门不让她进。寡妇隔着窗户对他说："您为什么这样不仁不让我进去？"鲁国人说："我听说男女之间不到六十岁就不能同住一处。现今您这么年轻，我也这么年轻，所以不敢让您进门。"寡妇说："您为什么不能像柳下惠那样？他用身体温暖来不及出城门的妇女，百姓也不说他淫乱。"鲁国人说："柳下惠能够做到，我却做不到。我用我做不到的事情，去效仿柳下惠能够做到的事情。"

孔子听闻了这件事说："说得好啊！想要效仿柳下惠的人，还没有像他这样做的。期望自己能够做到最好而不照搬前人的做法，可以称得上是有智慧了！"

孔子曰："小辩害义①，小言破道②。《关雎》兴于鸟而君子美之③，取其雄雌之有别。《鹿鸣》兴于兽而君子大之④，取其得食而相呼。若以鸟兽之名嫌之，固不可行也。"

【注释】①小辩：辩说琐碎小事。害义：损害正道、正理。

②小言：不合大道的言论。破道：败坏道德。

③《关雎》：出自《诗经·国风·周南》。兴：先言他物，以引起所咏之辞。

④《鹿鸣》：出自《诗经·小雅》。大：重要，重大。

【译文】孔子说："辩说琐碎的小事会损害道义，不合大道的言论会败坏道德。《关雎》以鸟起兴而君子觉得很美，是因为诗中雌雄之间有所区别。《鹿鸣》以兽起兴而君子觉得重要，是因为诗中鹿得到食物后互相呼唤。如果因为这两首诗用的是鸟兽的名字就嫌弃，一定是不行的。"

孔子谓子路曰："君子而强气^①，则不得其死^②；小人而强气，则刑戮荐臻^③。"

【注释】①强气：桀骜不驯的气性。

②不得其死：不得善终。

③刑戮：刑罚或处死。荐臻：接连来到，一再遇到。

【译文】孔子对子路说："君子如果桀骜不驯，就会不得善终；小人如果桀骜不驯，就会有刑罚接踵而来。"

《豳诗》曰："迨天之未阴雨，彻彼桑土，绸缪牖户。今汝下民，或敢侮余^①？"孔子曰："能治国家之如此，虽欲侮之，岂可得乎？周自后稷^②，积行累功，以有爵土。公刘重之以仁^③。及至大王亶甫^④，敦以德让^⑤，其树根置本^⑥，备豫远矣^⑦。初，大王都豳^⑧，狄人侵之，事之以皮币，不得免焉；事之以珠玉，不得免焉。于是属耆老而告之：'所欲吾土地。吾闻之，君子不以所养而害人。二三子何患乎无君？'遂独与大姜去之^⑨。逾梁山^⑩，邑于岐山之下^⑪。豳人曰：'仁人之君，不可失也。'从之如归市焉^⑫。天之与周，民之去殷，久矣。若此而不能天下，未之有也。武庚恶能侮^⑬？"

【注释】①"迨天"五句：语出《诗经·豳风·鸱鸮》。

②后稷：周族先祖，相传其母姜嫄践天帝足迹，怀孕生子，因曾弃而不养，故名之为"弃"，被尊为稷王、农神、耕神、谷神，农耕始祖，五谷之神。

③公刘：古代周族的领袖，传为后稷的曾孙，他迁徙豳地定居，不贪享受，致力于发展农业生产，后用为仁君的典实。

④大王亶甫：即太王亶父。

⑤敦：推崇，崇尚。德让：谦让，礼让。

⑥树根：建立根基。

⑦备豫：防备，准备。

⑧豳：古地名，在今陕西省旬邑县西南。

⑨大姜：即太姜，周朝先祖古公亶父的正妃，周文王的祖母。

⑩梁山：山名，在今陕西省干县西北。

⑪岐山：山名，在陕西省岐山县东北。

⑫归市：趋向集市，形容人多而踊跃，比喻归附者众。

⑬武庚：商纣之子，名禄父，武王克殷，封为殷侯，武王崩，与管叔、蔡叔、霍叔作乱，成王命周公诛之。

【译文】《诗经·豳风·鸱鸮》中说："趁尚未阴天下雨，赶快取来桑树根，未雨绸缪补隙穴。现在你们树下人，谁还敢来欺辱我？"孔子说："能够像这样治理国家，即使想要侮辱这个国家，怎么可能得逞呢？周朝从后稷开始，积累善行、功绩，从而获得官爵和封地。到了公刘时期更加重视仁德。到了太王亶甫时期，更加推崇谦让，他建立立国基础，做好长远准备。起初，太王亶甫建都豳地，北方少数民族前来侵犯，送给他们毛皮和缯帛，还是不能免于被侵犯；送给他们珍珠和美玉，依然不能免于被侵犯。于是召集德高望重的老人告诉他们：'少数民族想要的是我们的土地。我听说，君子不以养育百姓的土地而使他们受到伤害。你们何必担心没有国君呢？'于是只和妻子太姜离开了。越过梁山，在岐山之下建立城邑。豳地的人说：'这是一位仁德的国君，我们不能失去他。'于是像赶集一样全都跟从太王亶甫而去。天意帮助周朝，百姓背离殷朝，这样已经很久了。像这样还不能统治天下，还真是从未有过的事。武庚哪能侮辱这个国家呢？"

　　《鄁诗》曰^①："执辔如组^②，两骖如儛。"孔子曰："为此诗者，其知政乎^③！夫为组者^④，总纰于此^⑤，成文于彼^⑥。言其动于近，行于远也。执此法以御民，岂不化乎？竿旄之忠告^⑦，至矣哉！"

　　【注释】①《鄁诗》：即《诗经·邶风》，鄁，古同"邶"。后面两句诗出自《诗经·郑风》，"郑"误写为"鄁"。

　　②执辔如组：出自《诗经·郑风·大叔于田》。

　　③知政：为政，主持政务。

　　④组：古代指丝带。

　　⑤纰：布帛丝缕等破坏散开。

　　⑥文：事物错综所造成的纹理或形象，这里指丝带织成后的花纹。

　　⑦竿旄：揭旄于竿，以招贤者，引申为礼贤。

　　【译文】《郑风》中说："执辔如组，两骖如儛。"孔子说："写这首诗的人，很懂得为政之道啊！编织丝带的人，丝缕披散在这一侧，织成的花纹在另一侧。说的是在近处有所动作，却在远处有所影响。用这个方法来统治百姓，怎么会有不接受教化的地方呢？礼遇贤者的忠告，到达顶点了啊！"

卷
二

观周第十一

【题解】本篇讲述孔子和弟子们参观周王朝举行大典的明堂。孔子以好学著称，他通过古代圣王尧舜以及暴君桀纣的对比，看出了周朝兴盛的原因，同时也提醒我们，如果既不去寻找尧舜兴盛的足迹，又忽略桀纣衰亡的原因，还想祈求国家兴盛，这种人岂不是很糊涂吗? 接着，孔子和弟子们来到后稷庙，看到周朝祖庙中有一篇铭文，告诫人们:"无多言，多言多败。无多事，多事多患。""口过别说无害，终成招祸之门。""君子知天下之大，不可居其上，所以屈己尊人; 深知众人之多，不可居其先，所以谦逊居后。""天道无亲，常与善人。"这篇铭文是周朝能维系八百年国运的法宝。也像警钟，警醒世人必须谨言慎行，谦虚卑下，防微杜渐，对圣贤之道坚信不疑。

孔子谓南宫敬叔曰:"吾闻老聃博古知今①，通礼乐之原，明道德之归，则吾师也。今将往矣。"对曰:"谨受命。"

遂言于鲁君曰:"臣受先臣之命云:'孔子，圣人之后也②，灭于宋。其祖弗父何③，始有国而授厉公④。及正考父佐戴、武、宣⑤，三命兹益恭。故其鼎铭曰："一命而偻，再命而伛，三命而俯⑥。循墙而走⑦，亦莫余敢侮。饘于是⑧，粥于是，以餬其口⑨。"其恭俭也若此。'臧孙纥有言⑩：'圣人之后，若不当世，则必有明德而达者焉。孔子少而好礼，其将在矣。'属臣：'汝必师之。'今孔子将适周，观先王之遗制⑪，考礼乐之所极，斯大业也。君盍以乘资之，臣请与往。"

公曰："诺。"与孔子车一乘，马二匹，竖子侍御⑫。敬叔与俱。至周，问礼于老聃，访乐于苌弘⑬，历郊社之所⑭，考明堂之则⑮，察庙朝之度。于是喟然曰："吾乃今知周公之圣，与周之所以王也⑯。"

及去周，老子送之，曰："吾闻富贵者送人以财，仁者送人以言。吾虽不能富贵，而窃仁者之号，请送子以言乎：凡当今之士，聪明深察而近于死者，好讥议人者也；博辩闳达而危其身⑰，好发人之恶者也。无以有己为人子者，无以恶己为人臣者。"

孔子曰："敬奉教。"自周反鲁，道弥尊矣。远方弟子之进，盖三千焉。

【注释】①老聃：即老子，字伯阳，谥曰聃，春秋时楚国苦县人，曾任周朝守藏室之史，主无为之说，后世以为道家始祖，著有《道德经》五千余言。

②圣人之后：这里是说孔子为殷汤之后。

③弗父何：子姓，名何，字弗父。宋前湣公长子，让位于弟宋厉公

鲋祀。

④厉公：即宋厉公鲋祀，子姓，宋氏，名鲋祀，宋前缗公次子，宋国第七位国君。

⑤正考父：子姓，春秋时期宋国大夫，宋湣公子共的玄孙、孔父嘉的父亲、孔子的七世祖。戴、武、宣：即宋戴公、宋武公、宋宣公。宋戴公，子姓，宋氏，名白，宋哀公之子，周朝时期诸侯国宋国的第十一任国君。宋武公，子姓，宋氏，名司空，宋戴公之子，宋国第十二任国君。宋宣公，子姓，宋氏，名力，宋武公之子，宋国第十三任君主。

⑥三命而俯：旧指官职步步上升，态度也愈加谦虚。俯，弯腰屈身。

⑦循墙：避开道路中央，靠墙而行，表示恭谨或畏惧。

⑧饘（zhān）：稠粥。

⑨鬻其口：即鬻口，勉强维持生活，填饱肚子。鬻，糊的异体字。

⑩臧孙纥：即臧武仲。

⑪先王：古代帝王，一般特指历史上尧舜禹汤文武几个有名的帝王。遗制：前代留传下来的典章制度或成规。

⑫竖子：年轻的仆人。侍御：为尊者御车。

⑬苌弘：字叔，又称苌叔，周景王、敬王的大臣刘文公所属大夫，后被周人所杀，传说死后三年，其血化为碧玉，后亦用以借指屈死者的形象。

⑭郊社：祭祀天地，周代冬至祭天称郊，夏至祭地称社。

⑮明堂：古代帝王宣明政教、举行大典的地方。

⑯王：古代指统治者以仁义取得天下。

⑰博辩：从多方面论说，雄辩。闳达：才识宏富通达。

【译文】孔子对南宫敬叔说："我听说老聃博古通今，通晓礼乐的根源，明白道德的归向，那他就是我的老师了。如今我要到他那里去拜访。"南宫敬叔回答说："遵从您的命令。"

于是南宫敬叔就对鲁国国君说："臣受亡父之命，他说：'孔子，是圣人的后代，他的家族在宋国衰亡。他的祖先弗父何，起初能够继承宋国却让给了弟弟宋厉公。到了正考父的时候辅佐宋戴公、宋武公、宋宣公三位国君，经历三次受命却越来越恭敬。所以他家铜鼎上的铭文说："第一次受命时欠身前倾，第二次受命时弯腰鞠躬，第三次受命时屈首俯身。平日里沿着墙根行走，也没有人敢欺侮。煮稠粥在这个鼎里，煮稀粥也在这个鼎里，用来维持生活填饱肚子。"他的恭谨俭约就像这样。'臧孙纥曾经说过：'圣人的后代，如果不能为当世所用，就必定有因崇高的德行而显达之人。孔子年少时就喜好学习礼仪，大概孔子就是这个显达的人吧。'我已故的父亲又嘱咐我说：'你一定要拜他为师啊。'现今孔子要前往宗周，学习古圣贤王遗留下来的规章制度，考察礼乐所达到的最高境界，这可是伟大的事业啊。您为什么不派车马去资助他呢，我请求和孔子一同前往。"

鲁昭公说："我答应你。"于是赠送给孔子一辆车，两匹马，派了一名年轻的仆人给孔子驾车。南宫敬叔和孔子一同前往。到了宗周，孔子便向老聃询问礼法，向苌弘请教音乐，游历祭祀天地的场所，考察举行大典的规范，了解宗庙朝廷的制度。于是感叹地说："我到现在才知道周公的圣明，以及宗周能以仁义取得天下的原因。"

等到离开宗周时，老子前来相送，说："我听说富贵的人送别时会赠送财物，仁德的人送别时会赠送箴言。我虽然不够富贵，但可以冒用一下仁者的名号，请让我赠你几句箴言吧：大凡当今士人中，天资聪颖，洞察幽微，但却濒临死亡的人，都是喜好嘲笑、议论别人的人；善于雄辩，才识通达，但却危及自身的人，都是喜好揭发别人犯罪的人。作为人子不要让父母时刻惦念你，作为人臣不要让国君厌恶你。"

孔子说："谨遵您的教诲。"从宗周返回鲁国后，孔子的学说更加受人尊崇了。从远方而来向他求学的弟子，大约有三千人。

孔子观乎明堂，睹四门墉①，有尧舜与桀纣之象，而各有善恶之状，兴废之诫焉。又有周公相成王②，抱之负斧扆南面以朝诸侯之图焉③。

孔子徘徊而望之，谓从者曰："此周公所以盛也。夫明镜所以察形，往古者所以知今④。人主不务袭迹于其所以安存⑤，而忽怠所以危亡⑥，是犹未有以异于却走，而欲求及前人也，岂不惑哉！"

【注释】①门墉：门口墙边。

②相：辅助，亦指辅佐的人，古代特指最高的官。成王：即周成王姬诵，武王之子，年幼时即位，由周公摄政，制礼乐，立制度，营建东都雒邑，七年后还政成王，在位三十七年，谥曰"成"。

③负：背对。斧扆（yǐ）：古代帝王朝堂所用的状如屏风的器具，以绛为质，高八尺，东西当户牖之间，其上有斧形图案，故名。南面：古代以坐北朝南为尊位，故天子、诸侯见群臣，或卿大夫见僚属，皆面南而坐，帝位面朝南，故代称帝位。

④往古：古代，古时候。

⑤袭迹：蹈袭前人的轨迹、作法。安存：安定生存。

⑥忽忽：轻慢。

【译文】孔子参观了举行大典的明堂，看到四个门口的墙边，画有尧、舜和桀、纣的画像，各有善恶不同的样貌，这是对国家兴衰的告诫。还有周公辅佐周成王，抱着年幼的周成王背对着屏风面朝南方接见众诸侯的画像。

孔子来回走动观看，对跟随他的人说："这就是在周公辅佐下周朝兴盛的原因啊。明亮的镜子可以用来观察形貌，通过古代的事情可以用来了解现在。君主不努力沿着前人的做法使国家安定，却忽视国家危亡的局势，这无异于向后倒退，却想要追赶前面的人一样，难道不是很糊涂的事吗！"

孔子观周，遂入太祖后稷之庙。庙堂右阶之前，有金人焉，三缄其口①，而铭其背曰②："古之慎言人也。戒之哉！无多言，多言多败；无多事，多事多患。安乐必戒，无所行悔。勿谓何伤③，其祸将长；勿谓何害，其祸将大；勿谓不闻，神将伺人④。焰焰不灭⑤，炎炎若何⑥？涓涓不壅，终为江河。绵绵不绝，或成网罗。毫末不札⑦，将寻斧柯⑧。诚能慎之，福之根也。口是何伤？祸之门也。强梁者不得其死⑨，好胜者必遇其敌。盗憎主人⑩，民怨其上。君子知天下之不可上也，故下之；知众人之不可先也，故后之。温恭慎德，使人慕之；执雌持下⑪，人莫逾之。人皆趋彼，我独守此；人皆或之⑫，我独不徙。内藏我智，不示人技。我虽尊高，人弗我害。谁能于此？江海虽左⑬，长于百川，以其卑也。天道无亲,而能下人⑭。戒之哉！”

孔子既读斯文也,顾谓弟子曰："小子识之,此言实而中,情而信⑮。《诗》曰：'战战兢兢,如临深渊,如履薄冰⑯。' 行身如此,岂以口过患哉？"

【注释】①缄：封,闭。

②铭：铸、刻或写在器物上记述生平、事迹或警诫自己的文字。

③何伤：何妨,何害,意为没有妨害。

④伺：观察,侦候。

⑤焰焰：火刚燃烧的样子。

⑥炎炎：形容火势旺盛。

⑦札：拔出,拔除。

⑧斧柯：斧柄。

⑨强梁：刚强横暴。

⑩盗憎主人：盗贼憎恨物主对己设立防御,以致不能获得财物,比喻奸恶的人怨恨正直的人。

⑪执雌：保持柔顺之德。

⑫或：通"惑",迷惑。

⑬左：地理上指东方。

⑭下人：谦卑待人。

⑮情：通"诚",真诚,真实。

⑯"战战兢兢"三句：语出《诗经·小雅·小旻》。

【译文】孔子游览宗周,进入祭祀周太祖后稷的宗庙。宗庙右侧台阶之前,立有金属铸成的人像,嘴部被封了三层,背后刻着文字：

"这是古代出言谨慎的人。要以此为戒！不要多言，多言多过失；不要多事，多事多祸患。安宁快乐的时候一定要警戒，不做让自己后悔的事。不要以为多言没有妨害，祸患是很长远的；不要以为多言妨害不大，祸患是很严重的；不要说没人听到，神灵在看着你。初燃的火苗如果不扑灭，燃烧成熊熊大火怎么办？涓涓细流如果不堵塞，终将汇成大江大河。连绵的细丝如果不断，也许会成为罗网。细微的枝条如果不拔除，将来就要用斧子砍伐。如果确实能做到谨慎，那是福的根源。口能造成什么妨害呢？那是祸的大门。强横的人不得善终，好胜要强的人必会遇敌。盗贼憎恨物主对自己设防，民众怨恨自己的长官。君子知道天下事不可以人人争上，所以甘愿居于人下；知道众人不可以人人争先，所以甘愿居于人后。温和恭敬，修养德行，会使他人仰慕；保持柔顺，姿态卑下，没人能够超越。人人都奔向别处，只有我独自守在这里；人人都感到迷惑，只有我一人坚定不移。内藏智慧，不让别人知道我的才能。我虽然地位崇高，他人也不会伤害我。有谁能做到这样呢？江海虽然处于东边下游地带，却能容纳百川，是因为它地势低下。天道公正无偏无私，却能对人谦让。要以此为戒啊！"

孔子读完这篇铭文后，回头对弟子们说："你们要记住这些话啊，这些话实在而中肯，真实又可信。《诗经》中说：'因为恐惧而发抖，好像到达深潭边，好像踩在薄冰上。'像这样立身行事，怎么会因为失言而惹祸呢？"

孔子见老聃而问焉，曰："甚矣，道之于今难行也。吾比执道①，而今委质以求当世之君②，而弗受也。道于今难行也。"

老子曰："夫说者流于辩③，听者乱于辞，知此二者，则道不可以忘也。"

【注释】①比：连续，频频。

②委质：臣服、归附。

③流：王肃注："流犹过也，失也。"

【译文】孔子拜见老聃并向他请教，说："如今道的施行真是太难了。我一直遵守正道，如今请求当世之君行道，然而却没被接受。如今道的施行真是太难了。"

老子说："游说之人的言辞往往过于华丽，听者又易被虚浮的言辞困扰，知道了这两点，道就更不可以忘了。"

弟子行第十二

【题解】这一篇主要记录了卫将军文子询问孔子弟子的情况，孔子主要评价了十二人，分别为颜回、冉雍、仲由、冉求、公西赤、曾参、颛孙师、卜商、澹台灭明、言偃、南宫适、高柴。是体现孔子人才思想的重要论述。

卫将军文子问于子贡曰①："吾闻孔子之施教也，先之以《诗》《书》，导之以孝悌，说之以仁义，观之以礼乐，然后成之以文德。盖入室升堂者②，七十有余人，其孰为贤？"子贡对以不知。

文子曰："以吾子常与学贤者也，何为不知？"

子贡对曰："贤人无妄，知贤即难。故君子之言曰：'智莫难于知人。'是以难对也。"

文子曰："若夫知贤，莫不难。今吾子亲游焉，是以敢问。"

子贡曰："夫子之门人，盖有三千就焉。赐有逮及焉，未逮及焉,故不得遍知以告也。”

文子曰:“吾子所及者,请闻其行。”

【注释】①文子:文姓,名弥牟,春秋时期卫国将军。

②入室升堂:比喻人的学识技艺等方面有高深的造诣。

【译文】卫国的将军文子向子贡请教说:“我听闻孔子实施教育,先教给弟子《诗经》《尚书》,用孝悌来教导弟子,用仁义来劝说弟子,用礼乐来启发弟子,然后用礼乐来教化弟子。大概学识技艺有高深造诣的贤人,有七十多人,他们之中谁最贤明呢?”子贡回答说不知道。

文子说:“您经常和他们一起学习也是一名贤者,为什么说不知道呢?”

子贡回答说:“贤人不会随意评价别人,想了解谁更贤明就更加困难了。所以君子说过:‘最高深的智慧莫过于有了解别人品行的才能了。’因此很难回答您的问题。”

文子说:“想要了解贤人,没有不困难的。现今您就在孔子门下求学,所以才敢冒昧地问您。”

子贡说:“夫子的弟子,大约有三千人。有些是和我有交往的,有些是和我没有交往的,所以不能把他们的情况全都告诉你。”

文子说:“就您所交往的那些贤人,请您说一说他们的品行。”

子贡对曰:“夫能夙兴夜寐①,讽诵崇礼,行不贰过②,称言不苟③,是颜回之行也。孔子说之以《诗》曰:‘媚兹一人,应侯慎德④。’‘永言孝思,孝思惟则⑤。’若逢有德之君,世受显命⑥,不失厥名⑦；以御于天子，则王者之相也。

【注释】①夙兴夜寐：起得早而睡得晚，形容勤奋劳作。

②行不贰过：犯过的错误不再犯。

③不苟：不随便，不马虎。

④"媚兹"二句：语出《诗经·大雅·下武》。

⑤"永言"二句：语出《诗经·大雅·下武》。

⑥显命：此指君主给予的赞誉。

⑦厥：他的。

【译文】子贡回答说："能够早起晚睡，背诵典籍，尊崇礼仪，犯过的错误不再重犯，言谈不随便，这是颜回的品行。孔子用《诗经》中的话来形容颜回说：'颜渊的德行足以得到天子宠爱，正是因他注重道德修养。''长言孝亲之思不忘，可以把它作为法则。'若是遇到有德之君，颜回世代都会享有君主给予的赞誉，不会丧失他的美名；若能被君主所用，就会成为君主的相辅。"

"在贫如客①，使其臣如借②。不迁怒，不深怨，不录旧罪③，是冉雍之行也④。孔子论其材曰：'有土之君子也，有众使也，有刑用也，然后称怒焉。匹夫之怒，唯以亡其身。'孔子告之以《诗》曰：'靡不有初，鲜克有终⑤。'"

【注释】①客：这里指像客人一样矜持庄重。

②臣：古代指男性奴隶。借：帮助。

③不录：不抄录。

④冉雍：字仲弓，春秋时期鲁国人，孔子弟子，少昊后裔。

⑤"靡不"二句：语出《诗经·大雅·荡》。

【译文】"身处贫困时能像作客一样矜持庄重，役使仆人时能像寻求帮助一样客气。不迁怒他人，不怨恨他人，不记录他人之前犯下的过错，这是冉雍的品行。孔子评论他的才能说：'那些拥有土地的贵族，可以役使百姓，可以施行刑罚，而后可以迁怒。而普通人发怒，只会伤害到自己的身体。'孔子用《诗经》的话告诫冉雍说：'做事都有好的开端，却很少能有好的结果。'

"不畏强御①，不侮矜寡②；其言循性③，其都以富④，材任治戎⑤，是仲由之行也。孔子和之以文，说之以《诗》曰：'受小共大共，而为下国骏庞。荷天子之龙，不戁不悚，敷奏其勇⑥。'强乎武哉⑦，文不胜其质⑧。

【注释】①强御：豪强，有权势的人。

②矜寡：鳏寡。矜，通"鳏"。

③循性：顺着本性。

④都：为官。

⑤治戎：用兵、作战。

⑥"受小"五句：语出《诗经·商颂·长发》。戁（nǎn），恐惧。

⑦强乎武哉：即强武，勇武有力。

⑧不胜：这里指无法掩饰。

【译文】"不畏惧豪强，不欺辱鳏寡；言谈遵循本性，为官一方使民富庶，才能足以统兵作战，这是子路的品行啊。孔子用文章来应和他，用《诗经》中的话来评价他：'遵守大法小法，对待下国笃厚。承蒙上天荣宠，毫不惊惶恐惧，施展自己的神勇。'真是孔武有力啊，文采无法遮掩他的质朴。

"恭老恤幼，不忘宾旅①；好学博艺②，省物而勤也，是冉求之行也。孔子因而语之曰：'好学则智，恤孤则惠，恭则近礼，勤则有继。尧舜笃恭，以王天下。'其称之也，曰'宜为国老'。

【注释】①宾旅：客卿，羁旅之人。

②博艺：博通艺文。艺文，泛指六艺文章。

【译文】"尊敬长辈，体恤幼小，不忘客居异乡的旅人；专心求学，博通艺文，生活节俭而勤劳，这是冉求的品行。孔子因而对他说：'专心求学就有智慧，存恤孤弱就是仁爱，恭敬待人就接近礼义，为人勤劳就会不停收获。尧、舜纯厚恭敬，所以能统治天下。'孔子称赞他，说：'你应当担任国家的重臣'。

"齐庄而能肃①，志通而好礼，傧相两君之事②，笃雅有节③，是公西赤之行也④。子曰：'礼经三百⑤，可勉能也；威仪三千⑥，则难也。'公西赤问曰：'何谓也？'子曰：'貌以傧礼，礼以傧辞，是谓难焉。'众人闻之，以为成也。孔子语人曰：'当宾客之事，则达矣。'谓门人曰：'二三子之欲学宾客之礼者，其于赤也。'

【注释】①齐庄：严肃诚敬。肃：恭敬。

②傧相：古代指接引宾客者。

③笃雅：厚重典雅。

④公西赤：字子华，又称公西华，春秋时期鲁国人，孔子弟子，擅长外交。

⑤礼经：《仪礼》的别名。《仪礼》，十三经之一，汉儒称为《礼经》，或单称《礼》，论述冠、婚、射、丧、饮、祭等礼之仪节，汉代已残缺。

⑥威仪：帝王或显贵者出行的仪仗。

【译文】"严肃庄重而又恭敬，志向通达而喜好礼仪，担任两国之间的傧相，忠厚典雅而有节制，这是公西赤的品行。孔子说：'《礼经》中有三百篇，可以通过勤勉学习来掌握；帝王出行的礼仪有三千条，却是难以掌握的。'公西赤说：'为什么这样说呢？'孔子说：'作为傧相要根据不同人的外表来行礼，要根据不同的礼节来致辞，所以我才说这很难。'众人听到孔子这样说，认为公西赤已经有所成就了。孔子对大家说：'在接待宾客这件事上，他已经做到了。'孔子对弟子们说：'你们中有想要学习接引宾客礼仪的人，就向公西赤学习吧。'

"满而不盈，实而如虚，过之如不及，先王难之。博无不学，其貌恭，其德敦；其言于人也，无所不信；其骄大人也，常以浩浩①，是以眉寿②。是曾参之行也。孔子曰：'孝，德之始也；悌，德之序也；信，德之厚也；忠，德之正也。参中夫四德者也。'以此称之。

【注释】①"其骄"二句：王肃注："浩然志大。骄，大貌也。大人，富贵者也。"

②眉寿：长寿，人年老时，眉毛会长出几根特别长的毫毛，为长寿的象征，故称"眉寿"。

【译文】"充满却不会溢出，充实却形同虚空，已经超过却如同赶不上，古圣贤王也难以做到。知识广博无所不学，外表谦恭，德行敦厚；对人说话，全都可信；他傲视那些富贵之人，时常显露浩然正气，因此能够长寿。这是曾参的品行。孔子说：'孝，是德行的开端；悌，是德行的次序；信，是德行的加深；忠，是德行的准则。曾参符合这四种品德。'孔子以此称赞他。

"美功不伐，贵位不善①，不侮不佚②，不傲无告③，是颛孙师之行也。孔子言之曰：'其不伐，则犹可能也；其不弊百姓④，则仁也。'《诗》云：'恺悌君子，民之父母⑤。'夫子以其仁为大学之深。

【注释】①贵位：高位。不善：这里指不喜。

②不侮不佚：不贪功不慕势，这里侮、佚都是贪功慕势之意。

③不傲无告：王肃注："鳏寡孤独，此四者，天民之穷而无告者也。子张之行，不傲此四者。"

④不弊百姓：王肃注："不弊愚百姓，即所谓不傲之也。"弊，欺蒙，蒙蔽。

⑤"恺悌"二句：语出《诗经·大雅·泂酌》。恺，乐。悌，易。

【译文】"有美好的功业而不自夸，官居高位而不自喜，不贪功不慕势，不在贫困无依的人面前炫耀，这是颛孙师的品行。孔子评价他说：'不自夸，平常人还有可能做到；不做欺蒙百姓的坏事，则是他仁德的表现。'《诗经》中说：'和乐平易的君子，好像百姓的父母。'夫子认为颛孙师的仁德是非常值得学习的。

"送迎必敬，上交下接若截焉①，是卜商之行也。孔子说之以《诗》曰：'式夷式已，无小人殆②。'若商也，其可谓不险矣。

【注释】①上交：地位低的人同地位高的人交往。截：分明、显然。

②"式夷"二句：语出《诗经·小雅·节南山》。

【译文】"送往迎来必定恭敬，与上下级交往界限分明，是卜商的品行啊。孔子用《诗经》中的话评价他说：'以平和心境处世，可免受小人危害。'像卜商这样，可以说是不会有危险了。

"贵之不喜①，贱之不怒；苟利于民矣，廉于行己②；其事上也③，以佑其下，是澹台灭明之行也④。孔子曰：'独贵独富，君子耻之，夫也中之矣。'

【注释】①贵：地位高。

②行己：立身行事。

③事上：侍奉尊长。

④澹台灭明：复姓澹台，名灭明，字子羽，春秋时期鲁国人，孔子弟子。

【译文】"位高时不欣喜，位卑时不恼怒；只要对百姓有利的事，就力行节俭；他侍奉长上，以此来庇佑百姓，这是澹台灭明的品行啊。孔子说：'一个人独自富贵，君子认为是可耻的事，澹台灭明就是这样的君子。'

"先成其虑^①，及事而用之，故动则不妄^②，是言偃之行也。孔子曰：'欲能则学，欲知则问，欲善则详^③，欲给则豫^④。当是而行，偃也得之矣。'

【注释】①虑：思考。

②妄：胡乱，荒诞不合理。

③欲善则详：王肃注："欲善其事，当详慎也。"详，审慎。

④欲给则豫：王肃注："事欲给而不碍，则莫若于豫。"给，富裕，充足。豫：通"预"，预先，事先。

【译文】"事先思考好，等到事情来临时就按计划行事，所以不会任意妄行，这是言偃的品行。孔子说：'想要有才能就要学习，想要了解就要提问，想要做好事情就要审慎，想要衣食丰足就要事先准备。应当按照这个准则来行事，言偃已经做到了。'

"独居思仁，公言言义^①，其于《诗》也，则一日三覆'白圭之玷^②'，是宫縚之行也^③。孔子信其能仁，以为异士^④。

【注释】①公言：公开谈论。

②一日三覆：在一天之内多次反复玩味。白圭之玷：语出《诗经·大雅·抑》。白玉的斑点。

③宫縚: 即南宫适(kuò), 字子容, 亦称南宫括、南容, 春秋时期鲁国人, 既是孔子学生, 又是孔子的侄婿。

④异士: 这里指殊异的人才。

【译文】"一个人独居时想着仁德, 公开谈论时宣扬仁德, 一天之内, 对于《诗经》上所说的'白圭之玷'反复玩味, 这是宫縚的品行。孔子相信他能施行仁德, 认为他是殊异的人才。

"自见孔子, 出入于户, 未尝越礼①; 往来过之, 足不履影②; 启蛰不杀③, 方长不折; 执亲之丧, 未尝见齿④, 是高柴之行也。孔子曰: '柴于亲丧, 则难能也; 启蛰不杀, 则顺人道; 方长不折, 则恕仁也⑤。成汤恭而以恕, 是以日隮⑥。'凡此诸子, 赐之所亲睹者也。吾子有命而讯赐, 赐固不足以知贤。"

【注释】①越礼: 不遵循礼仪法度。

②足不履影: 脚不踩到他人的影子, 比喻循规蹈矩。

③启蛰: 节气名, 动物经冬日蛰伏, 至春又复出活动, 故称"启蛰", 今称"惊蛰"。

④见齿: 指笑, 因笑则露齿。

⑤恕仁: 仁爱宽容; 有仁心而能推己及人。

⑥隮(jī): 升。

【译文】"自从拜见孔子, 进出门户, 从来没有僭越礼法; 来往经过, 脚不会踩到他人的影子; 惊蛰过后不杀生, 不折正在生长的草木; 为亲人守孝, 从来不曾言笑, 这是高柴的品行。孔子说: '高柴为亲人守孝的诚心, 一般人是做不到的; 惊蛰过后不杀生, 是顺应人道；不折断春夏之季正在生长的树木，是推己及物的仁心。成汤谦恭而又仁爱宽容，因此能够步步高升。'上面提到的这些人，都是我亲眼见到的。您召我前来询问，我确实也不足以了解谁是贤人。"

文子曰："吾闻之也，国有道，则贤人兴焉，中人用焉①，乃百姓归之。若吾子之论，既富茂矣②，壹诸侯之相也③。抑世未有明君，所以不遇也④。"

子贡既与卫将军文子言，适鲁见孔子曰："卫将军文子问二三子之于赐，不壹而三焉⑤。赐也辞不获命⑥，以所见者对矣。未知中否，请以告。"

孔子曰："言之乎。"子贡以其辞状告孔子⑦。

子闻而笑曰："赐，汝次为人矣⑧。"

子贡对曰："赐也何敢知人，此以赐之所睹也。"

孔子曰："然。吾亦语汝耳之所未闻，目之所未见者，岂思之所不至，智之所未及哉？"

子贡曰："赐愿得闻之。"

【注释】①中人用焉：王肃注："中庸之人，为时用也。"中庸，儒家的道德标准，待人接物不偏不倚，调和折中。

②富茂：丰富，充实。

③壹：皆，一概，一律。

④不遇：不得志，不被赏识。

⑤不壹而三：再三，多次。

⑥辞不获命：辞谢却得不到允许。

⑦辞状：说话的内容。

⑧次为人矣：王肃注："言为知人之次。"次，等第，顺序。

【译文】文子说："我听闻，国家政治清明，就会有贤人兴起，中庸之人就会被任用，于是百姓也会归附。按照您刚才的言论，说得已经很详细了，他们全都是可以辅佐诸侯的人才啊。或许是当今世上还没有贤明的国君，所以不被赏识。"

子贡和卫国将军文子谈论之后，来到鲁国拜见孔子说："卫国将军文子向我询问诸位同学的情况，再三追问。我推辞不过，就把见到的情况告诉了他。不知道是否合适，请让我给您复述一遍。"

孔子说："那你说说吧。"子贡就把和文子谈话的内容告诉了孔子。

孔子听后笑着说："赐啊，你能给人排定等次了。"

子贡回答说："我怎么敢说能够判断一个人的品行才能呢，这些都是我亲眼所见罢了。"

孔子说："是啊。我也要告诉你一些你没听过，没看过的事情，难道这些是你思虑无法达到，智慧并未涉及的吗？"

子贡说："学生愿闻其详。"

孔子曰："不克不忌①，不念旧怨，盖伯夷叔齐之行也②。

"思天而敬人，服义而行信，孝于父母，恭于兄弟，从善而教不道，盖赵文子之行也③。

"其事君也，不敢爱其死，然亦不敢忘其身。谋其身不遗其友，君陈则进而用之④，不陈则行而退⑤。盖随武子之行也⑥。

"其为人之渊源也⑦，多闻而难诞⑧，内植足以没其世。国家有道，其言足以治；无道，其默足以生。盖铜鞮伯华之行也⑨。

"外宽而内正，自极于隐括之中⑩，直己而不直人⑪，汲汲于仁⑫，以善自终。盖蘧伯玉之行也⑬。

"孝恭慈仁，允德图义⑭，约货去怨⑮，轻财不匮。盖柳下惠之行也。

"其言曰：'君虽不量于其身⑯，臣不可以不忠于其君。'是故君既择臣而任之，臣亦择君而事之。有道顺命⑰，无道衡命⑱。盖晏平仲之行也⑲。

"蹈忠而行信⑳，终日言不在尤之内㉑。国无道，处贱不闷，贫而能乐。盖老莱子之行也㉒。

"易行以俟天命，居下不援其上。其亲观于四方也，不忘其亲，不尽其乐。以不能则学，不为己终身之忧。盖介子山之行也㉓。"

【注释】①克：刻薄。忌：嫉妒。

②伯夷叔齐：商末孤竹君之二子，相传其父遗命要立次子叔齐为继承人，孤竹君死后，叔齐让位给伯夷，伯夷不受，叔齐也不愿登位，二人先后逃到周国，周武王伐纣，二人叩马谏阻。武王灭商后，他们耻食周粟，采薇而食，饿死于首阳山。

③赵文子：即赵武，嬴姓赵氏，名武，谥号"文"，后人尊称他为"赵孟"，史书称他为赵文子，春秋中期晋国六卿之一，赵氏宗主。

④君陈则进而用之：王肃注："陈谓陈列于君，为君之使用也。"

⑤行而退：即行退，辞去官职。

⑥随武子：即范武子，祁姓，士氏，名会，字季，因封于随，称随

会；封于范，又称范会；以大宗本家氏号，又为士会。春秋时期晋国政治家、军事家。

⑦渊源：深广宏大。

⑧诞：欺诈，虚妄。

⑨铜鞮(dī)伯华：即羊舌赤，复姓羊舌，名赤，字伯华，采邑于铜鞮，也称铜鞮伯华，春秋时期晋国大夫。

⑩隐括：用以矫正邪曲的器具，引申为标准、规范；矫正，修正。

⑪直己：自身守正不阿。

⑫汲汲：形容努力求取、不休息的样子。

⑬蘧(qú)伯玉：春秋时期卫国人，名瑗(yuàn)，相传他"年五十而知四十九年非"，是一个求进甚急并善于改过的贤大夫。

⑭允德：修德，涵养德性。

⑮约货去怨：王肃注："夫利，怨之所聚，故约省其货，以远去其怨。"

⑯不量：不嫌弃，看得起。

⑰有道顺命：王肃注："君有道则顺从其命。"

⑱无道衡命：王肃注："衡，横也，谓不受其命之隐居者也。"意为天下无道，则不受其命而隐居。

⑲晏平仲：即晏婴，字平仲，春秋时期齐国大夫，历仕灵公、庄公、景公为卿，传世有《晏子春秋》，为战国时人搜集有关他的言行编辑而成。

⑳蹈忠：行为忠贞。

㉑尤：过失。

㉒老莱子：春秋时期楚国隐士，性至孝，年七十还经常穿着五色

斑斓衣，作婴儿戏，以娱双亲，后因世乱，避世耕于蒙山之阳，楚王闻其贤，召为辅，不就，随其妻居江南。有典故"老莱娱亲"选入《二十四孝》。

㉓介子山：即介子推，又名介之推，春秋时期晋国人，跟随晋公子重耳流亡，历经各国，共十九年。返国后，文公赐禄不及，而介之推也不求功名，与母隐于绵山，文公屡次寻求不得，焚山以求之，竟不出而焚死。

【译文】孔子说："不苛刻不嫉妒，不惦念过去的仇怨，这是伯夷叔齐的品行。

"思考天道而尊敬他人，遵行仁义做事诚实，孝敬父母，兄友弟恭，依从善道而又教化不行正道的人，这是赵文子的品行。

"侍奉国君，不惜自己的生命，然而也不敢奋不顾身。为自己打算也不忘朋友，国君任用他时就倾尽全力，不用他时就辞去官职。这是随武子的品行。

"为人思虑深远，见多识广而难以被欺骗，心中高尚的道德足以受用终身。国家政治清明，他的言论足以用来治理国家；国家不修德政，他的沉默足以用来保全自己。这是铜鞮伯华的品行。

"外表宽厚而内心正直，知错能改，自身守正不阿而不去强求别人，努力求取仁德，终身行善。这是蘧伯玉的品行。

"孝顺恭谨，慈善仁爱，涵养德行以谋求仁义，节俭财货以消除怨恨，轻视财物却不缺乏。这是柳下惠的品行。

"有人曾说：'国君虽然可以不嫌弃臣子的出身，但臣子不能不忠于国君。'因此君主要选择臣子来任用，臣子也要选择君主来侍奉。君主贤明时就服从其命，君主昏聩时就不听命而隐居。这是晏平仲的品行。

"行为忠贞而做事诚信，所有的言谈都没有过失。国家政治黑暗，地位低贱而不感到愁闷，生活穷困也能保持快乐。这是老莱子的品行。

"改变操行以等待天命，身处下位却不攀附上级。即使到四方游览，也不忘记父母，不尽兴享乐。因为才能不足就去学习，不让其成为终身的忧虑。这是介子山的品行。"

子贡曰："敢问夫子之所知者，盖尽于此而已乎？"

孔子曰："何谓其然^①？亦略举耳目之所及而已。昔晋平公问祁奚曰^②：'羊舌大夫，晋之良大夫也，其行如何？'祁奚辞以不知。公曰：'吾闻子少长乎其所^③，今子掩之，何也？'祁奚对曰：'其少也恭而顺，心有耻而不使其过宿；其为大夫，悉善而谦其端^④；其为舆尉也^⑤，信而好直其功。至于其为容也，温良而好礼，博闻而时出其志。'公曰：'曩者问子，子奚曰不知也？'祁奚曰：'每位改变，未知所止，是以不敢得知也。'此又羊舌大夫之行也。"

子贡跪曰："请退而记之。"

【注释】①其然：如此。

②晋平公：姬姓，名彪，晋悼公之子，春秋时期晋国国君。祁奚：姬姓，祁氏，名奚，字黄羊，春秋时期晋国人，因食邑于祁，遂为祁氏。

③少长乎其所：从小在其家长大。

④悉善而谦其端：王肃注："尽善道而谦让，是其正也。"

⑤舆尉：春秋时代的武官名，负责主持征役。

【译文】子贡说："请问夫子，您所知道的事情，大概就是这些了吗？"

孔子说："为什么这么说呢？我也只是大略列出我耳闻目睹的事情而已。昔日晋平公问祁奚说：'羊舌大夫，是晋国优秀的大夫，他的品行怎么样？'祁奚推辞说不知道。晋平公说：'我听闻您小时候在他家长大，而您现在却遮遮掩掩不愿意说，这是为什么呢？'祁奚回答说：'他小时候恭敬顺从，心知有错不会留到第二天再改；他任大夫时，极尽善道而谦虚端正；他任舆尉时，讲求信用而喜好直言自己的功绩。至于他的仪容，温和善良而喜好礼节，见闻广博而又时时展露自己的志向。'晋平公说：'刚才我问您，您为什么说不知道呢？'祁奚说：'他的官职经常改变，我不知道他现在担任什么官职，所以不敢说了解。'这又是关于羊舌大夫品行的事情。"

子贡跪下说："请让我回去记录下您的话。"

贤君第十三

【题解】这一篇由孔子回答许多提问而组成,主要谈的是如何做贤君和贤臣。

"哀公问贤君"章,孔子赞扬卫灵公,因为他能尊敬、善用贤人,故称他为贤君。孔子列举了几件事情,证明卫灵公对待贤德之士特别敬重,尤其是对大夫史鳅,为了恭候他回国,在郊外住了三天,不闻琴瑟之声,一心要等他回国。

"子贡问贤臣"章,子贡请教孔子,当时哪些人称得上是贤臣,孔子举出鲍叔牙和子皮。而在子贡看来,似乎管仲和子产更优秀。孔子则更敬重推荐贤才的人,认为他们才是真正的贤臣。

"哀公问忘"章,鲁哀公听说忘性最大的人,搬一次家就把妻子给忘了。孔子则认为这不算什么,夏桀、商纣王才是忘性最大的人。因为他忘了自己圣贤祖宗之道,忘了自己一国之君的本分,最后亡国丧身。

"子路问治国所先"章,孔子认为治国在用人,必须做到"尊贤而贱不肖"。并且告诫人们,尊贤而不能任用,对不肖之人又不能罢免，也不行。

"哀公问政"章，孔子说治国最要紧的是让民众富且寿。

"卫灵公问政"章，孔子教诲人们"爱人者则人爱之，恶人者则人恶之"。

哀公问于孔子曰："当今之君，孰为最贤？"

孔子对曰："丘未之见也，抑有卫灵公乎？"

公曰："吾闻其闺门之内无别，而子次之贤，何也？"

孔子曰："臣语其朝廷行事，不论其私家之际也。"

公曰："其事何如？"

孔子对曰："灵公之弟曰公子渠牟，其智足以治千乘，其信足以守之，灵公爱而任之。又有士曰林国者，见贤必进之，而退与分其禄，是以灵公无游放之士①，灵公贤而尊之。又有士曰庆足者，卫国有大事，则必起而治之；国无事，则退而容贤，灵公悦而敬之。又有大夫史鳅，以道去卫，而灵公郊舍三日，琴瑟不御，必待史鳅之入，而后敢入。臣以此取之，虽次之贤，不亦可乎？"

【注释】①游放：纵情放任。

【译文】鲁哀公问孔子："当今的君主，谁最贤明？"

孔子回答说："我还未曾看到，或许卫灵公可以算得上贤明之君吧？"

哀公说："我听说在他的家室之内竟无男女长幼之别，而您却把他说成贤君，这是为何呢？"

孔子说："我说的是他在朝廷上所行之事，并没有谈论他家庭内部的事情。"

哀公问："他在朝廷上是如何处事的呢？"

孔子回答说："卫灵公的弟弟叫公子渠牟，他的才智足以治理拥有千辆兵车的大诸侯国，他的诚信足以守护整个国家，所以灵公喜欢而且重用他。又有个叫林国的士人，见到贤能的人必定会举荐，若是那个贤能之人辞去官职，林国还会将自己的俸禄分给他，所以在灵公的国家没有纵情放任的士人，灵公觉得林国非常贤明因此很尊重他。又有一位士人名叫庆足，卫国若是有大事，定会出来帮助处理；等到国家无事时，就辞掉官职让朝廷起用其他贤人，灵公喜欢并且敬重他。还有位大夫名叫史鳅，因为大道得不到推行而离开卫国，灵公则在郊外住了三天，摒弃声乐，定要等到史鳅回国，而后才敢进入城中。我就是因这些事而选取他的，即使把他置于贤君之列，不也可以吗？"

子贡问于孔子曰："今之人臣，孰为贤？"

子曰："吾未识也。往者齐有鲍叔[①]，郑有子皮[②]，则贤者矣。"

子贡曰："齐无管仲，郑无子产？"

子曰："赐，汝徒知其一，未知其二也。汝闻用力为贤乎？进贤为贤乎？"

子贡曰："进贤贤哉。"

子曰："然，吾闻鲍叔达管仲，子皮达子产，未闻二子之达贤己之才者也。"

【注释】①鲍叔：即鲍叔牙，春秋时齐国大夫。

②子皮：姬姓，罕氏，名虎。春秋时郑国大夫。

【译文】子贡问孔子："当今大臣中，谁能称得上贤能之人呢？"

孔子说："我不知道。从前，齐国有鲍叔，郑国有子皮，他们算得上是贤者吧。"

子贡说："齐国的管仲和郑国的子产难道算不上贤者吗？"

孔子说："赐啊，你只知其一，不知其二啊。你听说通过自己努力成为贤者的人贤能呢？还是能举荐贤者的人贤能呢？"

子贡说："当然是举荐贤者的人贤能啊。"

孔子说："确实如此，我只听说鲍叔牙令管仲闻达，子皮令子产闻达，却从未听说管仲和子产让比他们更贤能的人闻达啊。"

哀公问于孔子曰："寡人闻忘之甚者，徙而忘其妻，有诸？"

孔子对曰："此犹未甚者也，甚者乃忘其身。"

公曰："可得而闻乎？"

孔子曰："昔者夏桀贵为天子，富有四海，忘其圣祖之道。坏其典法，废其世祀，荒于淫乐，耽湎于酒。佞臣谄谀，窥导其心①；忠士折口，逃罪不言。天下诛桀而有其国。此谓忘其身之甚矣。"

【注释】①窥导：暗中窥察。

【译文】鲁哀公问孔子说："寡人听说有个非常健忘的人，在搬家时都忘了带上他的妻子，真有这样的人吗？"

孔子回答说："这还不是健忘最厉害的，最厉害的是忘记了自身。"

哀公说："可以讲给寡人听听吗？"

孔子说："从前夏桀贵为天子，富有四海，却忘记了他那圣明先祖的为政之道。他败坏了先祖制定的典章法度，废除了对祖先的祭祀，放纵自己淫逸享乐，沉迷于酒色之中。奸佞臣子阿谀奉承，暗中窥视迎合他的心意；忠臣贤士都三缄其口，为了逃避罪责不敢言语。天下人诛杀了夏桀还占有了他的国家。这就是严重忘记自身的典型啊。"

颜渊将西游于宋，问于孔子曰："何以为身？"

子曰："恭敬忠信而已矣。恭则远于患，敬则人爱之，忠则和于众，信则人任之。勤斯四者，可以政国，岂特一身者哉？故夫不比于数而比于疏，不亦远乎？不修其中而修外者，不亦反乎？虑不先定，临事而谋，不亦晚乎？"

【译文】颜渊准备西行到宋国去游学，向孔子请教说："我应该怎样立身处世呢？"

孔子说："只要做到恭、敬、忠、信就可以了。为人恭顺就可以远离祸患，对人尊敬就能得到他人喜爱，对人忠诚就可与人相处融洽，为人诚信就会得到任用。若能勤勉做到这四点，都可以处理国家政事了，又岂止是立身处世呢？所以不去亲近贤者，却去亲近那些本应疏远之人，这样不是离目标越来越远了吗？那些不重视修养内心却只是修饰外表的人，不是本末倒置了吗？没有事先将问题考虑清楚，事到临头才去谋划，不是太晚了吗？"

孔子读《诗》，于《正月》六章①，惕焉如惧，曰："彼不达之君子，岂不殆哉？从上依世，则道废；违上离俗，则身危。时不兴善，己独由之，则曰非妖即妄也。故贤也既不遇天，恐不终其命焉。桀杀龙逢②，纣杀比干③，皆是类也。《诗》曰：'谓天盖高，不敢不局。谓地盖厚，不敢不蹐④。'此言上下畏罪，无所自容也。"

【注释】①《正月》：《诗经·小雅·节南山》中的一篇。

②龙逢：即关龙逢。夏之贤人，因进谏而被桀所杀，后用为忠臣的代称。

③比干：商代贵族，纣王叔父，官少师。相传因屡谏纣王，被剖心而死。

④"谓天"四句：语出《诗经·小雅·正月》。

【译文】孔子读《诗经》，读到《正月》第六章时，忽然露出戒惧之色，说："那些不得志的君子，岂不是很危险吗？如果他们顺从君主并依从世俗，那道就要废弛了；如果他们违背君主并远离世俗，那自身就会危险了。当时没有提倡善，自己却偏去追求善，就会有人说你怪异或荒诞了。所以贤者若是没能逢遇天时，恐怕就不能终养天年了。夏桀杀关龙逢，商纣杀比干，都属此类。《诗经》上说：'世人都说天很高，走路不敢不弯腰。世人都说地很厚，走路不敢不轻落脚。'这就是说上下都怕得罪，害怕自己没有容身之地啊。"

子路问于孔子曰："贤君治国，所先者何？"

孔子曰："在于尊贤而贱不肖。"

子路曰："由闻晋中行氏尊贤而贱不肖矣，其亡何也？"

孔子曰："中行氏尊贤而不能用,贱不肖而不能去。贤者知其不用而怨之,不肖者知其必己贱而仇之。怨仇并存于国,邻敌构兵于郊,中行氏虽欲无亡,岂可得乎?"

【译文】子路向孔子请教说:"贤明之君在治理国家时,首先要做些什么呢?"

孔子说:"首先要尊敬贤者而轻视不贤之人。"

子路说:"我听说晋国的中行氏就很尊敬贤者又轻视不贤之人,那他为何败亡了呢?"

孔子说:"中行氏尊敬贤者但却不任用他们,轻视不贤之人却不将他们换掉。贤者都明白自己不会被任用而心生埋怨,不贤之人都知道自己被轻视而心生仇恨。埋怨与仇恨之人同时在国内存在,邻近敌国的军队又聚集在郊外,中行氏即使不想亡国,又怎么能做得到呢?"

孔子闲处,喟然而叹曰:"向使铜鞮伯华无死,则天下其有定矣。"

子路曰:"由愿闻其人也。"

子曰:"其幼也,敏而好学;其壮也,有勇而不屈;其老也,有道而能下人。有此三者,以定天下也,何难乎哉!"

子路曰:"幼而好学,壮而有勇,则可也。若夫有道下人,又谁下哉?"

子曰:"由不知!吾闻以众攻寡,无不克也;以贵下贱,无不得也。昔者周公居冢宰之尊^①，制天下之政，而犹下白屋之士，日见百七十人，斯岂以无道也？欲得士之用也。恶有有道而无下天下君子哉？"

【注释】①冢宰：职官名。周制，为百官之长，六卿之首。

【译文】孔子闲居时，忽然喟然长叹道："假如铜鞮伯华没死，那么天下就会安定了。"

子路说："我愿意听您讲讲这个人。"

孔子说："铜鞮伯华年幼时，聪敏好学；等到壮年时，具有英勇不屈的精神；到了老年，德行高尚还能屈居人下。具备了这三种品质，再来安定天下，还有何难呢！"

子路说："若说他幼而好学，壮而有勇，倒是可以。但说他德行高尚还能屈居人下，那又是居于谁下呢？"

孔子说："你不知道！我听说以多攻少，攻无不克；身处尊贵之位却能向地位卑微之人表示谦恭，就会无所不得。从前周公高居冢宰之位，掌管天下政权，还要谦恭礼待住在茅草屋里的贫寒之士，每日接见的人达到一百七十位之多，难道这是因为周公无道吗？他是想得到贤才来任用啊。哪有有道之人却不能谦恭地对待天下君子呢？"

齐景公来适鲁，舍于公馆，使晏婴迎孔子。

孔子至，景公问政焉。孔子答曰："政在节财。"

公悦。又问曰："秦穆公国小处僻而霸^①，何也？"

孔子曰："其国虽小，其志大；处虽僻，而其政中。其举也果，其谋也和，法无私而令不愉^②。首拔五羖^③，爵之大夫，与语三日而授之以政。此取之，虽王可，其霸少矣。"

景公曰："善哉！"

【注释】①秦穆公：嬴姓，名任好，谥穆。春秋时期秦国国君，在位三十九年，春秋五霸之一。

②不愉：不苟且。愉，通"偷"。

③五羖（gǔ）：即百里奚。原为春秋时期虞国大夫，晋灭虞后，被楚人所虏，秦穆公用五张羊皮赎之，并授以大夫之职，故也称"五羖大夫"。

【译文】齐景公来到鲁国，住在馆舍中，派晏婴去迎接孔子。

孔子来到馆舍，景公向他询问如何治理国家。孔子回答说："治理国家主要在于节用财物。"

景公非常高兴。又问道："秦穆公的国家很小又处于偏僻之地，却能称霸天下，这是为什么呢？"

孔子说："秦穆公的国家虽小，但是他的志向却很远大；秦国虽然处于偏僻之地，秦穆公治理国家却恰到好处。他决策果断，谋略恰当，执法无私而且不随意颁布政令。秦穆公首先提拔百里奚，授予他大夫的爵位，与他交谈了三天就将国政大事交给他处理。按照他的这种方式，就是称王也是完全可以的，称霸根本不能算作什么了。"

景公说："说得太好了！"

哀公问政于孔子。

孔子对曰："政之急者，莫大乎使民富且寿也。"

公曰："为之奈何？"

孔子曰："省力役，薄赋敛，则民富矣；敦礼教，远罪疾，则民寿矣。"

公曰："寡人欲行夫子之言，恐吾国贫矣。"

孔子曰："《诗》云：'恺悌君子，民之父母。'未有子富而父母贫者也。"

【译文】鲁哀公向孔子询问治国之道。

孔子回答说："治理国家最急迫的事，没有比让全国百姓都过上富裕生活并且长寿更重要的了。"

哀公说："怎样做才能达到那样的效果呢？"

孔子说："减少征用民力，减轻田赋及各种捐税，百姓的生活就会富裕了；敦行礼仪实施教化，让百姓远离罪恶灾祸，他们就会长寿了。"

哀公说："寡人想遵照您的话来实行，却又担心我的国家会因此而变穷。"

孔子说："《诗经》上说：'和乐平易的君子，是百姓的父母。'哪里会有儿女富裕而父母却贫穷的现象啊。"

卫灵公问于孔子曰："有语寡人：'有国家者，计之于庙堂之上①，则政治矣。'何如？"

孔子曰："其可也。爱人者则人爱之，恶人者则人恶之。知得之己者则知得之人。所谓不出环堵之室而知天下者②，知反己之谓也。"

【**注释**】①庙堂：此指朝廷。

②环堵：四面围绕土墙的狭屋。

【**译文**】卫灵公问孔子："有人对寡人说：'作为拥有国家的君主，只需在朝廷上规划好国家大事，国家就会治理得很好了。'您认为这种说法如何？"

孔子说："我觉得还可以啊。爱人者人们也会爱他，厌恶人者人们也会厌恶他。知道他人从自己这里获得了什么，也就知道自己从他人那里获得了什么。所谓不出斗室而知天下事，说的就是知道反省自己的道理啊。"

孔子见宋君，君问孔子曰："吾欲使长有国，而列都得之。吾欲使民无惑，吾欲使士竭力，吾欲使日月当时，吾欲使圣人自来，吾欲使官府治理，为之奈何？"

孔子对曰："千乘之君，问丘者多矣，而未有若主君之问问之悉也。然主君所欲者，尽可得也。丘闻之，邻国相亲，则长有国；君惠臣忠，则列都得之；不杀无辜，无释罪人，则民不惑；士益之禄，则皆竭力；尊天敬鬼，则日月当时；崇道贵德，则圣人自来；任能黜否，则官府治理。"

宋君曰："善哉！岂不然乎！寡人不佞，不足以致之也。"

孔子曰："此事非难，唯欲行之云耳。"

【**译文**】孔子拜见宋国国君，宋君问孔子说："我想长期拥有国土，而且想让国内的都邑都长存不失。我想使百姓没有困惑，我想让士人都能竭尽全力，我想使日月正常运行，我想让圣人自愿前来，我想使官府得到很好的治理，如何能做到这些呢？"

孔子回答说："拥有千辆兵车的大国之君，问我这些问题的有很多，但是没有像主君这样问得如此详尽的。不过主君您想得到的都会得到。我听说，与邻国相处和睦，就可以长久地拥有国土；君王施惠于臣，臣子尽忠于君，再多的都邑都能长存不失；不滥杀无辜之人，不放过有罪之人，百姓就不会困惑；增加士人的俸禄，他们自然就会竭尽全力；尊奉天道，礼敬鬼神，日月就会正常运行；崇尚大道，尊崇美德，圣人就会自愿前来；任用贤能之人，罢免奸佞之辈，官府就能得到治理。"

宋君说："说得太好啦！难道不是这样吗！寡人不才，不足以达到这样高的境界啊。"

孔子说："这些事并不难，只要想做就能达成。"

辩政第十四

【题解】子贡在出任前，夫子谆谆教诲自己的学生，要勤奋工作，谨慎处事，不要争夺和侵害，也不要暴虐和盗窃。前面的提醒能接受，这"无夺无伐，无暴无盗"，一般人却很难深入体会和理解。孔子在此处详为剖析，读后令人深思。

孔子之所以为圣人，从他对这些为官细节的智慧洞察上，我们就可以感受得到。我们平时不知不觉，但这夺、伐、暴、盗，每个人都可能常常犯，并且深受其害而不自知。

夫子教诲人们："匿人之善，斯谓蔽贤。扬人之恶，斯谓小人。""言人之善，若己有之；言人之恶，若己受之。"让我们意识到，要当好一位领导甚至一般官员，其谨慎的态度、高远的见识、宽阔的心量是多么重要。

子贡问于孔子曰："昔者齐君问政于夫子，夫子曰政在节财。鲁君问政于夫子，夫子曰政在谕臣①。叶公问政于夫子②，夫子曰政在悦近而来远。三者之问一也，而夫子应之不同，然政在异端乎③？"

孔子曰："各因其事也。齐君为国，奢乎台榭，淫于苑囿，五官伎乐④，不解于时⑤，一旦而赐人以千乘之家者三，故曰政在节财。鲁君有臣三人⑥，内比周以愚其君，外距诸侯之宾以蔽其明，故曰政在谕臣。夫荆之地广而都狭，民有离心，莫安其居，故曰政在悦近而来远。此三者所以为政殊矣。《诗》云：'丧乱蔑资，曾不惠我师⑦。'此伤奢侈不节以为乱者也。又曰：'匪其止共，惟王之邛⑧。'此伤奸臣蔽主以为乱也⑨。又曰：'乱离瘼矣，奚其适归⑩？'此伤离散以为乱者也。察此三者，政之所欲，岂同乎哉！"

【注释】①谕：明白，了解，懂得。

②叶公：即沈诸梁，字子高，封于叶邑，春秋时楚国贵族。

③异端：不同的观点。

④伎乐：歌舞女艺人。

⑤解：同"懈"，懈怠。

⑥鲁君有臣三人：王肃注："孟孙、叔孙、季孙，三也。"

⑦"丧乱"二句：语出《诗经·大雅·板》。

⑧"匪其"二句：语出《诗经·小雅·巧言》。

⑨伤：哀叹。

⑩"乱离"二句：语出《诗经·小雅·四月》。

【译文】子贡问孔子说："从前齐国君王向您请教为政之道，您说为政之道在于节约财用。鲁国君王向您请教为政之道，您说为政之道在于了解大臣。叶公向您请教为政之道，您说为政之道在于使近者悦服，远者来归。他们三个人问的是同一个问题，而您的回答却不相同，然而为政之道针对不同的国家也会有所不同吗？"

孔子说："我只是按照他们各自不同的情况来回答罢了。齐国君王治理国家，在建造楼台水榭上无比奢侈，在修建苑囿方面极为放纵，无时无刻不在享受歌舞艺人带来的声色享乐，有时一个早上就能把拥有千辆战车的城邑赏赐给人三次，所以我说为政之道在于节约财用。鲁国君王有三位大臣，他们在朝中结党营私愚弄君王，在朝廷外排斥诸侯国的宾客以掩盖鲁国君王的圣明，所以我说为政之道在于了解大臣。楚国土地广阔而国都面积狭小，百姓有叛离之心，不能在那里安心居住，所以我说为政之道在于使近者悦服，远者来归。这三个国家各自情况不同，所以为政之道也不一样。《诗经》上说：'时局动乱国库空虚，竟然不救济我百姓黎民。'这是哀叹那些因奢侈不节俭而导致国家发生祸乱的人啊。《诗经》还说：'臣子不能尽忠职守，令君主担忧。'这是哀叹奸臣蒙蔽君主而导致国家发生祸乱啊。《诗经》又说：'遭逢战乱离散心情忧苦，什么时候才能返回家园？'这是哀叹百姓流离失所而导致国家发生祸乱啊。考察这三种情况，再看为政的需要，方法岂能一样！"

孔子曰："忠臣之谏君，有五义焉：一曰谲谏①，二曰戆谏②，三曰降谏③，四曰直谏，五曰讽谏④。唯度主而行之，吾从其讽谏乎。"

【注释】①谲谏：委婉地规谏。
②戆谏：冒冒失失地进谏。

③降谏：和颜悦色、平心静气地进谏。

④讽谏：以婉言隐语相劝谏。

【译文】孔子说："忠臣劝谏君主，有五种方法：一是委婉规谏，二是冒冒失失地进谏，三是和颜悦色、平心静气地进谏，四是直言进谏，五是以婉言隐语相劝谏。这些进谏的方法需要揣摩君主的心意来施行，我愿意以婉言隐语相劝谏。"

子曰："夫道不可不贵也。中行文子倍道失义①，以亡其国；而能礼贤，以活其身。圣人转祸为福，此谓是与？"

【注释】①中行文子：即荀寅，又称中行寅，春秋时期晋国六卿之一。

【译文】孔子说："不能不尊崇道啊。晋国的中行文子违背道义，因此失去了自己的封国；可是他能礼贤下士，又因此保住了自己的性命。圣人能够转祸为福，说的就是这种情况吧？"

楚王将游荆台①，司马子祺谏②。王怒之。令尹子西贺于殿下③，谏曰："今荆台之乐不可失也。"王喜，拊子西之背曰："与子共乐之矣。"

子西步马十里④，引辔而止，曰："臣愿言有道，王肯听之乎？"王曰："子其言之。"

子西曰："臣闻为人臣而忠其君者，爵禄不足以赏也；谀其君者，刑罚不足以诛也。夫子祺者，忠臣也；而臣者，谀臣也。愿王赏忠而诛谀焉。"

王曰："今我听司马之谏，是独能禁我耳，若后世游之，何也？"

子西曰："禁后世易耳。大王万岁之后，起山陵于荆台之上⑤，则子孙必不忍游于父祖之墓以为欢乐也。"

王曰："善。"乃还。

孔子闻之，曰："至哉！子西之谏也。入之于十里之上⑥，抑之于百世之后者也。"

【注释】①楚王：指楚昭王。荆台：楚国著名高台。

②司马子祺：即楚公子结。司马为官职名。

③令尹：楚国的执政官，相当于宰相。子西：即楚公子申，楚平王的儿子。

④步马：牵马调习、训练。

⑤山陵：帝王的坟墓。

⑥十里：原作"千里"，据《说苑·正谏》改。

【译文】楚王要到荆台游览，司马子祺劝谏他不要前往。楚王很生气。令尹子西在殿下赞许楚王的做法，进谏说："今天可不能失了到荆台游览的乐趣啊。"楚王听了很开心，轻抚着子西的背说："与你一起到荆台游乐吧。"

子西牵马在前走了十里路，拉着马缰绳停了下来，说："臣想和您说说政治清明的道理，大王肯听吗？"楚王说："你说吧。"

子西说："臣听说能忠于君主的大臣，官爵与俸禄不足以体现对他的赏赐；那些对君主阿谀奉承的大臣，刑罚不足以体现对他的惩处。子祺那个人，是位忠臣；而臣呢，却是阿谀奉承的臣子。希望大王奖赏忠臣责罚谀臣。"

楚王说："如果我今天听从了司马子祺的劝谏，也只是阻止我一个人罢了，若是后世的人要去游览荆台，那又该怎么办呢？"

子西说："禁止后世之人去游览很容易啊。大王万岁之后，把坟墓建在荆台之上，那么子孙必然不忍心到父祖的墓地去游览取乐了。"

楚王说："好。"于是就回来了。

孔子听到这件事，说："子西的劝谏真是妙极了！他在十里之上的劝谏被采纳，竟阻止了百世之后的人们到荆台游乐啊。"

子贡问于孔子曰："夫子之于子产、晏子，可为至矣。敢问二大夫之所为，且夫子之所以与之者。"

孔子曰："夫子产于民为惠主①，于学为博物；晏子于君为忠臣，于行为恭敏。故吾皆以兄事之，而加爱敬。"

【注释】①惠：仁爱。

【译文】子贡问孔子说："您对子产和晏子的评价，可说是达到极致了。敢问两位大夫的所作所为，从您的角度来看，都赞赏他们哪些方面呢？"

孔子说："子产对于百姓来说是一位仁爱的管理者，他在学识上博通万物；晏子对于君王来说是位忠心耿耿的臣子，他举止谦恭勤勉。所以我把他们都当成兄长看待，而且对他们爱敬有加。"

齐有一足之鸟,飞集于公朝①,下止于殿前,舒翅而跳。齐侯大怪之,使使聘鲁问孔子。

孔子曰:"此鸟名曰商羊,水祥也②。昔童儿有屈其一脚,振讯两眉而跳③,且谣曰:'天将大雨,商羊鼓舞④。'今齐有之,其应至矣。急告民趋治沟渠,修堤防,将有大水为灾。"

顷之,大霖雨⑤,水溢泛诸国,伤害民人。唯齐有备,不败。

景公曰:"圣人之言,信而有征矣。"

【注释】①公朝:朝廷。

②水祥:水灾的征兆。

③振讯:抖动。

④天将大雨,商羊鼓舞:天将降下大雨,商羊鸟欢悦而兴奋地跳跃。

⑤霖雨:连绵大雨。

【译文】齐国有种一只脚的鸟,它们飞聚到朝堂上,后来又飞下来停留在大殿前,展开翅膀兴奋地跳跃。齐侯感到特别奇怪,就派使者出访鲁国去向孔子请教。

孔子说:"这种鸟叫商羊,是要有水灾的征兆。从前有小童弯曲一只脚,抖动着双眉,不停蹦跳,还唱着歌谣:'天将大雨,商羊鼓舞。'如今齐国有这种鸟,说明水灾快来了。赶快告诉百姓速速治理沟渠,修筑堤防,将会发生大水灾。"

没过多久,大雨便连绵不断,积水在很多国家泛滥成灾,伤害百姓。只有齐国事先做了准备,没有造成水患。

齐景公说:"圣人的话,确实令人信服而且应验了啊。"

孔子谓宓子贱曰①："子治单父②，众悦，子何施而得之也？子语丘所以为之者。"

对曰："不齐之治也，父恤其子，其子恤诸孤，而哀丧纪③。"

孔子曰："善！小节也，小民附矣，犹未足也。"

曰："不齐所父事者三人，所兄事者五人，所友事者十一人。"

孔子曰："父事三人，可谓教孝矣；兄事五人，可以教悌矣；友事十一人，可以举善矣。中节也④，中人附矣，犹未足也。"

曰："此地民有贤于不齐者五人，不齐事之而禀度焉⑤，皆教不齐之道。"

孔子叹曰："其大者乃于此乎有矣。昔尧舜听天下，务求贤以自辅。夫贤者，百福之宗也，神明之主也。惜乎不齐之所以治者小也。"

【注释】①宓子贱：春秋时期鲁国人。名不齐，字子贱，曾为单父宰，弹琴而治，为后世儒家所称道。

②单父：春秋时鲁邑。故址在今山东省单县南。

③丧纪：丧事。

④中节：中等的礼节。

⑤禀度：受教。

【译文】孔子对宓子贱说："你治理单父，百姓都很高兴，你是怎样施政而取得这样的效果呢？快和我讲讲你是怎么做的。"

宓子贱回答说："我治理单父，就像父亲一样体恤百姓的儿子，就像怜惜自己的儿子一样怜惜众多孤儿，而且对他们的丧事表现出哀痛之情。"

孔子说："好！这还只是一些细枝末节，小民就纷纷依附了，但是还不只这些吧。"

宓子贱说："被我当作父亲一样侍奉的人有三位，当作兄长一样侍奉的人有五位，当作朋友一样相处的人有十一位。"

孔子说："像对待父亲一样侍奉这三人，可以说是教化百姓奉行孝道了；像对待兄长一样侍奉这五人，可以说是教导百姓敬爱兄长了；像对待朋友一样与那十一个人相处，可以用来推荐德才兼备之人了。但这些也只是中等礼节，一般人会来依附，不过还不只这些吧。"

宓子贱说："在单父有五个人比我贤能，我尊敬他们并接受他们的教导，他们都教给我治理单父的方法。"

孔子感叹道："成就大事的道理就在这里了。从前尧舜治理天下，定会访求贤人辅佐自己。那些贤人，是百福之源，神明之主啊。只可惜你治理的地方太小了。"

子贡为信阳宰①，将行，辞于孔子。

孔子曰："勤之慎之，奉天子之时，无夺无伐，无暴无盗。"

子贡曰："赐也少而事君子，岂以盗为累哉②？"

孔子曰："汝未之详也。夫以贤代贤，是谓之夺；以不肖代贤，是谓之伐；缓令急诛，是谓之暴；取善自与，是谓之盗。盗非窃财之谓也。吾闻之，知为吏者，奉法以利民，不知为吏者，枉法以侵民，此怨之所由也。治官莫若平，临财莫如廉，廉平之守，不可改也。匿人之善,斯谓蔽贤;扬人之恶,斯为小人。内不相训,而外相谤,非亲睦也。言人之善,若己有之;言人之恶,若己受之。故君子无所不慎焉。"

【注释】①信阳:楚邑,位于今河南信阳南。

②以盗为累:有盗窃的过失。累,过失。

【译文】子贡要去担任信阳宰,要出发时,向孔子辞行。

孔子说:"你要勤勉谨慎,要顺应天时,不要巧取豪夺,不要随意征伐,不要暴虐盗窃。"

子贡说:"我从少年时就侍奉在您身边,难道您还担心我有盗窃的过失吗?"

孔子说:"你还没弄清我的意思。用贤人取代贤人,称为夺;用不贤之人取代贤人,称为伐;政令下达缓慢却急切惩罚,称为暴;把好处都归功于自身,称为盗。盗不是盗窃财物之意。我听说,知道如何做官的人,秉公执法利益百姓,不知道如何做官的人,歪曲法律侵害百姓,这就是百姓之所以仇恨官吏的原因。治理政务的官员最重要的莫过于公平,面对财物最重要的莫过于清廉,清廉公正的操守,不能改变。藏匿他人的优点,叫隐蔽贤明;张扬他人的缺点,是小人所为。在内不相互训诫,在外却互相诽谤,这样就不会亲密和睦。谈到别人的优点,好像自己也有这样的优点一样开心;谈到别人的缺点,好像自己也承受这样的错误一样难过。所以君子无处不谨慎啊。"

子路治蒲三年,孔子过之,入其境,曰:"善哉由也!恭敬以信矣。"入其邑,曰:"善哉由也!忠信而宽矣。"至庭①,曰:"善哉由也! 明察以断矣。”

子贡执辔而问曰:“夫子未见由之政, 而三称其善, 其善可得闻乎?”

孔子曰:“吾见其政矣。入其境, 田畴尽易, 草莱甚辟②, 沟洫深治, 此其恭敬以信, 故其民尽力也; 入其邑, 墙屋完固, 树木甚茂, 此其忠信以宽, 故其民不偷也; 至其庭, 庭甚清闲, 诸下用命, 此其言明察以断, 故其政不扰也。以此观之, 虽三称其善, 庸尽其美矣!”

【注释】①庭: 官署, 政府办公的地方。

②草莱: 荒地的杂草。

【译文】子路在蒲地治理了三年, 孔子路过那里, 进入蒲地境内, 称赞道:“仲由做得不错啊! 他以恭敬的态度获得百姓对他的信任了。”进入城中, 孔子称赞道:“仲由做得不错啊! 他做到忠诚守信而且宽厚待人了。”进入官署, 孔子称赞道:“仲由做得不错啊! 他做到明察秋毫并且做事果断了。”

子贡拉着马缰绳问道:“您还没看到仲由为政的样子, 却三次称赞他做得好, 您能给我说说他的善政吗?”

孔子说:“我已经看见他的善政了。我一进入蒲地境内, 看见田地都整治了, 荒地的杂草都清理了, 田间水道都挖深了, 这就说明他以恭敬的态度取得了百姓的信任, 所以百姓都各尽其力; 进入蒲城, 我看到房屋的墙壁完好坚固, 树木特别茂盛, 这说明他忠诚守信而且宽厚待人, 所以百姓不会偷懒; 到了官署, 厅堂里面清静悠闲, 属下都听从他的命令, 这说明他能明察秋毫并且做事果断, 所以处理政事有条不齐。从这些看来，我虽然三次称赞他做得不错，也不能尽述他的所有优点啊！"

卷四

六本第十五

【题解】《论语》说："君子务本，本立而道生。"本文从君子立身处世的六个根本入手，主张"反本修迩"，也就是要成就大事，必须回到根本上来，从身边的小事做起。

孔子阅读《易经》，读到"夫自损者必有益之，自益者必有决之"时，感叹人们普遍不懂损、益的道理，"凡持满而能久者，未尝有也"，提醒人们要时常保持谦虚卑下的态度。

"与善人居，如入芝兰之室，久而不闻其香。与不善人居，如入鲍鱼之肆，久而不闻其臭。"这句教诲，我们耳熟能详，这是夫子在提醒我们，"近朱者赤，近墨者黑"，要善于择友而处。

孔子曰："行己有六本焉①，然后为君子也。立身有义矣，而孝为本；丧纪有礼矣，而哀为本；战阵有列矣，而勇为本；治政有理矣，而农为本；居国有道矣，而嗣为本；生财有时矣，而力为本。置本不固，无务农桑；亲戚不悦，无务外交；事不终始，无务多业；记闻而言，无务多说②；比近不安，无务求远。是故反本修迩③,君子之道也。"

【注释】①六本:古谓立身行事的六项根本:孝、哀、勇、农、嗣、力。

②"记闻"二句:王肃注:"但记所闻而言,言不出说中,故不可以务多说。"

③反本修迩:回归根本,从近处开始修整。

【译文】孔子说:"立身行事有六项根本,然后才能成为君子。立身有仁义,而孝道是根本;丧事有敬意,而哀悼是根本;战阵有排列,而勇敢是根本;理政有条理,而农业是根本;治国有原则,而选定继承人是根本;生财有时机,而功夫是根本。根本不稳固,就不能致力于农桑;亲戚不开心,就不要致力于外交;办事没有始终,就不要从事多种产业;道听途说之言,无须多说;不能安定亲近的人,就不要务求安定远方之人。所以回归到事物的根本来从近处开始修整,是君子之道。"

孔子曰:"良药苦于口而利于病,忠言逆于耳而利于行。汤武以谔谔而昌①,桀纣以唯唯而亡②。君无争臣,父无争子,兄无争弟,士无争友,无其过者,未之有也。故曰:'君失之,臣得之;父失之,子得之;兄失之,弟得之;己失之,友得之。'是以国无危亡之兆,家无悖乱之恶,父子兄弟无失,而交友无绝也。"

【注释】①谔谔(è):正言批评。

②唯唯:恭敬应诺之词。

【译文】孔子说:"良药苦口利于病,忠言逆耳利于行。商汤和周武王因为听取耿直的谏言而令国家昌盛,夏桀和商纣因为听取恭敬应诺之词而使国破家亡。如果君王没有敢于谏诤的大臣,如果父亲没有敢于直言的儿子,如果兄长没有敢于直言的弟弟,如果士人没有敢于直言的朋友,想要没有过错,还没有这样的事儿呢。所以说:'君王犯错,大臣纠错;父亲犯错,儿子纠错;哥哥犯错,弟弟纠错;自己犯错,朋友纠错。'这样,国家就不会处于被灭亡的危险局势,家庭就没有悖乱的恶行,父子兄弟之间就不会失和,朋友之间就不会断绝来往了。"

孔子见齐景公,公悦焉,请置廪丘之邑以为养。

孔子辞而不受。入谓弟子曰:"吾闻君子当功受赏,今吾言于齐君,君未之有行,而赐吾邑,其不知丘亦甚矣。"于是遂行。

【译文】孔子拜见齐景公,景公很高兴,要把廪丘送给孔子作为食邑。

孔子辞让不受。回去后对弟子说:"我听说君子立功之后才会接受封赏,如今我只是和齐景公说了几句话,他并没有采取任何行动,就赏赐我封邑,他太不了解我了。"于是,孔子一行离开了齐国。

孔子在齐,舍于外馆①,景公造焉②。宾主之辞既接,而左右白曰:"周使适至,言先王庙灾。"景公覆问:"灾何王之庙也?"孔子曰:"此必釐王之庙③。"公曰:"何以知之?"

孔子曰:"《诗》云④:'皇皇上天,其命不忒。'天之以善,必报其德。祸亦如之。夫釐王变文武之制,而作玄黄华丽之饰,宫室崇峻，舆马奢侈，而弗可振也。故天殃所宜加其庙焉。以是占之为然。"

公曰："天何不殃其身，而加罚其庙也？"

孔子曰："盖以文武故也。若殃其身，则文武之嗣无乃殄乎⑤？故当殃其庙以彰其过。"

俄顷，左右报曰："所灾者，釐王庙也。"

景公惊起，再拜曰："善哉！圣人之智，过人远矣。"

【注释】①外馆：城外的馆舍。

②造：拜访。

③釐（xī）王：即周釐王，也称周僖王。姬姓，名胡齐。东周第四任君主。

④《诗》：此为佚诗，现在《诗经》版本上没有此诗。

⑤殄（tiǎn）：尽，绝。

【译文】孔子在齐国时，住在城外的馆舍中，齐景公来看望他。宾主刚寒暄完毕，景公的近臣就报告说："周国的使者刚到，说先王的宗庙发生了火灾。"景公接连问道："是哪位先王的庙遭了火灾？"孔子说："定是周釐王的庙。"景公问："您是如何知道的？"

孔子说："《诗经》说：'皇皇上天，它的命令没有差错。'上天对于为善之人，定会回报他们的仁德。上天降下灾祸也是按这种规则。周釐王改变了周文王和周武王的制度，而且制作色彩华丽的装饰品，宫室雄伟，车马奢侈，简直到了无可救药的地步。所以天降之灾正好在他的庙上。我因此而做了这样的推测。"

景公说："上天为何没有降祸到他的身上，而要加罚他的宗庙呢？"

孔子说："大概是文王和武王的原因吧。如果上天降灾到周釐王身上，那么文王和武王的后嗣不就灭绝了吗？所以上天就降下灾祸到他的庙上来显示他犯下的错误。"

过了片刻，景公身边的随从禀告道："遭受火灾的，是周釐王的庙。"

景公大惊而起，向孔子拜了两拜说："真好啊！圣人的智慧，远超常人啊。"

子夏三年之丧毕，见于孔子。子曰："与之琴。"使之弦，侃侃而乐①。作而曰②："先王制礼，不敢不及。"子曰："君子也。"

闵子三年之丧毕，见于孔子。子曰："与之琴。"使之弦，切切而悲。作而曰："先王制礼，弗敢过也。"子曰："君子也。"

子贡曰："闵子哀未尽，夫子曰君子也；子夏哀已尽，又曰君子也。二者殊情而俱曰君子，赐也惑，敢问之。"

孔子曰："闵子哀未忘，能断之以礼；子夏哀已尽，能引之及礼。虽均之君子，不亦可乎？"

【注释】①侃侃：和乐的样子。

②作：起身。

【译文】子夏守完三年丧，来见孔子。孔子说："给他琴。"让子夏弹奏，乐声和乐。子夏站起来说："先王制定的礼，不敢不遵循。"孔子说："子夏是位君子啊。"

闵子骞守完三年丧，来见孔子。孔子说："给他琴。"让闵子骞弹奏，乐声哀伤。闵子骞站起来说："先王制定的礼，不敢逾越。"孔子说："闵子骞是位君子啊。"

子贡说："闵子骞哀伤的情绪还未断绝，夫子您说他是君子；子夏已经不再忧伤，您也说他是君子。两个人感情悬殊却都是君子，对此我感到很困惑，还请夫子为我解惑。"

孔子说："闵子骞没有忘记悲伤，却能用礼来斩断悲伤；子夏不再悲伤，却能依礼行事。所以说他们都是君子，不也可以吗？"

孔子曰："无体之礼，敬也；无服之丧，哀也；无声之乐，欢也。不言而信，不动而威，不施而仁，志。夫钟之音，怒而击之则武，忧而击之则悲。其志变者，声亦随之。故志诚感之，通于金石，而况人乎！"

【译文】孔子说："即使礼仪没有依循规程，也能体现出恭敬；即使丧事未着孝服，也能透出悲伤；即使无声之乐，也能体现欢乐。所以不说话就能让别人相信，不行动就能显现威严，不施予就能体现仁心，这是心志使然。钟的声音，在愤怒时敲击就会发出勇猛之声，在忧伤时敲击就会发出悲凉之音。一个人的情志发生了变化，他敲钟的声音也会随之变化。所以心志真诚有所感触时，都能传达到乐器上，更何况人呢！"

孔子见罗雀者，所得皆黄口小雀。夫子问之曰："大雀独不得，何也？"

罗者曰："大雀善惊而难得，黄口贪食而易得。黄口从大雀则不得, 大雀从黄口亦不得。"

孔子顾谓弟子曰: "善惊以远害, 利食而忘患①, 自其心矣。而独以所从为祸福, 故君子慎其所从。以长者之虑, 则有全身之阶; 随小者之戆②, 而有危亡之败也。"

【注释】①利食: 贪食。

②戆 (gàng): 傻, 愣, 鲁莽。

【译文】孔子看到罗雀者捉到的都是雏鸟。就问罗雀者: "怎么没捉到大雀, 这是什么原因呢?"

罗雀者说: "大雀容易惊觉, 所以很难捉到, 雏鸟贪食, 所以容易捉到。如果雏鸟跟着大雀就捉不到, 大雀跟着雏鸟也捉不到。"

孔子回头对弟子说: "善于警觉就能远离祸害, 贪食就会忘记祸患, 这些都源于自心的想法。而且跟从的对象不同也会产生不同的祸福, 所以君子要谨慎地选择自己跟随的人。依照长者所担忧的行事, 就会有保全自己的途径; 跟随年轻人的鲁莽行事, 就会踏入危亡的失败之地。"

孔子读《易》, 至于《损》《益》, 喟然而叹。

子夏避席问曰: "夫子何叹焉?"

孔子曰: "夫自损者必有益之, 自益者必有决之①, 吾是以叹也。"

子夏曰: "然则学者不可以益乎?"

子曰: "非道益之谓也。道弥益而身弥损。夫学者损其自多, 以虚受人, 故能成其满博也。天道成而必变, 凡持满而能久者,未尝有也。故曰：'自贤者，天下之善言不得闻于耳矣。'昔尧治天下之位，犹允恭以持之②，克让以接下，是以千岁而益盛，迄今而逾彰。夏桀昆吾③，自满而无极，亢意而不节④，斩刘黎民如草芥焉⑤。天下讨之如诛匹夫，是以千载而恶著，迄今而不灭。观此，如行则让长，不疾先；如在舆，遇三人则下之，遇二人则式之。调其盈虚，不令自满，所以能久也。"

子夏曰："商请志之，而终身奉行焉。"

【注释】①决：缺。

②允恭：信实而恭勤。

③昆吾：即昆吾氏，据《史记·楚世家》载，昆吾氏，夏之时曾为侯伯，桀之时汤灭之。

④亢意：恣意妄为。

⑤斩刘：砍伐，斩杀。

【译文】孔子读《周易》，读到《损》《益》二卦时，不禁喟然长叹。

子夏离开座位恭敬地问道："您为何叹息？"

孔子说："谦逊之人必定得到裨益，自满之人定会遭受损失，我是因此而叹息啊。"

子夏说："那么不断学习的人就不能增益吗？"

孔子说："我讲的不是道的增加。道越是增加而自身越会感到不足。那些不断学习的人，自己本来就觉得有太多欠缺之处，才会虚心接受他人的指教，所以才能使自己充盈广博。按照自然规律，万事充盈后定会发生变化，但凡自满而又能保持长久的，是不曾有的。所以说：

'自认为是贤能的人，他是听不到天下那些善言的。'从前尧荣登治理天下之位，还保持着诚信恭敬的态度，能够以谦让之心对待臣民，所以上千年来名声日盛，直到今天更加彰显。夏桀与昆吾氏，自满到极致，恣意妄为而毫无节制，斩杀百姓如同割草一般。天下人讨伐他们，就如同诛杀普通百姓，所以上千年来恶名越发昭著，直到现在也没有消失。由此看来，若是走在路上就要礼让长者，不抢先；若是坐在车上，遇到三个人就应该下车，遇到两个人就要扶着车前横木表示尊敬。调整自己的盈虚状况，不让自己骄傲自满，这样才能长久。"

子夏说："我要把这些话记下来，并且终身奉行。"

子路问于孔子曰："请释古之道而行由之意，可乎？"

子曰："不可。昔东夷之子①，慕诸夏之礼，有女而寡，为内私婿②，终身不嫁。嫁则不嫁矣，亦非贞节之义也。苍梧娆娶妻而美③，让与其兄。让则让矣，然非礼之让也。不慎其初，而悔其后，何嗟及矣。今汝欲舍古之道，行子之意，庸知子意不以是为非，以非为是乎？后虽欲悔，难哉！"

【注释】①东夷：古代对我国中原以东各族的统称。

②私婿：古时东夷女子夫死后，再非正式招夫婚配，因称受招者为私婿。

③苍梧娆：与孔子同时代的一个人。

【译文】子路问孔子："我请求放弃古代的道而按照我的主张行事，可以吗？"

孔子说："不可以。从前东夷有一个人，仰慕中原礼仪，他的女儿死了丈夫，他想为女儿纳个私婿，这样女儿就可以终身不嫁了。嫁了人却有不改嫁的名，这并不是贞洁的本义啊。苍梧娆娶了一位美丽的妻子，却让给了哥哥。谦让是谦让了，然而这并不是符合礼仪的谦让啊。最初行事不谨慎，事后又后悔，那时就是叹气也来不及了。现在你要舍弃古代的道，按照自己的意愿行事，怎么知道你的意愿不是以对为错，以错为对呢？以后即使要忏悔，也难啊！"

曾子耘瓜①，误斩其根。曾皙怒②，建大杖以击其背，曾子仆地而不知人久之。有顷，乃苏，欣然而起，进于曾皙曰："向也参得罪于大人，大人用力教参，得无疾乎？"退而就房，援琴而歌，欲令曾皙而闻之，知其体康也。

孔子闻之而怒，告门弟子曰："参来勿内。"曾参自以为无罪，使人请于孔子。

子曰："汝不闻乎？昔瞽瞍有子曰舜③，舜之事瞽瞍，欲使之，未尝不在于侧；索而杀之，未尝可得。小棰则待过，大杖则逃走。故瞽瞍不犯不父之罪，而舜不失烝烝之孝④。今参事父，委身以待暴怒，殪而不避⑤，既身死而陷父于不义，其不孝孰大焉？汝非天子之民也，杀天子之民，其罪奚若？"

曾参闻之曰："参罪大矣。"遂造孔子而谢过。

【注释】①耘瓜：在瓜地除草。

②曾皙：曾参的父亲，孔子弟子。

③瞽瞍：亦作"瞽叟"。古帝虞舜之父。

④烝烝：淳厚的样子。

⑤殪（yì）而不避：死也不避开。殪，死。

【译文】曾参在瓜地除草，不小心把瓜苗的根斩断了。他的父亲曾晳很生气，拿起大杖就打他的背，曾参仆倒在地，良久都不省人事。过了一会儿，曾参才醒过来，他从地上欣然而起，走到曾晳近前说："刚才儿子得罪了父亲大人，父亲大人教导我时很是用力，您没受伤吧？"曾参说完就回到房中，边弹琴边唱歌，他是想让父亲听到，知道他挨打后还很健康。

孔子听说这件事后大怒，告诉门下弟子说："曾参来了不要让他进来。"曾参自认为没有犯错，就让人向孔子请示不让他进去的原因。

孔子说："你难道没听说过吗？从前瞽瞍有个儿子叫舜，舜侍奉瞽瞍，瞽瞍要使唤他时，他定会在父亲身边；但是瞽瞍想要把他找来杀掉时，却从未成功。瞽瞍用短棍打他，他就等着挨打，用大杖打他，他就逃走。所以瞽瞍没有犯下不行父道之罪，而舜也没有失去淳厚的孝心。现在曾参侍奉父亲，不顾自己的身体去承受父亲的暴怒，就是被父亲打死也不肯避开，这是既让自己身死，又要陷父亲于不义，还有比这更大的不孝吗？你不是天子的子民吗，杀死天子的子民，应是什么罪行呢？"

曾参听后说："我的罪过真是太大了。"于是便到孔子那里承认错误。

荆公子行年十五而摄荆相事①，孔子闻之，使人往观其为政焉。

使者反，曰："视其朝清净而少事，其堂上有五老焉，其廊下有二十壮士焉。"

孔子曰：“合二十五人之智以治天下，其固免矣，况荆乎？”

【注释】①摄：代理。荆相：楚国宰相。

【译文】楚国公子在十五岁时就代理楚相之职处理政事，孔子听说后，就派人前往观察他的理政情况。

使者返回后，对孔子说：“我看到他的朝堂上清净少事，他的堂上有五位老人，廊下有二十位壮士。”

孔子说：“联合二十五人的智慧来治理天下，本来就能免除危亡，何况是治理楚国呢？”

子夏问于孔子曰：“颜回之为人奚若？”

子曰：“回之信贤于丘。”

曰：“子贡之为人奚若？”

子曰：“赐之敏贤于丘。”

曰：“子路之为人奚若？”

子曰：“由之勇贤于丘。”

曰：“子张之为人奚若？”

子曰：“师之庄贤于丘。”

子夏避席而问曰：“然则四子何为事先生？”

子曰：“居①，吾语汝。夫回能信而不能反②，赐能敏而不能诎③，由能勇而不能怯，师能庄而不能同。兼四子者之有以易吾，弗与也。此其所以事吾而弗贰也。”

【注释】①居：坐。

②能信而不能反：王肃注："反，谓反信也。君子言不必信，唯义所在耳。"

③诎（qū）：屈服。

【译文】子夏问孔子："颜回为人如何？"

孔子说："颜回在诚信方面胜过我。"

子夏问："子贡为人如何？"

孔子说："子贡在聪敏方面胜过我。"

子夏问："子路为人如何？"

孔子说："子路在勇力方面胜过我。"

子夏问："子张为人如何？"

孔子说："子张在端庄方面胜过我。"

子夏离开座位恭敬地问孔子："那么他们四个人为何要侍奉先生您呢？"

孔子说："坐下，我来告诉你。颜回讲求诚信却不能灵活变通，子贡为人聪敏却不能受委屈，子路有勇力却不懂得退缩，子张端庄却不能与人随和相处。把这四人的优点加起来和我交换，我也不会同意。这就是他们侍奉我而没有二心的原因。"

孔子游于泰山，见荣声期行乎郕之野①，鹿裘带索②，鼓琴而歌。

孔子问曰："先生所以为乐者，何也？"

期对曰："吾乐甚多，而至者三：天生万物，唯人为贵，吾既得为人，是一乐也；男女之别，男尊女卑，故人以男为贵，吾既得为男，是二乐也；人生有不见日月③，不免襁褓者④，吾既以行年九十五矣⑤，是三乐也。贫者，士之常；死者，人之终。处常得终，当何忧哉？"

孔子曰："善哉！能自宽者也。"

【注释】①荣声期：王肃注："声，宜为启，或曰荣益期也。"此人善弹琴。郕：周代诸侯国名。

②鹿裘带索：穿着粗制的大衣，以绳索为衣带。

③不见日月：还未出生就死于母腹中。

④不免襁褓：在襁褓中没能幸免于难。

⑤行年：年龄。

【译文】孔子在泰山游玩，看到荣声期正行走于郕国的郊外，他穿着粗制的大衣，以绳索为衣带，边弹琴边唱歌。

孔子问道："先生您这么快乐，是因为什么？"

荣声期回答说："我的快乐太多了，而最快乐的事有三件：天生万物，唯人为贵，我既然生而为人，就是第一件快乐的事；男女有别，男尊女卑，人们以男子为贵，我既然生为男子，就是第二件快乐的事；人有还未出生就死在母腹中的，还有在襁褓中没能幸免于难的，我已经九十五岁了，这是第三件快乐的事。贫穷，是士人的常态；死亡，是人最终的归宿。处于常态终于归宿，还有什么值得发愁的呢？"

孔子说："真好啊！这是能自我宽慰之人啊。"

孔子曰："回有君子之道四焉：强于行义①，弱于受谏②，怵于待禄③，慎于治身。史䲡有君子之道三焉：不仕而敬上，不祀而敬鬼，直己而曲于人。"

曾子侍,曰:"参昔常闻夫子之三言,而未之能行也。夫子见人之一善而忘其百非,是夫子之易事也;见人之有善若己有之,是夫子之不争也;闻善必躬行之,然后导之,是夫子之能劳也。学夫子之三言而未能行,以自知终不及二子者也。"

【注释】①强于行义:竭力躬行仁义。

②弱于受谏:虚心接受劝谏。

③怵于待禄:领用俸禄时恐惧警惕。

【译文】孔子说:"颜回具有君子的四种德行:竭力躬行仁义,虚心接受劝谏,领用俸禄时戒惧警惕,谨慎修身。卫国大臣史鳅具有君子的三种德行:不出仕而能尊敬长上,不祭祀而能尊敬鬼神,自身守正不阿而又能婉转劝谏他人。"

曾子在旁边陪侍,说:"曾参从前经常听您说三句话,但我没能亲自践行。您看见别人的一点儿长处就忘了他的种种过失,这是您容易与人相处的原因;您看见别人的长处就如同自己也有这样的长处一样,这是您不争名夺利;您听到是善事一定要亲身实行,然后引导别人去做,这是您不怕劳苦。学习夫子的三句话却没能亲自践行,所以我自知最终也赶不上颜回和史鳅这二人。"

孔子曰:"吾死之后,则商也日益,赐也日损。"

曾子曰:"何谓也?"

子曰:"商也好与贤己者处,赐也好说不若己者。不知其子视其父,不知其人视其友,不知其君视其所使,不知其地视其草木。故曰:与善人居,如入芝兰之室,久而不闻其香,即与之化矣。与不善人居，如入鲍鱼之肆①，久而不闻其臭，亦与之化矣。丹之所藏者赤，漆之所藏者黑，是以君子必慎其所与处者焉。"

【注释】①鲍鱼之肆：味道腥臭的卖腌鱼的店铺。鲍鱼，湿的腌鱼，味腥臭。肆，店铺。

【译文】孔子说："我死了以后，子夏会一天比一天进步，子贡会一天比一天退步。"

曾子问："这是为什么呢？"

孔子说："子夏喜欢与比自己贤能的人相处，子贡喜欢谈论不如自己的人。如果不了解儿子就观察他的父亲，如果不了解某人就观察他的朋友，如果不了解君主就观察他的臣下，如果不了解土地就观察地里生长的草木。所以说：与善人相处，就像进入满是芝兰的屋子，时间长了便闻不到香气，这是与香气融汇到一起了。与恶人相处，就好像进了味道腥臭的咸鱼铺子，时间长了便闻不到臭味，这也是与腥臭融合到一起了。装朱砂的器具会变成赤色，装漆的器具会变成黑色，因此君子一定要慎重选择与自己相处之人。"

曾子从孔子之齐，齐景公以下卿之礼聘曾子①，曾子固辞。

将行，晏子送之曰："吾闻之，君子遗人以财，不若善言。今夫兰本三年②，湛之以鹿醢③，既成啜之④，则易之匹马。非兰之本性也，所以湛者美矣，愿子详其所湛者。夫君子居必择处，游必择方，仕必择君。择君所以求仕，择方所以修道。迁风移俗，嗜欲移性，可不慎乎？"

孔子闻之，曰："晏子之言，君子哉！依贤者固不困，依富者固不穷。马蚿斩足而复行⑤，何也？以其辅之者众。"

【注释】①下卿：古代三卿之一。

②兰本：兰草根。

③鹿醢（hǎi）：鹿肉制成的酱。

④噉（dàn）：同"啖"，吃。

⑤马蚿（xián）：即马陆，又称百足。节肢动物，体圆长，由二十个环节构成，背面有黄黑相间的环纹。栖息在阴湿的地方，触之则蜷曲如环，并放出臭味。昼伏夜出，吃草根或腐败的植物。

【译文】曾子随孔子去齐国，齐景公用下卿的待遇聘请曾子，曾子坚决推辞。

曾子要离开齐国时，晏子为他送行，说："我听说，君子赠人钱财，不如赠人有益之言。如今有生长了三年的兰草根，用鹿肉制成的酱来浸泡，泡好后就可以食用了，用它能换得一匹马。这并不是兰草本来就很美味，而是浸泡用的鹿肉酱味美啊，希望你能审慎对待浸泡兰草根的鹿肉酱。君子居住一定要选择处所，出游一定会选择方向，入仕一定会选择君王。选择君王是为了求得仕途，选择方向是为了修习道德学问。那些移风易俗、嗜欲移性的人，能不慎重对待吗？"

孔子听到这些话后，说："晏子的话，是君子之言啊！依靠贤人就不会陷入困窘之地，依靠富人就不会变得贫穷。马蚿被斩断了脚还可以爬行，这是为什么呢？因为还有很多辅助它走路的脚。"

孔子曰："以富贵而下人，何人不尊；以富贵而爱人，何人不亲？发言不逆，可谓知言矣；言而众向之，可谓知时矣。是故以富而能富人者，欲贫不可得也；以贵而能贵人者，欲贱不可得也；以达而能达人者，欲穷不可得也。"

【译文】孔子说："身处富贵而能谦卑待人，又有何人不尊敬他呢；身处富贵而能友爱他人，又有何人不亲近他呢? 说出的话无人反对，可以说是懂得说话之道了；说出的话能得到众人拥护，可以说是能把握说话的时机了。所以凭借自己的富有而使他人也富有的人，想贫穷都办不到啊；凭借自己的高贵而使他人也高贵的人，想低贱都办不到啊；凭借自己的显达而使他人也显达的人，想困顿都办不到啊。"

孔子曰："中人之情也，有余则侈，不足则俭，无禁则淫，无度则逸，从欲则败。是故鞭朴之子不从父之教①，刑戮之民不从君之令。此言疾之难忍，急之难行也。故君子不急断，不急制。使饮食有量，衣食有节，宫室有度，畜积有数，车器有限，所以防乱之原也。夫度量不可不明，是中人所由之令。"

【注释】①鞭朴：用鞭子或棍棒抽打。

【译文】孔子说："一般人的情况是这样的，财物有余就会浪费，财物不足就会节俭，没有禁令就会毫无节制，没有制度限制就会任意放逸，随心所欲就会失败。所以遭受鞭子或棍棒抽打的孩子不会服从父亲的教导，遭受刑罚的百姓不会听从君王的命令。这就说明过度的责罚会让人难以忍受，过急的命令会让人难以实行。所以君子不要急于决断，不要急于控制。使饮食有量，衣服有节，宫室有度，积蓄有数，车辆和器物有限量，这是防止祸乱的根本做法。法规不可不明确，这是一般人所应遵守的教令。"

孔子曰："巧而好度，必攻；勇而好问，必胜；智而好谋，必成。以愚者反之。是以非其人，告之弗听；非其地，树之弗生。得其人，如聚砂而雨之①；非其人，如会聋而鼓之。夫处重擅宠，专事妒贤，愚者之情也。位高则危，任重则崩，可立而待。"

【注释】①聚砂而雨之：如在聚集的沙子上洒落雨水一般。形容雨水即刻渗入土中，而被土壤吸收。

【译文】孔子说："机敏而又善于遵守法度的人，必能将事情做到恰到好处；勇敢而又善于向人请教的人，必能取得胜利；智慧而又善于谋划的人，必能取得成功。愚蠢的人则与之相反。因此不是合适的人，告诉他也不会听从；不是合适的土地，种上作物也不会生长。得到合适的人，如同雨水落到聚集的沙子上一样容易吸收；得不到合适的人，如同对着聋子敲鼓一般无济于事。身居高位独受宠爱的人，专门嫉贤妒能，这是愚者的本性。身居高位就会面临危险，责任重大就容易崩溃，这种情况很快就会出现。"

孔子曰："舟非水不行，水入舟则没；君非民不治，民犯上则倾。"是故君子不可不严也，小人不可不整一也。

【译文】孔子说："船没有水就不能行驶，船若进水就会沉没；君王离开百姓就无法治理好国家，百姓犯上作乱就会使国家倾覆。"因此君子不可不严谨，小人不可不全面整治。

齐高庭问于孔子曰①："庭不旷山，不直地②，衣穰而提贽③，精气以问事君子之道④，愿夫子告之。"

孔子曰："贞以干之⑤，敬以辅之，施仁无倦。见君子则举之，见小人则退之，去汝恶心而忠与之。效其行，修其礼，千里之外，亲如兄弟；行不效，礼不修，则对门不汝通矣。夫终日言，不遗己之忧；终日行，不遗己之患，唯智者能之。故自修者必恐惧以除患，恭敬以避难者也。终身为善，一言则败之，可不慎乎？"

【注释】①齐高庭：齐国名叫高庭的人。

②庭不旷山，不直地：王肃注："庭，高庭，名也。旷，隔也。不以山为隔，逾山而来。直，宜为植，不根于地而远来也。"意为高庭翻山越岭远道而来。

③衣穰（ráng）而提贽（zhì）：穿着稻草衣拿着礼物。

④精气：专诚之气。

⑤贞以干之：王肃注："贞正以为干植。"

【译文】齐国人高庭问孔子说："我翻山越岭，远道而来，穿着稻草衣拿着礼物，专诚向您请教侍奉君子之道，希望您能告诉我。"

孔子说："以贞正为根本，恭敬地辅佐他，不知疲倦地施行仁义。看见君子就推举，看见小人就斥退，去除邪恶的心思而忠心支持。效法他的行为，修习他的礼仪，即使千里之外，也会亲如兄弟；如果不效法他的行为，不修习他的礼仪，就是住在对门也不会相互来往。终日言谈，不给自己留下隐忧；终日行事，不给自己留下祸患，只有智者才能做到这些。所以自修者一定要心怀恐惧以消除祸患，保持谦恭来躲灾避难。即使终身为善，也会因一句话而导致灾祸，怎可不谨慎行事？"

辩物第十六

【题解】这一篇记录了"季桓子穿井""吴伐越,隳会稽,获巨骨""郯子朝鲁""郏隐公朝鲁""阳虎奔齐""子鉏商打柴获麒麟"等故事,表达了孔子对时势的感伤。他周游列国,一心想推行自己的治国之道,期待明主大行教化。

季桓子穿井,获如土缶^①,其中有羊焉。使使问于孔子曰:"吾穿井于费,而于井中得一狗,何也?"

孔子曰:"丘之所闻者,羊也。丘闻之,木石之怪夔、魍魉^②,水之怪龙、罔象^③,土之怪羵羊也^④。"

【注释】①土缶:一种瓦器。圆腹小口有盖,用以汲水或盛流质,也可用作打击乐器。

②夔(kuí):一种传说中的怪兽。外形像龙,仅有一足。魍魉(wǎng liǎng):古代神话传说中的山川精怪。一说为疫神,是颛顼之子所化。

③罔象：亦作"罔像"，古代传说中的水怪，或谓木石之怪。

④羵（fén）羊：古代传说土中所生的精怪。

【译文】季桓子凿井，得到一个如土缶一样的器具，里面有只羊。季桓子派人去向孔子请教说："我在费地凿井，从井中得到一只狗，这究竟是怎么一回事呢？"

孔子说："就我所听到的而言，应该是只羊。我听说，山林里面的精怪是夔和魍魉，水中的精怪是龙和罔象，土中的精怪应该是羵羊了。"

吴伐越，隳会稽①，获巨骨一节，专车焉。吴子使来聘于鲁，且问之孔子，命使者曰："无以吾命也。"

宾既将事，乃发币于大夫②，及孔子，孔子爵之。

既彻俎而燕客③，执骨而问曰："敢问骨何如为大？"

孔子曰："丘闻之，昔禹致群臣于会稽之山，防风后至④，禹杀而戮之，其骨专车焉，此为大矣。"

客曰："敢问谁守为神？"

孔子曰："山川之灵，足以纪纲天下者，其守为神。社稷之守为公侯，山川之祀者为诸侯，皆属于王。"

客曰："防风何守？"

孔子曰："汪芒氏之君守封嵎山者⑤，为添姓，在虞夏商为汪芒氏，于周为长翟氏，今曰大人。"

客曰："人长之极几何？"

孔子曰："僬侥氏长三尺⑥，短之至也。长者不过十，数之极也。"

【注释】①隳（huī）：毁坏。会稽：山名。位于浙江省绍兴县东南。相传禹帝东巡，于此会诸侯计功，乃名会稽。

②发币：致送礼物或财物。

③彻俎（zǔ）：谓撤去祭祀时用以载牲的礼器。

④防风：古代传说中的部落酋长名，汪芒氏之君。

⑤封嵎（yú）：封山和嵎山的并称。在浙江德清县莫干山附近，两山相距仅二里，相传古汪芒氏之君防风守此。

⑥僬侥（jiāo yáo）氏：古代西南少数民族名。

【译文】吴国征伐越国，毁坏了会稽山，得到一节巨大的骨头，装了满满一车。吴王派使臣前往鲁国聘问，并向孔子询问巨骨之事，他告诫使者说："不要说这是我的命令。"

使者完成应做之事后，便将礼物分发给鲁大夫们，当发到孔子时，孔子倒了一爵酒给他。

撤去祭祀所用的礼器后，众人举行宴饮，使者拿着大骨向孔子请教道："请问什么样的骨头才算是大的？"

孔子说："我曾听闻，从前大禹在会稽山召集群臣，防风是后到的，大禹杀了他后将其陈尸示众，他的骨头占满了一车，这样的骨头算是大的了。"

使者问："请问神是守护什么的？"

孔子说："山川的精灵，能够兴云布雨，有利于天下，它们的守护者是神。社稷的守护者是公侯，山川的祭祀者为诸侯，他们全部隶属于君王。"

使者说:"防风守护的是什么呢?"

孔子说:"防风是汪芒氏的君主,守护着封山和嵎山,添姓,在虞、夏、商三个时代时称为汪芒氏,在周朝时称为长瞿氏,如今称为大人。"

使者问:"人的身长极限是多少?"

孔子说:"僬侥氏身长三尺,这是最矮的了。最高的不过十尺,这是身长的极限了。"

孔子在陈,陈惠公宾之于上馆①。时有隼集于陈侯之庭而死②,楛矢贯之石砮③,其长尺有咫④。惠公使人持隼如孔子馆而问焉。

孔子曰:"隼之来远矣,此肃慎氏之矢⑤。昔武王克商,通道于九夷百蛮⑥,使各以其方贿来贡⑦,而无忘职业。于是肃慎氏贡楛矢石砮,其长尺有咫。先王欲昭其令德之致远物也,以示后人,使永鉴焉,故铭其栝曰'肃慎氏贡楛矢栝',以分大姬⑧。配胡公⑨,而封诸陈。古者分同姓以珍玉,所以展亲亲也;分异姓以远方之职贡,所以无忘服也。故分陈以肃慎氏贡焉。君若使有司求诸故府,其可得也。"

公使人求,得之金椟⑩,如之。

【注释】①陈惠公:妫姓,陈氏,名吴,春秋时期陈国君主,在位二十八年。

②隼集于陈侯之庭而死:王肃注:"隼,鸟也。始集庭便死。"

③楛(hù)矢:以楛茎为箭杆的箭。石砮(nú):石制的箭头。

④咫：古代长度单位，周制八寸为一咫，合今制市尺六寸二分二厘。

⑤肃慎氏：古民族名，居住于我国东北地区。

⑥九夷：古代称东方的九种民族。亦指其所居之地。百蛮：古代南方少数民族的总称。后也泛称其他少数民族。

⑦方贿：土产，地方特有的财物。

⑧大姬：周武王长女。

⑨胡公：王肃注："胡公，舜之后。"

⑩金椟（dú）：金属柜子。王肃注："椟，匮也。"

【译文】孔子在陈国时，陈惠公招待他在上等馆舍住宿。当时有只隼鸟落在惠公的门庭上，随即便死了，射穿它的那支箭，箭杆由楛木制成，箭头是石制的，箭的长度有一尺八寸。惠公派人拿着死隼到孔子的馆舍去请教。

孔子说："隼鸟是从很远的地方飞来的，这是肃慎氏的箭矢。从前周武王攻克商朝，打通了前往南北各少数民族的通道，让他们带上各自的土特产来朝贡，以此警示他们不要忘了职分内应做之事。于是肃慎氏进贡了以楛木为箭杆、用石头作箭头的箭，它的长度有一尺八寸。先王想要彰显他的高尚品德，以使远方各族都来朝贡，用来昭示后人，使他们永世为鉴，因此在箭杆的末端刻上'肃慎氏贡楛矢栝'几个字，将它赏赐给女儿大姬。大姬嫁给胡公，封地在陈。古代将珍宝珠玉赏赐给同姓诸侯，用以展示亲属间关系亲密；把来自远方的贡物赏赐给异姓诸侯，以此让他们永远不忘臣服于周朝。因为这个原因才把肃慎氏的贡物赏赐给陈国。您若是派官员去原来的府库中寻找，就能找到了。"

惠公派人去找，找到一个金属柜子，果然如孔子所说，里面藏有箭矢。

郯子朝鲁①，鲁人问曰②："少昊氏以鸟名官③，何也？"

对曰："吾祖也，我知之。昔黄帝以云纪官④，故为云师而云名。炎帝以火⑤，共工以水⑥，太昊以龙⑦，其义一也。我高祖少昊挚之立也，凤鸟适至，是以纪之于鸟，故为鸟师而鸟名。自颛顼氏以来⑧，不能纪远，乃纪于近，为民师而命以民事，则不能故也。"

孔子闻之，遂见郯子而学焉。既而告人曰："吾闻之，天子失官，学在四夷，犹信。"

【注释】①郯子：春秋时郯国国君，孔子曾追随他学习。

②鲁人：指叔孙昭子。

③少昊：又作"少暤"，上古五帝之一。黄帝之子，嫘祖所生，名挚，修太昊之法，故称"少昊"。以金德王，也称"金天氏"。都于曲阜，在位八十四年。

④黄帝：上古帝王轩辕氏的称号。姓公孙，生于轩辕之丘，故称"轩辕氏"。

⑤炎帝：传说中的上古帝王神农氏，因以火德王，故称"炎帝"。

⑥共工：神话传说中炎帝的后裔。相传与颛顼争天子失败，怒触不周山而导致天柱折，地维绝。

⑦太昊：又作"太暤"，即伏羲氏。

⑧颛顼（zhuān xū）：五帝之一。相传为黄帝之孙，十岁时辅佐少

昊，二十岁即帝位。最初建国于高阳，故号高阳氏。建都于帝丘，在位七十八年。

【译文】郯子到鲁国朝见，鲁国人叔孙昭子问道："少昊氏用鸟的名字来命名官职，这是为何？"

郯子回答说："少昊氏是我的先祖，我知道这件事的来龙去脉。从前黄帝用云来命名官职，因此百官之长都用云为官名。炎帝以火来命名官职，共工以水来命名官职，太昊以龙来命名官职，这些意思都是一样的。我的远祖少昊继位立国时，刚好有凤鸟飞来，因此便用鸟来命名官职，所以称为鸟师而以鸟来命名。自颛顼氏以来，不能用远来的事物来命名官职，便用就近的事物，设立长官就以百姓所做的事情来命名，就不能像以前那样了。"

孔子听闻此事，便去拜见郯子向他请教学习。后来孔子对人说："我听说，如果天子官学里的典籍有所缺失，就可到四周的小国去学习，这话确实可信。"

郯隐公朝于鲁①，子贡观焉。郯子执玉高，其容仰。定公受玉卑，其容俯。

子贡曰："以礼观之，二君者将有死亡焉。夫礼，生死存亡之体，将左右周旋，进退俯仰，于是乎取之；朝祀丧戎，于是乎观之。今正月相朝，而皆不度②，心以亡矣。嘉事不体，何以能久？高仰，骄也；卑俯，替也。骄近乱，替近疾。君为主，其先亡乎？"

夏五月，公薨③，又郯子出奔。孔子曰："赐不幸而言中，是赐多言。"

【注释】①邾隐公：曹姓，名益，春秋时期邾国第十七代君主，邾庄公之子。

②不度：王肃注："不得其法度也。"

③薨（hōng）：古代称诸侯或有爵位的大官死去。

【译文】邾隐公到鲁国朝见，子贡观看了当时朝见的礼仪。邾隐公高执着玉，脸向上仰着。鲁定公接受玉时低下身子，脸向下俯着。

子贡说："依照礼节来看，两位君主将有要死亡或出逃的了。礼节，是生死存亡的大体，或左右周旋，或进退俯仰，都是从这里择取的；朝议祭祀、丧葬征伐，也都是从这里观察到的。如今两位君主在正月里朝见，且都不合法度，他们的心中已经没有礼法了。朝会这样美好的事都不合礼制，又怎能长久呢？高仰，这是骄恣；卑俯，这是衰败。骄恣就离动乱不远了，衰败已接近于疾病了。君王是主人，大概会先亡吧？"

夏季五月，鲁定公去世，后来邾隐公也逃往他国了。孔子说："这事被子贡不幸言中，这是他多嘴了。"

孔子在陈，陈侯就之燕游焉。行路之人云："鲁司铎灾及宗庙①。"以告孔子。

子曰："所及者其桓、僖之庙②。"

陈侯曰："何以知之？"

子曰："礼，祖有功而宗有德，故不毁其庙焉。今桓、僖之亲尽矣，又功德不足以存其庙，而鲁不毁，是以天灾加之。"

三日，鲁使至，问焉，则桓、僖也。陈侯谓子贡曰："吾乃今知圣人之可贵。"

对曰："君之知之，可矣，未若专其道而行其化之善也。"

【注释】①司铎：鲁国官殿的名称。

②桓、僖：即鲁桓公与鲁僖公。鲁僖公，姬姓，名申，鲁庄公之子，春秋时期鲁国第十八任国君。

【译文】孔子在陈国时，陈侯陪孔子一起宴饮游览。路上有行人说："鲁国的司铎宫发生了火灾，就要殃及宗庙了。"陈侯将这话告诉给孔子。

孔子说："所殃及的宗庙或许是鲁桓公、鲁僖公的吧。"

陈侯问："您是从何而知的呢？"

孔子说："依照礼制，祖宗有功德，就不会毁坏他们的宗庙。如今国君与桓公、僖公已没了宗亲关系，他们的功德又不足以使自己的宗庙继续存在，而鲁国没有将其毁掉，因此定会有天灾加在它们上面。"

三天后，鲁国使者来到陈国，问及此事，得知桓公和僖公的宗庙果然遭了灾。陈侯对子贡说："我现在才知道圣人的可贵。"

子贡回答说："您能知道这点，已经很不错了，但是还不如一心遵循圣人之道，推行圣人的教化更好。"

阳虎既奔齐①，自齐奔晋，适赵氏。

孔子闻之，谓子路曰："赵氏其世有乱乎？"

子路曰："权不在焉，岂能为乱？"

孔子曰："非汝所知。夫阳虎亲富而不亲仁，有宠于季孙，又将杀之，不克而奔，求容于齐。齐人囚之，乃亡归晋。是齐、鲁二国已去其疾。赵简子好利而多信②,必溺其说而从其谋,祸败所终,非一世可知也。"

【注释】①阳虎:姬姓,阳氏,名虎。春秋后期鲁国人,季孙氏的家臣。

②赵简子:即赵鞅,赵武之孙,曾为晋卿。

【译文】阳虎出奔到齐国后,又从齐国逃到晋国,投奔赵简子。

孔子听闻此事后,对子路说:"赵氏的后世子孙恐怕要有叛乱的了?"

子路说:"大权又不在阳虎手里,赵氏子孙怎么可能作乱呢?"

孔子说:"这件事并不是你所能知晓的。阳虎亲近富人而远离仁者,得宠于季孙氏,又想将季孙氏杀害,因为没有得逞所以逃走,请求齐国给他容身之地。齐人将他囚禁,他又逃到晋国。齐、鲁两国因此除掉了这个祸根。赵简子贪图利益而又轻信他人,定会沉浸在阳虎的巧言之中而听从他的计谋,祸败到底什么时候才能终止,并不是一代人能够知晓的。"

季康子问于孔子曰:"今周十二月,夏之十月,而犹有蠡①,何也?"

孔子对曰:"丘闻之,火伏而后蛰者毕。今火犹西流,司历过也。"

季康子曰:"所失者几月也?"

孔子曰:"于夏十月,火既没矣。今火见,再失闰也。"

【注释】①螽（zhōng）：即"蚱蜢"，身体绿色或褐色，善跳跃，对农作物有害。

【译文】季康子问孔子："如今是周历十二月，也就是夏历十月，却还有蚱蜢，这是为何呢？"

孔子回答说："我听闻，大火星隐匿后昆虫就都蛰伏了。现在大火星仍在西方空中，这是司历官的过错。"

季康子说："错在哪个月呢？"

孔子说："在夏历十月，大火星就会隐匿。如今大火星还出现，就是两次未置闰造成的错误。"

吴王夫差将与哀公见晋侯。

子服景伯对使者曰①："王合诸侯，则伯率侯牧以见于王；伯合诸侯，则侯率子男以见于伯。今诸侯会而君与寡君见晋君，则晋成为伯矣。且执事以伯召诸侯，而以侯终之，何利之有焉？"

吴人乃止。既而悔之，遂囚景伯。

伯谓太宰嚭曰②："鲁将以十月上辛有事于上帝、先王③，季辛而毕。何也世有职焉，自襄已来，未之改也。若其不会，祝宗将曰④：'吴实然。'"嚭言于夫差，归之。

子贡闻之，见于孔子曰："子服氏之子拙于说矣，以实获囚，以诈得免。"

孔子曰："吴子为夷德，可欺而不可以实。是听者之蔽，非说者之拙也。"

【注释】①子服景伯：即子服何，春秋时期鲁国大夫。

②太宰嚭（pǐ）：即伯嚭，春秋时楚伯州犁之孙。后投奔吴国，任大夫，再任太宰，故称太宰嚭。

③上辛：农历每月上旬的辛日。

④祝宗：古代主持祭祀祈祷者。

【译文】吴王夫差准备与鲁哀公一起去拜见晋侯。

子服景伯对使者说："君王会合诸侯，那么伯爵就应率领侯牧去拜见君王；伯爵会合诸侯，那么侯爵就应率领子爵与男爵去拜见伯爵。如今诸侯会合，而贵国国君与我们鲁国国君去拜见晋国国君，那么晋国国君就成为伯爵了。况且主管此事的吴国国君以伯爵的身份召集诸侯，却以侯爵的身份结束会合，这样做又有什么好处呢？"

吴人便停止了此事。过后又对此感到后悔，就囚禁了景伯。

景伯对太宰嚭说："鲁国将在十月上辛日祭祀上帝、先王，在季辛日结束。我家世代都在祭祀中任职，自从鲁襄公以来，就没有变过。如果我不参加这次祭祀，主持祭祀之人会说：'子服景伯没来参加祭祀，是因为吴国囚禁了他。'"太宰嚭把景伯的话告诉了吴王夫差，夫差便让景伯回了鲁国。

子贡听说此事，见到孔子说："子服景伯也太拙于言辞了，因为说实话被吴国囚禁，又因说假话而被释放。"

孔子说："吴王奉行的是夷人之德，可以对他使诈而不可以对他讲实话。这是听话人的问题，不是说话人笨拙。"

叔孙氏之车士曰子鉏商①，采薪于大野，获麟焉，折其前左足，载以归。叔孙以为不祥，弃之于郭外。使人告孔子曰："有麕而角者②，何也？"

孔子往观之，曰："麟也。胡为来哉？胡为来哉？"反袂拭面，涕泣沾衿。

叔孙闻之，然后取之。

子贡问曰："夫子何泣尔？"

孔子曰："麟之至，为明王也。出非其时而见害，吾是以伤焉。"

【注释】①叔孙氏：春秋时期鲁国大夫。子鉏（chú）商：叔孙氏的车夫。狩猎时曾获麒麟。

②麕（jūn）：獐子。

【译文】叔孙氏的车夫子鉏商，在大野砍柴，抓到一只麒麟，折断了麒麟的左前足，将其载了回来。叔孙氏认为不吉祥，就把麒麟丢到城外。派人告诉孔子说："有一只獐子竟然长着角，这是什么呢？"

孔子前往观看，说："这是麒麟啊。你为什么要来这里呢？你为什么要来这里呢？"他翻过衣袖擦脸，泪水打湿了衣襟。

叔孙氏听了孔子的话，就把麒麟带了回去。

子贡问道："夫子为何哭泣？"

孔子说："麒麟出现，是圣明君主出现的瑞兆。但是却因出现的不是时候而被残害，我因此而伤心啊。"

哀公问政第十七

【题解】《礼记》说："大道不器。"意思是大的道理不会被局限在某个层面上，是能普遍适用的。《哀公问政》这一篇，不仅可以作为治国的借鉴，照样也可以用于修身、齐家，以及管理企业、单位、学校。

哀公问孔子治国之道，孔子首先总结历史经验：人存政举，人亡政息，故为政在人。可见，在治理国家的诸多要素中，领导者是第一位的。所以，孔子花了很大篇幅教人们，如何成就一位好的领导人，即从修身、事亲、尊贤做起。知道怎样修身，就知道如何治人，也就能成就治理天下国家的大业。

中国传统文化注重"行"。哀公很好学，所以进一步请教孔子，怎样下手落实才能实现。孔子为他讲述了治国、治民应该遵循的九条原则，同时分析了这九条原则的作用，以及如何具体落实的道理和方法。短短数百字的论述，就让我们了解了修身、齐家、治国的精要。

哀公问政于孔子①。

孔子对曰："文武之政②，布在方策③。其人存，则其政举；其人亡，则其政息。天道敏生④，人道敏政，地道敏树。夫政者，犹蒲卢也⑤，待化以成，故为政在于得人。取人以身，修道以仁。仁者，人也，亲亲为大；义者，宜也，尊贤为大。亲亲之杀，尊贤之等，礼所以生也。礼者，政之本也。是以君子不可以不修身。思修身，不可以不事亲；思事亲，不可以不知人；思知人，不可以不知天。天下之达道有五⑥，其所以行之者三。曰君臣也，父子也，夫妇也，昆弟也，朋友也。五者，天下之达道。智仁勇三者，天下之达德也⑦。所以行之者，一也。或生而知之，或学而知之，或困而知之。及其知之，一也。或安而行之，或利而行之，或勉强而行之。及其成功，一也。"

公曰："子之言美矣，至矣！寡人实固，不足以成之也。"

孔子曰："好学近乎智，力行近乎仁，知耻近乎勇。知斯三者，则知所以修身；知所以修身，则知所以治人；知所以治人，则能成天下国家者矣。"

公曰："政其尽此而已乎？"

孔子曰："凡为天下国家有九经⑧，曰修身也，尊贤也，亲亲也，敬大臣也，体群臣也，重庶民也，来百工也，柔远人也，怀诸侯也。夫修身则道立，尊贤则不惑，亲亲则诸父兄弟不怨⑨，敬大臣则不眩，体群臣则士之报礼重，重庶民则百姓劝，来百工则财用足，柔远人则四方归之，怀诸侯则天下畏之。"

公曰："为之奈何？"

孔子曰："斋洁盛服⑩，非礼不动，所以修身也。去谗远色，贱利而贵德，所以尊贤也。爵其能，重其禄，同其好恶，所以笃亲亲也。官盛任使⑪，所以敬大臣也。忠信重禄，所以劝士也。时使薄敛，所以劝百姓也。日省月试，饩廪称事⑫，所以来百工也。送往迎来，嘉善而矜不能，所以绥远人也。继绝世，举废邦，治乱持危，朝聘以时⑬，厚往而薄来，所以怀诸侯也。治天下国家有九经，其所以行之者，一也。凡事豫则立，不豫则废。言前定则不跲⑭，事前定则不困，行前定则不疚，道前定则不穷。在下位不获于上，民弗可得而治矣。获于上有道：不信于友，不获于上矣。信于友有道：不顺于亲，不信于友矣。顺于亲有道：反诸身不诚，不顺于亲矣。诚身有道：不明于善，不诚于身矣。诚者，天之道也；诚之者，人之道也。夫诚，弗勉而中⑮，不思而得，从容中道⑯，圣人之所以定体也。诚之者，择善而固执之者也。"

公曰："子之教寡人备矣，敢问行之所始？"

孔子曰："立爱自亲始，教民睦也；立敬自长始，教民顺也。教之慈睦，而民贵有亲；教以敬，而民贵用命。民既孝于亲，又顺以听命，措诸天下，无所不可。"

公曰："寡人既得闻此言也，惧不能果行而获罪咎。"

【注释】①哀公：即鲁哀公。

②文武：这里指周文王与周武王。

③方策：方为木板，策为竹简，皆用以记言记事，因此方策也指书籍。

④敏：迅速，敏捷。

⑤蒲卢：即蜾蠃。一种细腰的蜂。《礼记·中庸》有："夫政也者，蒲卢也。"郑玄注："蒲卢，蜾蠃，谓土蜂也。《诗》曰：'螟蛉有子，蜾蠃负之。'螟蛉，桑虫也，蒲卢取桑虫之子去而变化之，以成为己子，政之于百姓，若蒲卢之于桑虫然。"一说为芦苇。后因以"蒲卢"比喻对百姓的教化。

⑥达道：人类遵行，永不变易的道理。

⑦达德：常行不变的道德。

⑧九经：儒家治国平天下的九项准则。

⑨诸父：古代天子对同姓诸侯或诸侯对同姓大夫皆尊称为"父"或"诸父"。后用为叔伯辈的通称。

⑩斋洁盛服：斋戒沐浴，洁静身心，穿上盛服。

⑪官盛任使：官吏众多，听凭差遣。

⑫饩廪：古代官府所发作为月薪的粮食。亦泛指薪俸。称事：与事功相当。

⑬朝聘：古代诸侯朝见天子，或诸侯间互相访问的礼节。

⑭跲（jiá）：言语受阻而不通畅。

⑮弗勉而中：不用费力就能做到合乎中道。

⑯从容中道：指从容不迫地做到事事合乎道义。

【译文】鲁哀公向孔子请教治国之道。

孔子回答说："周文王和周武王的治国之道，都记载在典籍之中。这样的贤人如果在世，这些治国举措就能施行；他们离世后，这些治国之道也就废弛了。天之道在于使万物迅速化育生长，人之道在于使政事迅速兴盛昌明，地之道在于使树木迅速成为可用之材。为政之道，就如土蜂取螟蛉之子，能够迅速将其化为自己的儿子一样，只要实施教化就会成功，因此为政之道最关键的就在于获得人才。获得人才的关键在于加强自身修养，修养自身一定要以仁爱为本。仁，就是人与人之间相亲相爱之心，亲爱亲人是最大的仁；义，就是处事适宜，尊敬贤人是最大的义。爱亲人要有亲疏之分，尊敬贤人也要有等级之别，这就产生了礼。礼，是为政之本。所以君子不可不修身。想要修身，不可不侍奉父母；要想侍奉父母，不可不了解他人；要想了解他人，就不可不知天道。普天之下都通行的大道有五条，若要实行这五条大道，需具备三个方面的德行。君臣之道，父子之道，夫妇之道，兄弟之道，朋友之道，这五条是天下通行的大道。智、仁、勇这三种品德，是天下共行的美德。而实现这些大道与美德的方法，却是一样的。有人天生就知道这些道理，有人是通过学习后才知道，有人则是经历了困惑之后才知道的。等到最终知道这些道理了，他们也是一样的。有人心安理得地去践行，有人为了利益去践行。有人则是被迫勉强去践行。等到最终成功的时候，他们都是一样的。"

哀公说："您说得真好，真是好到极致了！我实在鄙陋，无法做到这些啊。"

孔子说："好学就近于智，力行就近于仁，知耻就近于勇。明白这三点的人，就知道如何修身了；知道如何修身，就知道如何治人了；知道如何治人，就知道如何治理天下国家了。"

哀公问："治国之道就只有这些吗？"

孔子说："治理天下国家大致有九项原则，那就是：修养自身，尊敬贤人，亲爱亲人，敬重大臣，体恤群臣，重视百姓，招纳百工，怀柔边民，安抚诸侯。修养自身就能树立正道，尊敬贤人就不会有困惑，亲爱亲人就不会招致叔伯兄弟的怨恨，敬重大臣遇事就不会迷乱，体恤群臣就会使士的回报之礼更加厚重，重视百姓就会使他们更加勤勉工作，招纳百工就会使国家财用充足，怀柔边民就会使四方百姓都来归顺，安抚诸侯就会使天下人感到敬畏。"

哀公问："怎样才能做到这些呢？"

孔子说："斋戒沐浴，洁静身心，再穿上庄重的盛服，不符合礼仪之事坚决不做，这就是修养自身的方法。摒弃进谗言的小人，远离美色，轻视钱财而重视美德，这就是尊敬贤人的方法。为才能出众之人加官进爵，赐予他们丰厚的俸禄，与他们的好恶保持一致，这就是让亲人更加亲爱的方法。为大臣提供足够的属官，以供他们任使，这就是敬重大臣的方法。对忠信之人赐予高官厚禄，这就是劝勉士人的方法。役使百姓不误农时，减少赋税征收，这就是鼓励百姓的方法。每日省察，每月核对，确保发放给百工的粮食薪俸与其业绩相称，这就是使百工喜悦而来的方法。对所有来客热情迎送，嘉奖善行，同情弱者，这就是怀柔边地百姓的方法。延续已经绝嗣的家族，复兴已经废亡的邦国，治理叛乱，扶持危局，让天下诸侯依礼按时朝聘，赏赐丰厚，少受贡奉，这就是安抚诸侯的方法。治理天下国家有九条原则，而实行这九条原则的方法，却只有一个。无论任何事情，事先有准备就会成功，否则就会失败。说话前做好准备，言语就不会受阻；做事前做好准备，就不会出现困难；行动前做好准备，就不会有愧疚；预先选好要走的道路，就不会有行不通的地方。身处下位者如果得不到上位之人的信任，就不可能治理好百姓。获得上位之人的信任是有一定方法的：不能获得朋友的信任，就不能得到上位之人的信任。获得朋友的信任是有一定方法的：不孝顺父母，就不能获得朋友的信任。孝顺父母是有一定方法的：要反省自己的不真诚，因为那样不会让父母顺心。让自己真诚是有一定方法的：不明白如何彰显善意，就不能让自己内心真诚。真诚，是上天的准则；践行真诚，是做人的准则。内心充满真诚，不必勉强就可以做到，不必思考就可以得到，从容不迫就可做到事事合乎中庸之道，这是圣人表现出的身心皆安的形象。充满真诚之人，就是选择良善后做到坚持不懈的人。"

哀公说："您对我的教诲已经很完备了，请问要从哪里开始施行呢？"

孔子答道："树立仁爱的观念要从爱自己的父母开始，这样可以教导民众和睦；树立尊敬的观念要从敬自己的长辈开始，这样可以教导民众顺从。教导民众慈爱和睦，民众就会明白亲人是最可贵的；教导民众恭敬，民众就会明白服从命令是最重要的。民众既能孝养父母，又乐于听从命令，将这种方法拓展开来治理天下，就没有什么事情是办不成的了。"

哀公说："我现在听到了这些教导，就是担心不能果断执行而犯下错误。"

宰我问于孔子曰①："吾闻鬼神之名而不知所谓，敢问焉。"

孔子曰："人生有气有魂。气者，神之盛也。众生必死，死必归土，此谓鬼。魂气归天，此谓神。合鬼与神而享之，教之至也。骨肉毙于下，化为野土，其气发扬于上，此神之著也。圣人因物之精，制为之极，明命鬼神②，以为民之则。而犹以是为未足也，故筑为宫室，设为宗祧③，春秋祭祀，以别亲疏，教民反古复始，不敢忘其所由生也。众之服自此，故听且速焉。教以二端④，二端既立，报以二礼⑤，建设朝事，燔燎膻芗⑥，所以报气也。荐黍稷，羞肺肝，加以郁鬯⑦，所以报魄也。此教民修本反始崇爱，上下用情，礼之至也。

"君子反古复始，不忘其所由生，是以致其敬，发其情，竭力从事，不敢不自尽也，此之谓大教。昔者文王之祭也，事死如事生，思死而不欲生，忌日则必哀，称讳则如见亲，祀之忠也。思之深，如见亲之所爱。祭欲见亲颜色者，其唯文王与？《诗》云：'明发不寐，有怀二人⑧。'则文王之谓与？祭之明日，明发不寐，有怀二人，敬而致之，又从而思之。祭之日，乐与哀半，飨之必乐，已至必哀⑨。孝子之情也，文王为能得之矣。"

【注释】①宰我：即宰予，字子我，春秋时期鲁国人，孔子弟子，利口辩辞。

②明命：犹尊名，恭敬地命名。

③宗祧（tiāo）：宗庙，引申为家族相传的世系、宗嗣。

④二端：事物的两个方面，这里指气与魄。

⑤二礼：指黍和稷。

⑥燔燎（fán liáo）：烧柴祭天。膻芗（shān xiāng）：烧煮牛羊肉的气味。亦泛指牛羊肉。

⑦郁鬯（yù chàng）：香酒，用鬯酒调和郁金之汁而成，古代用于祭祀或待宾。

⑧"明发"二句：语出《诗经·小雅·小宛》。

⑨已至必哀：王肃注："已至，谓祭事以毕，不知亲飨否，故哀。"

【译文】宰我向孔子请教说："我听说有鬼神的名称却不明白到底指的是什么，冒昧地向夫子请教。"

孔子说："人生来就有气有魂。气，是指人生命力旺盛的外在表现。众生有生就必会有死，死后定会回归土中，这就是所谓的鬼。人的魂魄若是升到天上，就是所谓的神。将鬼和神合起来进行祭祀，这就是教化的极致了。人死后骨肉埋在地下，腐烂后化为野土，他的气则蒸发上扬，这就是神的显著体现。圣人依据万物的精气，制定了至高无上的标准，对其明确命名，称之为鬼神，作为天下万民信奉的规范。但是圣人认为这样还不够，故而又修建了宫室，设立了宗庙，春秋之时都要举行祭祀，用以区别远近亲疏关系，教化民众追念远古和初始，不敢忘记自己来自哪里。民众从此服从教化，因而能听从政令并迅速执行。又教给民众如何看待气与魄的道理，生与死这两个问题解决后，又以黍和稷来回报祖先，设置朝事礼，敬献刚宰杀的祭品，烧柴祭天，空气中弥漫着烧煮牺牲的气味，这是用来报答祖先之气的。再敬献黍、稷及煮熟的肺、肝，再献上用郁酒调和郁金香汁制成的香酒，以此来报答祖先的魂魄。这样做是为了教导民众不忘根本，崇尚仁爱，无论上下尊卑都重情重义，这样礼就达到了极致。

"君子常会反思远古追怀初始，始终不忘自己生命的由来，因此要向祖先致以崇高的敬意，抒发对祖先的深情，竭尽全力去做事，不敢有丝毫怠慢，这就是大的教化。从前周文王祭祀时，侍奉死者的神灵如同侍奉在世的生者一样，思念死者时痛不欲生，每当死者忌日定会无比哀伤，提起亲人的名字就如同见到他们本人一样，这就是祭祀的忠敬。祭祀时深切思念双亲，好像又看见了亲人对自己的关爱。祭祀时想看到亲人音容笑貌的，恐怕只有文王了吧？《诗经》上说：'天亮了还没有睡着，又想起了我的父母双亲。'说的就是文王吧？祭祀的第二天，天已经亮了还睡不着，又想起了父母双亲，恭敬地将他们的神灵请来，又一次思念他们。祭祀那日，快乐与悲伤参半，向双亲敬献贡品时自然快乐，敬献完毕，不知父母是否享用，又会感到哀伤。这就是作为孝子的深情，文王能够做到这一点啊。"

卷
五

颜回第十八

【题解】本篇因鲁定公问颜回"东野毕善御之事",所以以"颜回"作篇名。颜回以御马比喻治理国家,御马"不穷其马力",同样,治民也要"不穷其民力",否则就会出现危险。

鲁定公问于颜回曰:"子亦闻东野毕之善御乎^①?"对曰:"善则善矣,虽然,其马将必佚^②。"定公色不悦,谓左右曰:"君子固有诬人也。"

颜回退。后三日,牧来诉之曰^③:"东野毕之马佚,两骖曳两服入于厩^④。"公闻之,越席而起,促驾召颜回。回至,公曰:"前日寡人问吾子以东野毕之御,而子曰'善则善矣,其马将佚',不识吾子奚以知之?"

颜回对曰:"以政知之。昔者帝舜巧于使民,造父巧于使马^⑤。舜不穷其民力,造父不穷其马力,是以舜无佚民,造父无佚马。今东野毕之御也,升马执辔,衔体正矣^⑥;步骤驰骋,朝礼毕矣⑦；历险致远，马力尽矣，然而犹乃求马不已。臣以此知之。”

公曰："善！诚若吾子之言也。吾子之言，其义大矣，愿少进乎⑧？"

颜回曰："臣闻之，鸟穷则啄，兽穷则攫⑨，人穷则诈，马穷则佚。自古及今，未有穷其下而能无危者也。"公悦，遂以告孔子。

孔子对曰："夫其所以为颜回者，此之类也，岂足多哉？"

【注释】①东野毕：春秋时人，擅长驾车。

②佚：散失。

③牧：掌畜牧之官。

④两骖两服：古代四匹马拉车，在外侧的两匹马称"两骖"；中间的两匹马称"两服"。

⑤造父：西周著名御车者。

⑥衔体：马嚼子。

⑦朝礼：调整。朝，通"调"。

⑧愿少进乎：但愿能进一步谈谈。

⑨攫：抓取。

【译文】鲁定公问颜回："你也听说东野毕擅长驾车了吧？"颜回答道："他确实擅长驾车，但就算这样，他的马也必会散失。"定公听后露出不悦之色，对身边的人说："君子中原来也有诬陷人的。"

颜回退下。过了三天，掌管养马的官员来告诉定公："东野毕的马散失了，两匹骖马拖着两匹服马进了马厩。"定公听了，越过坐席站了起来，马上催促人驾车去召颜回前来。颜回来后，定公说："前日我问你东野毕驾车之事，而你说'他确实擅长驾车，但就算这样，他的马也必会散失',不知你是如何知道的?"

颜回答道:"我是根据为政的情况知道的。从前帝舜擅长治理百姓,造父擅长御马。帝舜不穷尽民力,造父不穷尽马力,所以帝舜时没有逃亡的百姓,造父没有散失的马匹。如今东野毕驾车,让马驾上车,拉紧缰绳,端正马嚼子;马时而缓行时而急走时而驰骋,步法调理完成;穿过险峻之地奔向远方,马的力气已经耗尽,然而他还要求马不停奔跑。臣因此知道马会散失。"

定公说:"说得好!确实如你所言。你的这些话,意义很大,可愿进一步谈谈?"

颜回说:"臣听说,身处困境时,鸟儿会用嘴去啄,野兽会用爪子去抓,人在走投无路时就会使诈,马在筋疲力竭时就会逃逸。从古至今,没有使手下人走投无路而他自己却没有危险的。"定公听后很开心,就把这件事告诉给孔子。

孔子回答说:"颜回之所以是颜回,就是常有此类事情发生,这难道也值得称赞吗?"

孔子在卫,昧旦晨兴①,颜回侍侧,闻哭者之声甚哀。

子曰:"回,汝知此何所哭乎?"

对曰:"回以此哭声非但为死者而已,又有生离别者也。"

子曰:"何以知之?"

对曰:"回闻桓山之鸟生四子焉,羽翼既成,将分于四海,其母悲鸣而送之,哀声有似于此,谓其往而不返也。回窃以音类知之。"

孔子使人问哭者,果曰:"父死家贫,卖子以葬,与之长决。"

子曰："回也，善于识音矣！"

【注释】①昧旦晨兴：天不亮即起床。

【译文】孔子在卫国，有一次天还未亮就起床了，颜回在一旁陪侍，这时听到有人在哭，哭声很是哀伤。

孔子说："颜回啊，你知道这是为何而哭吗？"

颜回答道："我认为这种哭声不只是为死去之人，还为了即将离别之人。"

孔子说："你是如何知道的？"

颜回答道："我听说桓山的鸟生了四只小鸟，小鸟羽翼长成后，将要与母亲分开飞向四面八方，母鸟悲鸣着送它们离开，哀伤的叫声与这个哭声相似，是因为它们离开后再也不会回来了。我私下依据声音的相似度而推知的。"

孔子派人去向哭者询问，哭者果然说："我父亲去世了，因为家贫，只得把儿子卖掉来安葬父亲，如今我要与儿子诀别了。"

孔子说："颜回啊，真善于识别声音啊！"

颜回问于孔子曰："成人之行若何①？"

子曰："达于情性之理，通于物类之变，知幽明之故②，睹游气之原③，若此可谓成人矣。既能成人，而又加之以仁义礼乐，成人之行也。若乃穷神知礼④，德之盛也。"

【注释】①成人：完美无缺的人。

②幽明：有形和无形的现象，也指看不见和看得见的事物。

③游气：浮动的云气。

④穷神：穷究事物之神妙。

【译文】颜回向孔子请教说："成人的品行是怎样的呢？"

孔子说："他们可以通达人情本性的原理，通晓各类事物的变化规律，了解有形及无形物象变化的缘故，洞察空中云气变化的根源，这样就可以称为成人了。已是成人，再加上仁义礼乐的教化，这就是成人的品行了。若能探究事物精微变化之理，那就具备极高的德行了。"

颜回问于孔子曰："臧文仲、武仲孰贤？"

孔子曰："武仲贤哉。"

颜回曰："武仲世称圣人，而身不免于罪，是智不足称也；好言兵讨，而挫锐于邾，是智不足名也。夫文仲，其身虽殁而言不朽，恶有未贤？"

孔子曰："身殁言立，所以为文仲也。然犹有不仁者三，不智者三，是则不及武仲也。"

回曰："可得闻乎？"

孔子曰："下展禽①，置六关，妾织蒲，三不仁。设虚器②，纵逆祀，祠海鸟，三不智。武仲在齐，齐将有祸，不受其田，以避其难，是智之难也。夫臧武仲之智而不容于鲁，抑有由焉。作而不顺，施而不恕也夫。《夏书》曰③：'念兹在兹，顺事恕施。'"

【注释】①展禽：即柳下惠。

②设虚器：臧文仲为用来占卜的大龟设置了一处豪华居所。

③《夏书》：《书经》中记载夏代史事的书。共存有《禹贡》《甘誓》《五子之歌》《胤征》四篇。

【译文】颜回向孔子请教道："臧文仲、臧武仲这两个人谁更贤明呢？"

孔子说："臧武仲更贤明一些。"

颜回说："臧武仲被世人称为圣人，而他自身却不能免于罪责，这说明他的智慧还不值得称扬；他喜欢谈论用兵征战，而与邾国作战时却打了败仗，使军队锐气受挫，这说明他的智慧不足以匹配他的名声。至于臧文仲，人虽已死，而言论却一直不朽，怎能说他不如臧武仲贤明呢？"

孔子说："臧文仲虽死而言论却立于世间，所以他才是文仲啊。然而他还是做过三件不仁的事，三件不智的事，这方面是比不上臧武仲的。"

颜回说："您可以说给我听听吗？"

孔子说："他使展禽居于下位，设置六关来征收赋税，让家中的小妾编织草席贩卖赚钱，这是三件不仁的事。他为占卜用的大龟设置豪华居所，纵容违反位次的悖逆祭祀，让国人去祭祀海鸟，这是三件不智的事。臧武仲在齐国时，预感齐国将有灾祸发生，没有接受齐庄公封赏给他的田地，从而躲过了一场灾难，这是智者也难做到的。臧武仲有如此智慧却不被鲁国接纳，抑或是有缘由的吧。他做事不随顺事理，施行起来不合乎忠恕之道。《夏书》上说：'念念想着这里，就全心投入到这里，这就要顺从事理，还要合乎忠恕之道。'"

颜回问君子。

孔子曰："爱近仁，度近智^①，为己不重，为人不轻，君子也夫。"

回曰："敢问其次。"

子曰："弗学而行，弗思而得。小子勉之^②。"

【注释】①度（duó）近智：王肃注："度事而行，近于智也。"

②小子：古时候老师对学生的称呼。

【译文】颜回向孔子请教什么样的人才是君子。

孔子说："能够爱人就接近于仁了，做事善于谋划就接近于智了，不把自己看得太重，也不把别人看得太轻，这样的人可算得上君子了。"

颜回说："敢问比君子略逊一筹的呢。"

孔子说："还没学习就能去做，还没思考就有所得。你要好好努力啊！"

仲孙何忌问于颜回曰^①："仁者一言而必有益于仁智，可得闻乎？"

回曰："一言而有益于智，莫如豫；一言而有益于仁，莫如恕。夫知其所不可由，斯知所由矣。"

【注释】①仲孙何忌：即孟懿子，孟僖子之子，鲁国大夫。

【译文】仲孙何忌问颜回说："仁者说出的每一个字，都必定会有益于仁德、智慧,可以把这方面的道理讲给我听听吗?"

颜回说:"如果说一字就能有益于智慧,那么没有哪个字能比得上'豫'了;如果说一字就能有益于仁德,那么没有哪个字能比得上'恕'了。只有明白了不该做什么,才能明白应该去做什么。"

颜回问小人。

孔子曰:"毁人之善以为辩,狡讦怀诈以为智,幸人之有过,耻学而羞不能,小人也。"

【译文】颜回向孔子请教什么样的人才是小人。

孔子说:"把诋毁别人的优点当作有辩才,把心存欺诈地披露别人的隐私当作聪明巧智,看到别人犯有过错就幸灾乐祸,以向人学习为耻又嘲笑没有能力的人,这就是小人了。"

颜回问子路曰:"力猛于德而得其死者,鲜矣,盍慎诸焉?"

孔子谓颜回曰:"人莫不知此道之美,而莫之御也,莫之为也。何居为闻者,盍日思也夫!"

【译文】颜回问子路说:"一个人的力气胜过他的德行而能死得其所的,简直太少了,何不谨慎对待此事呢?"

孔子对颜回说:"没有人不知道这个道理是正确的,但却不能正确对待这个问题,不能照此去做。为何只是做一个听众,何不每天好好思考一下呢!"

颜回问于孔子曰："小人之言有同乎君子者，不可不察也。"

孔子曰："君子以行言，小人以舌言。故君子于为义之上相疾也①，退而相爱；小人于为乱之上相爱也，退而相恶。"

【注释】①相疾：急于互相激励劝勉。

【译文】颜回向孔子请教道："小人的话有时与君子的话相同，不可不仔细辨别啊。"

孔子说："君子用行动说话，小人用舌头说话。因此君子在行仁义之事上急于互相激励劝勉，而私下里却相互友好；小人在制造祸乱方面互相支持，而私下里却相互憎恶。"

颜回问："朋友之际如何？"

孔子曰："君子之于朋友也，心必有非焉，而弗能谓'吾不知'，其仁人也。不忘久德，不思久怨，仁矣夫。"

【译文】颜回问："要如何处理朋友之间的关系呢？"

孔子说："君子对待朋友，心中若是认定对方有错误，就不能对朋友说'我不知道'，这才是仁德之人。不忘记朋友很久以前对自己的恩德，不去记起过往的仇怨，这才是仁义之人啊。"

叔孙武叔见未仕于颜回①，回曰："宾之②。"武叔多称人之过，而己评论之。

颜回曰："固子之来辱也，宜有得于回焉。吾闻诸孔子曰：'言人之恶，非所以美己；言人之枉，非所以正己。'故君子攻其恶，无攻人之恶。”

【注释】①叔孙武叔：鲁国大夫。

②宾：接引客人，用宾客的礼节相待。

【译文】叔孙武叔没有出仕时去拜见颜回，颜回说："以宾客之礼待他。"武叔喜欢讲述他人之过，同时还妄加评论。

颜回说："承蒙您屈尊来此，原本是想从我这里有所得吧。我听孔子说：'谈论别人的过失，不能以此美化自己；谈论别人的错误，并不能使自己正确。'因此君子只需省察自己的过失，而不要随意去批评他人的错误。"

颜回谓子贡曰："吾闻诸夫子，身不用礼而望礼于人，身不用德而望德于人，乱也。夫子之言，不可不思也。"

【译文】颜回对子贡说："我听夫子说，自身不践行礼而希望别人对自己有礼，自身没有实践仁德而希望别人对自己仁德，这种想法是本末倒置的。夫子说过的话，不能不认真思考啊。"

子路初见第十九

【题解】本篇记录了"子路见孔子""子路将行""孔子为鲁司寇""孔子兄子""孔子侍坐""子贡曰陈灵公""孔子相鲁""澹台子羽""孔篾问行己之道"等几章，涉及了孔子在学习、为人处世等方面对弟子的教导，以及孔子个人的行为处事规范。在"子路见孔子"章中，孔子指出"君子不可不学"，说明了学习的重要性。在"孔子相鲁"章中，记载了"君臣淫荒"的局面，礼崩乐坏，孔子只好辗转各国，期待自己的抱负得以施展。"孔子为鲁司寇"章记载了孔子屈节数见康子，表明了他不计个人得失，将政事放在首位。

子路见孔子，子曰："汝何好乐？"对曰："好长剑。"孔子曰："吾非此之问也。徒谓以子之所能，而加之以学问，岂可及哉？"子路曰："学岂益哉也？"

孔子曰："夫人君而无谏臣则失正，士而无教友则失听。御狂马不释策^①，操弓不反檠^②。木受绳则直，人受谏则圣。受学重问，孰不顺哉？毁仁恶士，必近于刑^③。君子不可不学。"

子路曰："南山有竹，不揉自直。斩而用之，达于犀革④。以此言之，何学之有？"

孔子曰："括而羽之⑤，镞而砺之⑥，其入之不亦深乎？"

子路再拜，敬而受教。

【注释】①策：马鞭。

②檠（qíng）：矫正弓弩的器具。

③"毁仁"二句：王肃注："谤毁仁者，憎怒士人，必主于刑也。"

④达于犀革：射穿犀牛皮。

⑤括而羽之：在箭的末端加上羽毛。括，箭的末端。

⑥镞而砺之：把箭头磨锋利。镞，箭头。

【译文】子路拜见孔子，孔子问："你有什么喜好？"子路回答说："我喜欢长剑。"孔子说："我问的不是这个。我是说以你的才能，再加上努力获得的学问，谁还能比得上你呢？"子路说："学习真的有好处吗？"

孔子说："人君如果没有敢于直谏的大臣就会失去正道，士人如果没有教导指正的朋友就会在听闻上发生偏差。驾驭狂放的马不能放下马鞭，拉开的弓不能用檠匡正。木料经过墨绳矫正就能锯直，人接受规劝就会成为圣人。从师学习，重视学问，哪会不顺利呢？诋毁仁者憎恶士人，将会触碰法律的底线。君子不可不学。"

子路说："南山生长的竹子，不需要砍削烤揉，自然长得挺直。把它砍下来制成竹箭，能射穿厚厚的犀牛皮。由此说来，哪有学习的必要呢？"

孔子说："在箭的末端装上羽毛，把箭头打磨锋利，这样的箭射出去不是更为深远吗？"

子路再次拜谢，恭敬地接受了孔子的教诲。

子路将行，辞于孔子。子曰："赠汝以车乎？赠汝以言乎？"子路曰："请以言。"

孔子曰："不强不达^①，不劳无功，不忠无亲，不信无复^②，不恭失礼。慎此五者而已。"

子路曰："由请终身奉之。敢问亲交取亲若何^③？言寡可行若何^④？长为善士而无犯若何？"

孔子曰："汝所问苞在五者中矣^⑤。亲交取亲，其忠也；言寡可行，其信乎；长为善士而无犯，其礼也。"

【注释】①不强不达：王肃注："人不能以强力，则不能自达。"

②不信无复：没有信用就没人信服。

③亲交取亲：亲近新结交之人并取得他的信任。

④言寡可行：话不多但行得通。

⑤苞：通"包"。

【译文】子路将要出行，向孔子辞别。孔子说："我是赠给你车呢？还是赠给你几句忠告呢？"子路说："请赠我几句忠告吧。"

孔子说："不顽强坚持就不能成功，不劳动就不会有收获，不忠诚就没有亲人，没有信用就不会再让人信服，不恭敬就会失礼。谨慎做到这五个方面就好了。"

子路说："我会终身奉行您的教诲。请问想要亲近新结交之人并取得他的信任，应该怎么做？想要少说话又使事情行得通，应该怎么做？永远做一个善良的人而不受别人的侵犯，应该怎么做？"

孔子说："你所问的都涵盖在我讲的五个方面中了。亲近新结交之人并取得他的信任，说的是忠；话不多但又使事情行得通，说的是信；永远做一个善良的人而不受别人的侵犯，说的是礼。"

孔子为鲁司寇，见季康子，康子不悦。孔子又见之。

宰予进曰："昔予也常闻诸夫子曰：'王公不我聘则弗动。'今夫子之于司寇也日少，而屈节数矣①，不可以已乎？"

孔子曰："然，鲁国以众相陵，以兵相暴之日久矣，而有司不治，则将乱也。其聘我者，孰大于是哉？"

鲁人闻之曰："圣人将治，何不先自远刑罚？"自此之后，国无争者。

孔子谓宰予曰："违山十里，蟪蛄之声犹在于耳②，故政事莫如应之③。"

【注释】①屈节数（shuò）矣：王肃注"谓屈节数见于季孙。"数，屡次。

②蟪蛄（huì gū）：蝉类。吻长，体短。色黄绿，有黑白条纹，翅膀有黑斑。雄体腹部有鸣器，声音响亮。

③政事莫如应之：王肃注："言政事须慎听之，然后行之者也。"

【译文】孔子在鲁国担任司寇，去拜见季康子，季康子面露不悦之色。孔子又去拜见他。

宰予上前对孔子说："从前我曾听您说：'王公要是不对我以礼相聘，我就不会主动去找他们。'如今夫子担任司寇的时间还不长，但屈节去见季氏已经很多次了，不能不去见他吗？"

孔子说："我确实说过那样的话，但是在鲁国，倚仗人多势众欺侮他人，凭借武力实行暴乱的情况已经存在很久了，而相关官员不去治理，长此以往，社会就会动荡不安。执政者让我任司寇一职，负责治理此事，还有哪件事比这更大呢？"

鲁国人听到这些话，说："圣人要来治理鲁国，我们何不先自行远离刑罚呢？"从此以后，鲁国再没出现过争斗之人。

孔子对宰予说："离山十里，蟪蛄的叫声好像还在耳畔，所以处理政事时要谨慎听取意见，然后再找出办法去应对。"

孔子兄子有孔篾者^①，与宓子贱皆仕。孔子往过孔篾而问之曰："自汝之仕，何得何亡？"

对曰："未有所得，而所亡者三：王事若龙^②，学焉得习？是学不得明也；俸禄少，饘粥不及亲戚，是骨肉益疏也；公事多急，不得吊死问疾^③，是朋友之道阙也。其所亡者三，即谓此也。"

孔子不悦，往过子贱，问如孔篾。

对曰："自来仕者，无所亡，其有所得者三：始诵之，今得而行之，是学益明也；俸禄所供，被及亲戚，是骨肉益亲也；虽有公事，而兼以吊死问疾，是朋友笃也。"

孔子喟然谓子贱曰："君子哉若人！鲁无君子者，则子贱焉取此。"

【注释】①孔篾：孔子的侄子，也是孔子的弟子。
②王事若龙：国家的政事一件挨着一件。

③吊死问疾：悼祭死者，慰问病人。

【译文】孔子的哥哥有个儿子叫孔篾，与宓子贱一起做官。孔子到他那里，问他："自从你为官以来，有何得失？"

孔篾答道："没有所得，所失却有三种：政事一件接着一件，从前学过的知识，哪有时间去温习呢？所以学到的知识至今也无法弄透彻啊；俸禄太少，就连稀饭都不够父母兄弟喝，所以骨肉之情更加疏远了；公事大多都很急迫，没有时间悼祭死者，慰问病人，所以朋友之情愈加缺失了。我说的三种所失，指的就是这些。"

孔子听后心生不悦，又到宓子贱那里，问了他同样的问题。

宓子贱答道："自从为官以来，没有所失，所得却有三种：从前熟读成诵的知识，如今有机会得以实践，所以以前学的知识现在更加明白了；所得的俸禄，可以帮助到父母兄弟，所以骨肉亲情更加亲密了；虽然也有公事，却能兼顾到悼祭死者，慰问病人，所以朋友之情更加深厚了。"

孔子喟然长叹，对宓子贱说："这才是真正的君子啊！如果鲁国没有君子，那么宓子贱又是从哪儿学到这些优良品质的呢？"

孔子侍坐于哀公，赐之桃与黍焉。哀公曰："请食。"孔子先食黍而后食桃，左右皆掩口而笑。

公曰："黍者所以雪桃①，非为食之也。"

孔子对曰："丘知之矣。然夫黍者，五谷之长，郊礼宗庙以为上盛②。果属有六，而桃为下，祭祀不用，不登郊庙。丘闻之：君子以贱雪贵，不闻以贵雪贱。今以五谷之长雪果之下者，是从上雪下。臣以为妨于教，害于义，故不敢。"

公曰："善哉。"

【注释】①雪：擦拭。

②上盛：上等祭品。盛，放在祭器里的谷物。

【译文】孔子在鲁哀公旁边侍坐，哀公赏赐他桃和黍。哀公说："请吃。"孔子先吃了黍，而后才吃桃，哀公身边的人都捂着嘴偷笑。

哀公说："黍是用来擦拭桃子的，不是吃的。"

孔子回答说："这个我知道。但是黍是五谷之长，天子在祭祀天地、祖先时都把它作为上等供品。祭祀的果品共有六种，而桃子是最下等的，祭祀不用，不能摆在郊庙里。我听说：君子用下贱的东西擦拭贵重之物，没听说有用贵重的东西擦拭下贱之物的。如今要用五谷之长的黍来擦拭果品中最下等的桃，是用上品擦拭下品。我认为这样做会有伤教化，妨害义理，所以不敢如此。"

哀公说："说得好啊！"

子贡曰："陈灵公宣淫于朝①，泄冶正谏而杀之②，是与比干谏而死同，可谓仁乎？"

子曰："比干于纣，亲则诸父，官则少师③，忠报之心在于宗庙而已，固必以死争之，冀身死之后，纣将悔悟，其本志情在于仁者也。泄冶之于灵公，位在大夫，无骨肉之亲，怀宠不去，仕于乱朝，以区区之一身，欲正一国之淫昏，死而无益，可谓狷矣④。《诗》曰：'民之多辟，无自立辟⑤。'其泄冶之谓乎？"

【注释】①陈灵公：春秋时期陈国第十九任国君。荒淫无道，与大夫孔宁、仪行父同与夏姬淫乱，竟公然在朝廷上穿着夏姬的衣服戏耍。

②泄冶：春秋时期陈国大夫。因正谏陈灵公淫乱被杀。

③少师：古代官名，"三孤"之一。周代始置，为君国辅弼之官，地位次于太师。

④狷：洁身自好，性情耿直。

⑤"民之"二句：语出《诗经·大雅·板》。

【译文】子贡说："陈灵公在朝中公然做淫乱之事，泄冶因直言劝谏而被杀，这和比干劝谏殷纣王而遭杀害是一样的，泄冶能称为仁吗？"

孔子说："比干对于殷纣王，从血缘关系上说是纣王的叔叔，在官职上是少师，他的尽忠报国之心在于维护祖宗宗庙，所以定会以死相争，希望在自己死后，纣王终能悔悟，他的心志情感本来就是出于仁。泄冶对于陈灵公来说，是大夫的身份，与陈灵公没有骨肉之亲，却留恋陈灵公的恩宠而不愿离去，仍在昏乱的朝廷为官，想凭一己之力匡正一国昏君的荒淫，死了对国家也没什么益处，可说是洁身自好，性情耿直吧。《诗经》上说：'民间多有邪僻之事，不要再枉自立法以害己。'说的大概就是泄冶这样的人吧？"

孔子相鲁，齐人患其将霸，欲败其政，乃选好女子八十人，衣以文饰而舞容玑①，及文马四十驷②，以遗鲁君。陈女乐，列文马于鲁城南高门外。

季桓子微服往观之再三，将受焉。告鲁君为周道游观。观之终日，怠于政事。

子路言于孔子曰："夫子可以行矣。"

孔子曰："鲁今且郊^③，若致膰于大夫^④，是则未废其常，吾犹可以止也。"

桓子既受女乐，君臣淫荒，三日不听国政，郊又不致膰俎。孔子遂行，宿于郭屯。

师已送曰："夫子非罪也。"

孔子曰："吾歌可乎？"歌曰："彼妇人之口，可以出走；彼妇人之谒，可以死败。优哉游哉，聊以卒岁。"

【注释】①容玑：古代舞曲名。

②文马：毛色有文采的马。

③郊：即郊祭。古代帝王在郊外祭祀天地的典礼。

④膰（fán）：古代祭祀用的熟肉。

【译文】孔子在鲁国辅佐君王治理国家时，齐国人担心鲁国即将称霸，便想破坏鲁国的政事，于是选了八十名面容姣好的女子，让她们穿上华服跳容玑舞，又选出一百六十匹毛色有文采的马，准备送给鲁国君王。齐国人安排这些女子在鲁国都城南面的高门外跳舞，又将那些毛色有文采的马也排列在那里。

季桓子穿着平民服装去看了多次，打算接受这些礼物。他谎称要带鲁君到大道上游玩观赏。就这样整日观看，荒废了政事。

子路对孔子说："夫子可以离开鲁国了。"

孔子说："鲁国马上就要举行郊祭了，如果鲁君还能赠送大夫祭祀用的肉，就不算废掉常礼，我还可以待在鲁国。"

季桓子换受了齐国赠送的女乐后，君臣开始荒淫无道，三天不理政事，郊祭也不准备祭祀用的熟肉和放置牲体的礼器。孔子便离开鲁国，住到城外的村庄里。

师已去送孔子，说："夫子您没有错。"

孔子说："我可以唱首歌吗？"接着便唱道："那些妇人的言语，可以让你离开；那些妇人的请求，可以让你败亡。我还是从容自得，悠闲自在地生活，以此来度过余生。"

澹台子羽有君子之容①，而行不胜其貌。宰我有文雅之辞，而智不充其辩。

孔子曰："里语云：'相马以舆，相士以居。'弗可废矣。以容取人，则失之子羽；以辞取人，则失之宰予。"

【注释】①澹台子羽：即澹台灭明。

【译文】澹台子羽有君子之容，但是他的品行却比不上他的容貌。宰我谈吐温和有礼，但是他的智慧却不如他的口才。

孔子说："俗语说：'品评马的优劣，要看它拉车时的表现；看一个人的品行，要看他平时的表现。'这个原则不可丢弃啊。如果以貌取人，就会失去澹台子羽这样的人；如果以言辞来选才，那么在宰我身上就会出现失误。"

孔子曰："君子以其所不能畏人，小人以其所不能不信人。故君子长人之才，小人抑人而取胜焉。"

【译文】孔子说："君子因为有些方面不如人而敬畏他人，小人因为有些方面不如人而不信任他人。所以君子推崇他人的才华，小人则是以压制他人的才华来取胜。"

孔篾问行己之道①。

子曰："知而弗为，莫如勿知；亲而弗信，莫如勿亲。乐之方至，乐而勿骄；患之将至，思而勿忧。"

孔篾曰："行己乎？"

子曰："攻其所不能②，补其所不备。毋以其所不能疑人，毋以其所能骄人。终日言，无遗己忧③；终日行，不遗己患。唯智者有之。"

【注释】①行己之道：立身行事的方法。

②攻：致力学习或研究。

③无遗己忧：不要给自己留下忧虑。

【译文】孔篾向孔子请教立身行事的方法。

孔子说："知道了却不去做，还不如不知道；亲近他人却又不信任，还不如不亲近。快乐的事情正要到来时，要乐而不骄；祸患将要到来时，要思考解决问题的方法而不为此忧虑。"

孔篾说："我该怎么立身行事呢？"

孔子说："致力学习或研究自己不会的事情，弥补自己不完备之处。不要因为自己不能做就怀疑别人也不能做，不要因为自己能做就傲慢自大。整日说话，却不给自己招致忧虑；整日做事，却不给自己留下祸患。只有智者才能做到这些。"

在厄第二十

【题解】这一篇通过孔子困厄陈、蔡的故事，描述了孔子及其弟子在困苦、危险的境遇中所体现出的"时"的思想。颜回认为"夫子之道至大，天下莫能容""世不我用，有国者之丑""不容，然后见君子"，孔子表示赞同。曾子弊衣而耕于鲁、孔子巧解颜回被疑偷吃米饭之疑，都体现了君子在困境中能乐在修身，坚守仁义廉洁的品质。

楚昭王聘孔子，孔子往拜礼焉，路出于陈、蔡①。

陈、蔡大夫相与谋曰："孔子圣贤，其所刺讥皆中诸侯之病。若用于楚，则陈、蔡危矣。"遂使徒兵距孔子。

孔子不得行，绝粮七日，外无所通，藜羹不充②，从者皆病。孔子愈慷慨讲诵，弦歌不衰③。乃召子路而问焉，曰："《诗》云：'匪兕匪虎，率彼旷野④。'吾道非乎，奚为至于此？"

子路愠，作色而对曰："君子无所困。意者夫子未仁与？人之弗吾信也；意者夫子未智与？人之弗吾行也。且由也昔者闻诸夫子：'为善者天报之以福，为不善者天报之以祸。'今夫子积德怀义，行之久矣，奚居之穷也？"

子曰："由未之识也，吾语汝。汝以仁者为必信也，则伯夷、叔齐不饿死首阳；汝以智者为必用也，则王子比干不见剖心；汝以忠者为必报也，则关龙逢不见刑；汝以谏者为必听也，则伍子胥不见杀⑤。夫遇不遇者，时也；贤不肖者，才也。君子博学深谋而不遇时者，众矣，何独丘哉？且芝兰生于深林，不以无人而不芳；君子修道立德，不为穷困而败节。为之者，人也；生死者，命也。是以晋重耳之有霸心⑥，生于曹卫⑦；越王勾践之有霸心⑧，生于会稽。故居下而无忧者，则思不远；处身而常逸者，则志不广。庸知其终始乎？"

子路出，召子贡，告如子路。子贡曰："夫子之道至大，故天下莫能容夫子，夫子盍少贬焉？"

子曰："赐，良农能稼，不必能穑；良工能巧，不能为顺；君子能修其道，纲而纪之，不必其能容。今不修其道而求其容，赐，尔志不广矣，思不远矣。"

子贡出，颜回入，问亦如之。颜回曰："夫子之道至大，天下莫能容。虽然，夫子推而行之，世不我用，有国者之丑也，夫子何病焉？不容，然后见君子。"

孔子欣然叹曰："有是哉，颜氏之子！吾亦使尔多财，吾为尔宰。"

【注释】①陈、蔡：均为春秋时期诸侯国名。

②藜羹：以藜作羹。比喻粗食。

③弦歌：依和着琴瑟的声音来咏诗。

④"匪兕"二句：语出《诗经·小雅·何草不黄》。

⑤伍子胥：名员，字子胥，楚国人，春秋末期吴国大夫，因封地在申，也称申胥。伍子胥进谏吴王夫差让其杀掉越王勾践，夫差不听，伍子胥被逼自杀。

⑥重耳：即晋文公，姬姓，名重耳，是春秋五霸里的第二位霸主。

⑦生于曹卫：王肃注："重耳，晋文公也。为公子时，出奔，困于曹卫。"生，指困后重生。

⑧勾践：春秋时期越国国君。被吴国打败后，勾践卧薪尝胆，终于大败吴军，成了春秋时期最后一位霸主。

【译文】楚昭王聘请孔子到楚国做官，孔子前去拜谢，途中经过陈、蔡两国。

陈、蔡两国的大夫聚在一起谋划说："孔子是一代圣贤，他所讥刺的都能切中诸侯弊病。如果他被楚国聘用，那我们陈、蔡两国就危险了。"于是派步兵拦截孔子。

孔子一行被困，断粮七日，无法和外界取得联系，就连一些粗食都吃不上，跟着他的人都病了。在这种情况下，孔子更是慷慨激昂地讲授读诵，弦歌不停。他还找来子路问道："《诗经》上说：'既不是野牛也不是老虎，却在旷野穿行不停步。'我讲的道难道不对吗，为何到了这个地步呢？"

子路听后满面怒色，神情严肃地回答："君子不会受到困扰。难道是夫子还不够仁德吗？以致人们还不相信我们；难道是夫子还不够智慧吗？以致人们不赞同我们的主张。况且我从前就听夫子讲：'上天会降福于为善之人，上天也会降祸于不善之人。'如今夫子您积德累仁，您的主张已被推行很久了，怎么还会处于如此穷困之地呢？"

孔子说："仲由，你还是不明白啊，让我来告诉你。你认为仁者必定会被人相信，那么伯夷、叔齐就不会在首阳山饿死了；你认为智者必定会被任用，那么王子比干就不会被纣王剖心了；你认为忠心的人必定能得到回报，那么关龙逢就不会被夏桀杀掉了；你认为谏者的忠言必定会被听从，那么伍子胥就不会被逼自杀了。如果遇不到好的机遇，是自己时运的问题；贤还是不贤，是自己才能的问题。君子博学深谋却时运不济的，有太多了，哪里单单是我孔丘呢？况且芝草和兰草在深林里生长，不因无人欣赏而不芬芳；君子修习学问树立德业，不因穷困而改变名节。怎么做，在于自身；生还是死，在于命运。所以晋文公重耳的称霸之心，便是在他受困于曹卫之时产生的；越王勾践的称霸之心，是在他受困于会稽时产生的。所以说身居下位而没有忧虑的人，思虑就不会长远；长时间身处安逸之人，志向就不会广大。怎能知道他的终始呢？"

子路出去后，孔子叫子贡进来，又问了同样的问题。子贡回答说："夫子的道太广博了，所以天下都容不下，夫子为何不把道稍微降低一些呢？"

孔子说："赐啊，一个好农夫擅长种植谷物，却不一定会收获；一个好的工匠能成就精巧之物，但做出的东西却不一定符合每个人的心愿；君子修养自身的道德，能抓住事物的关键而创立自己的主张，但其学说却不一定被人采纳。现在不修养自身的德行却想让别人采纳自己的主张，赐啊，你的志向不够广博啊，你的思想不够深远啊。"

子贡出去后，颜回进来，孔子又问了颜回同样的问题。颜回答道：

"夫子的道太博大了，天下都容不下。即使这样，夫子您还是不遗余力地推行它，世人不采纳我们的道，那是各国国君的耻辱，您又何必为此而忧虑呢？正因您的道不被采纳，才能看出您是君子。"

孔子欣然感叹道："你说得对啊，颜家的小伙子！你若是有很多钱，我就来给你做管家。"

子路问于孔子曰："君子亦有忧乎？"

子曰："无也。君子之修行也，其未得之，则乐其意；既得之，又乐其治。是以有终身之乐，无一日之忧。小人则不然，其未得也，患弗得之；既得之，又恐失之。是以有终身之忧，无一日之乐也。"

【译文】子路问孔子："君子也有忧愁的时候吗？"

孔子说："没有。君子修养德行，在没有成功的时候，以自己有这样的意愿而快乐；成功之后，又为自己有这样的成就而高兴。所以君子终身都是快乐的，没有一天是忧愁的。小人则不然，在他没有成功的时候，担心自己得不到；成功之后，又害怕失去。所以他终身都是忧愁的，没有一天是快乐的。"

曾子弊衣而耕于鲁，鲁君闻之而致邑焉，曾子固辞不受。或曰："非子之求，君自致之，奚固辞也？"

曾子曰："吾闻受人施者常畏人，与人者常骄人。纵君有赐，不我骄也，吾岂能勿畏乎？"

孔子闻之曰："参之言足以全其节也。"

【译文】曾子穿着破旧的衣服在鲁国耕作，鲁国君主听说此事后，便送给他可供衣食的封邑，曾子坚决推辞不肯接受。有人说："这又不是你主动请求的，是君主自己要给你的，为什么要坚决推辞呢？"

曾子说："我听说接受他人施与的人常会畏惧他人，而施与者也常会傲视受施之人。纵然君主赏赐于我，也不会傲视我，但我又怎能不畏惧呢？"

孔子听说此事后说："曾参的话足以保全他的气节了。"

孔子厄于陈、蔡，从者七日不食。子贡以所赍货^①，窃犯围而出^②，告籴于野人^③，得米一石焉。颜回、仲由炊之于坏屋之下，有埃墨堕饭中^④，颜回取而食之。

子贡自井望见之，不悦，以为窃食也。入问孔子曰："仁人廉士，穷改节乎？"

孔子曰："改节即何称于仁廉哉？"

子贡曰："若回也，其不改节乎？"

子曰："然。"

子贡以所饭告孔子。

子曰："吾信回之为仁久矣，虽汝有云，弗以疑也，其或者必有故乎？汝止，吾将问之。"

召颜回曰："畴昔予梦见先人^⑤，岂或启佑我哉？子炊而进饭，吾将进焉。"

对曰："向有埃墨堕饭中，欲置之，则不洁；欲弃之，则可惜。回即食之，不可祭也。"

孔子曰："然乎，吾亦食之。"

颜回出,孔子顾谓二三子曰:"吾之信回也,非待今日也。"二三子由此乃服之。

【注释】①赍(jī)货:携带的货物。

②犯围:突围。

③告籴(dí):请求买粮。野人:农人。

④埃墨:烟灰。

⑤畴昔:以前。

【译文】孔子被困在陈、蔡两国之间,跟随他的弟子七天没吃上饭了。子贡拿着随身携带的物品,偷偷突围出去,向农人请求换些粮食,换回了一石米。颜回、仲由在一间破败的屋子里煮饭,有块烟灰掉到饭里,颜回便取出这块带有烟灰的饭吃了。

子贡在井边正好望见,很不高兴,以为颜回在偷吃。他进屋问孔子:"仁义廉洁之士,在困顿时就会改变自己的节操吗?"

孔子说:"如果因为困顿而改变自己的节操,这样的人还能称得上仁义廉洁吗?"

子贡说:"像颜回这样的人,不会改变节操吧?"

孔子说:"当然不会。"

子贡就把颜回偷吃饭的事情告诉了孔子。

孔子说:"我相信颜回是仁德之士已经很久了,虽然你说了这件事,但我还是不会怀疑他,或许他这样做是有原因的吧?你且留在这里,我来问问他。"

孔子把颜回叫进来说:"前些日子我梦到了祖先,难道是祖先在启发护佑我们吗?你做好饭就端上来,我要先敬奉祖先。"

颜回说:"刚才有烟灰掉到饭中,如果把它留在饭里,饭就不干净了;如果扔掉,又觉得可惜。我就把它吃了,这饭不能拿来祭祖了。"

孔子说:"你做得对啊,如果我遇到这样的情况,也会把那脏了的饭吃掉。"

颜回出去后,孔子回头看着弟子们说:"我相信颜回,不是从今天才开始的。"弟子们由此更佩服颜回了。

入官第二十一

【题解】这一篇记述了子张问孔子为官之道之事，为政者要修身养性、选贤任能。"君上者，民之仪"体现了为政者要以身作则，"明君必宽裕以容其民，慈爱优柔之""水至清则无鱼，人至察则无徒"则体现了为官要重民爱民、取信于民。

子张问入官于孔子①。

孔子曰："安身取誉为难②。"

子张曰："为之如何？"

孔子曰："己有善勿专，教不能勿怠，已过勿发，失言勿揸③，不善勿遂，行事勿留。君子入官，自此六者，则身安誉至而政从矣。

"且夫忿数者，官狱所由生也；拒谏者，虑之所以塞也；慢易者④，礼之所以失也；怠惰者，时之所以后也；奢侈者，财之所以不足也；专独者，事之所以不成也。君子入官，除此六者，则身安誉至而政从矣。

"故君子南面临官，大域之中而公治之，精智而略行之，合是忠信，考是大伦⑤，存是美恶，进是利而除是害，无求其报焉，而民之情可得也。夫临之无抗民之恶⑥，胜之无犯民之言⑦，量之无佼民之辞⑧，养之无扰于其时，爱之无宽于刑法。若此，则身安誉至而民得也。

"君子以临官，所见则迩，故明不可蔽也；所求于迩，故不劳而得也。所以治者约，故不用众而誉立。凡法象在内，故法不远而源泉不竭⑨。是以天下积而本不寡，短长得其量，人志治而不乱政。德贯乎心，藏乎志，形乎色，发乎声。若此，而身安誉至民咸自治矣。

"是故临官不治则乱，乱生则争之者至。争之至，又于乱。明君必宽裕以容其民，慈爱优柔之，而民自得矣。行者，政之始也；说者，情之导也。善政行易则民不怨，言调说和则民不变。法在身则民象之，明在己则民显之。若乃供己而不节，则财利之生者微矣；贪以不得，则善政必简矣。苟以乱之，则善言必不听也；详以纳之，则规谏日至。言之善者，在所日闻；行之善者，在所能为。故君上者，民之仪也；有司执政者，民之表也；迩臣便僻者⑩，群仆之伦也。故仪不正则民失，表不端则百姓乱，迩臣便僻则群臣污矣。是以人主不可不敬乎三伦。

"君子修身反道，察里言而服之，则身安誉至，终始在焉。故夫女子必自择丝麻，良工必自择完材，贤君必自择左右。劳于取人，佚于治事。君子欲誉，则必谨其左右。

"为上者，譬如缘木焉⑪，务高而畏下滋甚。六马之乖离⑫，必于四达之交衢；万民之叛道，必于君上之失政。上者尊严而危，民者卑贱而神。爱之则存，恶之则亡。长民者必明此之要。故南面临官，贵而不骄，富而能供⑬，有本而能图末，修事而能建业，久居而不滞，情近而畅乎远，察一物而贯乎多。治一物而万物不能乱者，以身本者也。

"君子莅民，不可以不知民之性而达诸民之情。既知其性，又习其情，然后民乃从命矣。故世举则民亲之，政均则民无怨。故君子莅民，不临以高，不导以远，不责民之所不为，不强民之所不能。以明王之功，不因其情，则民严而不迎；笃之以累年之业，不因其力，则民引而不从。若责民所不为，强民所不能，则民疾，疾则僻矣。

"古者圣主冕而前旒⑭，所以蔽明也；纩纮充耳⑮，所以掩聪也。水至清则无鱼，人至察则无徒。枉而直之，使自得之；优而柔之，使自求之；揆而度之⑯，使自索之。民有小过，必求其善以赦其过；民有大罪，必原其故以仁辅化。如有死罪，其使之生，则善也。是以上下亲而不离，道化流而不蕴⑰。故德者，政之始也。

"政不和，则民不从其教矣。不从教，则民不习。不习，则不可得而使也。君子欲言之见信也，莫善乎先虚其内；欲政之速行也，莫善乎以身先之；欲民之速服也，莫善乎以道御之。故虽服必强。自非忠信，则无可以取亲于百姓者矣。内外不相应，则无可以取信于庶民者矣。此治民之至道矣，入官之大统矣。"

子张既闻孔子斯言，遂退而记之。

【注释】①入官：入仕为官。王肃注："入官，谓当官治民之职也。"

②安身取誉：稳定地位博取好的名声。

③失言勿掎（jǐ）：说错话后，不要曲意回护。

④慢易：怠忽，轻慢。

⑤大伦：伦常大道，指古代统治阶级所规定的关于君臣、父子关系的行为准则。

⑥抗：《周书·谥法》云："逆天虐民曰抗。"

⑦犯：欺凌压迫。

⑧佼：通"狡"，狡诈。

⑨源泉不竭：比喻事物的根源不尽不穷。

⑩便僻：亦作"便辟"，指君主左右受宠幸的小臣。

⑪缘木：爬到树上。

⑫乖离：抵触，背离。

⑬供：通"恭"。

⑭冕而前旒（liú）：古代帝王冕冠前沿垂悬的玉串。

⑮纩紞（hóng dǎn）：古代垂于冠冕两旁悬瑱的带子。

⑯揆：揆度，大致估量现实状况。

⑰蕴：积聚，蓄藏。

【译文】子张向孔子请教入仕为官之事。

孔子说："想要做到官位稳固又能博取好的名声是很难的事情。"

子张说："怎样才能做到呢？"

孔子说："己有长处不要独享，教导别人不要懈怠，己犯之过不要再犯，言语有误不要回护，不善之事不要去做，应做之事不要拖延。君子入仕为官，如果能做到这六方面，就能使自己地位稳固，又能博取好的名声，继而百姓也能服从政令了。

"况且，愤怒怨恨，可以导致牢狱之灾；拒绝谏言，可以导致思虑受阻；轻忽怠慢，可以导致失去礼仪；懈怠懒散，可以导致延误时机；奢侈浪费，可以导致财物匮乏；专横独断，可以导致事情失败。君子入仕为官，革除这六种毛病，就可以使自己地位稳固，并且取得好的名声，百姓也能服从政令了。

"因此君子一旦为官，要做到大体上以中正为原则，以公心来治理，周密思考简要推行，再加上上面提到的六个方面的忠信之德，考察伦理道德规范，将好事与坏事放在一起推究，吸收有利的，剔除有害的，不追求任何回报，就可以了解民情了。为官不要以逆天虐民的恶行来治理百姓，即使理由充足也不说冒犯百姓的话，不以欺诈之辞来揣测百姓，不以有违农时的方式来养育百姓，不以宽大刑罚的方式来爱护百姓。如果能做到这些，就会使自己地位稳固，获取好的名声，而百姓也能服从政令了。

"君子一旦为官，所看见的东西好似近在眼前，所以心明眼亮不会受到蒙蔽；所追求的东西好似就在身边，所以毫不费力就可以得到。因此以简约的方式治理国家，不用兴师动众就能获得好的声誉。但凡将礼仪规范时时存于内心，那么礼仪规范就不会远离，就如同源泉一样永不枯竭。因此天下人才汇聚而不缺失，不同才能之人都能各得其用，君子立志于使社会得到治理，那么政治就不会混乱。美好的德行贯穿于内心，蕴藏于志向之内，显露在表情之上，抒发在言谈之中。如果这样，官位就能稳固，好的声誉也会随之而至，百姓自然就能自治了。

"因此，为官不善于治理就会发生混乱，混乱一旦发生，竞争者就会随之而至。竞争一旦发生，政治就会更加混乱。贤明的君主必会以宽容的态度来对待百姓，以慈爱温润之心去安抚百姓，那么百姓自然就会自得其乐了。执行政令，是为政的开始；使人欢喜，百姓的情绪就能得到疏导。良好的政令执行起来容易，百姓就不会抱怨；言论适宜，使百姓和悦，就不会发生变乱。自己以身作则，严格遵守法律，百姓就会效法并以你为榜样；自己做事正大光明，百姓就会对你称扬有加。如果对于那些供自己使用的财物不加节制，那么生财之道就会越来越窄；贪图财物而又无所获得，那么好的政治措施就会被忽略。假如政令不严而出现了混乱，那么好的谏言必然不会被听从；若能审慎采纳谏言，那么每天都会有人来进谏。美好的话语，在于每天都能听取别人的进谏；美好的行为，在于自己亲身去实践。因此说统治万民的君主，是百姓的榜样；执政的各级官吏，是百姓的表率；在君主身边的侍御大臣，是众臣的纲纪。所以说榜样不正，百姓就会放荡不羁；表率不端，百姓就会混乱不堪；侍御大臣巧佞，群臣就会奸邪污浊。所以治国的君主不可不敬慎对待各种伦理道德。

"君子修身要遵循大道，仔细考察乡里情况，明辨是非后再行事，那么地位就会稳定，名望也会随之而来，从始至终都会受用无穷。因此女子织布一定会自己挑选丝麻，良匠制作前一定会自己选择所需的材料，贤明的君主定会亲自挑选身边的大臣。选拔人才虽然辛苦劳累，但在治理国政时就会轻松无比。君子若想得到赞誉，就要谨慎选择身边之人。

　　"居于上位之人，就如同爬树一样，爬得越高就越怕掉下来。驾车的六匹马若是分散乱跑，定是在四通八达的十字路口处；天下万民叛乱造反，定是因为君主施政错误。居于上位者虽然尊贵但却非常危险，百姓虽然卑贱但却有如神助。百姓若是热爱你，你就能存在；百姓若是厌恶你，你必定灭亡。治理天下万民的人必须明白这个要道。所以为官者，虽然地位尊贵也不能骄纵，即使富足也要恭谨，掌握根本的同时还能谋划细节，做好事情的同时还能建功立业，虽然久居高位也不会停滞不前，近处的感情沟通好后还要顾及远方，体察一件事物又能将多种事物融会贯通。处理一件事情而不被其他事情所扰，是因为他掌握了万事的根本。

　　"君子治理百姓，不可不知民性，进而了解民情。知道民性，又熟知民情，然后百姓才能听从你的命令。所以国家安定百姓就会爱戴国君，政令合理百姓就无怨言。因此君子治理百姓，不能以高高在上的姿态对待他们，不能引导百姓做远不可及的事情，不责令百姓做他们不愿做的事情，不强迫百姓做他们不可能完成的事情。想要开拓贤明君主那样的功业，却不顾及民情，那么百姓就会表面敬畏但实际上却不愿迎合；为了增加经年之业，不顾百姓的实际能力，那么百姓就会躲得远远的，而不会服从他们的教化。如若强令百姓去做他们不愿做的事情，强迫他们去做没有能力完成的事情，百姓就会产生憎恨之心，有了憎恨就会做出不当之举。

　　"古时圣明君主冠冕前悬垂的玉串，是用来遮蔽眼睛的；冠冕两边垂下来的悬填的带子遮挡住耳朵，是用来蒙蔽听觉的。水清到极致就没有鱼了，人明察到极点就没有追随者了。要使做错事的百姓改正错误，就要让百姓自己发现错误；宽和地对待百姓，让他们自得其乐；

揣度百姓的情况，让他们自己寻求适宜的规制。百姓犯了小的过错，一定要发现他们的好处，来赦免他们犯下的过错；百姓犯了大的罪过，必须找出他犯罪的原因，以仁德来辅助教化他们。如果犯了死罪，若能使他们活下来，获得新生，那就是最好的了。这样上下就会亲和，不会离心离德，道德教化就可以畅通无阻了。所以说执政者的德行，是为政好坏的前提。

"为政如果做不到宽和，百姓就不会服从他的教化。若是不服从教化，百姓就不习惯法令法规。如果他们不习惯法令法规，上位者就不可能很好地役使他们。君子要想使别人相信自己的话，最好的方法莫过于内在谦逊；要想政令能迅速推行，最好的方法莫过于自己亲自践行；要想使百姓迅速服从，最好的方法莫过于以道治国。所以用强迫的方法治理，百姓虽然服从也非他们所愿。如果自己没有忠信，就不可能使百姓感到亲近和信任。如果朝廷内外不能相互沟通了解，就无法取信于民。这是治理百姓的要道，也是为官者最重要的原则。"

子张听完孔子的这番话，便回去将这些记了下来。

困誓第二十二

【题解】此篇讲古代忠臣劝谏君王的风范，因为是子贡问倦学困道，所以，以"困誓"为篇名。忠臣史鱼"生以身谏，死以尸谏"，表现出他为了让君王身边能真正有贤臣辅佐，利国利民一片赤诚忠贞。古人有"君可以不君，臣不可以不臣"的见识，遇到君王不贤，只是反求诸己，极尽所能，"匡救其恶"。忠臣来自孝子，在家对父母能尽孝，出而为官，对领导自然就会尽忠。

子贡问于孔子曰："赐倦于学，困于道矣，愿息而事君，可乎？"

孔子曰："《诗》云：'温恭朝夕，执事有恪^①。'事君之难也，焉可息哉！"

曰："然则赐愿息而事亲。"

孔子曰："《诗》云：'孝子不匮，永锡尔类^②。'事亲之难也，焉可以息哉！"

曰："然则赐请愿息于妻子。"

孔子曰："《诗》云：'刑于寡妻，至于兄弟，以御于家邦③。'妻子之难也，焉可以息哉！"

曰："然则赐愿息于朋友。"

孔子曰："《诗》云：'朋友攸摄，摄以威仪④。'朋友之难也，焉可以息哉！"

曰："然则赐愿息于耕矣。"

孔子曰："《诗》云：'昼尔于茅，宵尔索绹，亟其乘屋，其始播百谷⑤。'耕之难也，焉可以息哉！"

曰："然则赐将无所息者也？"

孔子曰："有焉，自望其广，则睪如也⑥；视其高，则填如也；察其从，则隔如也⑦。此其所以息也矣。"

子贡曰："大哉乎死也！君子息焉，小人休焉。大哉乎死也！"

【注释】①"温恭"二句：语出《诗经·商颂·那》。

②"孝子"二句：语出《诗经·大雅·既醉》。

③"刑于"三句：语出《诗经·大雅·思齐》。

④"朋友"二句：语出《诗经·大雅·既醉》。

⑤"昼尔"四句：语出《诗经·豳风·七月》。

⑥睪：王肃注："睪，高貌。"

⑦隔如：《荀子·大略》作"鬲如也。"鬲，如鼎一类的烹饪器具。

【译文】子贡向孔子请教道："我已经厌倦了学习，对大道又感到困惑，想停止学习去侍奉君主，您看可以吗？"

孔子说:"《诗经》上说:'侍奉君主从早到晚都要温和敬顺,行事要恭敬诚笃。'侍奉君主是很难的事,你怎么可以停止学习呢!"

子贡说:"那么我想停止学习去侍奉双亲。"

孔子说:"《诗经》上说:'孝子贤孙的孝心世代相继,上天会赐予行孝之人福祉。'侍奉双亲也是很难的事,你怎么可以停止学习呢!"

子贡说:"那么我想停止学习去陪伴妻子儿女。"

孔子说:"《诗经》上说:'给自己的妻子儿女做榜样,进而推及兄弟,以此治理好家国。'陪伴妻子儿女也是很难的事,你怎么可以停止学习呢!"

子贡说:"那么我想停止学习去结交朋友。"

孔子说:"《诗经》上说:'朋友之间要相互帮助,共同营造威严的举止。'朋友之间相处也是很难的事,你怎么可以停止学习呢!"

子贡说:"那么我想停止学习去从事农耕。"

孔子说:"《诗经》上说:'白天割草,晚上搓绳,赶紧上房修屋顶,春天就要开始播种。'从事农耕也是很难的事,你怎么可以停止学习呢!"

子贡说:"那我就没有理由停止学习了吗?"

孔子说:"有啊,你看那个坟墓,高高的样子;看它那么高,又填得很紧实;观察它的侧面,有如鬲的样子。你到了那里就可以停止学习了。"

子贡说:"原来死亡是这样重大的事啊!君子在这里停止了一切,小人也在这里止息。死亡是这样重大的事啊!"

孔子自卫将入晋,至河①,闻赵简子杀窦犨鸣犊及舜华②,乃临河而叹曰:"美哉水,洋洋乎!丘之不济此,命也夫!"

子贡趋而进曰:"敢问何谓也?"

孔子曰:"窦犨鸣犊、舜华,晋之贤大夫也。赵简子未得志之时,须此二人而后从政。及其已得志也,而杀之。丘闻之,刳胎杀夭③,则麒麟不至其郊④;竭泽而渔,则蛟龙不处其渊;覆巢破卵⑤,则凤凰不翔其邑。何则?君子违伤其类者也。鸟兽之于不义,尚知避之,况于人乎!"

遂还,息于邹⑥,作《槃操》以哀之⑦。

【注释】①至河:到达黄河。

②窦犨(chōu):字鸣犊,春秋时期晋国大夫,因与赵简子政见不同,被赵简子所杀。舜华:春秋时期晋国大夫,被赵简子所杀。

③刳(kū)胎杀夭:剖挖母胎,残害幼体。谓凶残不义。

④麒麟:一种传说中罕见的神兽。它们性情温和,不伤人畜,不践踏花草,因而称为"仁兽"。相传有圣人时此兽才会出现。

⑤覆巢破卵:捅破鸟巢打破鸟卵。比喻整体一旦倾覆,个体也无法幸存。

⑥邹:周代诸侯国名,在今山东省邹县东南。

⑦《槃操》:琴曲名。

【译文】孔子将从卫国进入晋国,到达黄河边时,听说晋国的赵简子杀了窦犨鸣犊和舜华,便对着黄河感叹道:"好美的黄河水啊,水势如此盛大!我不能渡过这条河啊,是命该如此吧!"

子贡快速走向前问道:"请问夫子,您说这话是什么意思啊?"

孔子说:"窦犨鸣犊与舜华,是晋国贤能的大夫啊。赵简子未得志的时候,凭借这二人的帮助才得以从政。待他得志后,却杀了这两位贤士。我听说,如果凶残不义,仁兽麒麟就不会到这个国家的郊野;如果排尽池湖的水来捕鱼,蛟龙就不会在这个国家的深水里居住;如果捅破鸟巢打破鸟卵,祥瑞的凤凰就不会在这个城邑上空翱翔。为什么会这样呢?因为君子也害怕会受到同样的伤害啊。鸟兽对于不合乎道义的事,尚且知道避开,更何况是人呢!"

孔子一行于是折返回来,在邹地休息时,孔子作了一曲《槃操》来哀悼他们。

子路问于孔子曰:"有人于此,夙兴夜寐①,耕芸树艺②,手足胼胝③,以养其亲。然而名不称孝,何也?"

孔子曰:"意者身不敬与?辞不顺与?色不悦与?古之人有言曰:'人与己与不汝欺。'今尽力养亲,而无三者之阙④,何谓无孝之名乎?"

孔子曰:"由,汝志之,吾语汝:虽有国士之力,而不能自举其身,非力之少,势不可矣。夫内行不修,身之罪也;行修而名不彰,友之罪也。行修而名自立。故君子入则笃行,出则交贤,何为无孝名乎?"

【注释】①夙兴夜寐:早起晚睡。比喻勤劳。

②耕芸树艺:指耕田、锄草、植树、播种。泛指各种农业生产劳动。

③手足胼胝(pián zhī):手掌和脚底长满厚茧。形容极为辛劳勤

苦。胼胝，手脚因长期劳动摩擦而生的厚茧。

④阙：过错。

【译文】子路问孔子："此地有一个人，每天早起晚睡，进行各种农业生产劳动，手掌和脚底长满了厚茧，以此来养活自己的双亲。然而却没有获得孝子的名声，这是为何呢？"

孔子说："应该是他自身对父母有不恭敬的行为吧？对父母的言辞不够恭顺？脸色不够和悦？古人有言：'别人与自己心意相通，是不会欺骗你的。'现在你说的这个人尽心竭力奉养双亲，若是没有以上所说的三种过错，怎么可能没有孝子之名呢？"

孔子说："仲由啊，你要记住，我对你说：一个人虽然有全国著名大力士那样的力量，也不能将自己举起，这并不是他的力气小，而是情势上不可能做到。如果一个人不好好修养自己的德行，这是他自身的过错；如果他的德行修养得很好而名声却没有彰显，这是他朋友的过错。一个人将德行修养好，名声自然会树立。因此君子在家要品行笃实，出外要结交贤人，这样怎么可能没有孝子之名呢？"

孔子遭厄于陈、蔡之间，绝粮七日，弟子馁病①，孔子弦歌。

子路入见曰："夫子之歌，礼乎？"

孔子弗应，曲终而曰："由，来！吾语汝：君子好乐，为无骄也②；小人好乐，为无慑也③。其谁之子，不我知而从我者乎？"

子路悦，援戚而舞④，三终而出。

明日，免于厄。子贡执辔曰："二三子从夫子而遭此难也，其弗忘矣！"

孔子曰："善。恶何也⑤？夫陈、蔡之间，丘之幸也。二三子从丘者, 皆幸也。吾闻之, 君不困不成王, 烈士不困行不彰。庸知其非激愤厉志之始, 于是乎在? ”

【注释】①馁病: 饥饿以致四肢无力。

②无骄: 不傲慢。

③无慑: 无所畏惧。

④援戚而舞: 手持戚舞动起来。戚, 古代像斧一样的兵器。

⑤善。恶何也: 王肃注: “善, 子贡言也。恶何, 犹言是何也。”

【译文】孔子被困在陈、蔡两国之间, 已经绝粮七日了, 弟子们都饿得四肢无力, 孔子依然抚琴而歌。

子路进去见孔子说: “夫子这个时候依然弹琴唱歌, 这符合礼吗? ”

孔子没有回应子路, 弹完一曲后才说: “仲由, 过来! 我来告诉你: 君子喜欢音乐, 是为了避免傲慢; 小人喜欢音乐, 是为了消除恐惧。这是谁家的孩子, 跟随在我身边却如此不了解我呢? ”

子路听了很开心, 拿着戚舞动起来, 等到三曲终了才出去。

第二天, 他们便摆脱了困顿。子贡拉着马缰绳说: “我们跟着夫子遭受此次磨难, 大概会铭记终生了! ”

孔子说: “说得好。为什么这么说呢? 我们在陈、蔡两国之间遭受的磨难, 是我的幸运啊。你们跟随着我, 都应该感到幸运才是啊。我听说, 君王不遭受困厄就不能成就王道, 重义轻生的烈士不经受困难, 品行就得不到彰显。怎知激愤励志的开始, 不是源于这次危难呢? ”

孔子之宋,匡人简子以甲士围之①。子路怒,奋戟将与战②。

孔子止之曰:"恶有修仁义而不免俗者乎? 夫《诗》《书》之不讲,礼乐之不习,是丘之过也。若以述先王好古法而为咎者,则非丘之罪也。命夫! 歌,予和汝。"

子路弹琴而歌,孔子和之。曲三终,匡人解甲而罢。

【注释】①匡: 古地名。

②戟: 古代一种合戈、矛为一体的长柄兵器。

【译文】孔子到宋国去,匡地人简子让士兵围住了他们。子路大怒,举起戟就要与他们奋战。

孔子制止子路说:"哪有修习仁义却不能原谅世俗之人过错的呢? 没有给他们讲习《诗》《书》,没让他们修习礼乐,是我的过错啊。若是把宣扬先王喜好古礼而称为罪过,那就不是孔丘的罪过了。这就是命啊! 你来唱歌,我应和你。"

子路边弹琴边唱歌,孔子与他合唱。唱完三曲后,匡人便解除武装离开了。

孔子曰:"不观高崖,何以知颠坠之患①;不临深泉②,何以知没溺之患;不观巨海,何以知风波之患。失之者,其不在此乎? 士慎此三者,则无累于身矣。"

【注释】①颠坠: 坠落,跌落。

②深泉: 深渊。

【译文】孔子说:"没有观看高耸的悬崖,怎能知道从悬崖顶端坠落的祸患；没有临近深渊，怎能知道沉溺水里的灾难；没有看到大海，怎能知道风波带来的祸患。失去生命的原因，不就在这三个方面吗？如果士人能够谨慎对待这三个问题，就不会累及自身了。”

子贡问于孔子曰："赐既为人下矣[1]，而未知为人下之道，敢问之？"

子曰："为人下者，其犹土乎？汩之深则出泉[2]，树其壤则百谷滋焉，草木植焉，禽兽育焉。生则出焉，死则入焉。多其功而不意，恢其志而无不容。为人下者以此也。"

【注释】①人下：谦卑待人。

②汩：挖掘，疏通。

【译文】子贡问孔子："我虽然做到了谦卑待人，却不知道谦卑待人之道，能向您请教吗？"

孔子说："谦卑待人之道，难道不像土壤一样吗？挖的深就会流出泉水，在土壤里播种就会长出庄稼，草木在土壤里生长，禽兽在土壤上繁育。活着的时候在土地上生长，死后又回归到土壤深处。土地功劳虽大，自己却不以为意，恢弘其志而又无所不包。谦卑待人之道就像土壤一样啊。"

孔子适郑，与弟子相失，独立东郭门外。

或人谓子贡曰："东门外有一人焉，其长九尺有六寸，河目隆颡[1]，其头似尧，其颈似皋繇，其肩似子产，然自腰已下，不及禹者三寸，累然如丧家之狗。"

子贡以告，孔子欣然而叹曰："形状未也，如丧家之狗，然乎哉！然乎哉！"

【注释】①河目：上下眼眶平正而长的眼睛。古以为圣贤相貌。隆颡（sǎng）：高高的额头。

【译文】孔子到郑国去，途中与弟子走散了，独自站在东城门外。

有人对子贡说："东门外有一个人，身高有九尺六寸，上下眼眶长而平正，额头高高的，头长得像尧，颈像皋繇，肩膀像子产，但是自腰以下，比禹短了三寸，他那失意不得志的样子就如同丧家犬一般。"

子贡把这些话告诉给孔子，孔子欣然感叹道："我的模样未必像他说的那样，但他说我如丧家之犬，确实对！确实对啊！"

孔子适卫，路出于蒲，会公叔氏以蒲叛卫①，而止之。

孔子弟子有公良儒者②，为人贤长，有勇力，以私车五乘从夫子行。喟然曰："昔吾从夫子遇难于匡，又伐树于宋③。今遇困于此，命也夫！与其见夫子仍遇于难，宁我斗死。"挺剑而合众，将与之战。

蒲人惧，曰："苟无适卫，吾则出子。"乃盟孔子，而出之东门。

孔子遂适卫。

子贡曰："盟可负乎？"

孔子曰："要我以盟④，非义也。"

卫侯闻孔子之来，喜而于郊迎之，问伐蒲。

对曰:"可哉。"

公曰:"吾大夫以为蒲者,卫之所以恃晋、楚也,伐之无乃不可乎?"

孔子曰:"其男子有死之志,吾之所伐者,不过四五人矣。"

公曰:"善!"卒不果伐。

他日,灵公又与夫子语,见飞雁过而仰视之,色不悦。孔子乃逝⑤。

【注释】①公叔氏:名字不详。

②公良儒:即公良孺,字子正,陈国人,孔子弟子。

③伐树于宋:王肃注:"孔子与弟子行礼于大树之下,桓魋欲害之,故先伐其树焉。"

④要:要挟。

⑤逝:王肃注:"逝,行。"

【译文】孔子去卫国,路过蒲地,正赶上公叔氏占领蒲地背叛了卫国,孔子只好止步不前。

孔子弟子中有个叫公良儒的,为人贤能又有长者之风,勇猛又有力量,带着自家的五辆车子跟随孔子出行。他喟然而叹道:"从前我跟随夫子在匡地遇围,在宋国遭遇伐树之灾。如今又受困于此,这真是命啊!与其看着夫子仍然处在危难之中,我宁愿和他们拼死搏斗。"说完便举剑集合众人,准备与蒲人决一死战。

蒲人大为惊惧,说:"如果你们不去卫国,我们就放你们离开。"于是蒲人与孔子订立盟誓,放他们从东门出去。

孔子一行还是去了卫国。

子贡问："我们可以违背盟誓吗？"

孔子说："他们要挟我订立盟誓，本是不义之举。"

卫灵公听说孔子来了卫国，高兴地到郊外迎接，并向孔子询问讨伐蒲地之事。

孔子回答说："可以讨伐了。"

卫灵公说："我国大夫认为，蒲地作为我们抵御晋、楚两国的屏障，恐怕不能讨伐吧？"

孔子说："蒲地的男子有宁死也不肯反叛的志气，我们所要讨伐的，不过四五个叛乱者而已。"

卫灵公说："好！"但最终还是没有讨伐蒲地。

一天，卫灵公又与孔子交谈，看到大雁飞过就仰头观看，面露不悦之色。孔子便离开了卫国。

卫蘧伯玉贤，而灵公不用；弥子瑕不肖[①]，反任之。史鱼骤谏而不从[②]。

史鱼病将卒，命其子曰："吾在卫朝，不能进蘧伯玉，退弥子瑕，是吾为臣不能正君也。生而不能正君，则死无以成礼。我死，汝置尸牖下，于我毕矣。"其子从之。

灵公吊焉，怪而问焉。其子以其父言告公。公愕然失容曰："是寡人之过也。"于是命之殡于客位[③]。进蘧伯玉而用之，退弥子瑕而远之。

孔子闻之曰："古之列谏之者[④]，死则已矣，未有若史鱼死而尸谏。忠感其君者也，可不谓直乎？"

【注释】①弥子瑕：卫灵公的幸臣。

②史鱼：春秋时期卫国大夫，以直谏闻名。

③客位：西阶。周代礼制，人死后，灵柩停放于正堂西阶上，犹如宾客一般。

④列谏：极力劝谏。

【译文】卫国的蘧伯玉是位贤德之人，而卫灵公却不任用他；弥子瑕品行不端，反而被任用。大夫史鱼屡次进谏而卫灵公却不肯听从。

史鱼病危将死时，吩咐他的儿子说："我在朝廷任职，却没能让蘧伯玉入朝为官，也没能斥退弥子瑕，这是我作为臣子不能匡正君主啊。我在活着时没能匡正君主，死后也难以安葬。我死之后，你将我的尸体放在窗下，就算是完成我的心愿了。"他的儿子听从了父亲的话。

卫灵公前来吊丧，感到奇怪，就询问事情原委。史鱼的儿子便把父亲的话告诉给卫灵公。卫灵公大惊失色道："这是寡人的罪过啊。"于是下令将史鱼的尸体停放到客位。召进蘧伯玉而任用他，斥退弥子瑕并疏远了他。

孔子听闻此事后说："古代敢于极力劝谏的人，到死的时候也就不能再进谏了，还没有像史鱼这样死后还要以尸进谏的。他的忠诚感动了君主，这样的人能说他不正直吗？"

五帝德第二十三

【题解】本篇记载了五帝的传说，它对上古史及古代思想史的研究都具有重要价值。通过孔子和宰我的谈话，可以了解五帝及大禹的德行：黄帝"幼齐叡庄，敦敏诚信""治五气，设五量，抚万民""治民以顺天地之纪，知幽明之故，达死生存亡之说""用水火财物以生民"，百姓享受黄帝带来的利益长达百年之久，从而"黄帝三百年"；颛顼"洪渊而有谋，疏通以知远，养财以任地，履时以象天，依鬼神而制义，治气性以教众，洁诚以祭祀，巡四海以宁民"；帝喾"博施厚利，不于其身。聪以知远，明以察微。仁而威，惠而信，以顺天地之义。知民所急，修身而天下服。取地之财而节用之，抚教万民而诲利之"；帝尧"富而不骄，贵而能降""务先民始之"；帝舜"宽裕而温良，敦敏而知时，畏天而爱民，恤远而亲近"；大禹"其仁可亲，其言可信"、勤勉庄敬、"左准绳，右规矩，履四时"。从孔子的回答中，可以看出他对美好政治的无比向往和追求。

宰我问于孔子曰:"昔者吾闻诸荣伊曰'黄帝三百年'①。请问:黄帝者,人也,抑非人也?何以能至三百年乎?"

孔子曰:"禹、汤、文、武、周公,不可胜以观也,而上世黄帝之问,将谓先生难言之故乎!"

宰我曰:"上世之传,隐微之说②,卒采之辩③,暗忽之意④,非君子之道者,则予之问也固矣。"

孔子曰:"可也,吾略闻其说。黄帝者,少典之子⑤,曰轩辕。生而神灵,弱而能言。幼齐叡庄,敦敏诚信。长聪明,治五气⑥,设五量⑦,抚万民,度四方。服牛乘马,扰驯猛兽,以与炎帝战于阪泉之野,三战而后克之。始垂衣裳,作为黼黻。治民以顺天地之纪,知幽明之故,达死生存亡之说。播时百谷,尝味草木,仁厚及于鸟兽昆虫。考日月星辰,劳耳目,勤心力,用水火财物以生民。民赖其利,百年而死;民畏其神,百年而亡;民用其教,百年而移。故曰黄帝三百年。"

【注释】①荣伊:周朝卿大夫。

②隐微:隐约细微。

③卒采之辩:王肃注:"采,事也。辩,说也。卒,终也。其事之说也。"意思是说事终之后仍在争辩。

④暗忽:王肃注:"暗忽,久远不明。"

⑤少典:伏羲与女娲之子,皇帝的父亲。

⑥五气:王肃注:"五行之气。"

⑦五量:王肃注:"五量:权衡、升斛、尺丈、里步、十百。"

【译文】宰我向孔子请教："从前我听荣伊说'黄帝活了三百年'。请问：黄帝是人，或是非人？为什么能活三百年呢？"

孔子回答说："对于大禹、商汤、周文王、周武王、周公的事情，都没办法说得详尽，而你问及上古时代黄帝的问题，是因为连先生也难以表达清楚吧！"

宰我说："上古时代的传言，隐约不明的说法，事终之后的争辩，久远不明的意思，这些都是君子不说的，那么我所问的就显得固陋了。"

孔子说："可以给你说说我大略听过的说法。黄帝，是少典的儿子，名叫轩辕。他出生时就很不平凡，很小的时候就能说话。幼年时就机智端庄，笃实敏捷，诚恳信实。长大后更加聪明，治理五气，设置五量，安抚百姓，游历四方。他骑牛乘马，驯服猛兽，与炎帝在阪泉之野进行激烈的战斗，三战之后制服了炎帝。从此，便开始了无为而治，穿着绣有华美花纹的礼服，以礼昭示天下。他顺应天地法则治理百姓，明白阴阳之道，通晓生死存亡之理。他按时播种百谷，品辨草木之味，他的仁爱宽厚施及鸟兽昆虫。他研究日月星辰的运转，耳目俱疲，用尽心力，以水火财物养育百姓。百姓享受他带来的利益，长达百年之久；黄帝去世后，百姓敬服他的精神，又长达百年；此后，百姓沿用他的教化，直到百年后才有所改变。所以说黄帝活了三百年。"

宰我曰："请问帝颛顼？"

孔子曰："五帝用说，三王有度。汝欲一日遍闻远古之说，躁哉予也！"

宰我曰："昔予也闻诸夫子曰'小子毋或宿[①]'，故敢问。"

孔子曰："颛顼，黄帝之孙，昌意之子②，曰高阳。洪渊而有谋，疏通以知远，养财以任地③，履时以象天④，依鬼神而制义⑤，治气性以教众，洁诚以祭祀⑥，巡四海以宁民。北至幽陵⑦，南暨交趾⑧，西抵流沙⑨，东极蟠木⑩。动静之类，小大之物，日月所照，莫不砥属⑪。"

【注释】①毋或宿：王肃注："有所问当问，勿令更宿也。"

②昌意：黄帝和嫘祖的儿子，颛顼的父亲。

③任地：凭借地势。

④象天：效法上天。

⑤制义：裁断适宜。

⑥洁：洁净身心，以示虔敬。

⑦幽陵：即幽州，今北京、河北北部以及辽宁一带。

⑧交趾：古地名，泛指五岭以南地区。

⑨流沙：沙漠。

⑩蟠木：传说中的山名。

⑪砥属：王肃注："砥，平。四远皆平而来服属之也。"

【译文】宰我说："请问颛顼帝是怎样一个人？"

孔子说："五帝距离现在已经很久远了，所以讲他们的事情只能靠传说，三王的事情距离现在稍微近一些，还留有现成的法度。你想在一天之内就听遍远古五帝的传说，也太急躁了！"

宰我说："我从前听您说'你们有问题不要隔夜之后才问'，所以才敢向夫子请教。"

孔子说："颛顼，是黄帝的孙子，昌意的儿子，叫高阳。他深邃而有谋略，通达而有远见，善于凭借有利地势积蓄财富，顺应四时规律以效法上天，依顺鬼神的意志来裁断事情是否适宜，调和五行之气以教化百姓，洁净身心以真诚的态度去祭祀，巡行四海以安定百姓。他向北到达幽陵，向南到达交趾，向西抵达流沙，往东到达蟠木。所有或动或静的生灵，大大小小的事物，日月照临的地方，没有不归属他的。"

宰我曰："请问帝喾①？"

孔子曰："玄枵之孙②，乔极之子③，曰高辛。生而神异，自言其名。博施厚利，不于其身。聪以知远，明以察微。仁而威，惠而信，以顺天地之义。知民所急，修身而天下服。取地之财而节用之，抚教万民而诲利之。历日月之生朔而迎送之，明鬼神而敬事之。其色也和，其德也重，其动也时，其服也哀。春夏秋冬，育护天下。日月所照，风雨所至，莫不从化。"

【注释】①帝喾（kù）：五帝之一，姬姓，名俊，是黄帝的曾孙，颛顼的侄子。

②玄枵（xiāo）：帝喾的祖父，黄帝的儿子。

③乔极：帝喾的父亲，黄帝的孙子。

【译文】宰我说："请问帝喾是怎样一个人？"

孔子说："帝喾是玄枵的孙子，乔极的儿子，名叫高辛。他生下来就神奇灵异，能说出自己的名字。他广施厚利，却不考虑自身利益。他心思灵敏且见识高远，能够明察秋毫。他仁爱而威严，恩惠而诚信，能顺应天地运行的规律。他知道百姓急需什么，修养自身而令天下人信服。他从土地中获取财物并节约使用，他抚教万民而使他们获得利益。他观察日月的出没而加以迎送，明白鬼神的存在而恭敬侍奉。他神色和悦，德行厚重，顺时而行，在服丧时心情哀痛。无论春夏秋冬，他都育护着天下万物。日月照临之地，风雨能达之所，没有不被他感化的。"

宰我曰："请问帝尧？"

孔子曰："高辛氏之子，曰陶唐。其仁如天，其智如神。就之如日，望之如云。富而不骄，贵而能降。伯夷典礼，夔、龙典乐①。舜时而仕，趋视四时，务先民始之。流四凶而天下服②。其言不忒，其德不回。四海之内，舟舆所及，莫不夷说。"

【注释】①夔、龙：均为尧舜时期的乐官。

②四凶：相传为尧舜时四个凶恶的部族首领。

【译文】宰我说："请问帝尧是怎样一个人？"

孔子说："他是高辛氏的儿子，叫陶唐。他如上天一般仁慈，如神灵一样智慧。靠近他如同被太阳照拂般温暖，仰望他如同云彩般柔软。他富有而不骄慢，尊贵而又谦卑。伯夷为他主持礼仪，夔、龙为他掌管音乐。他适时推举舜出来做官，前往各地视察四季作物的生长变化，凡事必把百姓放在首位。他流放了四个凶恶的部族首领，天下人都归服于他。他说话没有差错，为人正直，不行邪僻之事。四海之内，凡是车船所及之处，人们无不心悦诚服。"

宰我曰："请问帝舜？"

孔子曰："乔牛之孙^①，瞽瞍之子也，曰有虞舜。孝友闻于四方，陶渔事亲^②。宽裕而温良，敦敏而知时，畏天而爱民，恤远而亲近。承受大命，依于二女^③。叡明智通^④，为天下帝。命二十二臣，率尧旧职，恭己而已。天平地成，巡狩四海，五载一始。三十年在位，嗣帝五十载。陟方岳^⑤，死于苍梧之野而葬焉^⑥。"

【注释】①乔牛：即桥牛，虞舜的祖父。

②陶渔事亲：以制作陶器、捕鱼来养活父母。王肃注："为陶器，躬捕鱼以养父母。"

③二女：尧的两个女儿娥皇、女英，也是舜的两位妻子。

④叡（ruì）明：智慧，聪明。

⑤陟：登高。方岳：四方之山岳，古指东岳泰山、西岳华山、南岳衡山、北岳恒山。

⑥苍梧：又名九疑山，在今湖南宁远南。

【译文】宰我说："请问帝舜是怎样一个人？"

孔子说："帝舜是乔牛的孙子，瞽瞍的儿子，叫有虞舜。舜因孝顺父母、友爱兄弟而闻名四方，靠制作陶器、捕鱼来奉养父母。他宽宏豁达而又温和善良，笃实敏捷而又善于把握时机，敬畏上天而又爱护百姓，体恤远方之人而又亲近身边之人。他承受天命，又得到两位妻子的帮助。他睿智而通达，成为天下帝王。任命二十二位大臣，都依循帝尧时的旧职，他只是严于律己而已。当时地正其势，天循其时，他巡狩四海，五年一次。他为臣三十年，继承帝位五十载。他登临四岳，在南巡时死在苍梧之野并埋葬在那里。"

宰我曰："请问禹？"

孔子曰："高阳之孙，鲧之子也①，曰夏后。敏给克齐②，其德不爽，其仁可亲，其言可信。声为律，身为度。亹亹穆穆③，为纪为纲。其功为百神主④，其惠为民父母。左准绳，右规矩，履四时，据四海。任皋繇、伯益以赞其治，兴六师以征不序⑤。四极之民，莫敢不服。"

孔子曰："予，大者如天，小者如言，民悦至矣。予也非其人也。"

宰我曰："予也不足以戒敬承矣。"

他日，宰我以语子贡，子贡以复孔子。

子曰："吾欲以颜状取人也，则于灭明改之矣；吾欲以言辞取人也，则于宰我改之矣；吾欲以容貌取人也，则于子张改之矣。"宰我闻之，惧，弗敢见焉。

【注释】①鲧（gǔn）：禹的父亲。

②敏给：思想行动敏捷，诸事皆能应付裕如。克：能。齐：通"济"，成。

③亹亹（wěi）穆穆：勤勉庄敬。

④其功为百神主：王肃注："禹治水，天下既平，然后百神得其所。"

⑤六师：本指周天子所统六军之师，后为天子军队的称呼。

【译文】宰我说："请问禹是怎样一个人？"

孔子说："禹是高阳的孙子，鲧的儿子，叫夏后。他思维敏捷，诸事皆能应付裕如，可以成就大事，德行没有任何差错，仁爱可亲，话语值得信赖。他的言语成为规章，所做之事成为法则。他勤勉庄敬，成为人们的典范。他的功德使百神各安其所，他的恩惠令百姓将他视作父母。既能权衡事物法度，又能谨守礼法品行方正，做事遵循四时规律，拥有四海之地。任命皋繇、伯益辅佐他治理天下，兴师讨伐叛逆之人。天下百姓，没有不信服他的。"

孔子说："宰予啊，禹的功德从大的方面来讲像天一样浩瀚无边，从小的方面来讲即使一句话，都会让百姓欢喜至极。宰予啊，你还不能完全了解这个人啊。"

宰我说："我还不足以敬肃地领受您这样的教诲。"

又一天，宰我把此事告诉给子贡，子贡又告诉了孔子。

孔子说："我想以外表取人，澹台灭明让我改变了这种做法；我想以言辞取人，宰我让我改变了这种做法；我想以容貌取人，子张让我改变了这种做法。"宰我听到这些话，心下畏惧，不敢去见孔子。

卷六

五帝第二十四

【题解】本篇通过孔子与季康子的对话，论证了木、火、金、水、土这五行与太皞、炎帝、黄帝、少皞、颛顼这五帝的关系，解释了太皞氏始于木等几个问题的原因，体现了孔子朴素的唯物哲学思想，对研究古代五行思想的产生和发展具有重要价值。

季康子问于孔子曰："旧闻五帝之名，而不知其实，请问何谓五帝？"

孔子曰："昔丘也闻诸老聃曰：'天有五行，木火金水土，分时化育，以成万物。其神谓之五帝。'古之王者，易代而改号，取法五行。五行更王，终始相生，亦象其义。故其为明王者，而死配五行。是以太皞配木，炎帝配火，黄帝配土，少皞配金，颛顼配水。"

【译文】季康子问孔子："以前听过五帝之名，但不知其真正含义，请问何谓五帝？"

孔子说："从前我听老聃说：'天有五行，即木、火、金、水、土，它们依照不同的季节生化孕育，形成万物。掌控万物的神就是五帝。'古时候的帝王，随着朝代更改而改换国号、帝号，就是以五行为依据的。按照五行更换帝王，周而复始彼此相生，也遵循五行的顺序。所以贤明的君王，去世后也配以相应的五行。因此太皞配木，炎帝配火，黄帝配土，少皞配金，颛顼配水。"

康子曰："太皞氏其始之木何如？"

孔子曰："五行用事，先起于木。木，东方，万物之初皆出焉，是故王者则之，而首以木德王天下。其次则以所生之行转相承也。"

【译文】季康子问："太皞氏为何要从木开始呢？"

孔子说："五行的运行，最先从木开始。木，代表东方，万物的开始都是从这里生发的，所以王者都效法它，首先以木德在天下称王。然后依五行相生之序，依次承转相接。"

康子曰："吾闻勾芒为木正①，祝融为火正②，蓐收为金正③，玄冥为水正④，后土为土正⑤，此则五行之主而不乱，称曰帝者，何也？"

孔子曰："凡五正者，五行之官名，五行佐成上帝，而称五帝。太皞之属配焉，亦云帝，从其号。昔少皞氏之子有四叔⑥，曰重，曰该，曰修，曰熙，实能金木及水，使重为勾芒，该为蓐收，修及熙为玄冥。颛顼氏之子曰黎，为祝融。共工氏之子曰勾龙，为后土。此五者，各以其所能业为官职。生为上公，死为贵神，别称五祀，不得同帝⑦。"

【注释】①勾芒：古代传说中主管树木的神。木正：古代五行官之一。

②祝融：颛顼帝后人，为高辛氏火正，后世尊其为火神。

③蓐收：古代掌理西方的神，相传为少暤氏的弟弟，名该，负责掌管秋天。西方于五行中属金，故又为主金之神。

④玄冥：北方之神，北方在五行中属水，也为水神。

⑤后土：土地神。

⑥四叔：少暤氏的四个弟弟。《左传》昭公二十九年曰："少暤氏有四叔：曰重、曰该、曰修、曰熙。"杨伯峻注："此四叔疑少暤氏之弟辈。"

⑦"别称"二句：王肃注："五祀，上公之神，故不得称帝也。其序则五正，不及五帝，五帝不及天地。而不知者，以祭社为祭地，不亦失之远矣。且土与火水俱为五行，是地之子也。以子为母，不亦颠倒失尊卑之序。"

【译文】季康子说："我听说勾芒为木正，祝融为火正，蓐收为金正，玄冥为水正，后土为土正，这些掌管五行的神丝毫不乱，我们都称他们为帝，这是为什么呢？"

孔子说："这五正，是五行官的名称，五行官辅佐天帝成就大事，因而称他们为五帝。太暤这些人也和五行相配，也称为帝，跟随这个称号。从前少暤氏有四个弟弟，一名重，一名该，一名修，一名熙，他们实际擅长管理金、木以及水，天帝就让重做勾芒，让该做蓐收，让修和熙做玄冥。颛顼氏的儿子叫黎，做祝融。共工氏的儿子叫勾龙，做后土。这五个人，各凭自己的才能任相应官职。他们活着的时候是上公，死后被尊为贵神，另外称他们为五祀，虽称他们为帝，却不能与帝等同。"

康子曰："如此之言，帝王改号，于五行之德各有所统，则其所以相变者，皆主何事？"

孔子曰："所尚则各从其所王之德次焉。夏后氏以金德王，色尚黑，大事敛用昏①，戎事乘骊②，牲用玄。殷人以水德王，色尚白，大事敛用日中③，戎事乘翰④，牲用白。周人以木德王，色尚赤，大事敛用日出⑤，戎事乘骚⑥，牲用骍⑦。此三代之所以不同。"

康子曰："唐虞二帝，其所尚者何色？"

孔子曰："尧以火德王，色尚黄。舜以土德王，色尚青。"

【注释】①大事敛用昏：王肃注："大事，丧昏时，亦黑也。"敛，入殓。

②戎事：战事。骊：纯黑色的马。

③日中：王肃注："日中，白也。"

④翰：王肃注："翰，白色马。"

⑤日出：王肃注："日出时，亦赤也。"

⑥骚（yuán）：王肃注："骚，骊马白腹。"

⑦骍（xīng）：王肃注："骍，赤色也。"

【译文】季康子说："如此说来，帝王更改年号，是因为他们在五行之德中各有自己执掌的一种，他们这样相继变化，都主何事呢？"

孔子说："他们所崇尚的是各自称王所依据的五行之德。夏后氏以金德称王，崇尚黑色，丧亡殡殓的事在天刚黑时举行，在战事中乘用黑色的马，祭祀用的牲畜也是黑色的。殷人以水德称王，崇尚白色，丧亡殡殓的事在正午时举行，在战事中乘用白马，祭祀用的牲畜也是白色的。周人以木德称王，崇尚红色，丧亡殡殓的事在日出时举行，在战事中乘用赤色马，祭祀用的牲畜也是赤色的。这就是夏商周三代的不同之处。"

季康子说："唐尧、虞舜二帝，他们所崇尚的是哪种颜色？"

孔子说："尧帝以火德称王，崇尚黄色。舜帝以土德称王，崇尚青色。"

康子曰："陶唐、有虞、夏后、殷、周，独不得配五帝，意者德不及上古耶？将有限乎？"

孔子曰："古之平治水土及播殖百谷者众矣。唯勾龙氏兼食于社①，而弃为稷神②，易代奉之，无敢益者，明不可与等。故自太皞以降，逮于颛顼，其应五行而王数非徒五，而配五帝，是其德不可以多也。"

【注释】①兼：王肃注："兼，犹配也。"社：此指土地神。

②弃：即帝喾的儿子后稷，五谷之神。

【译文】季康子说："陶唐、有虞、夏后、殷、周，独不与五帝相配，意思是说他们的德行赶不上上古帝王吗？还是他们的德行有限呢？"

孔子说："古代治理水土以及播种谷类的人太多了。只有勾龙氏配享土地神，而弃为稷神，无论朝代如何更迭都会进行供奉，不敢有所增加，是表明其他人不能与此二人等列。所以从太皞以来，直到颛顼，顺应五行而称王的人数不止五个，而只有他们可与五帝相配，是因为没有人能超过他们的德行。"

执辔第二十五

【题解】辔，缰绳，它是驾驭马的关键。执辔，就是抓住驾驭马的关键，便能驾驭好马车。本篇用譬喻来说明治国、平天下之道。把治国喻作驾驭马车，驾驭马车的关键是掌握好缰绳，治国的要领则是正六官。作为君主，只须掌握要领，则国治矣。

闵子骞为费宰①，问政于孔子。

子曰："以德以法。夫德法者，御民之具，犹御马之有衔勒也②。君者，人也；吏者，辔也；刑者，策也。夫人君之政，执其辔策而已。"

子骞曰："敢问古之为政？"

孔子曰："古者天子以内史为左右手③，以德法为衔勒，以百官为辔，以刑罚为策，以万民为马，故御天下数百年而不失。善御马者，正衔勒，齐辔策，均马力，和马心，故口无声而马应辔，策不举而极千里。善御民者，壹其德法④，正其百官，以均齐民力，和安民心，故令不再而民顺从，刑不用而天下治。是以天地德之，而兆民怀之。夫天地之所德，兆民之所怀，其政美，其民而众称之。今人言五帝三王者⑤，其盛无偶，威察若存，其故何也？其法盛，其德厚，故思其德，必称其人，朝夕祝之，升闻于天。上帝俱歆⑥，用永厥世，而丰其年。

"不能御民者，弃其德法，专用刑辟。譬犹御马，弃其衔勒，而专用棰策，其不制也，可必矣。夫无衔勒而用棰策，马必伤，车必败。无德法而用刑，民必流，国必亡。治国而无德法，则民无修；民无修，则迷惑失道。如此，上帝必以其为乱天道也。苟乱天道，则刑罚暴，上下相诔，莫知念患，俱无道故也。今人言恶者，必比之于桀纣，其故何也？其法不听⑦，其德不厚。故民恶其残虐，莫不吁嗟，朝夕祝之，升闻于天。上帝不蠲⑧，降之以祸罚，灾害并生，用殄厥世。故曰德法者御民之本。

【注释】①闵子骞：即闵子，闵姓，名损，字子骞，鲁国人，孔子高徒，孔门七十二贤之一，孔门十哲之一。费宰：费邑长官。

②衔勒：马嚼口和马络头。

③内史：官名，西周始置，协助天子管理爵禄废置等政务。

④壹：融合，合并。

⑤五帝三王：泛指上古帝王。五帝，黄帝、颛顼、帝喾、唐尧、虞舜。三王，夏禹、商汤、周文王。

⑥歆（xīn）：欣喜，悦服。

⑦听：治理，听政。

⑧蠲（juān）：免除。

【译文】闵子骞任费邑长官，向孔子请教为政之道。

孔子说："利用德政与法治。德政与法治，是管理百姓的工具，犹如驾马用的嚼口与络头。君王，好比马夫；官吏，好比辔头；刑罚，好比马鞭。为君之道，掌握好辔头和马鞭即可。"

闵子骞说："请问古人如何执政？"

孔子说："古时天子将内史当作左膀右臂，将德政与法治当作嚼口与络头，将百官当作辔头，将刑罚当作马鞭，将百姓当作马，如此治理天下数百年不曾有过失。擅长驾马之人，需端正马的嚼口与络头，备齐辔头马鞭，合理分配马力，协调契合马意，如此无需开口吆喝马自会应和辔头，无需扬鞭马自会驰骋千里。擅长治民之人，融合德政与法治，使百官有规矩，凝聚均衡民力，安定民心，如此无需三令五申百姓自会服从，无需施加刑罚，天下自会安定。这样一来，天地认为君王有德，而万民也真心归附。天地之所以认为君王有德，万民之所以归附，是因为君王施行美政，令百姓称颂。现今世人言及五帝三王，他们治下的世间盛景无人能出其右，他们的威仪与明察留存至今，是何原因？因为他们的法令周密，德行深厚，百姓念及他们的德行，定会称颂他们本身，昼夜为他们祝祷，这些声音传到天界。天帝听后无比欣喜，令其国运久长而千仓万箱。

"不擅长治民之人，摒弃德政与法治，大兴刑罚。好比御马，弃用嚼口与络头，专用棍棒与马鞭，必然无法驾驭。弃用嚼口与络头，使用棍棒与马鞭，马定会受伤，车必将翻覆。弃用德政与法治，使用刑罚，百姓定会流亡，国家必将覆灭。治国不用德政与法治，百姓定会无所依循；百姓无所依循，就会踏上迷途。这样一来，天帝必会认为君王忤逆天道。君王若忤逆天道，便会采取严刑峻制，臣民便会相互阿谀奉承，无人思虑忧患，这便是君王不遵道行事的缘故。现今世人言及恶人，必以夏桀、商纣作比，是何原因？他们施行的法令不能治国，他们的德行浅薄鄙陋。所以百姓厌恶他们的暴虐，怨声载道，昼夜诅咒暴君，这些声音传到天界。天帝不会赦免暴君的罪行，便降下灾祸惩戒他们，令天下灾害四起，使他们国运衰微。所以说德政与法治是治民的根本。

"古之御天下者，以六官总治焉①。冢宰之官以成道，司徒之官以成德②，宗伯之官以成仁③，司马之官以成圣，司寇之官以成义，司空之官以成礼。六官在手以为辔，司会均仁以为纳④。故曰：御四马者执六辔，御天下者正六官。是故善御马者，正身以总辔，均马力，齐马心，回旋曲折，唯其所之。故可以取长道，可赴急疾。此圣人所以御天地与人事之法则也。天子以内史为左右手，以六官为辔，已而与三公为执六官，均五教，齐五法⑤，故亦唯其所引，无不如志。以之道则国治，以之德则国安，以之仁则国和，以之圣则国平，以之礼则国定，以之义则国义，此御政之术。

"过失，人之情莫不有焉。过而改之，是为不过。故官属不理，分职不明，法政不一，百事失纪，曰乱。乱则饬冢宰。地而不殖，财物不蕃，万民饥寒，教训不行，风俗淫僻，人民流散，曰危。危则饬司徒。父子不亲，长幼失序，君臣上下，乖离异志，曰不和。不和则饬宗伯。贤能而失官爵，功劳而失赏禄，士卒疾怨，兵弱不用，曰不平。不平则饬司马。刑罚暴乱，奸邪不胜，曰不义。不义则饬司寇。度量不审，举事失理，都鄙不修，财物失所，曰贫。贫则饬司空。故御者，同是车马，或以取千里，或不及数百里，其所谓进退缓急异也。夫治者，同是官法，或以致平，或以致乱者，亦其所以为进退缓急异也。

"古者天子常以季冬考德正法，以观治乱。德盛者，治也；德薄者，乱也。故天子考德，则天下之治乱可坐庙堂之上而知之。夫德盛则法修，德不盛则饬，法与政咸德而不衰。故曰王者又以孟春论吏之德及功能⑥，能德法者为有德，能行德法者为有行，能成德法者为有功，能治德法者为有智。故天子论吏而德法行，事治而功成。夫季冬正法，孟春论吏，治国之要。"

【注释】①六官：指下文中的冢宰、司徒、宗伯、司马、司寇、司空。

②司徒：官名，《周礼》地官有大司徒，六卿之一，主管教化。

③宗伯：官名，周代六卿之一，主管礼仪祭祀等事。

④司会：官名，《周礼》天官之属，主管财政经济，及对群官政绩的考察。

⑤五法：此指仁、义、礼、智、信。

⑥孟春：初春，春季的第一个月。

【译文】"古代治国者，用六官总理政事。冢宰成就道，司徒成就德，宗伯成就仁，司马成就圣，司寇成就义，司空成就礼。君王掌握六官作辔头，司会刚柔并济作连接。所以说：驾驭四马之人须控制六条缰绳，治理国家之人须掌握六大官职。因此擅长御马者，端正身体控制缰绳，合理分配马力，协调契合马意，即使道路蜿蜒曲折，也能得心应手。如此便可长途跋涉，可以奔逸绝尘。此乃圣人治国安民的法则。

天子将内史当作左膀右臂，将六官当作辔头，然后与三公一并驱策六官，调和五教，完善五法，所以只要天子倡导的，无不如其所愿。天子行事符合大道便有天下大治，积累德行便有长治久安，施行仁政便有和睦安定，英名圣哲便有太平盛世，遵循礼制便有政局稳定，践行道义便有忠孝节义，此乃为政之道。

"疏忽犯错，是人之常情，不可避免。知错就改，便不算错。因此，职责不清，分工不明，律法与政策不统一，事事违纪，便是紊乱。紊乱应饬勉冢宰。耕地荒废，经济迟滞，万民饥寒，教令不行，民风不正，人口流散，便是危险。危险应饬勉司徒。父子疏离，长幼失序，君臣离心，各行其是，便是不和。不和应饬勉宗伯。贤能者失去官职，有功劳者不予赏赐、不增俸禄，士卒怨恨，兵力微弱不堪重用，便是不平。不平应饬勉司马。严刑峻法，奸邪当道，便是不义。不义应饬勉司寇。度量不准，行事错乱，城建破败，财物流失，便是贫困。贫困应饬勉司空。所以不同的驾车者，用同一辆车马，有的可行千里，有的却不足数百里，这是所谓的进退缓急的区别。不同的执政者，施行同一法度，有人治下井然有序，有人治下混乱不堪，也是由于进退缓急不同造成的。

"古时天子常在冬末考察官员的政绩德行，调整法令，以审察治乱。广施德政之人，治下便安定；薄施德政之人，治下便动乱。所以天子只需考察官员的德行，便可坐于朝堂而知天下治乱了。广施德政，法令便得以完善，薄施德政，则需整饬法令，法令和政务都应与德相应才能经久不衰。所以天子又在春季的第一个月评论官员的德行、功绩与才能，能注重德政和法治的为有德，能实行德政和法治的为有行，能有效运行德政和法治的为有功，能研究如何运用德政和法治来治国的为有智。因此天子评定官员而使德政与法治得以推行，令国家政事清明而大功告成。冬末调整法令，初春评定官员，乃是治国的关键。"

子夏问于孔子曰："商闻易之生人及万物、鸟兽昆虫，各有奇耦，气分不同。而凡人莫知其情，唯达道德者能原其本焉。天一，地二，人三。三三如九，九九八十一。一主日，日数十，故人十月而生。八九七十二，偶以从奇，奇主辰，辰为月，月主马，故马十二月而生。七九六十三，三主斗，斗主狗，故狗三月而生。六九五十四，四主时，时主豕，故豕四月而生。五九四十五，五为音，音主猿，故猿五月而生。四九三十六，六为律，律主鹿，故鹿六月而生。三九二十七，七主星，星主虎，故虎七月而生。二九一十八，八主风，风为虫，故虫八月而生①。其余各从其类矣。鸟鱼生阴而属于阳，故皆卵生。鱼游于水，鸟游于云，故立冬则燕雀入海化为蛤。蚕食而不饮，蝉饮而不食，蜉蝣不饮不食，万物之所以不同。介鳞夏食而冬蛰②，龁吞者八窍而卵生③，龃嚼者九窍而胎生④，四足者无羽翼，戴角者无上齿⑤，无角无前齿者膏，有角无后齿者脂⑥。昼生者类父，夜生者似母，是以至阴主牝，至阳主牡。敢问其然乎？"

孔子曰："然，吾昔闻老聃亦如汝之言。"

子夏曰："商闻《山书》曰：'地东西为纬，南北为经。山为积德，川为积刑。高者为生，下者为死。丘陵为牡，溪谷为牝。蚌蛤龟珠，与日月而盛虚。是故坚土之人刚，弱土之人柔，墟土之人大，沙土之人细，息土之人美，秏土之人丑⑦。食水者善游而耐寒,食土者无心而不息,食木者多力而不治,食草者善走而愚,食桑者有绪而蛾,食肉者勇毅而捍,食气者神明而寿,食谷者智惠而巧,不食者不死而神。故曰羽虫三百有六十,而凤为之长;毛虫三百有六十,而麟为之长;甲虫三百有六十,而龟为之长;鳞虫三百有六十,而龙为之长;裸虫三百有六十,而人为之长。此乾坤之美也,殊形异类之数。王者动必以道,静必顺理,以奉天地之性,而不害其所主,谓之仁圣焉。'"

子夏言终而出,子贡进曰:"商之论也何如?"孔子曰:"汝谓何也?"对曰:"微则微矣,然则非治世之待也。"孔子曰:"然,各其所能。"

【注释】①故虫八月而生:《说文》上说:"风动虫生,故虫八日而化。"因此,此处"八月"疑为"八日"之误。

②介鳞:甲虫与鳞虫。

③龁(hé):咬。八窍:眼、耳、鼻、口为七窍,生殖孔、排泄孔合为一窍,共为八窍。

④九窍:七窍及排尿口、肛门的合称。

⑤上齿:长在口腔前部的牙齿,门齿、犬齿。

⑥无角无前齿者膏,有角无后齿者脂:原文脱"后"字,此处依《四部丛刊》本《家语》补。

⑦垑(hào)土:贫瘠的土地。

【译文】子夏向孔子请教道:"我听闻《易》中记载,人类及万物、鸟兽、昆虫,各有单数与双数,是因受元气分限不同而奇偶不同。常人不知道这种情况,唯有道德高尚之人才能推知其本原。天为一，地为二，人为三。三三得九，九九八十一。一主日，干日有十，所以人怀胎十月诞生。八九七十二，偶数后连接奇数，奇数主辰，辰便是月份，月主马，所以马怀胎十二月诞生。七九六十三，三主斗宿，斗宿主狗，所以狗怀胎三月诞生。六九五十四，四主时辰，时辰主猪，所以猪怀胎四月诞生。五九四十五，五主五音，五音主猿，所以猿怀胎五月诞生。四九三十六，六主六律，六律主鹿，所以鹿怀胎六月诞生。三九二十七，七主星宿，星宿主虎，所以虎怀胎七月诞生。二九一十八，八主八风，八风主虫，所以虫衍化八日诞生。其余各物根据自身属性各有诞生的时日。鸟、鱼生于阴，而飞、游于阳，所以都是卵生。鱼游在水中，鸟飞在云间，所以立冬时燕雀飞到海里化作蚌蛤。蚕只食不饮，蝉只饮不食，蜉蝣不饮不食，这便是万物各异的原因。甲虫、鳞虫夏日进食冬日蛰伏，以咬吞方式进食的生物有八窍而且是卵生，以咀嚼方式进食的生物有九窍而且是胎生，长有四肢的生物没有翅膀，长有犄角的生物没有上齿，没有犄角没有前齿的生物分泌膏状物，有犄角没有后齿的生物分泌脂状物。白日诞生的生物像父亲，晚上诞生的生物像母亲，因此至阴主牝，至阳主牡。请问真是如此吗？"

孔子说："对，我昔日听老聃讲的也如你所言。"

子夏说："我听闻《山书》上说：'地面东西向为纬，南北向为经。山岳是德行的累积，江河是刑罚的沉淀。高处是生，低处是死。丘陵是牡，溪谷是牝。蚌蛤龟珠随日月变化而盈虚有时。因此生活在坚实土地上的人刚强，生活在松软土地上的人温柔，生活在丘陵的人高大，生活在沙土地上的人瘦小，生活在沃土的人美丽，生活在脊田的人丑陋。以水为食的生物擅长游泳且耐寒，以土为食的生物没有心脏无需呼吸，以木为食的生物力大难驯，以草为食的生物擅长奔跑且迟钝，以桑叶为食的生物可吐丝且是蛾类，以肉为食的生物勇猛坚毅且凶悍，以元气为食的生物是神明且长寿，以谷物为食的生物智慧且灵巧，不进食的生物长生不死且神通广大。所以说，有翅的生物有三百六十种，以凤凰为首；有毛的生物有三百六十种，以麒麟为首；有甲的生物有三百六十种，以龟为首；有鳞的生物有三百六十种，以龙为首；表面光裸的生物有三百六十种，以人为首。此乃天地乾坤的奥妙所在，各种形态、不同种类的生物有各自的习性。君王行事须顺应道，守静须符合理，遵循天地万物之性，不妨害它们所主的事物，便可称为仁圣了。"

　　子夏言罢离开，子贡上前道："卜商所言如何？"孔子问："你认为如何？"子贡答："精妙确实是精妙，但不可用于治国理政。"孔子说："对，各尽其才便可。"

本命解第二十六

【题解】这一篇通过孔子与鲁哀公的谈话，提出了"命"的天道根源与"性"的一致性。同时，孔子强调了礼与男女婚育的关系，也谈及了丧礼的有关问题。孔子对男女婚姻非常重视，提出了"五不取""七出者""三不去"的重要原则。关于丧礼，孔子认为，服父母之丧要以"恩"为原则，服君王之丧要以"义"为原则。服丧的悲伤程度、丧服及期限都不可无度，必须以"节"来限制。从君主到平民百姓，不同身份地位的人，服丧要遵循不同的规格制度，即要有"权"。

鲁哀公问于孔子曰："人之命与性，何谓也？"

孔子对曰："分于道谓之命，形于一谓之性。化于阴阳，象形而发谓之生，化穷数尽谓之死。故命者，性之始也；死者，生之终也。有始则必有终矣。

"人始生而有不具者五焉：目无见，不能食，不能行，不能言，不能化。及生三月而微煦①，然后有见。八月生齿，然后能食。三年囟合②，然后能言。十有六而精通，然后能化。阴穷反阳，故阴以阳变；阳穷反阴，故阳以阴化。是以男子八月生齿，八岁而齔③。女子七月生齿，七岁而齔，十有四而化。一阳一阴，奇偶相配，然后道合化成。性命之端，形于此也。”

公曰："男子十六精通，女子十四而化，是则可以生民矣。而礼男必三十而有室，女必二十而有夫也，岂不晚哉？"

孔子曰："夫礼，言其极，不是过也。男子二十而冠，有为人父之端。女子十五许嫁，有适人之道。于此而往，则自婚矣。群生闭藏乎阴，而为化育之始。故圣人因时以合偶，穷天数也。霜降而妇功成，嫁娶者行焉。冰泮而农桑起④，婚礼而杀于此。男子者，任天道而长万物者也。知可为，知不可为；知可言，知不可言；知可行，知不可行者也。是故审其伦而明其别，谓之知，所以效匹夫之德也。女子者，顺男子之教而长其理者也，是故无专制之义，而有三从之道。幼从父兄，既嫁从夫，夫死从子，言无再醮之端⑤。教令不出于闺门，事在供酒食而已。无阃外之非义也⑥，不越境而奔丧。事无擅为，行无独成，参知而后动，可验而后言。昼不游庭，夜行以火，所以效匹妇之德也。"

孔子遂言曰："女有五不取：逆家子者，乱家子者，世有刑人子者，有恶疾子者，丧父长子者。妇有七出，三不去。七出者：不顺父母者，无子者，淫僻者，嫉妒者，恶疾者，多口舌者，窃盗者。三不去者：谓有所取而无所归，一也。与共更三年之丧，二也。先贫贱后富贵，三也。凡此，圣人所以顺男女之际，重婚姻之始也。"

【注释】①煦：王肃注："煦，晴转也。"

②囟（xìn）：婴儿头顶骨未合缝的地方。

③龀（chèn）：乳齿脱落长出恒齿，小孩儿换牙。

④冰泮：冰冻融解。

⑤再醮：再婚。古代男女婚嫁时，父母为他们举行的酌酒祭神仪式叫醮。后专指妇女再嫁。

⑥"无阃外"句：王肃注："阃（kǔn），门限。妇人以贞专，无阃外之仪。《诗》云：'无非无仪，惟酒食是议。'"

【译文】鲁哀公问孔子："对于人的命与性，应如何理解？"

孔子答道："从道中分化诞生便是命，形成各自的性格便是性。形成于阴阳，进化出具象后诞生称为生，阴阳变化结束，称为死。所以说命，是性的开端；死，是生的完结。有始则必有终。

"人初生之时有五种不具备的能力：目不能视，嘴不能食，足不能行，口不能言，无法生育。等到三个月大时，眼珠微动，能看到一些东西。八个月时长出牙齿，能进食；三年囟门闭合，能言语。十六岁精气通畅，能生育。极阴可转化为阳，所以阴由阳变化得来；极阳可转化为阴，所以阳由阴变化得来。因此男子八个月时长乳牙，八岁换恒牙。女子七个月时长乳牙，七岁换恒牙，十四岁可以生育。一阳一阴，奇偶相配，然后阴阳相合化育生成。生命的开端，便由此形成。"

哀公说："男子十六岁精气通畅，女子十四岁可以生育，此后便可孕育新生命了。但依礼男子三十成家，女子二十嫁人，难道不晚吗？"

孔子说："礼所规定的是其极限，不可迟于此限。男子二十及冠，是为人父的开端。女子十五可出嫁，已具备为人妻的条件。在这个节点后，男女就可自行决定婚配时间了。众生藏伏于阴，阴是化育的开始。因此圣人选择适宜的时间让男女完婚，极尽天数。霜降时女子的工作结束，开始操办嫁娶之事。冰雪消融后到了农忙时节，婚嫁事仪至此停歇。男子，承载天道而促使万物生长，应知什么可为，什么不可为；应知什么可说，什么不可说；应知什么可行，什么不可行。因此明辨伦常及其中的差别，称为知，这是普通男子应具备的品德。女子，顺应男子的教导并在日常生活中增益其理，无需自作主张，只需恪守三从之道。幼时服从父兄，出嫁后服从丈夫，丈夫死后服从儿子，说的是没有再嫁之理。教令不从闺门中发出，女子只需致力于准备日常生活所需即可。在闺门外没有不合礼仪之处，奔丧时不越过边境。遇事不擅自做主，不孤身出行，凡事三思而后行，求实而后言。白日不在庭院中游赏，晚间出行时需要掌灯，这是普通女子应具备的品德。"

孔子随后说："有五种女子不可娶：家有逆君叛国之人的女子，出生于淫乱家庭的女子，家里祖上有受过刑罚的女子，家有身患恶疾之人的女子，失怙家庭的长女。妇人在七种情况下需被休弃，三种情况下可免除被休弃的命运。七种休妻的情况是：不孝顺父母者，没有子嗣者，淫乱不正者，善妒者，身患恶疾者，多嘴者，偷窃者。三种不可休妻的情况是：迎娶时有家但休弃后却无家可归的，为其一。夫妻二人共同服丧三年的，为其二。夫家由贫贱变富贵的，为其三。这些规定，是圣人顺应男女关系，重视婚姻的开始。"

孔子曰："礼之所以象五行也，其义四时也，故丧礼有举焉，有恩，有义，有节，有权。其恩厚者其服重，故为父母斩衰三年，以恩制者也。门内之治恩掩义，门外之治义掩恩。资于事父以事君，而敬同。贵贵尊尊①，义之大也。故为君亦服衰三年，以义制者也。三日而食②，三月而沐，期而练③，毁不灭性，不以死伤生；丧不过三年，苴衰不补④，坟墓不修⑤；除服之日鼓素琴，示民有终也。凡此，以节制者也。

"资于事父以事母，而爱同。天无二日，国无二君，家无二尊，以一治之。故父在为母齐衰期者，见无二尊也。

"百官备，百物具，不言而事行者，扶而起；言而后事行者，杖而起；身自执事行者，面垢而已。此以权制者也。

"亲始死，三日不怠，三月不懈，期悲号，三年忧，哀之杀也。圣人因杀以制节也。"

【注释】①贵贵尊尊：原作"贵尊贵尊"，此处依《礼记·丧服四制》改。

②三日而食："食"原作"浴"，此处依《四部丛刊》本《家语》及《礼记·丧服四制》改。

③练：古代祭名。因古时父母去世后十三月时戴练冠祭于家庙而得名。

④苴衰：苴麻布制成的丧服。

⑤坟墓不修：原文脱"墓"字，此处依《四部丛刊》本《家语》补。

【译文】孔子说："礼之所以根据五行而定，意在符合四时变化，因此在举行丧礼时，须有恩情，有仁义，有节制，有权衡。对恩情深厚之人丧服要庄重，父母去世须服斩衰三年，这是依据恩情决定的。家族内部治丧恩情超越道义，家族外部治丧道义超越恩情。用侍奉父亲的心来侍奉君主，其中恭敬之心是相同的。尊崇尊贵之人，这是大义。因此，国君去世也须为其服斩衰三年，这是依据道义决定的。服丧期间，三日后可进食，三月后可沐浴，周年后举行练祭，虽哀痛但不损伤身体，不因逝者伤害活着的人；服丧不可超过三年，苴衰无需缝补，坟墓无需修葺；服丧期满弹奏没有装饰的素琴，向众人表示服丧结束。这是依据丧礼来节制的。

"用侍奉父亲的心来侍奉母亲，其中敬爱之心是相同的。天无二日，国无二君，家无二尊，万事以'一'为仪制。所以父亲若健在，为去世的母亲服丧一年，是为了体现家无二尊。

"百官出席，百物陈列，无需言语指挥就能将丧事办好，哭丧后被人搀扶起身，这是天子、诸侯服丧；通过言语指挥而将丧事办好，哭丧后自行拄杖起身，这是卿、大夫、士服丧；需要亲自操持才将丧事办好，哭丧后蓬头垢面，这是平民百姓服丧。这些都是因权变而制定的。

"亲人离世初期，三日不可怠慢，三月不可松懈，满周年时悲泣哀号，三年服丧期满后还要常怀忧思，此后哀思逐渐消减。圣人以失去双亲后哀思的消减过程来制定丧礼的礼节。"

论礼第二十七

【题解】这一篇记述了孔子闲居时与子张、子贡、言游讨论礼的问题。孔子对三人关于礼的提问分别给予回答，全面论述了礼的内容、功用及本质。孔子认为，礼是社会生活的准则，只有依礼行事，以礼待人，国家才会井然有序，体现了他一贯的仁政爱民思想。另外，孔子还讲了《诗》、礼、乐三者的关系，即"诗礼相成，哀乐相生"。

孔子闲居，子张、子贡、言游侍，论及于礼。

孔子曰："居！汝三人者，吾语汝以礼周流无不遍也①。"

子贡越席而对曰："敢问如何？"

子曰："敬而不中礼谓之野，恭而不中礼谓之给，勇而不中礼谓之逆。"子曰："给夺慈仁。"

子贡曰："敢问将何以为此中礼者？"

子曰："礼乎，夫礼，所以制中也。"

子贡退。言游进曰："敢闻礼也，领恶而全好者与？"

子曰："然。"

子贡问："何也?"

子曰："郊社之礼，所以仁鬼神也；禘尝之礼^②，所以仁昭穆也；馈奠之礼^③，所以仁死丧也；射飨之礼^④，所以仁乡党也；食飨之礼^⑤，所以仁宾客也。明乎郊社之义，禘尝之礼，治国其如指诸掌而已。是故居家有礼，故长幼辨；以之闺门有礼，故三族和；以之朝廷有礼，故官爵序；以之田猎有礼，故戎事闲；以之军旅有礼，故武功成。是以宫室得其度，鼎俎得其象，物得其时，乐得其节，车得其轼，鬼神得其享，丧纪得其哀，辩说得其党，百官得其体，政事得其施。加于身而措于前，凡众之动，得其宜也。"

言游退。子张进曰："敢问礼何谓也?"

子曰："礼者，即事之治也，君子有其事必有其治。治国而无礼，譬犹瞽之无相^⑥，伥伥乎何所之? 譬犹终夜有求于幽室之中，非烛何以见? 故无礼则手足无所措，耳目无所加，进退揖让无所制。是以其居处长幼失其别，闺门三族失其和，朝廷官爵失其序，田猎戎事失其策，军旅失其势，宫室失其度，鼎俎失其象，物失其时，乐失其节，车失其轼，鬼神失其享，丧纪失其哀，辩说失其党，百官失其体，政事失其施。加于身而措于前，凡动之众失其宜。如此，则无以祖洽四海^⑦。"

子曰："慎听之，汝三人者。吾语汝，礼犹有九焉，大飨有四焉^⑧。苟知此矣，虽在畎亩之中，事之，圣人矣。两君相见^⑨，揖让而入，入门而悬兴，揖让而升堂，升堂而乐阕。下管《象》舞^⑩，夏龠序兴^⑪。陈其荐俎^⑫，序其礼乐，备其百官。如此而后君子知仁焉。行中规，旋中矩，銮和中《采荠》⑬。客出以《雍》⑭，彻以《振羽》⑮。是故君子无物而不在于礼焉。入门而金作，示情也；升歌《清庙》⑯，示德也；下管《象》舞，示事也。古之君子，不必亲相与言也，以礼乐相示而已。夫礼者，理也；乐者，节也。无理不动，无节不作。不能《诗》，于礼谬；不能乐，于礼素；于薄德，于礼虚。"

子贡作而问曰："然则夔其穷与？"

子曰："古之人与？上古之人也。达于礼而不达于乐谓之素；达于乐而不达于礼谓之偏。夫夔达于乐而不达于礼，是以传于此名也。古之人也，凡制度在礼，文为在礼，行之其在人也。"

三子者，既得闻此论于夫子也，焕若发蒙焉。

【注释】①周流：周遍流行，普及。

②禘（dì）尝：禘礼与尝礼的并称。周礼，夏祭曰禘，秋祭曰尝。古时常指天子诸侯岁时祭祖的大典。

③馈奠：丧中祭奠之事。

④射：指乡射礼。飨：以酒食招待。

⑤食飨：以酒食宴请宾客。

⑥瞽（gǔ）：盲人。

⑦祖洽：倡导和协。

⑧礼犹有九焉，大飨有四焉：原文脱"礼"字，此处依《四部丛刊》本《家语》补。

⑨两君相见："君"原作"军"，据《礼记·仲尼燕居》改。

⑩下管：古代举行大祭等仪式，奏管乐者在堂下。《象》舞：周代

摹拟战争时的击刺动作,以象征其武功的一种乐舞。

⑪夏龠(yuè):传说为歌颂夏禹的乐舞,舞者执龠而舞。龠,乐器名,以竹管编成,形状如笛而稍短。

⑫荐:进献,祭献。俎:古代祭祀或宴会时放牲体的礼器。

⑬銮和:同"和鸾",古代车上的铃铛。挂在车前横木上称"和",挂在轭首或车架上称"鸾"。《采荠》:古乐曲名。

⑭《雍》:乐舞名,出自《诗经·周颂》,周代祭祀宗庙仪式完毕后撤去祭品时演唱的乐歌。

⑮彻:同"撤",撤席。《振羽》:即《振鹭》,乐章名,出自《诗经·周颂》。

⑯《清庙》:《诗经·周颂》篇名。

【译文】孔子闲居在家,子张、子贡、言游在旁陪侍,四人谈到礼。

孔子说:"你们三人都坐下,我为你们讲讲礼遍周天下的情况。"

子贡起身离席回道:"请问有礼该当如何?"

孔子说:"敬重但不合乎礼便是野蛮,恭顺但不合乎礼便是奉承,勇猛但不合乎礼便是乖张。"孔子又说:"谄媚奉承会破坏慈爱仁善。"

子贡说:"请问要如何行事才能符合您所说的礼呢?"

孔子说:"礼啊,礼,可以让人恪守中正之道。"

子贡退后。言游上前道:"请问礼是用于去除恶行,守卫善行的吗?"

孔子说:"是的。"

子贡问:"那要如何做呢?"

孔子说:"郊社之礼,是为了表达对鬼神的仁爱;禘尝之礼,是为了表达对先祖的仁爱;馈奠之礼,是为了表达对逝者的仁爱;射飨之礼,是为了表达对乡邻的仁爱;食飨之礼,是为了表达对宾客的仁爱。明白郊社之礼、禘尝之礼的意义,治国时便可如指诸掌了。因此,居家有礼,便可长幼有序;内室有礼,便可亲族和睦;朝堂有礼,便可尊卑有序;田猎有礼,便可军事娴熟;军队有礼,便可成就战功。如此宫室有了制度,祭器有了形制,万物顺时而长,音乐有了节拍,车马有了规格,鬼神得到祭祀,丧仪寄托哀思,辩论分立派系,百官恪守本分,政事顺利施展。将礼加于自身并排在首位,那么所有行动都会适宜了。"

言游退后。子张上前道:"请问什么是礼?"

孔子说:"礼,便是对事物的处理,君子遇事定会有处理方法。治国若无礼,就如无人搀扶的盲人,无所适从,不知该往哪儿走?就如整晚在暗室中搜寻东西,没有灯烛怎能找到?所以无礼就会手足无措,耳目不知该用在哪里,以致进退无据,揖让失节。这样便使乡邻间长幼无序,家庭中亲族不和,朝堂上尊卑混乱,田猎、战事失去策略,军队失去气势,宫室没有制度,祭器没有形制,万物错失生长时节,音乐没有节拍,车马没有规格,鬼神得不到祭祀,丧仪无处寄托哀思,辩论派系难辨,百官迷失本分,政事无法施展。将无礼加于自身而置于首位,那所有的行为举动都会失宜。如此,便无法使天下和睦融洽了。"

孔子说:"你们三人仔细听好。我告诉你们,礼还有九个方面,大飨便占了其中四项。若明白这些,即使身为农夫,若能依礼行事,也是圣人了。两国国君会晤,作揖谦让后进门,进门时奏乐助兴,再互相作揖谦让登上大堂，上堂后音乐停止。堂下以管乐吹奏起《象》舞的乐曲，接着歌颂夏禹的乐舞也相继而起。陈列进献贡品，依序安排礼乐，安排各司官员。如此来访的国君便能感到主人的仁爱了。在这里，人们都依照规矩行走、转身，就连车身的铃音都配合着《采荠》的节拍。宾客离席以《雍》乐相伴，撤席时又奏响《振羽》。因此君子的一言一行无不合乎礼。客人进门钟声响起，以示欢迎之情；升堂时演奏《清庙》，以示德行深厚；堂下吹奏《象》舞之曲，以示先祖的事业和功绩。古代的君子，不必亲近交谈，用礼乐即可表达情意。礼，就是理；乐，就是节。无理便不妄动，无节便不妄为。不能理解《诗经》中的奥义，礼便纰漏百出；不能以乐相佐，礼便单调枯燥；德行浅薄，礼便虚伪不实。"

子贡起身问道："那么夔通晓礼吗？"

孔子说："你说的是古时的夔吗？他是上古之人啊。通晓礼但不通晓乐称为素；通晓乐但不通晓礼称为偏。夔通晓乐但不通晓礼，因此便以通晓乐而闻名天下。古时之人，各项制度都合乎礼，又以礼来文饰，但其推行还在于人啊。"

三位弟子听过孔子这番话，心中豁然开朗，如同盲人可以视物一般。

子夏侍坐于孔子，曰："敢问《诗》云：'恺悌君子，民之父母'，何如斯可谓民之父母？"

孔子曰："夫民之父母，必达于礼乐之源，以致五至而行三无，以横于天下。四方有败，必先知之。此之谓民之父母。"

子夏曰："敢问何谓五至？"

孔子曰："志之所至，诗亦至焉；诗之所至，礼亦至焉；礼之所至，乐亦至焉；乐之所至，哀亦至焉。诗礼相成，哀乐相生。是以正明目而视之，不可得而见；倾耳而听之，不可得而闻；志气塞于天地，行之充于四海，此之谓五至矣。"

子夏曰："敢问何谓三无？"

孔子曰："无声之乐，无体之礼，无服之丧，此之谓三无。"

子夏曰："敢问三无，何《诗》近之？"

孔子曰："'夙夜基命宥密①'，无声之乐也；'威仪逮逮，不可选也②'，无体之礼也；'凡民有丧，扶伏救之③'，无服之丧也。"

子夏曰："言则美矣大矣，言尽于此而已乎？"

孔子曰："何谓其然？吾语汝！其义犹有五起焉。"

子夏曰："何如？"

孔子曰："无声之乐，气志不违④；无体之礼，威仪迟迟；无服之丧，内恕孔哀⑤。无声之乐，所愿必从；无体之礼，上下和同；无服之丧，施及万邦。既然，而又奉之以三无私而劳天下，此之谓五起。"

子夏曰："何谓三无私？"

孔子曰："天无私覆，地无私载，日月无私照。其在《诗》曰：'帝命不违，至于汤齐。汤降不迟，圣敬日跻。昭假迟迟，上帝是祗，帝命式于九围⑥。'是汤之德也。"

子夏蹶然而起，负墙而立曰："弟子敢不志之！"

【注释】①"夙夜"句：语出《诗经·周颂·昊天有成命》。朝夕谋政，令民安宁。

②"威仪"二句：语出《诗经·邶风·柏舟》。庄严雍容，无可挑剔。

③"凡民"二句：语出《诗经·邶风·谷风》。百姓有难，在所不辞。

④气志不违："志"原作"至"，此处依《四部丛刊》本《家语》改。

⑤孔：非常。哀：《四部丛刊》本《家语》作"悲"。

⑥"帝命"七句：语出《诗经·商颂·长发》。殷商不违天命，就像商汤那样。降生恰逢天时，圣德日益提升。祷告经久不息，虔敬供奉天帝，天命统领九州。

【译文】子夏在孔子身边侍坐，说："请问《诗经》上说：'和善的君子，有如百姓的父母'，怎样才能称作民之父母呢？"

孔子说："民之父母，须通晓礼乐的来源，明白'五至'，践行'三无'，并将它们传扬于天下。四海出现灾祸，定会预先知晓。如此便可称为民之父母。"

子夏说："请问何为'五至'？"

孔子说："心志所达之处，诗与其同往；诗所达之处，礼与其同往；礼所达之处，乐与其同往；乐所达之处，哀与其同往。诗与礼相辅相成，哀与乐相生相伴。因此，即使擦亮双眼去看，也无法看到；即使侧耳倾听，也无法听到；心志充斥于天地间，普及开来弥漫四海，这便是'五至'。"

子夏说："请问何为'三无'？"

孔子说："没有声响的音乐，没有形式的礼仪，没有丧服的丧礼，这便是'三无'。"

子夏说："请问《诗经》中有哪些语句的意思与'三无'相近？"

孔子说："'夙夜基命宥密'，是无声的音乐；'威仪逮逮，不可选也'，是没有形式的礼仪；'凡民有丧，扶伏救之'，是没有丧服的丧礼。"

子夏说："这些诗句虽然壮美宏伟，但您就言尽于此了吗？"

孔子说："何出此言？我告诉你！这中间还包含了'五起'。"

子夏说："请问何为'五起'？"

孔子说："无声之乐，不违逆心志；没有形式的礼仪，庄严从容；没有丧服的丧礼，心存忠厚而哀思绵长。无声之乐，可以达成所愿；没有形式的礼仪，可使上下一心；没有丧服的丧礼，可令恩德施于万邦。如此，再遵奉'三无私'来治国理政，这便是'五起'。"

子夏说："请问何为'三无私'？"

孔子说："苍穹无私地蔽护万物，大地无私地承载万物，日月无私地照耀万物。这种精神在《诗经》中是这样体现的：'帝命不违，至于汤齐。汤降不迟，圣敬日跻。昭假迟迟，上帝是祗，帝命式于九围。'这是商汤的德行。"

子夏急忙起身，背靠墙恭敬直立道："弟子不敢忘记您的教诲。"

卷
七

观乡射第二十八

【题解】这一篇主要体现了孔子对礼的重视。他在观看了乡射礼后感慨不已，回去后便与弟子演习射礼，对民众进行礼的教育。在观看了乡饮酒礼后，认为推行王道很容易，因为在乡饮酒礼过程中体现着长幼有序、贵贱分明、欢乐而不失节制。以礼办事，"足以正身安国"。最后写了孔子、子贡观看腊祭，表达出张弛有度才是为政之道。

孔子观于乡射①，喟然叹曰："射之以礼乐也，何以射，何以听？循声而发，不失正鹄者，其唯贤者乎。若夫不肖之人，则将安能以求饮？《诗》云：'发彼有的，以祈尔爵②。'祈，求也。求所中以辞爵。酒者，所以养老、所以养病也。求中以辞爵，辞其养也。是故士使之射而弗能，则辞以病，悬弧之义③。"

于是退而与门人习射于矍相之圃④，盖观者如墙堵焉。试射至于司马⑤，使子路执弓矢，出列延，谓射之者曰："奔军之将⑥、亡国之大夫、与为人后者⑦，不得入，其余皆入。"盖去者半。又使公罔之裘、序点扬觯而语曰⑧:"幼壮孝悌,耆老好礼,不从流俗,修身以俟死者,在此位。"盖去者半。序点又扬觯而语曰:"好学不倦,好礼不变,耄期称道而不乱者,在此位。"盖仅有存焉。

射既阕,子路进曰:"由与二三子者之为司马,何如?"孔子曰:"能用命矣⑨。"

【注释】①乡射:古代射箭饮酒的礼仪。

②"发彼"二句:语出《诗经·小雅·宾之初筵》。

③悬弧之义:古代风俗尚武,家中生男,于门左挂弓一张,后因称生男为悬弧。王肃注:"弧,弓也。男子生则悬弧于其门,明必有射事也。而今不能射,唯疾可以为辞也。"

④矍(jué)相:古地名,在今山东曲阜市城内阙里西。孔子曾在此习射。

⑤射至于司马:射礼前行饮酒礼,饮酒礼到宾主酬谢完毕,便开始射礼,于是主人便命其属吏一人为司马,以主谢礼。司马,这里并非指官职,而是乡射礼时监督礼仪之人。

⑥奔:逃跑,逃亡。《左传·庄公十一年》:"大奔曰败。"

⑦人后:后嗣,这里指不顾自己的身份自愿过继给别人作后嗣。

⑧"公罔"句:射礼完毕,行旅酬礼时,宾客们互相敬酒酬答,使此二人举觯以告诫众人。公罔之裘,春秋末人,曾向孔子学射,公罔为其姓。序点,春秋末人,曾向孔子学射。觯(zhì),古代酒器,青铜制,形似尊而小,或有盖。语,这里是告诫众人的意思。

⑨用命:效忠,听命。这里是胜任的意思。

【译文】孔子观看乡射,叹息道:"射箭要依循礼制、配合音乐,射箭的人怎能做到一边射箭,一边听音乐呢? 既能顺着乐声射箭,又能射中靶心,只有贤者才能做到吧。若是宵小之徒,又怎能射中进而罚他人饮酒?《诗经》中说:'弯弓搭箭,射中目标,祈求你被罚饮酒。'祈,就是祈求。祈求射中以免受罚酒。酒,可以用来养老和养病。祈求射中从而免受罚酒,便是拒绝别人的奉养。所以请士人射箭,若对方无法参与,则应称病辞谢,因为射箭是男子与生俱来的技能。"

于是孔子返回后便与弟子在矍相的园圃演习射礼,观者如堵。射礼进行到确定司马时,孔子让子路手执弓箭,出来邀请他人参加射礼,对想参加射礼的人说:"败逃的将领、亡国的大夫、为他人作后嗣的人,不得参与,其他人请进。"有半数观者离去。孔子又让公罔之裘、序点举杯告诫众人说:"年少时孝顺友爱,年纪大了仍喜好礼义,不随波逐流,修身静待终老者,请留步。"又有半数观者离去。序点又举杯说:"好学且孜孜不倦,好礼且持之以恒,年老仍能谨言慎行者,请留步。"至此,仅有几人留下了。

射礼结束,子路上前说:"我与他们担任司马,做得怎么样? "孔子说:"能够胜任了。"

孔子曰:"吾观于乡①,而知王道之易易也②。主人亲速宾及介③,而众宾从之④。至于正门之外,主人拜宾及介,而众宾自入。贵贱之义别矣。三揖至于阶,三让以宾升,拜至,献酬辞让之节繁。及介升,则省矣。至于众宾,升而受爵,坐祭立饮,不酢而降,隆杀之义辨矣。工入,升歌三终⑤,主人献宾。笙入三终,主人又献之。间歌三终,合乐三阕,工告乐备而遂出⑥。一人扬觯,乃立司正焉,知其能和乐而不流也。宾酬主人,主人酬介,介酬众宾，少长以齿，终于沃洗者焉。知其能弟长而无遗矣。降脱屦，升座，修爵无算。饮酒之节，旰不废朝，暮不废夕。宾出，主人拜送，节文终遂焉，知其能安燕而不乱也。贵贱既明，降杀既辨，和乐而不流，弟长而无遗，安燕而不乱。此五者，足以正身安国矣，彼国安而天下安矣。故曰：'吾观于乡，而知王道之易易也。'"

【注释】①乡：指乡饮酒礼。周代乡学考中者，临行前，由乡大夫设酒宴以宾礼相待，谓之"乡饮酒礼"。

②王道：施行仁政治国。

③速：邀请。宾：正宾。介：副宾。

④众宾：古代乡饮酒礼中的一般宾客，地位低于正宾和副宾。

⑤升歌：此指宴会登堂时演奏的乐歌。

⑥工：这里指乐工之长，即乐正。

【译文】孔子说："我观看乡饮酒礼，便知推行王道很容易。主人亲自上门邀请正宾与副宾，其他宾客便相随而来。行至正门外，主人拜迎正宾与副宾，其他宾客自行入内。尊卑贵贱由此分明。主人和正宾行至阶前三次作揖，礼让三回后，主人先升东阶，正宾升至西阶，然后进入堂内，主人拜谢正宾的到来，主宾之间互相敬酒酬谢辞让的礼节繁多。等到副宾登阶升堂，礼节就相对减少了很多。至于其他宾客，只需依次登上西阶接受敬酒，然后在西阶坐下行祭酒，再站起来饮酒，无需回敬主人就可以下堂了，礼节薄厚由此分明。乐工进入，升堂吟唱三曲，然后主人向他们敬酒。接着笙工进来，在堂下吹奏三曲，主人再次向他们敬酒。乐工与笙工轮流演奏三曲，再合奏三曲，乐正上报奏乐完毕然后退下。主家的一位主管向宾客举杯，于是主人选立一位司正，负责监察饮酒失仪者，由此便知，乡饮酒礼使大家既玩得高兴，又不会放肆失礼。正宾劝主人饮酒，主人劝副宾饮酒，副宾劝其他宾客饮酒，依年龄长幼相互劝酒，直至侍奉盥洗的人。由此便知，乡饮酒礼使长幼都不会被遗漏。众人下堂脱鞋，再上堂就座，相互间依次敬酒，不计杯数。饮酒时间的掌握，以早晨不耽误早朝，傍晚不耽误晚上见君为准则。正宾离去，主人拜送，礼节从头到尾毫无差错，由此便知，乡饮酒礼既能使众人欢乐又不混乱。尊卑贵贱分明，礼节薄厚可辨，使人和乐又不失礼，长幼无一遗漏，欢乐又不混乱。做到这五点，就足以修身洁行进而安邦定国了，国泰民安进而天下也就安定了。所以说：'我观看乡饮酒礼，便知推行王道是很容易的。'"

子贡观于蜡①。

孔子曰："赐也，乐乎？"

对曰："一国之人皆若狂，赐未知其为乐也。"

孔子曰："百日之劳，一日之乐，一日之泽，非尔所知也。张而不弛，文武弗能；弛而不张，文武弗为。一张一弛，文武之道也。"

【注释】①蜡（zhà）：古时的祭礼，于年终大祭万物，周朝称为"蜡"。

【译文】子贡观看腊祭。

孔子说："端木赐，你觉得快乐吗？"

子贡说："举国上下所有人都欣喜若狂，我不知大家为何快乐。"

孔子说："他们辛勤劳作百日，只为等待这一日的欢乐，这一日的恩泽，不是你能体会的。一直紧绷从不放松，就算文王、武王也做不到；一直松懈从不紧张，文王、武王也绝不会这样做。张弛有度，这才是文王、武王的为政之道啊。"

郊问第二十九

【题解】这一篇写了鲁定公就祭礼的问题向孔子求教,孔子为此论述了郊祭的意义、功用以及具体礼仪,讲解了周代和鲁国郊祭不同的原因。

定公问于孔子曰:"古之帝王必郊祀其祖以配天,何也?"

孔子对曰:"万物本于天,人本乎祖。郊之祭也,大报本反始也,故以配上帝。天垂象,圣人则之,郊所以明天道也。"

公曰:"寡人闻郊而莫同,何也?"

孔子曰:"郊之祭也,迎长日之至也①。大报天而主日,配以月。故周之始郊,其月以日至②,其日用上辛③。至于启蛰之月④,则又祈穀于上帝。此二者,天子之礼也。鲁无冬至大郊之事,降杀于天子,是以不同也。"

公曰:"其言郊,何也?"

孔子曰:"兆正于南,所以就阳位也。于郊,故谓之郊焉。"

曰:"其牲器何如?"

孔子曰："上帝之牛角茧栗⑤，必在涤三月⑥。后稷之牛唯具，所以别事天神与人鬼也。牲用骍，尚赤也；用犊，贵诚也。扫地而祭，贵其质也。器用陶匏，以象天地性也。万物无可称之者，故因其自然之体也。"

公曰："天子之郊，其礼仪可得闻乎？"

孔子对曰："臣闻天子卜郊，则受命于祖庙，而作龟于祢宫⑦，尊祖亲考之义也。卜之日，王亲立于泽宫，以听誓命，受教谏之义也。既卜，献命库门之内⑧，所以戒百官也。将郊，则供天子皮弁以听报⑨，示民严上也。郊之日，丧者不敢哭，凶服者不敢入国门，氾扫清路，行者毕止。弗命而民听，敬之至也。天子大裘以黼之⑩，被衮象天，乘素车，贵其质也。旂十有二旒⑪，龙章而设以日月，所以法天也。既至泰坛⑫，王脱裘矣，服衮以临燔柴⑬，戴冕，藻十有二旒，则天数也。臣闻之，诵诗三百，不足以一献⑭；一献之礼，不足以大飨⑮；大飨之礼，不足以大旅⑯；大旅具矣，不足以飨帝⑰。是以君子无敢轻议于礼者也。"

【注释】①长日：冬至。

②日至：夏至或冬至。夏至日照最长，称长至；冬至日照最短，称短至。由上文可知此处是冬至。

③上辛：农历每月上旬的辛日。

④启蛰：惊蛰。

⑤茧栗：形容牛角初生之状，言其形小如茧似栗。

⑥涤：古代指养祭牲的房子。

⑦祢(mí)：古代对已在宗庙中立牌位的亡父的称谓。

⑧库门：古传天子宫室有五门，库门是其最外之门。

⑨皮弁(biàn)：古冠名，由白鹿皮制成。皮弁服是天子的朝服。

⑩大裘：古时天子祭天的礼服。

⑪旂(qí)：同"旗"。旒(liú)：古代旌旗下边或边缘上悬垂的装饰品。

⑫泰坛：古代祭天之坛，在都城南郊。

⑬燔(fán)柴：古代祭天仪式，将玉帛、牺牲等置于积柴上而焚之。

⑭一献：古代祭祀和宴饮时进酒一次为一献。

⑮大飨：合祀先王的祭礼。

⑯大旅：古代祭名。王肃注："大旅，祭五帝也。"

⑰飨帝：祭祀天帝。飨，通"享"。

【译文】鲁定公向孔子请教道："古代帝王在郊祭时定会让其先祖配祭上天，这是为何呢？"

孔子说："万物源自上天，人源自其先祖。郊祭，旨在报答先祖的恩情、反思生命之本，所以郊祭时以先祖配祭上天。上天垂怜显示征兆，圣人遵循这些天象，郊祭就是用以彰显天道的。"

定公说："寡人听闻郊祭之礼的形式各不相同，这是为何？"

孔子说："郊祭，旨在迎接冬至。通过隆重的祭礼来报答上天，以祭祀日为主，以月配祭。郊祭起源于周代，祭天之月在冬至那月，祭天之日在上辛。等到了惊蛰这月，又祭祀天帝用来祈求丰收。这两种祭祀，都是天子的礼制。鲁国冬至这天不进行盛大的郊祭之礼，是因为鲁国是诸侯国，所以在礼制上要降低等级，因此有所不同。"

定公说："将其称为郊祭，是为何呢？"

孔子说："祭坛设在南郊，是为了靠近阳面。又是在郊外祭祀，所以称为郊祭。"

定公说："祭祀需要用到什么样的牺牲和礼器呢？"

孔子说："祭祀天帝的牛，要用角小如蚕蛹或栗子的牛犊，必须在饲养祭牲的地方养足三个月。祭祀后稷的牛要毛色、形体都完备，以区分敬奉天神与人鬼的不同。选用赤色的牺牲，因周人崇尚红色；选用小牛犊，是重视诚实。把地面打扫干净后祭祀，是崇尚朴素。礼器选用陶制器物，象征天地本色。万物中没有可与之相配的，是因循其自然本性。"

定公说："天子举行郊祭，其礼仪可说与我听听吗？"

孔子答道："臣听闻天子郊祭前要先占卜，卜者在祖庙领命，然后在父庙占卜，意在尊敬先祖、亲近亡父。占卜之日，天子亲临泽宫，聆听祭祀时需要注意的禁忌与规范，以示遵奉上天的教诲。占卜之后，天子在库门内颁布将要郊祭的命令，意在警示百官。即将郊祭时，天子身穿朝服听取关于祭祀的汇报，以示百姓须谨遵天子之命。郊祭当日，家逢丧事者不敢哭泣，身着丧服者不敢进入国都的城门，洒扫道路，禁止行人通行。这样无须下令百姓自会听从，百姓对上天恭敬至极。天子的礼服绣着黑白花纹，外披象征上天形象的衮服，乘坐没有装饰的车驾，意在重视祭祀的本质。打着的旗帜悬垂着十二旒，旗帜上绘着龙与日月，是为了效法上天。行至祭天之坛，天子脱掉大裘，身穿衮服接近祭坛主持燔柴仪式，头上戴的冠冕，悬垂十二旒，是效法天数。臣听闻，若不曾习礼，即使能诵读整部《诗经》，也不足以主持一献；仅习得一献之礼，不足以主持大飨；仅习得大飨之礼，不足以主持大旅；仅习得大旅之礼，不足以主持祭祀天帝之礼。所以君子不敢轻易谈论礼。"

五刑解第三十

【题解】看到"刑不上于大夫，礼不下于庶人"，很多人会误解，认为太不合理。但我们认真学了这篇文章后，就会感慨古人这些做法非常有道理。

"刑不上于大夫"是因为用礼的恭敬、戒慎精神来约束大夫的心，使他们能自觉成为有自尊自爱、廉洁有守的人。即使他们犯罪了，都不忍以斥责的语气直呼其罪名，而且为他避讳，是为了使他们感到羞愧和耻辱。而大夫犯罪也不会逃避其应有的惩罚，这是教化的结果。"礼不下于庶人"，是因为普通人忙于生计的事，而不能很好地学习礼，所以不能要求他们有完备的礼仪。

冉有问于孔子曰："古者三皇五帝不用五刑①，信乎？"

孔子曰："圣人之设防，贵其不犯也。制五刑而不用，所以为至治也。凡民之为奸邪窃盗靡法妄行者，生于不足。不足生于无度，无度则小者偷惰，大者侈靡，各不知节。是以上有制度，则民知所止；民知所止，则不犯。故虽有奸邪贼盗靡法妄行之狱，而无陷刑之民。

"不孝者生于不仁，不仁者生于丧祭之礼不明。丧祭之礼，所以教仁爱也。能致仁爱，则服丧思慕，祭祀不懈人子馈养之道。丧祭之礼明，则民孝矣。故虽有不孝之狱，而无陷刑之民。

"杀上者生于不义，义所以别贵贱、明尊卑也。贵贱有别，尊卑有序，则民莫不尊上而敬长。朝聘之礼者，所以明义也。义必明则民不犯，故虽有杀上之狱，而无陷刑之民。

"斗变者生于相陵，相陵者生于长幼无序而遗敬让。乡饮酒之礼者，所以明长幼之序而崇敬让也。长幼必序，民怀敬让，故虽有斗变之狱，而无陷刑之民。

"淫乱者生于男女无别，男女无别则夫妇失义。婚姻聘享者，所以别男女、明夫妇之义也。男女既别，夫妇既明，故虽有淫乱之狱，而无陷刑之民。

"此五者，刑罚之所从生，各有源焉。不豫塞其源，而辄绳之以刑，是谓为民设阱而陷之也。"

【注释】①五刑：古代的五种刑罚，秦以前指墨（刺面）、劓（割鼻）、宫、大辟（斩首），剕（断足），也指笞、杖、徒、流、死。

【译文】冉有向孔子请教道："古时三皇五帝不用五刑，这是真的吗？"

孔子说："圣人设置防范的措施，贵在让人不触犯。制定五种刑罚但不施行，是为了达到天下大治。凡是百姓有奸邪、盗窃、违法、妄行的行为，都源于不满足。不满足源于没有限度，没有限度的话小则盗窃，大则奢靡，都是不知节制之故。因此君王制定法度，百姓便会有所节制；百姓有所节制，便不会触犯律法。所以即使对奸邪、盗窃、违法、妄行等行为制定了刑罚，却没有因此身陷牢狱的百姓。

"不孝顺父母源于不仁，不仁源于不清楚丧祭之礼。丧祭之礼，是用来教导百姓仁爱的。能做到心怀仁爱，服丧时便会思慕先人，这样就会按时进行祭祀，以表明不懈于赡养之道。丧祭之礼分明，百姓就会孝顺父母。因此即使对不孝制定了刑罚，却没有因此身陷牢狱的百姓。

"不忠于君上源于不义，道义是用来区分贵贱、彰显尊卑的。若能做到贵贱有别，尊卑有序，那么百姓便没有不尊敬长上的。诸侯定期朝见天子的朝聘之礼，是用来阐明道义的。道义明确了，百姓便不会犯上作乱，因此即使对不忠于君上者制定了刑罚，却没有因此身陷牢狱的百姓。

"争斗变乱源于相互欺凌，相互欺凌源于长幼无序，因此而遗忘了敬让。乡饮酒礼，是用来明确长幼之序和尊崇敬让的。长幼有序，百姓就会心怀敬让，因此即使对争斗变乱制定了刑罚，却没有因此身陷牢狱的百姓。

"淫乱源于男女无别，男女无别，夫妇之间便失去了恩义。婚姻聘享，使男女有别，是用来显明夫妇恩义的。男女有别，夫妇之间的恩义就明确，因此即使对淫乱制定了刑罚，却没有因此身陷牢狱的百姓。

"这五者，是刑罚产生的原因，各有渊源。不事先堵住源头，却动辄施加刑罚，便是给百姓设置陷阱来陷害他们。"

"刑罚之源，生于嗜欲不节。夫礼度者，所以御民之嗜欲而明好恶。顺天之道，礼度既陈，五教毕修，而民犹或未化，尚必明其法典以申固之。其犯奸邪靡法妄行之狱者，则饬制量之度；有犯不孝之狱者，则饬丧祭之礼；有犯杀上之狱者，则饬朝觐之礼；有犯斗变之狱者，则饬乡饮酒之礼；有犯淫乱之狱者，则饬婚聘之礼。三皇五帝之所化民者如此，虽有五刑之用，不亦可乎！"

孔子曰："大罪有五，而杀人为下。逆天地者罪及五世，诬文武者罪及四世，逆人伦者罪及三世，谋鬼神者罪及二世，手杀人者罪止其身。故曰大罪有五，而杀人为下矣。"

【译文】"刑罚的起源，在于对心中的欲望不加节制。礼制与法度，是用来控制百姓心中的欲念，以明确善恶的。顺应天道，颁布礼制与法度，推行五常之教，若仍有百姓不受教化，还要阐明法度，向他们重申并进一步巩固。有犯了奸邪、违法、妄行等罪行的百姓，便用法规制度加以整饬；有犯了不孝罪的百姓，便以丧祭之礼加以整饬；有犯了不忠于君上罪行的百姓，便以朝觐之礼加以整饬；有犯了争斗变乱罪行的百姓，便以乡饮酒礼加以整饬；有犯了淫乱罪的百姓，便以婚聘之礼加以整饬。这就是三皇五帝教化民众的方法，虽然运用了五刑，不也可以吗？"

孔子说："大罪分五等，而杀人为最下等。违逆天地的罪行累及五世，污蔑文王、武王的罪行累及四世，违背人伦的罪行累及三世，假借鬼神之力害人的罪行累及两世，亲手杀人的罪行只惩戒罪犯本身。所以说大罪分五等，而杀人为最下等。"

冉有问于孔子曰："先王制法，使刑不上于大夫，礼不下于庶人。然则大夫犯罪，不可以加刑？庶人之行事，不可以治于礼乎？"

孔子曰:"不然。凡治君子,以礼御其心,所以属之以廉耻之节也。故古之大夫,其有坐不廉污秽而退放之者,不谓之不廉污秽而退放,则曰'簠簋不饬①';有坐淫乱男女无别者,不谓之淫乱男女无别,则曰'帷幕不修②'也;有坐罔上不忠者,不谓之罔上不忠,则曰'臣节未著③';有坐罢软不胜任者,不谓之罢软不胜任,则曰'下官不职④';有坐干国之纪者,不谓之干国之纪,则曰'行事不请'。此五者,大夫既自定有罪名矣,而犹不忍斥然正以呼之也,既而为之讳,所以愧耻之。是故大夫之罪,其在五刑之域者,闻而谴发⑤,则白冠厘缨⑥,盘水加剑⑦,造乎阙而自请罪。君不使有司执缚牵掣而加之也。其有大罪者,闻命则北面再拜,跪而自裁。君不使人捽引而刑杀之也,曰:'子大夫自取之耳,吾遇子有礼矣。'以刑不上大夫而大夫亦不失其罪者,教使然也。凡所谓礼不下庶人者,以庶人遽其事而不能充礼,故不责之以备礼也。"

冉求跪然免席,曰:"言则美矣,求未之闻,退而记之。"

【注释】①簠簋不饬:同"簠簋不饰",比喻做官不廉洁。

②帷幕不修:同"帷薄不修",指家庭生活淫乱。

③著:显著。

④不职:不称职。

⑤谴发:谴责揭发。

⑥白冠厘缨:用兽尾作缨的白帽。古代大夫触犯五刑,戴此冠以示自己有罪。

⑦盘水加剑：以盘盛水，加剑其上，表示请罪自刎。

【译文】冉有向孔子请教道："先王立法，刑罚不对上施用于大夫，礼不对下施用于平民。既然如此，那么大夫犯罪，就无须受罚？普通百姓行事，就不用遵循礼了吗？"

孔子说："不是这样的。凡是管理君子，要以礼来约束其心，因此要告诉他们礼义廉耻等节操。所以古代大夫，若有人犯了贪污受贿罪而被罢免流放，不说他们因贪污受贿罪被罢免流放，而称为'簠簋不饬'；若有人犯了淫乱、男女无别的罪行，不说他们淫乱、男女无别，而称为'帷幕不修'；若有人犯了欺君罔上、不忠的罪行，不说他们欺君罔上、不忠，而称为'臣节未著'；若有人犯了软弱无能、难担重任的罪行，不说他们软弱无能、难担重任，而称为'下官不职'；若有人犯了违背国法的罪行，不说他们违背国法，而称为'行事不请'。这五种罪行，是大夫自己都承认的，却还不忍心从正面直呼这些罪名，还帮他们避讳，就是为了让他们对此感到惭愧和羞耻。因此大夫犯罪，若是在五刑之内，听到自己的罪行会被披露，则要自行戴上白冠厘缨，以盘盛水，盘上置剑，亲自进宫请罪。君主不让有司对他捆绑上拷施加凌辱。如果身负重罪，那么听到君主判处死刑的命令后，要向君主的方向跪拜两次，然后跪地自裁。君主不让官吏对他拖拽施以刑杀，只是说：'这是大夫你自己咎由自取，我对你也算以礼相待了。'虽然没对大夫施刑，但大夫也因罪受罚，这是教化使然。所谓礼不对下施用于平民百姓，是因平民百姓忙于生计无法做到礼节充分，所以不能在礼上对他们求全责备。"

冉有听后，离席跪拜，说："您说得太好了，都是我从未听过的，我回去后就记下来。"

刑政第三十一

【题解】这一篇主要是讲刑政的。孔子强调为政必须让伦理道德教育与刑罚配合使用，不过最好的办法还是教化百姓懂得守礼。以违礼为耻，以守礼为正。

仲弓问于孔子曰："雍闻至刑无所用政，至政无所用刑。至刑无所用政，桀纣之世是也；至政无所用刑，成康之世是也。信乎？"

孔子曰："圣人之治化也，必刑政相参焉。太上以德教民，而以礼齐之。其次以政言导民，以刑禁之。刑，不刑也。化之弗变，导之弗从，伤义以败俗，于是乎用刑矣。制五刑必即天伦，行刑罚则轻无赦。刑，侀也①；侀，成也。壹成而不可更，故君子尽心焉。"

【注释】①侀：通"形"，原为已定型之物，引申为成事不可改变之意。

【译文】仲弓向孔子请教道："我听闻以极其严峻的刑罚治国便无须施行政化，极力施行政化便无须以刑罚治国。以极其严峻的刑罚治国不用施行政化，夏桀、商纣统治的时期就是如此；极力施行政化而不用刑罚治国，成王、康王统治的时期就是如此。这是真的吗？"

孔子说："圣人治理国家、教化百姓，定是刑罚与政化相互配合。最上乘的方法是以道德教化百姓，以礼约束他们。其次是以政化教导百姓，以刑罚约束他们。刑罚，用意不在惩戒。对于不受教化影响，不听从教导，损害道义，伤风败俗的百姓，只能用刑罚惩治。制定五刑必须符合天道，行刑时即便是很轻的刑罚也不可赦免。刑，就是侀；侀，就是已定型。一旦定刑便不可改变，所以君子定刑前一定要尽心审查案件。"

仲弓曰："古之听讼①，尤罚丽于事②，不以其心，可得闻乎？"

孔子曰："凡听五刑之讼，必原父子之情，立君臣之义以权之。意论轻重之序，慎测深浅之量以别之。悉其聪明，致其忠爱以尽之。大司寇正刑明辟以察狱，狱必三讯焉。有指无简，则不听也。附从轻，赦从重。疑狱则泛与众共之，疑则赦之。皆以小大之比成之。是故爵人必于朝，与众共之也；刑人必于市，与众弃之也。古者公家不畜刑人，大夫弗养。其士遇之涂，弗与之言。屏诸四方，唯其所之，弗及与政，弗欲生之也。"

【注释】①听讼：听理诉讼，审案。
②丽：附着。

【译文】仲弓说："古代审案，尤其注重惩罚要符合事实，而不依照犯罪者的动机，这些情况可讲与我听吗？"

孔子说："凡是审理五刑内的案件，必须体谅父子之情，考量君臣之义，然后再做权衡。意在论证情节轻重，衡量罪行深浅，加以区别对待。官员须绞尽脑汁，极尽忠义仁爱之心办案。大司寇的职责是正定刑律、严明法律，以此来审理诉讼案件，审理案件时一定要多方听取意见。对于有指证而无法证实的，则不能治罪。对于不是主谋的从犯要从轻量刑，对于曾经宽恕而重新犯罪的人要从重量刑。疑案须广泛征求大众意见，仍存疑不能坐实罪行的则赦免。所有案件都依罪行大小定罪量刑。所以赏赐爵位必在朝堂之上，表示与朝臣一起鉴证；罪犯受刑必在闹市之中，表示与民众共同唾弃。古时公侯之家不收容受过刑罚的人，大夫也不收养他们。士人路遇受过刑罚之人，不与他们交谈。将他们驱逐到边境，放任自流，剥夺他们参与朝政的权力，是不愿他们活下去。"

仲弓曰："听狱①，狱之成，成何官？"

孔子曰："成狱成于吏②，吏以狱成告于正③。正既听之，乃告大司寇。大司寇听之，乃奉于王。王命三公卿士参听棘木之下④，然后乃以狱之成告于王。王三宥之以听命⑤，而制刑焉。所以重之也。"

【注释】①听狱：审理诉讼。

②成狱：指讼事判决定案。

③正：狱官长。

④棘木之下：古代听讼的地方。

⑤三宥：古代对犯罪者可从轻处理的三种情况。

【译文】仲弓问："审理诉讼，结案定罪，由什么官负责？"

孔子说："狱吏负责判决定案，再将案件上报狱官长。狱官长审理后，上报大司寇。大司寇审理后，再上报君王。君王命三公、卿、士在棘木之下会审，然后将最终的审理结果呈送君王。君王对罪犯依照可以从轻处理的三种情况议定是否减刑，然后根据各方审理意见判定相应的刑罚。审案的流程十分慎重。"

仲弓曰："其禁何禁？"

孔子曰："巧言破律，遁名改作，执左道与乱政者，杀；作淫声，造异服，设奇伎奇器以荡上心者，杀；行伪而坚，言诈而辩，学非而博，顺非而泽，以惑众者，杀；假于鬼神、时日、卜筮以疑众者，杀。此四诛者不以听。"

【译文】仲弓说："法令严禁哪些行为？"

孔子说："能言巧辩曲解法令，逃避名义变更法令，利用旁门左道与叛国谋乱者，杀；发出靡靡之音，制作奇装异服，以新奇的技巧、奇巧的器物扰乱君心者，杀；行为诈伪却让人坚信不疑，言语虚伪而擅长辩论，学习诡道而涉猎广博，认同异端而大肆宣扬，以此迷惑民众者，杀；利用鬼神、时日、卜筮来扰乱民心者，杀。犯此四种罪行者格杀勿论。"

仲弓曰："其禁尽于此而已？"

孔子曰："此其急者。其余禁者十有四焉：命服命车不粥于市①，圭璋璧琮不粥于市②，宗庙之器不粥于市，兵军旂旗不粥于市，牺牲秬鬯不粥于市③，戎器兵甲不粥于市，用器不中度不粥于市，布帛精粗不中数、广狭不中量不粥于市，奸色乱正色不粥于市④，文锦珠玉之器雕饰靡丽不粥于市，衣服饮食不粥于市⑤，果实不时不粥于市，五木不中伐不粥于市⑥，鸟兽鱼鳖不中杀不粥于市。凡执此禁以齐众者，不赦过也。"

【注释】①命服：天子所赐的官服。命车：天子所赐的车。粥：古同"鬻"，卖。

②圭璋：两种贵重的玉制礼器。琮（cóng）：古代玉器，外边八角，中间圆形，常用作祭地的礼器。

③秬鬯（jù chàng）：古代以黑黍和郁金香草酿造的酒，用于祭祀降神及赏赐有功的诸侯。

④奸色：两色相杂而成的颜色。古代以青、黄、赤、白、黑为正色，其它颜色为奸色。

⑤衣服饮食不粥于市：王肃注："卖成衣服，非侈必伪，故禁之。禁卖熟食，所以厉耻也。"

⑥五木：五种取火的木材。

【译文】仲弓问："禁令只有这些吗？"

孔子说："此乃重中之重。此外还有十四项禁令：国君赏赐的官服、官车不得在集市上售卖，圭、璋、璧、琮等玉制礼器不得在集市上售卖，宗庙中的祭器不得在集市上售卖，军队里的旗帜不得在集市上售卖，祭祀专用的牺牲与酒不得在集市上售卖，兵器、甲胄不得在集市上售卖，不合规格的器具不得在集市上售卖，布帛粗细不合要求、宽窄不合尺寸不得在集市上售卖，奸色相杂、混乱正色的物品不得在集市上售卖，文彩斑斓的织锦、雕刻奢靡的珠玉等器物不得在集市上售卖，成衣、熟食不得在集市上售卖，没有成熟的果实不得在集市上售卖，没有成材的五种取火木材不得在集市上售卖，没有长成的鸟兽鱼鳖不得在集市上售卖。凡是执行这些禁令来治理百姓的，不可赦免违禁者的过错。"

礼运第三十二

【题解】本篇主要论述了礼的形成、发展、演变、完善的过程，也讲了三代"圣王"制礼的依据和原则，礼的运行法则，以及礼与仁、义、乐、顺的关系。"循礼以达义，体信以达顺"，才能进入"大顺"境界。

孔子为鲁司寇，与于蜡。既宾事毕①，乃出游于观之上，喟然而叹。言偃侍，曰："夫子何叹也？"

孔子曰："昔大道之行②，与三代之英，吾未之逮，而有记焉。

【注释】①宾：助祭者。

②大道之行：指三皇五帝时大道通行。

【译文】孔子任鲁国司寇时，曾参与蜡祭并担任宾。待助祭事宜结束，他便出来到宫门前的双阙上游赏，不禁喟然长叹。言偃当时随侍在孔子身边，问道："夫子为何感叹？"

孔子说:"昔日大道通行的时代,与英明君主当政的夏商周三代,我没能赶上,还好有文字记载那时的盛况。

"大道之行,天下为公,选贤与能,讲信修睦。故人不独亲其亲,不独子其子。老有所终,壮有所用,矜寡孤疾皆有所养。货恶其弃于地,不必藏于己;力恶其不出于身①,不必为人。是以奸谋闭而弗兴,盗窃乱贼不作。故外户而不闭,谓之大同②。

【注释】①恶:讨厌,憎恨。

②大同:我国古代一些思想家提出的一种天下为公,人人平等的社会政治理想。

【译文】"大道通行的时代,天下为百姓公有,选择贤能之人管理天下,人与人之间讲求诚信,和睦相处。所以百姓不只敬奉自己的双亲,不只疼爱自己的子女。老人都能寿终而寝,年轻人都有用武之地,鳏夫、寡妇、孤儿和残疾人都能得到照料。人们憎恨财物被丢在路上的行为,但也不会自己私藏;人们憎恨力气不是自己所出,但也不会为己谋私。因此奸诈的阴谋被遏制而无法施行,盗窃和乱臣贼子也不会出现。所以人们外出时不必锁上家门,这称为大同。

"今大道既隐,天下为家,各亲其亲,各子其子。货则为己,力则为人。大人世及以为常,城郭沟池以为固。禹汤文武,成王周公,由此而选,未有不谨于礼。礼之所兴,与天地并。如有不由礼而在位者,则以为殃。"

【译文】"如今大道衰微，天下成了君王一家的天下，人们只亲近自己的双亲，只养育自己的子女。财物私有，只为自己出力。王公贵族权位世袭已成常事，建造城墙、护城河以巩固统治。夏禹、商汤、文王、武王、成王、周公，是以礼治天下的英杰，他们行事无不谨遵礼。礼的兴起，与天地并存。若出现不遵礼而身居高位之人，则视其为祸殃。"

言偃复问曰："如此乎，礼其急也。"

孔子曰："夫礼，先王所以承天之道以治人之情。列其鬼神，达于丧、祭、乡射、冠、婚、朝聘。故圣人以礼示之，则天下国家可得以礼正矣。"

言偃曰："今之在位，莫知由礼，何也？"

孔子曰："呜呼哀哉！我观周道，幽厉伤也。吾舍鲁何适？夫鲁之郊及禘皆非礼^①，周公其已衰矣。杞之郊也禹，宋之郊也契^②，是天子之事守也^③，天子以杞、宋二王之后。周公摄政致太平，而与天子同是礼也。诸侯祭社稷宗庙，上下皆奉其典，而祝嘏莫敢易其常法^④，是谓大嘉。

【注释】①禘（dì）：古代帝王或诸侯在始祖庙里对祖先的一种盛大祭祀。

②契：商朝的始祖，子姓，名契，别称"阏伯"，帝喾与简狄之子。

③事守：指应当遵守的法度。

④祝嘏（gǔ）：祭祀时祝祷和所传达的言辞。

【译文】言偃又问："这样的话，推行礼就迫在眉睫了。"

孔子说："礼，是先王用来承接天道管理人情的。礼取法于鬼神，贯彻于丧事、祭祀、乡射、冠礼、婚礼、朝聘等事宜之中。因此圣人以礼昭示百姓，这样国事就可以通过礼治理好了。"

言偃说："如今身处上位者，不知以礼治国，又是为何？"

孔子说："唉，实在可悲！我考察周代的治国之道，是到幽王、厉王时败坏的。我若离开鲁国又能去哪里呢？鲁国的郊祭、禘祭都不合礼，周公制定的礼法已经衰落了。杞人举行郊祭，是祭祀禹；宋人举行郊祭，是祭祀契，这些都是天子应遵守的法度，周天子认为杞、宋是禹、契两位君王的后裔。周公摄政以致天下太平，所以祭礼与天子相同。诸侯祭祀社稷以及先祖，全国上下都奉守此典章制度，祝辞和嘏辞不敢变更自古沿袭下来的常规，这被称为大嘉。"

"今使祝嘏辞说徒藏于宗祝巫史①，非礼也，是谓幽国②。醆斝及尸君③，非礼也，是谓僭君④。冕弁兵革藏于私家⑤，非礼也，是谓胁君。大夫具官，祭器不假，声乐皆具，非礼也，是为乱国。故仕于公曰臣，仕于家曰仆。三年之丧，与新有婚者，期不使也。以衰裳入朝，与家仆杂居齐齿，非礼也，是谓臣与君共国。天子有田，以处其子孙；诸侯有国，以处其子孙；大夫有采，以处其子孙，是谓制度。天子适诸侯，必舍其宗庙，而不以礼籍入⑥，是谓天子坏法乱纪。诸侯非问疾吊丧，而入诸臣之家，是谓君臣为谑。

【注释】①宗祝：宗伯和太祝，主祭祀之官。巫史：古代从事求神占卜等活动的人叫"巫"，掌管天文、星象、历数、史册的人叫"史"。这些职务最初往往由一人兼任，统称"巫史"。

②幽国：政治昏暗的国家。

③醆斝（zhǎn jiǎ）及尸君：醆斝，酒器。夏代的酒器叫醆，商代的酒器叫斝。尸，祭礼中代表死者受祭的人。这句话是说只有夏、商的后代即杞、宋两国之君祭祀时，才能用醆、斝献尸，其他的诸侯国若用了则为僭礼。

④僭君：越礼之君。这里指超越自己的本分，冒用君王的器物。

⑤冕弁：冕和弁，均为古代帝王、诸侯、卿、大夫所戴的礼帽。兵革：兵器及甲胄等军械装备。

⑥礼籍：记载名位尊卑之书。

【译文】"如今祝辞、嘏辞只掌握在宗、祝、巫、史手中，是不合礼法的，这称为政治昏暗的国家。祭祀时用先王的醆、斝向尸君献酒，是不合礼法的，这称为僭越君王。私藏冕、弁和兵革在家，是不合礼法的，这称为胁迫君王。大夫麾下官职齐备，祭器齐全不须向人借用，乐人和乐器全备，是不合礼法的，这称为祸乱国事。所以侍奉君王之人称为臣，侍奉大夫之人称为仆。服丧三年的臣子，与新婚的臣子，一年内国君不派给他们差事。若身着丧服入朝，或身为大夫却与家仆混居杂处，是不合礼法的，这称为君臣共有国家。天子有土地，可用来安置子孙；诸侯有封国，可用来安置子孙；大夫有采邑，可用来安置子孙，这称为制度。天子出访诸侯国，必下榻于诸侯的宗庙之中，若不依礼籍规定进入，这称为天子违法乱纪。诸侯若非因为探病、吊唁，而进入朝臣家中，这称为君臣相谑。

"故夫礼者，君之柄，所以别嫌明微，傧鬼神，考制度，别仁义，立政教，安君臣上下也。故政不正则君位危，君位危则大臣倍小臣窃。刑肃而俗弊，则法无常；法无常，则礼无别；礼无别，则士不事，民不归，是谓疵国。

【译文】 "所以，礼是君王治国理政的重要手段，用以明辨是非，洞察幽微，敬奉鬼神，考察制度，区分对象以施行仁义，确立政教，使君臣百姓都能得到安定。所以政事不正就会危及君位，君位动摇，大臣就会谋逆、小臣就会窃权。刑法严峻、风俗败坏，法令就会失常；法令失常，礼就无法区别尊卑，礼无法区别尊卑，士人就不会尽心做事，人民就不会真心归附，这称为有病之国。

"是故夫政者，君之所以藏身。必本之天，效以降命。命教于社之谓效地，降于祖庙之谓仁义，降于山川之谓兴作，降于五祀之谓制度，此圣人所以藏身固也。圣人参于天地，并于鬼神，以治政也。处其所存，礼之序也。翫其所乐①，民之治也。天生时，地生财，人其父生而师教之。四者君以政用之，所以立于无过之地。

【注释】 ①翫：同"玩"。

【译文】 "所以，政令是君王安身立命之本。制定政令必须源于天道，效法天道以颁布政令。颁布的政令源于土地称之为效地，颁布的政令源于祖庙称之为仁义，颁布的政令源于山川称之为兴作，颁布的政令源于五种祭祀称之为制度，这就是圣人用来安身立命的根本。圣人遵循天地法则，秉承鬼神意志来治国理政。圣人能够因地制宜，礼法就会井然有序。圣人能够体察百姓的快乐，百姓就会安居乐业。

天生四时，地生财物，人由父母生养而由老师教导。君王通过政教来引导上述四个方面，便可立身于无过之地。

"君者，人所则，非则人者也；人所养，非养人者也；人所事，非事人者。夫君者明人则有过，养人则不足，事人则失位。故百姓则君以自治，养君以自安，事君以自显。是以礼达而分定，人皆爱其死而患其生。是故用人之智去其诈，用人之勇去其怒，用人之仁去其贪。国有患，君死社稷谓之义，大夫死宗庙谓之变①。凡圣人能以天下为一家，以中国为一人，非意之。必知其情，从于其义，明于其利，达于其患，然后能为之。

【注释】①变：《礼记·礼运》郑玄注曰："变，当为辩，声之误也。辩，犹正也。"

【译文】"君王是百姓的表率，而不是效法他人者；君王受人奉养，而不是奉养他人者；君王被人侍奉，而不是侍奉他人者。君王效法他人便会犯错，奉养他人便会力有不足，侍奉他人便会失去君位。所以百姓效法君王以达到自我约束，奉养君王以实现自我安定，侍奉君王以求得自我显达。这样便能普及礼法、明确上下名分，人人都愿意为大义去死，而害怕因不义偷生。所以君王要用人们的智慧去除他们的欺诈，用人们的勇敢去除他们的暴怒，用人们的仁慈去除他们的贪婪。国家有难，君王为社稷赴死实乃大义，大夫为宗庙赴死实乃正当。圣人能将天下看作一个家族，将国家看作一个人，这并非臆想。须得通晓人情，遵从义理，明白利害关系，清楚忧患所在，然后方能做到。

"何谓人情？喜、怒、哀、惧、爱、恶、欲，七者弗学而能。何谓人义？父慈，子孝，兄良，弟悌，夫义，妇听，长惠，幼顺，君仁，臣忠，十者谓之人义。讲信修睦，谓之人利。争夺相杀，谓之人患。圣人之所以治人七情，修十义，讲信修睦，尚辞让，去争夺，舍礼何以治之？饮食男女，人之大欲存焉；死亡贫苦，人之大恶存焉。欲、恶者，人之大端。人藏其心，不可测度。美恶皆在其心，不见其色，欲一以穷之，舍礼何以哉？

【译文】"什么叫人情？喜、怒、哀、惧、爱、恶、欲，这七种情绪不用学习就能做到。什么叫人义？父亲慈爱，儿子孝顺，兄长友爱，弟弟恭敬，丈夫守义，妻子顺服，长者仁惠，幼者恭顺，君王仁爱，臣民忠心，这十种人伦便是人义。讲求诚信、和睦友善，便是人利。争权谋利、互相屠戮，便是人患。所以圣人要管理人的七情，推行十义，讲信修睦，崇尚谦让，避免争夺，除了礼还能以何治国？饮食男女，是人最大的欲念；死亡和贫苦，是人最厌恶的事情。欲念和厌恶，是人最重要的两种情绪。世人将心思深藏，难以揣度。是非善恶都在其内心深处，不显露在外，想用一种方法就能全部弄清楚，除了礼还能用什么呢？

"故人者，天地之德，阴阳之交，鬼神之会，五行之秀①。天秉阳，垂日星；地秉阴，载山川。播五行于四时，和四气而后月生②。是以三五而盈③，三五而缺。五行之动，共相竭也。五行、四气、十二月，还相为本④；五声、六律、十二管，还相为宫⑤；五味、六和、十二食，还相为质⑥；五色、六章、十二衣，还相为主⑦。故人者, 天地之心, 而五行之端, 食味别声被色而生者也。

【注释】①秀: 特异。

②四气: 指春、夏、秋、冬四时的温、热、冷、寒之气。

③三五: 十五天。

④本: 王肃注: "用事者为本也。"

⑤五声: 宫商角徵羽。六律: 古乐十二律中的阳律, 即黄钟、太簇、姑洗、蕤宾、夷则、无射。十二管: 十二律管。宫: 指宫调, 古代音乐把调称为宫调。

⑥五味: 酸、苦、辛、咸、甘五种滋味。六和: 谓以滑、甘调制酸、苦、辛、咸四种滋味。十二食: 指人在一年十二个月中所吃的不同食物。质: 本。

⑦五色: 青、赤、黄、白、黑。六章: 青、赤、黄、白、黑、玄六色。十二衣: 十二个月里所穿的不同衣服。

【译文】 "所以人的出生, 是天地的恩德, 阴阳的交融, 鬼神的荟萃, 五行的精华。天秉阳气, 垂挂着太阳星辰; 地秉阴气, 承载着山川河流。把五行分布于一年四季, 与四气交融后产生了十二个月。所以每月前十五天月亮逐渐圆满, 后十五天月亮逐渐亏缺。五行运转, 迭相负载。五行、四气、十二月, 交替循环; 五声、六律、十二律管, 轮替作为宫调; 五味、六和、十二食, 交替作为本味; 五色、六章、十二衣, 交替作为本色。所以, 人是天地之心, 是五行之首, 是能品味美食、享受音乐、身着彩衣而生活于世的。

"圣人作则, 必以天地为本, 以阴阳为端, 以四时为柄。日星为纪，以月为量，鬼神以为徒，五行以为质，礼义以为器，人情以为田，四灵以为畜。以天地为本，故物可举；以阴阳为端，故人情可睹；以四时为柄，故事可劝；以日星为纪，故业可别；以月为量，故功有艺；鬼神以为徒，故事有守；五行以为质，故事可复也；礼义以为器，故事行有考；人情以为田，故人以为奥①。四灵以为畜，故饮食有由。

【注释】①奥：通"燠"，暖，热。

【译文】"圣人制定法令，必以天地为本，以阴阳为始，以四时为依托。以太阳和星辰的运行来记录时间，以月来计量功业，以鬼神为同类，以五行为主体，以礼义为准则，以人情为田亩，以四灵为牲畜。以天地为本，可包罗万象；以阴阳为始，可洞察人情；以四时为依托，可劝导百姓勤勉于事；以太阳和星辰的运行来记录时间，可使事情有序进行；以月来计量功业，功业就有了准则；以鬼神为同类，事情就有了规范；以五行为主体，事情便可循环；以礼义为工具，事情就可顺利完成；以人情为田亩，百姓就会感到温暖；以四灵为牲畜，百姓的饮食就有了来源。

"何谓四灵？麟凤龟龙谓之四灵。故龙以为畜，而鱼鲔不淰①；凤以为畜，而鸟不狘②；麟以为畜，而兽不狘；龟以为畜，而人情不失。先王秉蓍龟，列祭祀，瘗缯③，宣祝嘏辞说，设制度。故国有礼，官有御，事有职，礼有序。

【注释】①鱼鲔（wěi）：泛指鱼类。淰（shěn）：通"渗"，躲闪，鱼惊走。

②觱（xuè）：王肃注："觱、狱（xuè），飞、走之貌。"

③瘗（yì）缯：古代埋缯帛以祭地。

【译文】"什么叫四灵？麒麟、凤、龟、龙四种灵兽称为四灵。所以以龙为家畜，鱼类便不再受惊潜游；以凤为家畜，鸟类便不再受惊飞走；以麒麟为家畜，百兽便不再受惊奔跑；以龟为家畜，对人情的判断便不会出现失误。先王秉持蓍草与龟甲，安排祭祀，掩埋缯帛以祭地，诵读祝词、嘏词，制定各种制度。因此国家有礼法，官吏有管理，行事名尽其守，礼制井然有序。

"先王患礼之不达于下，故飨帝于郊，所以定天位也；祀社于国，所以列地利也；禘祖庙，所以本仁也；旅山川，所以傧鬼神也；祭五祀，所以本事也。故宗祝在庙，三公在朝①，三老在学②，王前巫而后史，卜筮瞽侑③，皆在左右。王中心无违也，以守至正。是以礼行于郊，而百神受职；礼行于社，而百货可极④；礼行于祖庙，而孝慈服焉。礼行于五祀，而正法则焉。故郊社宗庙山川五祀，义之修而礼之藏。

【注释】①三公：人臣中最高的三个官位，周代指太师、太傅、太保。

②三老：古时掌教化之官。王肃注："王养三老在学。"

③瞽：盲人，这里指代乐官，古代乐官常以瞽者担任。侑：四辅，辅佐君王、负责谏言的官员。

④极：负载。

【译文】"先王担忧礼难以普及到百姓，于是在郊外祭天帝，以确定天帝的无上尊荣；在国都祭社神，以展示大地养育万物之利；在祖庙祭祖先，以彰显仁爱为本；祭祀山川，以敬奉鬼神；祭祀五神，以礼敬万物之源。所以在宗庙有宗伯和太祝相助，在朝堂有三公相辅，在太学有三老相教，君王前有巫祝后有史官，负责占卜、奏乐和谏言的官员侍候左右。君王居于中心不违礼法，以此坚守至正之道。因而在郊外行祭天之礼，百神就会各司其职；行祭祀社神之礼，万物都会尽其所用；在祖庙行祭祖之礼，百姓就会遵循孝顺慈爱之道。行祭祀五神之礼，就能端正各种法则。所以祭天帝、祭社神、祭宗庙、祭山川、祭五神，都是用来修治道义的，而礼也蕴藏其中了。

"夫礼必本于太一^①，分而为天地，转而为阴阳，变而为四时，列而为鬼神。其降曰命，其官于天也，协于分艺。其居于人也曰养。所以讲信修睦，而固人之肌肤之会、筋骸之束也；所以养生送死、事鬼神之大端；所以达天道、顺人情之大窦。唯圣人为知礼之不可以已也。故破国丧家亡人，必先去其礼。礼之于人，犹酒之有糵也^②。君子以厚，小人以薄。圣王修义之柄、礼之序，以治人情。

【注释】①太一：古代指天地未分前的混沌之气。

②糵（niè）：同"蘖"，酿酒的酵母。

【译文】"礼必源于太一，太一分化为天地，天地转化为阴阳，阴阳衍化为四季，四季运行而为鬼神。礼降临到世间称为命，命取法于上天，统筹协调诸事。礼在人称为养。所以世人以礼讲信修睦，就如使人肌肤相合、筋骨相连得以加固一般；所以礼是养生送死、敬奉鬼神的首要原则；所以礼是体达天道、理顺人情的重要方式。唯有圣人才知道礼不可废。所以破国、丧家、亡命之人，一定是先抛弃了礼。礼对于人来说，犹如酿酒用的酒曲。君子心怀礼义因而德行深厚，小人背离礼义因而德行浅薄。圣王修习道义的根本、礼法的秩序，用以治理人情。

"人情者，圣王之田也。修礼以耕之，陈义以种之，讲学以耨之①，本仁以聚之，播乐以安之。故礼者，义之实也。协诸义而协，则礼虽先王未之有，可以义起焉。义者，艺之分，仁之节。协诸艺②，讲于仁，得之者强，失之者丧。仁者，义之本，顺之体，得之者尊。故治国不以礼，犹无耜而耕③；为礼而不本于义，犹耕而不种。为义而不讲于学，犹种而不耨；讲之以学而不合以仁，犹耨而不获；合之以仁而不安之以乐，犹获而弗食；安之以乐而不达于顺，犹食而不肥。

【注释】①耨（nòu）：锄草。

②艺：准则、法度。

③耜（sì）：耒（lěi）下端铲土的部件，装在犁上，用以翻土。

【译文】"人情，就是圣王的田地。修治礼法来耕耘它，阐明道义来播种它，以讲学教化来为它除草，以仁爱为本来使它凝聚，传播音乐来使它安适。所以礼，是义的果实。礼要符合义且二者能协调配合，这样即使先王时期不曾出现礼，也可根据义来制定礼。义，是明辨是非的标准，是仁爱的节度。协调礼、义，讲求仁爱，能够做到这些就会强大,做不到就会衰亡。仁,是义的根本,是顺的主体,能够做到仁就会受到尊敬。所以不依礼治国,就如耕地没有耜;制定礼却不依据义,就如耕地后却不播种。践行义却不开展讲学教化,就如播种后却不锄草;讲学教化却不合于仁爱,就如锄草后却不收割;合于仁爱却不能以音乐来安抚,就如收割后却不食用;以音乐安抚却不能通达以致和顺,就如吃了饭身体却不强健。

　　"四体既正①,肤革充盈②,人之肥也;父子笃,兄弟睦,夫妇和,家之肥也;大臣法而小臣廉,官职相序,君臣相正,国之肥也;天子以德为车,以乐为御,诸侯以礼相与,大夫以法相序,士以信相考,百姓以睦相守,天下之肥也。是谓大顺。大顺者,所以养生送死事鬼神之常也。故事大积焉而不苑③,并行而不谬,细行而不失。深而通,茂而不间,连而不相及,动而不相害,此顺之至也。明于顺,然后乃能守危。

　　【注释】①四体:指人的四肢。
　　②肤革:皮肤。
　　③苑:王肃注:"苑,滞积也。"
　　【译文】"四肢健全,肌肤丰盈,便是身体强健;父子情深,兄弟和睦,夫妇和美,便是家庭兴旺;大臣守法而小臣廉洁,百官井然有序,君臣互相匡正,便是国家强盛;天子以德行为车,以音乐为御,诸侯以礼相交,大夫依法按序排列,士人以诚信相互考察,百姓和睦相处,便是天下昌盛。这称为大顺。大顺,就是养生送死、祭祀鬼神的常礼。因此事务大量积压也不会阻滞,诸事并行也不会出错,再微小的事情也不会遗漏。事情虽深奥也能精通，虽繁琐却条理分明，事情相互关联却不纠缠，行事不会互相阻碍，这便是顺的极致。明白了什么是顺，便能随时保持如处危境的小心谨慎。

"夫礼之不同，不丰不杀①，所以持情而合危也。山者不使居川，渚者不使居原。用水火金木，饮食必时。冬合男女，春颁爵位，必当年德，皆所谓顺也。用民必顺，故无水旱昆虫之灾，民无凶饥妖孽之疾。天不爱其道，地不爱其宝，人不爱其情，是以天降甘露，地出醴泉，山出器车②，河出马图③，凤凰麒麟皆在近郊，龟龙在宫沼④。其余鸟兽及卵胎，皆可俯而窥也。则是无故，先王能循礼以达义，体信以达顺，此顺之实也。"

【注释】①不丰不杀：不过于奢侈，也不太过节省。后比喻不增不减。

②山出器车：王肃注："出指银瓮、丹灶之器及象车也。"车，即象车或山车，古人认为太平盛世，山林中产生一种圆曲之木，可以制车，以为瑞应之物。

③马图：即河图，相传伏羲氏见龙马负图出于河，遂据其文，以画八卦，称为河图。

④宫沼：帝王宫苑中的池沼。

【译文】"礼在尺度上是有差别的，不可增减，所以才能维系人情进而保持如处危境的小心谨慎。不让习惯住在山中的民众移居河边，不让习惯住在水边的民众移居平原。合理使用水、火、金、木，饮食必须顺应时令。冬日男女婚配，春日授予爵位，须得与其年龄及德行相称，这些都被称为顺。征用民力必须顺应农时，这样才能避免旱涝、虫患等自然灾害，使百姓免受饥荒、怪异反常现象带来的疾苦。天不吝惜自己的大道，地不吝惜自己的财宝，人不吝惜自己的感情，因此天降甘露，地涌甘泉，山中生出宝器和象车，龙马负图从河中跃出，凤凰、麒麟栖居在近郊，龟、龙养在君王宫苑的池沼中。其余鸟兽及它们的蛋卵、胎儿，只要俯身就可以看到。有此景象原因无他，正是先王能遵循礼而通达义，体现诚信以致和顺，这便是顺的真实呈现。"

卷八

冠颂第三十三

【题解】邾隐公即位，即将举行冠礼，就此孟懿子向孔子询问相关的礼仪。孔子由此讲了冠礼的起源、仪节及意义，还讲了诸侯的冠礼与天子的有何不同，阐述了夏、商、周三王时期冠的异同。本篇有助于我们深入了解古代的冠礼，进而更全面地了解孔子的礼制思想。

邾隐公既即位，将冠，使大夫因孟懿子问礼于孔子①。

子曰："其礼如世子之冠②。冠于阼者，以著代也。醮于客位③，加其有成④。三加弥尊⑤，导喻其志。冠而字之，敬其名也。虽天子之元子⑥，犹士也，其礼无变，天下无生而贵者故也。行冠事必于祖庙，以祼享之礼以将之⑦，以金石之乐节之⑧，所以自卑而尊先祖，示不敢擅。"

【注释】①因：通过。

②世子：古代天子、诸侯的嫡长子或儿子中继承帝位或王位的人。

③醮：古时冠礼、婚礼所行的一种简单仪式。尊者对卑者酌酒，卑

者接受敬酒后饮尽，无需回敬。

④加：加冠。

⑤三加：古代男子行加冠礼，初加缁布冠，次加皮弁，次加爵弁，称为三加。

⑥元子：天子的嫡长子。

⑦裸（guàn）享之礼：王肃注："裸，灌鬯也。灌鬯以享神，享献将行也。"

⑧金石：钟磬等乐器。

【译文】邾隐公即位，即将举行冠礼，派大夫通过孟懿子向孔子询问相关礼仪。

孔子说："这个礼仪应与世子的冠礼相同。在阼阶上举行冠礼，以示加冠者将继承父位。在客位上向宾客行醮礼，以示加冠于有成之人。三次加冠，每次都比上一次贵重，是为了教导加冠者立志。加冠后为其取字，意在尊重加冠者父母为其取的名。即使是天子的嫡长子，冠礼也与士人无异，礼仪不变，这是因为天下没有生来尊贵之人。冠礼必须在祖庙举行，以裸享之礼来进行，以金石之乐来节制，这样就能使加冠者感到自己的卑微从而更加尊敬先祖，以示不敢逾越祖先的礼制。"

懿子曰："天子未冠即位，长亦冠也？"

孔子曰："古者王世子虽幼，其即位，则尊为人君。人君治成人之事者，何冠之有？"

懿子曰："然则诸侯之冠异天子与？"

孔子曰："君薨而世子主丧，是亦冠也已。人君无所殊也。"

懿子曰："今邾君之冠，非礼也？"

孔子曰："诸侯之有冠礼也，夏之末造也。有自来矣，今无讥焉。天子冠者，武王崩，成王年十有三而嗣立，周公居冢宰，摄政以治天下。明年夏六月，既葬，冠成王而朝于祖，以见诸侯，亦有君也。周公命祝雍作颂，曰：'祝王达而未幼。'祝雍辞曰：'使王近于民，远于年，啬于时，惠于财，亲贤而任能。'其颂曰：'令月吉日，王始加元服①。去王幼志，服衮职②。钦若昊天③，六合是式。率尔祖考，永永无极。'此周公之制也。"

懿子曰："诸侯之冠，其所以为宾主，何也？"

孔子曰："公冠则以卿为宾，无介。公自为主，迎宾，揖升自阼，立于席北。其醴也则如士④，飨之以三献之礼⑤。既醴，降自阼阶。诸侯非公而自为主者，其所以异，皆降自西阶。玄端与皮弁⑥，异朝服素毕，公冠四，加玄冕祭⑦，其酬币于宾⑧，则束帛乘马⑨。王太子、庶子之冠拟焉，皆天子自为主，其礼与士无变。飨食宾也，皆同。"

懿子曰："始冠必加缁布之冠，何也？"

孔子曰："示不忘古，太古冠布，斋则缁之，其緌也⑩，吾未之闻。今则冠而敝之⑪，可也。"

懿子曰："三王之冠，其异何也？"

孔子曰："周弁、殷冔⑫、夏收，一也。三王共皮弁素绩⑬。委貌，周道也；章甫，殷道也；毋追，夏后氏之道也。"

【注释】①元服：指冠，古称行冠礼为加元服。

②服衮职：王肃注："衮职，盛服有礼文也。"服，原作"心"，此处依《四部丛刊》本《家语》改。

③钦若：敬顺。

④醴：以甜酒行礼的一种仪式。

⑤三献之礼：古代祭祀时献酒三次，即初献爵、亚献爵、终献爵。

⑥玄端：袖子端正的黑色祭服。祭祀时，天子、诸侯、士大夫皆服之。天子晏居时亦服之。

⑦玄冕：古代天子、诸侯祭祀的礼服。

⑧酬币：酬宾的礼物。

⑨乘马：王肃注："乘马，驷马也。"

⑩緌（ruí）：古时帽带打结后下垂的部分。

⑪敝：弃。

⑫冔（xú）：殷商时期冠名。

⑬素绩：亦作"素积"。腰间有褶裥的素裳，古代的一种礼服。

【译文】孟懿子说："天子尚未加冠便即位，成年后还需举行冠礼吗？"

孔子说："古时君王的世子虽然年幼，可是一旦即位，就被尊为人君。人君治国理政做的都是成年人的事，何须再举行冠礼呢？"

孟懿子说："那么诸侯的冠礼与天子的有何不同？"

孔子说："君主薨逝后，由世子主持丧仪，这就说明他已经是个加冠的成年人了。对人君来说并无特殊之处。"

孟懿子说："如今邾隐公行冠礼，是否不合礼法？"

孔子说："诸侯行冠礼，始于夏朝末年。此事已由来已久了，如今无须因此讥讽邾隐公。天子行冠礼，始于周成王。武王驾崩后，成王十三岁即位, 周公任冢宰, 代成王治国。第二年夏六月, 安葬武王后, 成王行冠礼并到祖庙祭拜先祖, 然后接见诸侯, 以示新帝登基。周公命祝雍作颂辞, 说:'祝愿我王通达事理, 尽快长成。'祝雍作祝辞说: '愿我王亲近百姓, 福寿绵绵, 珍惜农时, 惠施财物, 亲近贤人并任用有才能之人。'颂辞又说:'选择良辰吉日, 为我王举行冠礼。愿我王摒除稚嫩的想法, 穿上衮衣治国理政。敬顺上天, 成为天地四方的典范。遵循先祖的遗志, 建立万代功业。'这就是周公的礼制。"

孟懿子说:"诸侯行冠礼, 要分为宾主, 这是为何?"

孔子说:"公行冠礼以卿为正宾, 无需副宾, 公自为主人, 迎接正宾, 主人作揖谦让自东阶而上, 站在坐席北侧。至于醴礼则与士相同, 以三献之礼待客。醴礼完毕, 公自东阶下来。不是公的诸侯而自为主人的, 其礼与公有所不同, 要从西阶下来。公行冠礼时要穿玄端服和皮弁服, 不同于朝服和与朝服同为素色的蔽膝, 公要加冠四次, 第四次加玄冕, 着祭服, 赠礼答谢宾客, 以五匹帛和四匹马为礼。君王的太子、庶子行冠礼效仿此法, 都是天子自为主人, 其礼制与士无异。招待宾客的飨食之礼, 都相同。"

孟懿子说:"初次加冠必须加缁布冠, 这是为何?"

孔子说:"加缁布冠以示不能忘本, 远古时期百姓平日以白布为冠, 斋戒时就染成黑色, 至于冠上是否有矮, 我却从未听闻。如今行冠礼后, 弃用缁布冠, 并无不可。"

孟懿子说:"夏、商、周三王时期的冠, 有何不同?"

孔子说:"祭祀用的冠, 周代称弁, 商代称冔, 夏代称收, 都为同一种冠。三王时期都戴皮弁冠、穿素绩。委貌, 是周人平常戴的冠; 章甫, 是殷人平常戴的冠; 毋追, 是夏后氏平常戴的冠。"

庙制第三十四

【题解】"卫将军文子将立先君之庙于其家"，孔子对卫将军文子的这一做法给予了批评。为此，孔子论述了立庙的制度及规矩。

卫将军文子将立先君之庙于其家①，使子羔访于孔子②。

子曰："公庙设于私家③，非古礼之所及，吾弗知。"

子羔曰："敢问尊卑上下立庙之制，可得而闻乎？"

孔子曰："天下有王，分地建国，设祖宗，乃为亲疏贵贱多少之数。是故天子立七庙，三昭三穆④，与太祖之庙而七。太祖近庙⑤，皆月祭之。远庙为祧⑥，有二祧焉⑦，享尝乃止⑧。诸侯立五庙，二昭二穆，与太祖之庙而五，曰祖考庙⑨，享尝乃止。大夫立三庙，一昭一穆，与太庙之庙而三，曰皇考庙⑩，享尝乃止。士立一庙，曰考庙⑪，王考无庙⑫，合而享尝乃止。庶人无庙，四时祭于寝。此自有虞以至于周之所不变也⑬。凡四代帝王之所谓郊者⑭，皆以配天。其所谓禘者，皆五年大祭之所及也。应为太祖者，则其庙不毁。不及太祖，虽在禘郊，其庙则毁矣。古者祖有功而宗有德，谓之祖宗者⑮，其庙皆不毁。"

【注释】①家：大夫统治的区域，即卿大夫的采地食邑。

②子羔：即高柴，字子羔，春秋时期齐国人，孔子弟子。

③公庙：诸侯国君之庙。

④三昭三穆：即昭穆制度。

⑤近庙：古时谓高祖以下祖先的宗庙。

⑥远庙：远祖之宗庙。祧（tiāo）：古代称远祖的庙。

⑦二祧：指古代帝王七庙中两位功德特出而保留不迁的远祖庙。

⑧享尝：四时的祭祀。

⑨祖考庙：始祖之庙。

⑩皇考庙：曾祖父之庙。

⑪考庙：父庙。

⑫王考：对已故祖父的敬称。

⑬有虞：即有虞氏，古部落名，首领虞舜，即舜帝姚重华。

⑭四代：虞、夏、商、周四个朝代。

⑮谓之：原作"诸见"，此处依《四部丛刊》本《家语》改。

【译文】卫国将军文子打算在自己的封地上为先君建庙，派子羔向孔子询问相关礼仪。

孔子说："将先君的宗庙建在自己的封地上，这是古代礼法不曾涉及的，对此我不清楚。"

子羔说："请问尊卑上下的立庙制度都有哪些，您能讲与我听听吗？"

孔子说："天下有了君王以后，分地建国，设立祖庙，便区分出亲疏、贵贱、祭祀次数的多少。所以天子建有七庙，三座昭庙，三座穆庙，加上太祖庙共七庙。太祖庙为近庙，须每月祭拜。远祖庙就是祧庙，共有两座，按四时祭祀即可。诸侯建有五庙，两座昭庙，两座穆庙，加上太祖庙共五庙，称为祖考庙，按四时祭祀即可。大夫建有三庙，一座昭庙，一座穆庙，加上太庙共三庙，称为皇考庙，按四时祭祀即可。士建有一庙，称为考庙，已故的祖父不单独建庙，父祖合祭，按四时祭祀即可。庶民不建庙，四时在寝室祭祀。此礼法从有虞氏到周代不曾更改。凡是提到四代帝王郊祭的，都在祭天时以先祖配祭。被称作禘祭的，都是五年一次的重大祭祀。被尊为太祖的，他的庙不能毁掉。功德不及太祖的，虽受禘祭、郊祭，但其庙应该毁掉。古人认为祖有功而宗有德，被尊称为'祖'和'宗'的，他们的庙不能毁掉。"

子羔问曰："祭典云①：'昔有虞氏祖颛顼而宗尧，夏后氏亦祖颛顼而宗禹，殷人祖契而宗汤，周人祖文王而宗武王。'此四祖四宗，或乃异代，或其考祖之有功德，其庙可也。若有虞宗尧，夏祖颛顼，皆异代之有功德者也，亦可以存其庙乎？"

孔子曰："善，如汝所问也。如殷周之祖宗，其庙可以不毁，其他祖宗者，功德不殊，虽在殊代，亦可以无疑矣。《诗》云：'蔽芾甘棠，勿翦勿伐，召伯所憩②。'周人之于召公也，爱其人，犹敬其所舍之树，况祖宗其功德而可以不尊奉其庙焉！"

【注释】①祭典：古代记载有关祭祀制度的典籍，如《礼经》等。②"蔽芾"三句：语出《诗经·召南·甘棠》。

【译文】子羔问："祭典上说：'昔日有虞氏庙祭时以颛顼为祖，以尧为宗；夏后氏庙祭时也以颛顼为祖，但以禹为宗；殷人庙祭时以契为祖，以汤为宗；周人庙祭时以文王为祖，以武王为宗。'这四祖四宗，有的朝代各异，有的父祖皆有功德，他们的庙也可留存。像有虞氏庙祭时以尧为宗，夏后氏庙祭时以颛顼为祖，祭祀的都是不同朝代有功德之人，他们的庙也可留存吗？"

孔子说："问得好，正如你所问的那样。如殷、周的祖宗，他们的庙可不被毁掉，其他称为祖宗的，功德与他们的祖先没有什么不同，虽在不同的朝代，他们的庙也可留存，这是肯定的。《诗经》上说：'棠梨树郁郁葱葱，不剪不毁细细养护，这里曾是召伯休息之处。'周人对于召公，仰慕其人，进而尊敬他曾在其下休息过的棠梨树，更何况建立了功德的祖宗，怎能不尊奉他们的庙呢！"

辩乐解第三十五

【题解】这一篇记述了三件事：孔子向师襄子学琴，表现了孔子不厌其烦地学习和思考，最终悟得弹琴技巧并探索到音乐的深层奥秘，体会到音乐作者的情志；子路鼓琴犯了重大错误，孔子借此事教导弟子要学习"君子之音"，不要学习"小人之音"；最后孔子详细讲解了《武》舞每一段所表达的含义，表明了《武》舞是在彰显周武王的治功。

孔子学琴于师襄子①。

襄子曰："吾虽以击磬为官，然能于琴。今子于琴已习，可以益矣。"

孔子曰："丘未得其数也。"

有间②，曰："已习其数，可以益矣。"

孔子曰："丘未得其志也。"

有间，曰："已习其志，可以益矣。"

孔子曰："丘未得其为人也。"

有间，曰：“孔子有所缪然思焉，有所睪然高望而远眺③。”

曰：“丘迨得其为人矣，黬而黑④，颀然长，旷如望羊⑤，掩有四方。非文王其孰能为此？”

师襄子避席叶拱而对曰⑥：“君子圣人也，其传曰《文王操》。”

【注释】①师襄子：即师襄，春秋时鲁国的宫廷乐官，孔子的老师，擅击磬，也称磬襄。

②有间：有一会儿，这里指一段时间之后。

③睪然：高远的样子。睪，通“皋”。

④黬（dǎn）：黑色。

⑤旷如望羊：王肃注：“旷，用志广远。望羊，远视也。”

⑥叶拱：行礼的一种形式，两手环拱靠近胸口。

【译文】孔子向师襄子学习弹琴。

师襄子说：“我虽因击磬而得官，但也擅长弹琴。如今您的琴已弹得很熟练，可以学习其他琴曲了。”

孔子说：“我还不能掌握这首琴曲的弹奏技巧。”

一段时间后，师襄子说：“您已掌握这首琴曲的弹奏技巧，可以学习其他琴曲了。”

孔子说：“我还没领悟到这首琴曲要表达的感情。”

一段时间后，师襄子说：“您已领悟这首琴曲要表达的感情，可以学习其他琴曲了。”

孔子说：“我还没了解这首琴曲的作者是个怎样的人。”

一段时间后，师襄子说：“孔子思虑深沉，具有高远的志向以及登高远眺之貌。"

孔子说："我已了解这首琴曲的作者是怎样的人了，其人皮肤黝黑，身材颀长，志向远大，高瞻远瞩，坐拥天下。除了文王还有谁能写出这样的琴曲呢？"

师襄子听闻此语，立即离席，两手环拱靠近胸口向孔子行礼，说："您真是位圣人啊，这首传世佳曲便是《文王操》。"

子路鼓琴，孔子闻之，谓冉有曰："甚矣！由之不才也。夫先王之制音也，奏中声以为节①，入于南②，不归于北。夫南者，生育之乡；北者，杀伐之城。故君子之音，温柔居中，以养生育之气，忧愁之感不加于心也，暴厉之动不在于体也。夫然者，乃所谓治安之风也。小人之音则不然，亢丽微末，以象杀伐之气，中和之感不载于心，温和之动不存于体。夫然者，乃所以为乱之风。昔者舜弹五弦之琴，造《南风》之诗，其诗曰：'南风之薰兮，可以解吾民之愠兮。南风之时兮，可以阜吾民之财兮③。'唯修此化，故其兴也勃焉。德如泉流，至于今王公大人述而弗忘。殷纣好为北鄙之声④，其废也忽焉。至于今王公大人举以为诫。夫舜起布衣，积德含和，而终以帝。纣为天子，荒淫暴乱，而终以亡。非各所修之致乎？由今也匹夫之徒，曾无意于先王之制，而习亡国之声，岂能保其六七尺之体哉？"

冉有以告子路，子路惧而自悔，静思不食，以至骨立。

夫子曰："过而能改，其进矣乎！"

【注释】①中声：中和之声。

②入于南：《四部丛刊》本《家语》为"流入于南"。

③"南风"四句：语出《南风歌》，相传为舜帝所作。

④北鄙之声：即北鄙之音，殷纣时的音乐，后世视为亡国之声。

【译文】子路弹琴，孔子听后，对冉有说："子路实在是不成才！先王谱写乐曲，奏中和之声加以节制，这种乐曲流传到南方，就没再传回北方。南方，是孕育万物之地；北方，是杀伐征战之所。所以君子之音，温和柔顺，中正平和，可以滋养生育之气，不使忧伤愁绪涌上心头，不使暴躁不安出现于体内。这样的音乐，正是所谓的太平治世之风。小人之音则不然，节奏激烈又尖细刺耳，象征杀伐之气，无法令中和之气荡漾于心，无法令温和之举体现于身。这样的音乐，就是所谓的乱世之风。昔日舜弹奏五弦琴，谱写《南风》之诗，诗文写道：'温和的南风阵阵吹拂，可以消除百姓的愁苦。适时的南风缓缓吹拂，可以充实百姓的财物。'正因为修习了这样的音乐，所以他的兴起才这样快。他的德行如不停流动的清泉，直到今日，王公大人都在代代相传不敢忘怀。殷纣喜好北鄙之声，所以他的国家很快就灭亡了。直到今日，王公大人还都以此为诫。舜原本是个平民百姓，积累德行，涵养心性，终成一代明君。殷纣贵为天子，却荒淫暴乱，最终导致亡国。难道不是他们各自修习的音乐不同造成的吗？如今子路不过是个平民百姓，竟不研习先王的礼制，却学习亡国之声，这样岂能保全自己的性命？"

冉有将孔子的话告诉了子路，子路听后既忧惧又暗自后悔，静坐沉思，无心饮食，以致形销骨立。

孔子说："犯错之后能够改正，就是进步的表现啊！"

周宾牟贾侍坐于孔子①，孔子与之言，及乐，曰："夫《武》之备诫之以久②，何也？"

对曰："病不得其众。"

"咏叹之，淫液之③，何也？"

对曰："恐不逮事。"

"发扬蹈厉之已蚤④，何也？"

对曰："及时事。"

"《武》坐致右而轩左，何也？"

对曰："非《武》坐⑤。"

"声淫及商，何也？"

对曰："非《武》音也⑥。"

孔子曰："若非《武》音，则何音也？"

对曰："有司失其传也。"

孔子曰："唯，丘闻诸苌弘，亦若吾子之言是也。若非有司失其传，则武王之志荒矣。"

宾牟贾起，免席而请曰："夫《武》之备诫之以久，则既闻命矣。敢问迟之而又久立于缀⑦，何也？"

子曰："居，吾语尔。夫乐者，象成者也。总干而山立，武王之事也；发扬蹈厉，太公之志也；《武》乱皆坐⑧，周召之治也⑨。且夫《武》，始成而北出，再成而灭商，三成而南反，四成而南国是疆，五成而分陕，周公左⑩，召公右⑪，六成而复缀，以崇其天子焉。众夹振之而四伐⑫，所以盛威于中国；分夹而进，所以事蚤济⑬；久立于缀，所以待诸侯之至也。今汝独未闻牧野之语乎⑭？

武王克殷而反商之政，未及下车则封黄帝之后于蓟⑮，封帝尧之后于祝⑯，封帝舜之后于陈。下车又封夏后氏之后于杞，封殷之后于宋。封王子比干之墓，释箕子之囚⑰，使人行商容之旧⑱，以复其位。庶民弛政⑲，庶士倍禄⑳。既济河西，马散之华山之阳而弗复乘，牛散之桃林之野而弗复服，车甲则釁之而藏诸府库以示弗复用㉑，倒载干戈而包之以虎皮，将率之士使为诸侯，命之曰鞬橐㉒。然后天下知武王之不复用兵也。散军而修郊射㉓，左射以《狸首》㉔，右射以《驺虞》㉕，而贯革之射息也㉖。裨冕搢笏㉗，而虎贲之士脱剑㉘；郊配后稷㉙，而民知尊父焉；配明堂，而民知孝焉；朝觐，然后诸侯知所以臣；耕籍㉚，然后民知所以敬亲。六者，天下之大教也。食三老五更于太学㉛，天子袒而割牲，执酱而馈，执爵而酳㉜，冕而总干，所以教诸侯之弟也。如此则周道四达，礼乐交通。夫《武》之迟久，不亦宜乎？"

【注释】①宾牟贾：人名。

②夫《武》之备诫之以久：王肃注："《武》，谓周舞。备诫，击鼓警众也。"《武》，周朝的一种舞乐，内容为歌颂武王伐纣之事。

③淫液：声音绵延不绝。

④发扬蹈厉：指舞蹈时动作的威武。张守节《正义》："发，初也。扬，举袂也。蹈，顿足蹋地。"王肃注："厉，病。备戒虽久，至其发作又疾。"蚤：通"早"。

⑤非《武》坐：王肃注："言无《武》坐（四库本作'言《武》无坐'）。"

⑥非《武》音：王肃注："武王之事，不得已为天下除残贼，非苟贪商。"

⑦缀：指舞者所处的位置。

⑧乱：古代乐曲的最后一章或辞赋末尾总括全篇要旨的部分。

⑨周召：周成王时共同辅政的周公旦和召公奭的并称。

⑩左：地理上指东方。周初分封，周公和召公的封邑以陕（今河南陕县）为界，陕以东周公治之，陕以西召公治之。

⑪右：地理上指西方。

⑫四伐：用武器击刺四次。古代乐舞以"四伐"象征征伐四方。

⑬蚤济：谓早有所成。

⑭牧野：地名，在今河南省淇县南。周武王与反殷诸侯会师，大败纣军于此。

⑮蓟（jì）：地名，在今北京西南。

⑯祝：国名，在今山东省济南市长清。

⑰箕子：名胥余，官至太师，封于箕（今山西太古东北），因数次向纣王进谏而遭囚。

⑱商容：商末殷纣王时期主掌礼乐之官，有贤名。

⑲弛政：除去苛政。

⑳庶士倍禄：原文脱此四字，此处依《四部丛刊》本《家语》补。

㉑衅（xìn）：古代血祭新制的器物，杀牲，用其血涂于器物缝隙中来祭祀。

㉒韣橐：盛弓箭的器具，这里有收藏兵甲之意。

㉓郊射：周制，天子出郊祭天，于射宫命士习射，以选拔人才。王肃注："郊有学官，可以习礼。"

㉔《狸首》：逸诗篇名，上古行射礼时，诸侯歌《狸首》为发矢的节度。

㉕《驺虞》：古代行射礼时所用的乐章。

㉖贯革：射箭时贯穿甲革。

㉗裨（bì）冕：着裨衣，戴冕，古代诸侯卿大夫朝觐或祭祀时所穿冕服的通称。

㉘虎贲：勇士。

㉙郊配：谓帝王行郊天祭礼时，以始祖配祭。

㉚耕籍：亦作"耕藉"，古时每年春耕前，天子、诸侯举行仪式，亲耕藉田，种植供祭祀用的谷物，并以示劝农。历代皆有此制，称为耕藉礼或籍田礼。

㉛三老五更：古代设三老五更之位，天子以父兄之礼养之。

㉜酳（yìn）：饮食结束后用酒漱口。

【译文】周人宾牟贾在孔子近旁陪坐，孔子与他闲聊，谈及乐，孔子说："《武》舞开始前要击鼓警众许久，这是为何？"

宾牟贾答："这是象征周武王伐纣之初，担忧得不到民心。"

孔子说："演唱时长声吟叹，歌声绵延不绝，这是为何？"

宾牟贾答："这是象征武王担心大业难成。"

孔子说："舞蹈一开始就举手踏地动作迅疾，这是为何？"

宾牟贾答："这表示武王能够审时度势，把握战机。"

孔子说："《武》舞的舞者以右膝着地、左腿支撑的姿势跪地，这是为何？"

宾牟贾答："这不是《武》舞的跪姿。"

孔子说："舞乐中大量运用商音，这是为何？"

宾牟贾答："这不是《武》舞的音调。"

孔子说："如果这不是《武》舞的音调，那是什么音调呢？"

宾牟贾答："这是因为乐官传承中断，导致原曲失传。"

孔子说："确实如此，我听周大夫苌弘说过此事，他也和您说的一样。如果不是乐官遗失原曲，那就是武王的心志迷乱了。"

宾牟贾起身，离席向孔子请教："《武》舞开始前要击鼓警众许久，此事您已问过。请问《武》舞每段乐章的表演时间都很长，舞者在自己的位置上要停顿许久，这是为何？"

孔子说："请坐，我来告诉您。乐，象征着建功立业之事。舞者持盾站立如山，象征武王的行事作风；舞蹈时举手踏地动作迅疾，象征着姜太公的志向；《武》舞在最后一章舞者全部跪地，象征周公旦和召公奭辅佐成王时天下大治。从《武》舞的乐章来看，第一章象征武王带兵北上；第二章象征武王灭商；第三章象征武王功成后南行；第四章象征武王收复南国扩充疆土；第五章象征以陕为界，周公统辖东方诸侯，召公统辖西方诸侯；第六章舞者再次回到原位，象征诸侯尊崇武王为天子。舞者围在武王周围振动金铎并用武器击刺四次，以示武王的军队征伐四方、威震中国；接着舞队分开前行，以示武王事业早有所成；舞者久立在原位，以示武王等待诸侯的到来。难道直至今日您都没听过武王在牧野大败纣军这件事吗？武王攻克殷都又把当地的政权交还给殷商的后裔，还未下车便将黄帝的后裔封到蓟，将帝尧的后裔封到祝，将帝舜的后裔封到陈。下车后又将夏后氏的后裔封到杞，将殷商的后裔封到宋。修葺了王子比干的墓地，释放了被囚的箕子，派人寻访商容，并恢复其官职。废除施加在百姓身上的苛政，成倍增加官员的俸禄。然后武王渡过黄河西行，在华山南坡放养战马以示不再骑乘，在桃林郊野放牛以示不再役使，取牲血将战车兵甲涂抹后存入府库以示不再使用，将武器倒着存放并用虎皮包裹，将领兵的将帅封为诸侯，这些做法称为'鞬橐'。然后，天下之人便知武王不再用兵打仗了。解散军队让兵士修习郊射之礼，东郊学宫习射时奏《狸首》，西郊学宫习射时奏《驺虞》，从而停止了贯穿甲革的射杀。臣子穿裨戴冕、腰插笏板，勇猛之士从此解下佩剑；行郊天祭礼时以周朝的始祖后稷配祀天帝，从而让百姓懂得尊敬父辈；在明堂祭祀上帝时以祖先配祭，从而让百姓懂得遵守孝道；令诸侯定期朝见天子，然后他们就懂得了为臣之道；春耕前，天子、诸侯亲耕藉田，从而让百姓懂得尊敬亲友。这六个方面，是教化天下的重要举措。在太学供养三老五更，天子袒露左臂，亲自切割牲肉，端着肉酱请他们品尝，手执酒爵请他们以酒漱口，戴冠加冕、手执盾牌为他们舞蹈，以此教导诸侯要敬爱兄长。这样，周朝的政教便通达四方，礼乐也通行天下了。那么，即使《武》舞的表演时间很长，不也是应该的吗？"

问玉第三十六

【题解】圣人的教化，温和而纯净纯善，有玉之质，故喻为玉。这里子张向孔子请教圣人的教化，孔子答以"礼乐"，接着借子张再问审明常人对礼乐的误解之状，诠释礼乐的真正含义。

子贡问于孔子曰："敢问君子贵玉而贱珉①? 何也? 为玉之寡而珉之多欤?"

孔子曰："非为玉之寡故贵之，珉之多故贱之。夫昔者君子比德于玉：温润而泽，仁也；缜密以栗②，智也；廉而不刿③，义也；垂之如坠，礼也；叩之，其声清越而长，其终则诎然④，乐也；瑕不掩瑜，瑜不掩瑕，忠也；孚尹旁达⑤，信也；气如白虹⑥，天也；精神见于山川，地也；珪璋特达⑦，德也；天下莫不贵者，道也。《诗》云：'言念君子，温其如玉⑧。'故君子贵之也。"

【注释】①珉（mín）：似玉的石头。

②缜密以栗：王肃注："缜密，致塞貌。栗，坚也。"

③廉而不刿：有棱边而不至于割伤人，比喻为人廉正宽厚。

④绌（qū）：王肃注："绌，断绝貌，似乐之息。"

⑤孚尹旁达：亦作"孚尹明达"，指玉的色彩晶莹发亮，比喻品德高尚纯洁。

⑥白虹：日月周围的白色晕圈。

⑦特达：原谓行聘时惟珪、璋能独行通达，不加余币。后亦谓自达、自荐。

⑧"言念"二句：语出《诗经·秦风·小戎》。

【译文】子贡向孔子求教："请问君子以玉为贵却以珉为贱，这是为何？是因为玉少而珉多吗？"

孔子说："并非因为玉少便觉得它贵重，珉多便觉得它轻贱。昔日君子将德比作玉：玉温润有光泽，正如仁；缜密坚实，正如智；虽有棱角却不会割伤人，正如义；悬垂便会向下坠，正如礼；敲击玉，响声清越悠扬，尾声戛然而止，正如乐；瑕疵掩盖不住玉的光泽，玉的光泽也掩饰不了它的瑕疵，正如忠；玉色晶莹发亮，正如信；玉气好似白色的光晕，正如天；玉的精气显现于山川，正如地；玉制的珪、璋无需衬托，可以直接奉上，正如德；天下无人不珍视玉，正如道。《诗经》中说：'想念夫君之为人，性情温润如良玉。'所以君子以玉为贵。"

孔子曰："入其国，其教可知也。其为人也，温柔敦厚，《诗》教也；疏通知远，《书》教也；广博易良，《乐》教也；洁静精微，《易》教也；恭俭庄敬，《礼》教也；属辞比事，《春秋》教也。故《诗》之失愚，《书》之失诬，《乐》之失奢，《易》之失贼，《礼》之失烦，《春秋》之失乱。其为人温柔敦厚而不愚，则深于《诗》

者矣；疏通知远而不诬，则深于《书》者矣；广博易良而不奢，则深于《乐》者矣；洁静精微而不贼，则深于《易》者矣；恭俭庄敬而不烦，则深于《礼》者矣；属辞比事而不乱，则深于《春秋》者矣。

"天有四时者，春夏秋冬，风雨霜露，无非教也；地载神气，吐纳雷霆，流形庶物^①，无非教也。清明在躬，气志如神^②，有物将至，其兆必先。是故，天地之教与圣人相参。其在《诗》曰：'嵩高惟岳，峻极于天。惟岳降神，生甫及申。惟申及甫，惟周之翰。四国于蕃，四方于宣^③。'此文武之德也；'弛其文德，协此四国^④'，此太王之德也。凡三代之王，必先其令问^⑤。《诗》云：'明明天子，令问不已^⑥。'三代之德也。"

【注释】①流形：万物受自然之滋育而运动变化其形体。

②"清明"二句：王肃注："清明之德在身也，则其气志如神也。"

③"嵩高"八句：语出《诗经·大雅·嵩高》。

④"弛其"二句：语出《诗经·大雅·江汉》。

⑤令问：美好的声名。问，通"闻"。

⑥"明明"二句：语出《诗经·大雅·江汉》。

【译文】孔子说："来到一个国家，便知此国施行的是什么样的教化。当地人温柔和善、敦厚老实，是以《诗》教化的结果；当地人通今博古、识微见远，是以《书》教化的结果；当地人胸怀广博、平易良善，是以《乐》教化的结果；当地人心地洁净、精深微妙，是以《易》教化的结果；当地人恭谦节俭、庄严敬谨，是以《礼》教化的结果；当地人擅长诗文、排比史事，是以《春秋》教化的结果。所以，以《诗》来教化的不足是容易变得愚钝，以《书》来教化的不足是容易变得不诚实，以《乐》来教化的不足是容易变得骄奢，以《易》来教化的不足是容易变得邪恶，以《礼》来教化的不足是容易变得烦冗，以《春秋》来教化的不足是容易变得混乱。若当地人温柔和善、敦厚老实又不愚钝，则是深入理解了《诗》义；若当地人通今博古、识微见远又不失于诚实，则是深入理解了《书》义；若当地人胸怀广博、平易良善又不骄奢，则是深入理解了《乐》义；若当地人心地洁净、精深微妙又不邪恶，则是深入理解了《易》义；若当地人恭谦节俭、庄严敬谨又不烦冗，则是深入理解了《礼》义；若当地人擅长诗文、排比史事又不混乱，则是深入理解了《春秋》之义。

"天有四季，春夏秋冬，并伴随着风霜雨露，这些都是教化；地载神气，神气生出雷霆，滋润、繁育万物，这些都是教化。圣人身怀清明之德，自然气志如神，事情将要成功之时，定有先兆。所以，天地的教化与圣人的德行相辅相成。《诗经》中说：'高山以四岳为尊，其高峻可入九天。四岳之上有神灵降下，从此出现了甫侯、申伯。这两位贤臣，是周朝的栋梁。他们是四方诸国的屏障，又把天子的恩泽来宣扬。'这就是文王、武王的德行；'广施文德，协调四方诸国'，这是太王的德行。这三代君王称王之前，必定先有美名。《诗经》中说：'执政勤勉的大周天子，他的美名永世流芳。'这就是三代君王的德行。"

子张问圣人之所以教。

孔子曰："师乎，吾语汝。圣人明于礼乐，举而措之而已。"

子张又问。

孔子曰："师，尔以为必布几筵，揖让升降，酌献酬酢，然后谓之礼乎？尔以为必行缀兆①，执羽籥②，作钟鼓，然后谓之乐乎？言而可履，礼也；行而可乐，乐也。圣人力此二者，以躬己南面③，是故天下太平，万民顺伏，百官承事，上下有礼也。夫礼之所以兴，众之所以治也；礼之所以废，众之所以乱也。目巧之室，则有奥阼④，席则有上下，车则有左右，行则并随，立则有列序，古之义也。室而无奥阼，则乱于堂室矣；席而无上下，则乱于席次矣；车而无左右，则乱于车上矣；行而无并随，则乱于阶涂矣；列而无次序，则乱于著矣。昔者，明王圣人辩贵贱长幼，正男女内外，序亲疏远近，而莫敢相逾越者，皆由此涂出也。"

【注释】①缀兆：古代乐舞中舞者的行列位置。

②羽籥（yuè）：古代祭祀或宴飨时舞者所持的舞具和乐器。羽，指雉羽。籥，一种编组多管乐器。

③躬己：恭己。谓帝王敬肃己身，无为而治。躬，通"恭"。

④奥：古同"奥"，室之西南隅，为尊者处。阼：堂之东阶，为主人之位。

【译文】子张向孔子请教教化百姓之道。

孔子说："颛孙师啊，我告诉你。所谓的教化之道，不过是圣人精通礼乐，将其应用到治国理政中罢了。"

子张又问。

孔子说："颛孙师，你以为请客时必须布置案几和筵席，作揖谦让，升阶降阶，酌酒、献酒、宾主互相敬酒，然后才能称之为礼吗？你以为事先安排好舞者的行列位置，手拿雉羽和籥，击鼓敲钟，然后才能称之为乐吗？言出必行，就是礼；践行后收获了快乐，就是乐。圣人致力于这二者，身居君位恭肃己身，这样就会天下太平，万民顺从，百官尽责，上下有礼。礼乐能够兴盛，民众就会安定平稳；礼乐如果废弛，民众就会动乱难安。凭借目测的技巧建造的房屋，必有隩、阼之分，坐席则分上下，乘车则分左右，行走则分先后，站立则分次序，这是自古就有的道理。屋室不分隩、阼，堂室就会混乱；坐席不分上下，座次就会混乱；乘车不分左右，车内就会混乱；行走不分先后，台阶和道路上就会混乱；站立不分次序，站位就会混乱。昔日，明王、圣人区分贵贱长幼，端正男女内外之仪，区别亲疏远近之序，无人敢逾越，都是出自这个道理。"

屈节解第三十七

【题解】本篇写宓子贱巧妙进谏鲁公，化君臣之嫌，而得以行其政，教化一方百姓。劝谏君王可直谏，也可隐谏，当审时度势而用，最终方能实现胸中为善之宏图。

子路问于孔子曰：“由闻丈夫居世，富贵不能有益于物，处贫贱之地，而不能屈节以求伸，则不足以论乎人之域矣。”

孔子曰：“君子之行己，期于必达于己。可以屈则屈，可以伸则伸。故屈节者，所以有待；求伸者，所以及时。是以虽受屈而不毁其节，志达而不犯于义。”

【译文】子路向孔子请教道：“我听闻大丈夫在世，富贵之时不能利于世间万物，身处贫贱之地又不能忍辱屈尊以保全自身换得来日的发展，便不能称之为大丈夫了。”

孔子说：“君子行事，希望实现自己的目标。需要屈服时便屈服，需要施展才能时便施展。因此屈服的原因，是为了等待时机；寻求施展才能的原因，是为了抓住机遇。所以即便向人屈服也不失其节，达成目标也不会违背道义。"

孔子在卫，闻齐国田常将欲为乱^①，而惮鲍、晏^②，因欲移其兵以伐鲁。孔子会诸弟子而告之曰："鲁，父母之国，不可不救，不忍视其受敌。今吾欲屈节于田常以救鲁，二三子谁为使？"

于是子路请往焉，孔子弗许。子张请往，又弗许。子石请往^③，又弗许。三子退，谓子贡曰："今夫子欲屈节以救父母之国，吾三人请使而不获往。此则吾子用辩之时也，吾子盍请行焉？"

子贡请使，夫子许之。遂如齐，说田常曰："今子欲收功于鲁，实难。不若移兵于吴，则易。"

田常不悦。

子贡曰："夫忧在内者攻强，忧在外者攻弱。吾闻子三封而三不成，是则大臣不听。今战胜以骄主，破国以尊臣，而子之功不与焉，则交日疏于主，而与大臣争。如此，则子之位危矣。"

田常曰："善。然兵业已加鲁矣，不可更，如何？"

子贡曰："缓师。吾请救于吴，令救鲁而伐齐，子因以兵迎之。"田常许诺。

子贡遂南说吴王曰："王者不灭国，霸者无强敌，千钧之重加铢两而移^④。今以齐国而私千乘之鲁，与吴争强，甚为王患之。且夫救鲁以显名，以抚泗上诸侯^⑤，诛暴齐以服晋，利莫大焉。名存亡鲁，实困强齐，智者不疑。"

吴王曰："善。然吴常困越，越王今苦身养士，有报吴之心，子待我先伐越，然后乃可。"

子贡曰："越之劲不过鲁，吴之强不过齐，王置齐而伐越，则齐以私鲁矣。王方以存亡继绝之名，弃强齐而伐小越，非勇也。勇者不计难，仁者不穷约，智者不失时，义者不绝世。今存越示天下以仁，救鲁伐齐，威加晋国，诸侯必相率而朝，霸业盛矣。且王必恶越，臣请见越君，令出兵以从，此则实害越，而名从诸侯以伐齐。"吴王悦，乃遣子贡之越。

越王郊迎，而自为子贡御，曰："此蛮夷之国，大夫何足俨然辱而临之？"

子贡曰："今者吾说吴王以救鲁伐齐，其志欲之，而心畏越，曰：'待我伐越乃可。'则破越必矣。且无报人之志而令人疑之，拙矣；有报人之意而使人知之，殆矣；事未发而先闻者，危矣。三者，举事之患矣。"

勾践顿首曰："孤尝不料力而兴吴难，受困会稽，痛于骨髓，日夜焦唇干舌，徒欲与吴王接踵而死，孤之愿也。今大夫幸告以利害。"

子贡曰："吴王为人猛暴，群臣不堪。国家疲敝，百姓怨上，大臣内变。申胥以谏死⑥，大宰嚭用事。此则报吴之时也。王诚能发卒佐之，以邀射其志⑦，而重宝以悦其心，卑辞以尊其礼，则其伐齐必矣。此圣人所谓屈节求其达者也。彼战不胜，王之福；若胜，则必以兵临晋。臣还，北请见晋君共攻之，其弱吴必矣。锐兵尽于齐，重甲困于晋，而王制其敝焉。"越王顿首许诺。

子贡返。五日，越使大夫文种顿首言于吴王曰⑧："越悉境内之士三千人以事吴。"

吴王告子贡曰:"越王欲身从寡人,可乎?"

子贡曰:"悉人之众,又从其君,非义也。"

吴王乃受越王卒,谢留勾践。遂自发国内之兵以伐齐,败之。

子贡遂北见晋君,令承其敝。吴晋遂遇于黄池⑨。

越王袭吴之国,吴王归与越战,灭焉⑩。

孔子曰:"夫其乱齐存鲁,吾之始愿。若能强晋以敝吴,使吴亡而越霸者,赐之说也。美言伤信,慎言哉!"

【注释】①田常:即田恒,齐国大夫,因其家族出自陈国,也称陈恒,为避汉文帝刘恒讳,改称"田常"。

②鲍、晏:王肃注:"鲍氏、晏氏,齐之卿大夫也。"

③子石:即公孙龙,字子石,孔子弟子。

④铢两:一铢一两,引申为极轻的分量。

⑤泗上:泛指泗水北岸地域。

⑥申胥:即伍子胥。

⑦邀射:追求,谋取。王肃注:"邀,激其志。"

⑧文种:春秋时楚国郢城(今湖北荆州纪南城)人,字少禽,与范蠡一起入越,任大夫,助勾践打败吴王夫差。

⑨黄池:地名,位于今河南封丘西南。

⑩"越王"三句:此事发生于公元前482年,而吴国亡于公元前475年,中间相差八年。公元前482年,越军攻入吴都,吴王回国后,因都城

已失、士卒疲惫已无力再战，向越王求和，勾践见吴军主力尚存，遂与吴国媾和后班师。公元前478年，吴国遭逢旱灾，勾践听从文种的计划，起兵伐吴，两军交战于笠泽江，吴军三战三败，退保吴都。公元前475年，勾践倾全国之力，发动灭吴战争，吴王夫差被俘后自杀，吴国灭亡。

【译文】孔子在卫国，听闻齐国田常意欲谋反，但忌惮卿大夫鲍氏、晏氏的势力，便想转移他们的兵力去攻打鲁国。孔子召集众弟子并告诉他们："鲁国，是我们的父母国，不能不救，我不忍坐视其受敌军攻打。如今我将屈节劝说田常以拯救鲁国，你们谁愿意担任使者？"

于是子路请求前往，未得孔子允许。子张请求前往，也未得允许。子石请求前往，仍未得允许。三人回去，对子贡说："如今夫子为救母国要屈节劝说田常，我们三人请求前往但未得允许。这正是你发挥辩才的时机，何不请求前往？"

子贡请求前往，孔子应允。于是子贡前往齐国，劝说田常道："如今您想让鲍氏、晏氏的军队去攻打鲁国而自己从中获益，实属不易之事。不如调兵去攻打吴国，那就容易多了。"

田常听后很不高兴。

子贡说："国家内有忧患就去攻打强国，国家外有忧患就去攻打弱国。我听闻您多次受封都没有成功，这是大臣不听从命令的结果。如今您若获胜将会使国君更加骄傲，攻破鲁国会让其他大臣的地位更加尊贵，而这其中却没有您的功劳，那么您与君主的关系将会日益疏远，却还要与那些大臣竞争。如此，您的地位就危险了。"

田常说："您说的对。然而如今军队已经去往鲁国，不可更改，该怎么办呢？"

子贡说："请您延缓行军速度。我去向吴国求救，请吴国为解救鲁国而进攻齐国，您趁着这个机会让军队迎击敌军。"田常应允。

子贡于是南下游说吴王道："王者不会让他的诸侯国覆灭，霸者不会让强敌出现，千钧重物哪怕加上铢两重量都会改变。如今以齐国的强大，攻占拥有一千辆兵车的鲁国，再去与吴国争强，我实在为您担忧啊。况且您救助鲁国可以彰显威名，以此安抚泗水北岸的诸侯国，讨伐残暴的齐国使晋国慑服，届时您获得的好处再没有比这更大的了。名义上使危亡的鲁国得到了保全，实际上却制约了强大的齐国，智者对此都不会怀疑。"

吴王说："您说得对。但吴国曾使越国陷入困境，越王如今卧薪尝胆、培养人才，想要报复吴国，您等我征讨越国之后，便可出兵支援鲁国了。"

子贡说："越国的国力比不上鲁国，吴国的强盛比不上齐国，您把齐国放在一边却去征讨越国，那么齐国就会攻占鲁国。您现在是借着保存危亡之国、延续绝祀之国的名义，放弃攻打强大的齐国转而征讨弱小的越国，这不是勇者所为。勇者不会害怕困难，仁者不会让人陷于穷困，智者不会错失良机，义者不会见死不救。如今您留下越国向天下昭示您的仁义，救助鲁国征讨齐国，向晋国展示您的武力，到时诸侯国定会相继来朝，您的霸业就可实现了。要是您还担心越国，就请让我去见越王，请他随您一起出兵，此举实际上有损于越国，名义上却是跟随诸侯国出兵伐齐。"吴王听后非常高兴，于是请子贡前往越国。

越王在郊外迎接子贡，又亲自为子贡驾车，说："越国不过是个蛮夷小国，哪里值得大夫您纡尊降贵大驾光临？"

子贡说："如今我说服吴王为救助鲁国而征讨齐国，吴王有意出兵，但忌惮越国，他说：'等我征讨越国之后便可出兵。'那么吴国必定能攻破越国。再说若无意报复却惹得他人怀疑，实属愚钝；有意报复却被他人洞悉，实在危险；还未行动却已打草惊蛇，更是危险。这三种情况是行事的大忌。"

越王顿首说："我曾不自量力向吴国发难，被困在会稽，此痛深入骨髓，令我日夜煎熬、焦唇干舌，一心想与吴王同归于尽，这是我的心愿。今日幸得您指点其中利害。"

子贡说："吴王为人凶残暴戾，群臣难以忍受。国家疲敝，百姓埋怨，臣子图谋发动内乱。伍子胥因进谏而死，太宰嚭受到重用。此时正是报复吴国的大好时机。大王您如果能出兵辅佐，以此激励吴王心气，再以贵重的珍宝讨其欢心，以谦卑的言辞来表示敬重，那么吴王必定会出兵伐齐。这便是圣人所谓的屈节事人以成就事业。此战若败，您坐收渔利；此战若胜，吴王定会兵临晋国。届时臣将返还，向北去游说晋王，让他与您一起攻打吴国，定能将其削弱。到那时，吴国的精兵已在攻打齐国时损失殆尽，重兵又受晋国牵制，您只需控制住疲敝的吴国即可。"越王听后顿首应允。

子贡返回。五天后，越国使者大夫文种叩首下拜，对吴王说："越国出动全国三千兵士助吴国攻齐。"

吴王对子贡说："越王请求亲自跟随我出征，可以吗？"

子贡说："此战越国已出动全部兵力，若再让越王跟着您，恐怕有违道义。"

吴王便接纳了越军，辞谢越王，让他留了下来。于是吴王亲自率领全国士兵征伐齐国，大败齐军。

子贡接着向北去拜见晋王，请晋王趁吴国疲敝之时出击。吴晋两军在黄池相遇。

越王趁机带兵攻打吴国国都，吴王率军归国迎战越军，后来被越国所灭。

孔子说："扰乱齐国保全鲁国，是我的初衷。至于顺势借强大的晋国削弱吴国，使吴国逐渐灭亡，让越国成为霸主，则是子贡游说诸国的功劳。悦耳的言辞有损信义，出言须谨慎啊！"

孔子弟子有宓子贱者，仕于鲁，为单父宰。恐鲁君听谗言，使己不得行其政，于是辞行，故请君之近史二人与之俱至官①。宓子戒其邑吏，令二史书，方书，辄掣其肘。书不善，则从而怒之。二史患之，辞请归鲁。宓子曰："子之书甚不善，子勉而归矣。"

二史归，报于君曰："宓子使臣书而掣臣肘，书恶，而又怒臣，邑吏皆笑之，此臣所以去之而来也。"

鲁君以问孔子，子曰："宓不齐，君子也。其才任霸王之佐，屈节治单父，将以自试也。意者以此为谏乎？"

公寤，太息而叹曰："此寡人之不肖，寡人乱宓子之政而责其善者，数矣。微二史，寡人无以知其过；微夫子，寡人无以自寤。"遽发所爱之使，告宓子曰："自今已往，单父非吾有也，从子之制。有便于民者，子决为之，五年一言其要。"

宓子蹷奉诏，遂得行其政，于是单父治焉。躬敦厚，明亲亲，尚笃敬，施至仁，加恳诚，致忠信，百姓化之。

齐人攻鲁，道由单父。单父之老请曰："麦已熟矣，今齐寇至,不及人人自收其麦,请放民出,皆获傅郭之麦②。可以益粮,且不资于寇。"三请而宓子不听。

俄而齐寇逮于麦。季孙闻之怒,使人以让宓子曰:"民寒耕热耘,曾不得食,岂不哀哉?不知犹可,以告者而子不听,非所以为民。"

宓子蹙然曰:"今兹无麦,明年可树。若使不耕者获,是使民乐有寇。且得单父一岁之麦,于鲁不加强,丧之不加弱。若使民有自取之心,其创必数世不息。"

季孙闻之,赧然而愧曰:"地若可入,吾岂忍见宓子哉!"

三年,孔子使巫马期往观政焉③。巫马期阴免衣,衣弊裘,入单父界。见夜渔者得鱼辄舍之,巫马期问焉,曰:"凡渔者为得,何以得鱼即舍之?"

渔者曰:"鱼之大者名为鱄④,吾大夫爱之;其小者名鱦⑤,吾大夫欲长之。是以得二者,辄舍之。"

巫马期返,以告孔子曰:"宓子之德,至使民暗行若有严刑于旁。敢问宓子何行而得于是?"

孔子曰:"吾尝与之言曰:'诚于此者刑乎彼。'宓子行此术于单父也。"

【注释】①近史:帝王左右的史官。

②傅郭:指靠近外城。

③巫马期:即巫马施。春秋末年鲁国人,一说陈国人,孔子弟子,七十二贤之一。

④鳣（chóu）：大鱼。

⑤鲣（yìng）：小鱼。

【译文】孔子有个弟子叫宓子贱，在鲁国为官，任单父宰。宓子贱曾担心鲁国国君听信谗言，以致自己的政令难以推行，于是向国君辞行时，特意请国君近前的两位史官随同赴任。宓子贱到任后告诫单父官吏，并请两位史官把他的话都记录下来，史官正要写时，就被宓子贱拉拽手肘。写得不好，又引来宓子贱的谴责。两位史官很担忧，于是向宓子贱请辞返回鲁国都城。宓子贱说："两位的字写得很不好，回去后请继续努力。"

两位史官返回后，上报鲁君说："宓子贱让我们做记录却拉拽我们的手肘，导致我们的字写得不好，又谴责我们，致使地方官府的小吏都来嘲笑我们，这便是我们离开单父返回来的原因。"

鲁君就此事请教孔子，孔子说："宓不齐，实为君子。他的才学足以辅佐霸主和王者，如今他屈节去治理单父，就是为了检验自己的才能。我想此事应该意在劝谏吧？"

鲁君恍然大悟，叹息道："这是我的不贤造成的，我扰乱了宓子贱的政务还要求他把事情做好，且多次这样。若非两位史官，我无法得知自己的过失；若非夫子您，我也无法明白过来。"鲁君随即派心腹使臣前去告诉宓子贱道："从今往后，单父不再受我管辖，都遵从您的政令。凡是益国利民之事，您可以自行决断，五年上报一次大概情况即可。"

宓子贱谨遵君命，顺利推行了自己的政令，于是单父得以政通人和。宓子贱待人宽宏厚道，教导百姓孝悌和善，推崇笃厚诚敬，施行至仁之政，倡导勤恳诚实，对人忠诚守信，百姓因此得到教化。

　　齐国进攻鲁国，取道单父。单父的乡老向宓子贱请求说："如今麦子已成熟，齐寇来犯，百姓来不及收割自己的麦田，请开城门让民众出城，收割靠近外城的麦子。如此既可增加城中的粮食，也可免于资助敌军。"乡老再三请求宓子贱都没有同意。

　　很快齐寇便收走了麦子。季孙氏听说后愤怒不已，派人谴责宓子贱道："百姓寒天耕种暑天除草，却得不到粮食，怎能不伤心？您如果不知此事还情有可原，乡老已经告诉您这件事的后果，您却不听，如此绝非为民着想。"

　　宓子贱听后面露忧色，说："今年没有麦子，明年可以再种。若使不稼不穑之人获得粮食，便会让百姓乐于见到敌寇来犯。况且得到单父一年的麦子，鲁国不会因此强盛，失去了也不会因此衰弱。若使百姓有了不劳而获的念头，这样带来的危害必然数代不止。"

　　季孙氏听后，羞愧道："如果地上有个缝可以钻进去，我哪还有脸再见宓子贱呢！"

　　三年后，孔子派巫马期前去视察宓子贱的执政情况。巫马期暗中脱掉自己的衣物，换上破旧的衣服，进入单父地界。他看见夜间捕鱼的渔夫捕到鱼又放生，便问："凡是渔夫都是为了得到鱼，您为何把捕到的鱼又放生了呢？"

　　渔夫说："鱼中大的叫鱄，我们的大夫很喜欢；小的叫鲤，我们的大夫希望它能长大。所以捕到这两种鱼，我们便会放生。"

　　巫马期返回，把这件事告诉了孔子，说："宓子贱的德政，使百姓即使在夜晚劳作，都好像有严刑在一旁监督一样。请问他是通过什么办法达到这种效果的呢？"

　　孔子说："我曾对他说：'如果在这件事上宽容，就应在另一事上严罚。'宓子贱在单父就践行了这个原则。"

孔子之旧曰原壤,其母死,夫子将助之以木椁①。

子路曰:"由也昔者闻诸夫子:'无友不如己者,过则勿惮改。'夫子惮矣,姑已若何?"

孔子曰:"'凡民有丧,匍匐救之②。'况故旧乎?非友也,吾其往。"

及为椁,原壤登木曰:"久矣,予之不托于音也。"遂歌曰:"狸首之斑然,执女手之卷然。"

夫子为之隐,佯不闻以过之。

子路曰:"夫子屈节而极于此,失其与矣,岂未可以已乎?"

孔子曰:"吾闻之,亲者不失其为亲也,故者不失其为故也。"

【注释】①木椁:即"沐椁",整治棺材。木,《礼记·檀弓下》及《四部丛刊》本《家语》作"沐"。

②"凡民"二句:语出《诗经·邶风·谷风》。

【译文】孔子的旧交名叫原壤,原壤的母亲去世,孔子打算协助他准备棺材。

子路说:"我曾听老师您说过:'切勿与不如自己的人交朋友,犯错了不要害怕改正。'看来您是害怕改正错误了,姑且停止帮他如何?"

孔子说:"'凡是邻里遭逢丧事,都应尽力帮助。'何况还是老朋友呢?即便不是朋友,我也会去帮他。"

等到棺材备好后, 原壤敲着棺木说: "有很长时间了, 我都没有用音乐表达过自己的感情。" 随即唱道: "棺椁上的文彩好似狸首般绚烂, 握住您的手, 是如此柔软。"

孔子为他遮掩, 佯装没听到从旁边走过。

子路说: "您委屈自己都到了这种地步, 已经没必要与他结交了, 难道还不与他断绝来往吗?"

孔子说: "我听闻, 是亲人就不要断掉亲情, 是老友就不要丢掉友情。"

卷
九

七十二弟子解第三十八

【题解】这一篇对孔子的七十多位弟子作了或详或略的介绍。孔子的弟子因性格、经历的不同，在思想上或多或少都有一些差异。本篇对研究孔门弟子有很好的参考。

颜回，鲁人，字子渊，少孔子三十岁。年二十九而发白，三十一早死。孔子曰："自吾有回，门人日益亲①。"回以德行著名，孔子称其仁焉。

【注释】①门人日益亲：原文脱"亲"字，此处依《四部丛刊》本《家语》补。王肃注："颜回为孔子疏附之友，能使门人益亲夫子。"

【译文】颜回，鲁国人，字子渊，比孔子小三十岁。二十九岁便满头白发，三十一岁就早早地死了。孔子说："自从我收了颜回做弟子，弟子们和我的关系便日益亲厚了。"颜回以德行高尚著名，孔子称赞他仁厚。

闵损，鲁人，字子骞，少孔子五十岁，以德行著名，孔子称其孝焉。

冉耕，鲁人，字伯牛，以德著名，有恶疾。孔子曰："命也夫。"

冉雍，字仲弓，伯牛之宗族①，生于不肖之父，以德行著名。

宰予，字子我，鲁人，有口才，以语言著名。仕齐，为临淄大夫②，与田常为乱，夷其三族。孔子耻之，曰："不在利病，其在宰予。"

【注释】①宗族：以父亲为血源纽带划定的家族。据《冉氏族谱》记载：冉离先娶颜氏为妻，生长子冉耕、次子冉雍。颜氏死后，冉离再娶公西氏为妻，生冉求。

②临淄：春秋时期齐国都城。在今山东省淄博市。

【译文】闵损，鲁国人，字子骞，比孔子小五十岁，以德行高尚著名，孔子称赞他孝顺。

冉耕，鲁国人，字伯牛，以道德品行著名，身患恶疾。孔子说："这都是命中注定的啊。"

冉雍，字仲弓，是冉耕的弟弟，他的父亲品行不端，但他却以道德品行著名。

宰予，字子我，鲁国人，有辩才，以能言善辩著名。在齐国为官，任临淄大夫，参与田常叛乱，被夷灭三族。孔子以此事为耻，说："此事无关于利弊，而在于宰予参与了这件事。"

端木赐，字子贡，卫人，少孔子三十一岁。有口才，著名。孔子每诎其辩。家富累钱千金，常结驷连骑①，以造原宪。

宪居蒿庐蓬户之中，与之言先王之义。原宪衣敝衣冠，并日蔬食，衎然有自得之志②。

子贡曰："甚矣，子如何之病也？"

原宪曰："吾闻无财者谓之贫，学道不能行者谓之病。吾贫也，非病也。"

子贡惭，终身耻其言之过。子贡行贩③，与时转货。历相鲁卫而终齐。

【注释】①结驷连骑：高车骏马连结成队，形容显赫高贵。

②衎然：安定的样子。

③行贩：外出经商。

【译文】端木赐，字子贡，卫国人，比孔子小三十一岁。有辩才，以此著名。孔子常阻止他的争辩。他家中豪富，家累千金，经常高车骏马排成队，前去拜访原宪。

原宪住在茅草屋中，与子贡谈论先王之义。原宪衣衫破旧，两天只吃一餐，仍怡然自得，坚守志向。

子贡说："实在太过分了，您怎么能病成这样？"

原宪说："我听闻身无分文叫作贫，学道但无法身体力行叫作病。我只是贫，并不是病。"

子贡听后深感惭愧，终身为自己说错的话而感到羞耻。子贡经商，能及时转手货物并从中获利。他曾担任过鲁国、卫国的宰相，后来在齐国过世。

冉求，字子有，仲弓之宗族，少孔子二十九岁。有才艺，以政事著名。仕为季氏宰。进则理其官职，退则受教圣师。为性多谦退。故子曰："求也退，故进之。"

【译文】冉求，字子有，是冉雍的弟弟，比孔子小二十九岁。多才多艺，以擅长处理政事著名。曾担任季孙氏的家臣。为官时专心事务，卸任后在孔子门下学习。生性谦逊忍让。因此孔子说："冉求习惯退让，所以我要鼓励他。"

仲由，卞人，字子路，一字季路，少孔子九岁。有勇力才艺，以政事著名。为人果烈而刚直，性鄙而不达于变通。仕卫为大夫，蒯聩与其子辄争国，子路遂死辄难。孔子痛之，曰："自吾有由，而恶言不入于耳。"

【译文】仲由，卞地人，字子路，又字季路，比孔子小九岁。好勇尚武，多才多艺，以擅长处理政事著名。为人果敢刚直，性情粗犷而不善变通。在卫国任大夫时，适逢蒯聩与其子蒯辄夺权，仲由为保护蒯辄而死。孔子悲痛不已，说："自从我收了仲由做弟子，便没再听到那些恶意的言论了。"

言偃，鲁人，字子游，少孔子三十五岁。时习于礼，以文学著名。仕为武城宰。尝从孔子适卫，与将军之子兰相善，使之受学于孔子。

【译文】言偃，鲁国人，字子游，比孔子小三十五岁。常研习礼法，以文学著名。任武城宰。曾跟随孔子出使卫国，与将军之子兰交好，从而使其拜在孔子门下。

卜商，卫人，字子夏，少孔子四十四岁。习于《诗》，能通其义，以文学著名。为人性不弘，好论精微，时人无以尚之。

尝返卫，见读史志者云："晋师伐秦，三豕渡河①。"

子夏曰："非也，己亥耳。"

读史志曰："问诸晋史，果曰己亥。"于是卫以子夏为圣。

孔子卒后，教于西河之上②，魏文侯师事之③，而谘国政焉。

【注释】①三豕渡河：古代"己"与"三"、"亥"与"豕"字形相近，卫国人读晋史，误将"己亥"读成了"三豕"。比喻文字讹误或传闻失实。

②西河：战国时魏地。子夏曾在此居住并讲学。

③魏文侯：战国时魏君。名斯，亦作都。周威烈王时与韩赵列为诸侯，师友子夏、段干木、田子方诸贤人，使乐羊拔中山，任西门豹守邺，国以大治，称誉于诸侯，在位三十八年，卒谥文。

【译文】卜商，卫国人，字子夏，比孔子小四十四岁。研习《诗经》，通晓其义，以文学著名。为人胸襟不够宽广，喜好议论精深微妙之事，当时无人能出其右。

子夏曾返回卫国，遇上读史志的人说："晋师伐秦，三豕渡河。"

子夏说："错了，不是三豕，而是己亥。"

读史志的人说："我请教了诸位晋国史官，果然是己亥。"从此卫国人便把子夏当成圣人。

孔子去世后,子夏在西河一带讲学,魏文侯以师礼相待,向他请教治国之道。

颛孙师,陈人,字子张,少孔子四十八岁。为人有容貌,资质宽冲①,博接从容②。自务居,不务立于仁义之行。孔子门人友之而弗敬。

【注释】①宽冲:宽厚谦和。

②博接:广泛地交往。

【译文】颛孙师,陈国人,字子张,比孔子小四十八岁。他的容貌清俊,资质不凡,为人宽厚谦和,交友广泛,遇事从容。只专注于自己的生活,而不修习、践行仁义。孔子的弟子对他友善却不敬重。

曾参,南武城人,字子舆,少孔子四十六岁。志存孝道,故孔子因之以作《孝经》。齐尝聘,欲以为卿,而不就,曰:"吾父母老,食人之禄则忧人之事,故吾不忍远亲而为人役。"参后母遇之无恩,而供养不衰。及其妻以藜烝不熟①,因出之。人曰:"非七出也②。"答曰:"藜烝小物耳,吾欲使熟,而不用吾命,况大事乎?"遂出之,终身不取妻。其子元请焉,告其子曰:"高宗以后妻杀孝己③,尹吉甫以后妻放伯奇④。吾上不及高宗,中不比吉甫,庸知其得免于非乎?"

【注释】①藜烝(zhēng):采藜的嫩叶蒸熟为食,多指粗劣之食。

烝,同"蒸"。

②七出:古代社会丈夫遗弃妻子的七种条款。

③高宗:即殷高宗武丁,子姓,名昭。孝己:殷高宗的太子,以孝行著名,因遭后母谗言,被高宗放逐而死。

④尹吉甫:周宣王时贤臣。兮姓,名甲,字伯吉父,又称兮伯吉父。伯奇:尹吉甫的长子,遭后母诬陷,被父亲放逐。

【译文】曾参,南武城人,字子舆,比孔子小四十六岁。志在孝道,所以孔子因他而作《孝经》。齐国曾聘请他,想任他为卿,他拒绝了,说:"我的父母年事已高,我若享用了人家的俸禄就得为人家的事操心,所以我不忍远离亲人而受人差遣。"曾参的后母对他不好,但他从未减少对后母的供养。他的妻子没有蒸熟藜烝,曾参因此要休妻。有人说:"你的妻子没有犯七出之条。"曾参说:"蒸藜烝不过是件小事,我让她蒸熟,她都不听我的话,何况遇到大事呢?"于是休了妻子,终身不再娶妻。他的儿子曾元劝他再娶,他对儿子说:"殷高宗武丁因后妻害死太子孝己,尹吉甫因后妻放逐长子伯奇。我上不及高宗贤明,中不及尹吉甫能干,哪能知道自己是否能避免这种错误呢?"

澹台灭明,武城人,字子羽,少孔子四十九岁。有君子之姿①。孔子尝以容貌望其才,其才不充孔子之望。然其为人公正无私,以取与去就,以诺为名。仕鲁为大夫。

【注释】①姿:姿容。原作"资",此处依《四部丛刊》本《家语》改。

【译文】澹台灭明,武城人,字子羽,比孔子小四十九岁。有君子之姿。孔子曾因他的姿容期望他有不凡的才学，但他的才学没有达到孔子的期望。然而他为人公正无私，以酬劳与付出来抉择去留，以守信著名。在鲁国任大夫。

高柴，齐人，高氏之别族，字子羔，少孔子四十岁。长不过六尺，状貌甚恶。为人笃孝而有法正。少居鲁，见知名于孔子之门。仕为武城宰。

【译文】高柴，齐国人，属于高氏的分支，字子羔，比孔子小四十岁。身高不过六尺，样貌丑陋。为人十分孝顺、知礼守法。幼时住在鲁国，在孔子的弟子中很有名。做官后任武城宰。

宓不齐，鲁人，字子贱，少孔子四十岁。仕为单父宰，有才智，仁爱，百姓不忍欺。孔子美之。

【译文】宓不齐，鲁国人，字子贱，比孔子小四十岁。做官后任单父宰，很有才智，心怀仁爱，连百姓都不忍欺瞒他。孔子时常赞美他。

樊须，鲁人，字子迟，少孔子四十六岁。弱仕于季氏①。

【注释】①弱：年少。

【译文】樊须，鲁国人，字子迟，比孔子小四十六岁。年少时是季氏的家臣。

有若,鲁人,字子有,少孔子三十六岁。为人强识,好古道也①。

【注释】①古道:古代淳朴厚道的风俗习惯。

【译文】有若,鲁国人,字子有,比孔子小三十六岁。其人强于记忆,崇尚古代淳朴厚道的风俗习惯。

公西赤,鲁人,字子华,少孔子四十二岁。束带立朝,闲宾主之仪①。

【注释】①闲:通"娴",娴熟,熟练。

【译文】公西赤,鲁国人,字子华,比孔子小四十二岁。束带立于朝堂之上,对主人和宾客之间的礼仪非常娴熟。

原宪,宋人,字子思,少孔子三十六岁。清净守节,贫而乐道。孔子为鲁司寇,原宪尝为孔子宰①。孔子卒后,原宪退隐,居于卫。

【注释】①宰:管家。

【译文】原宪,宋国人,字子思,比孔子小三十六岁。他心地洁净,忠于职守,安贫乐道。孔子任鲁国司寇时,原宪曾任孔子的管家。孔子去世后,原宪辞官隐居,住在卫国。

公冶长,鲁人,字子长。为人能忍耻。孔子以女妻之①。

【注释】①妻（qì）：以女嫁人。

【译文】公冶长，鲁国人，字子长。为人能含垢忍辱。孔子将女儿许配给他。

南宫韬，鲁人，字子容。以智自将①，世清不废，世浊不污。孔子以兄子妻之。

【注释】①自将：自己保全。

【译文】南宫韬，鲁国人，字子容。他能以自己的才智保全自身，世道清平时能有所作为，世道混沌时也不随俗浮沉。孔子将兄长的女儿许配给他。

公析哀，齐人，字季沉。鄙天下多仕于大夫家者，是故未尝屈节人臣。孔子特叹贵之。

【译文】公析哀，齐国人，字季沉。他鄙视天下间给大夫做家臣的士人，所以不曾屈节去做别人的家臣。孔子特别赞赏和看重他。

曾点，曾参父，字子皙。疾时礼教不行，欲修之，孔子善焉。《论语》所谓"浴乎沂，风乎舞雩①"之下。

【注释】①"浴乎"二句：语出《论语·先进》，意为：在沂水中沐浴，在舞雩台上乘风。舞雩，台名，祭天求雨的地方。

【译文】曾点，是曾参的父亲，字子皙。他哀痛于礼教难以推行，立志改变这种情况，孔子对此大为赞赏。《论语》中记载的"浴乎沂，风乎舞雩"就是曾点说的。

颜由，颜回父，字季路。孔子始教学于间里而受学①。少孔子六岁。

【注释】①间里：一本作"阙里"，孔子故里，在今山东曲阜城内阙里街。

【译文】颜由，是颜回的父亲，字季路。孔子起初在阙里教学时，颜由便接受他的教导。颜由比孔子小六岁。

商瞿，鲁人，字子木，少孔子二十九岁。特好《易》，孔子传之，志焉。

【译文】商瞿，鲁国人，字子木，比孔子小二十九岁。非常喜好《易经》，每得孔子传授，他都铭记在心。

漆雕开，蔡人，字子若，少孔子十一岁。习《尚书》，不乐仕。孔子曰："子之齿可以仕矣，时将过。"子若报其书曰："吾斯之未能信。"孔子悦焉。

【译文】漆雕开，蔡国人，字子若，比孔子小十一岁。学习《尚书》，无意做官。孔子说："依你的年龄可以入仕了，否则就过了做官的年纪了。"子若回信说："我对为官之道还不太明了。"孔子对他的态度表示赞赏。

公良儒，陈人，字子正，贤而有勇。孔子周行，常以家车五乘从^①。

【注释】①常：通"尝"，曾经。

【译文】公良儒，陈国人，字子正，贤能而又勇猛。孔子周游列国时，他曾带着自己的五辆马车随行。

秦商，鲁人，字丕兹，少孔子四岁。其父堇父^①，与孔子父叔梁纥，俱以力闻。

【注释】①堇父：即秦堇父，孟献子的家臣。与鲁国名将狄虒弥、叔梁纥合称"鲁国三虎将"。

【译文】秦商，鲁国人，字丕兹，比孔子小四岁。他的父亲秦堇父，与孔子的父亲叔梁纥，都以勇猛力大著名。

颜亥^①，鲁人，字子骄，少孔子五十岁。孔子适卫，子骄为仆^②。卫灵公与夫人南子同车出^③，而令宦者雍渠参乘^④，使孔子为次乘^⑤。游过市，孔子耻之。颜亥曰："夫子何耻之？"孔子曰："《诗》云：'觏尔新婚，以慰我心^⑥。'"乃叹曰："吾未见好德如好色者也。"

【注释】①颜亥：本名颜高，又名颜产、颜刻。亥，《四部丛刊》本

《家语》作"刻"，《史记》引《家语》作"高"。

②仆：指驾车的人。

③卫灵公：姬姓，名元，卫国国君。南子：卫灵公夫人。

④参乘：陪乘。

⑤次乘：从车。

⑥"觏（gòu）尔"二句：语出《诗经·小雅·车舝》。觏，遇见。

【译文】颜亥，鲁国人，字子骄，比孔子小五十岁。孔子前往卫国，子骄为其驾车。卫灵公与夫人南子同车出行，命宦官雍渠陪乘，请孔子乘车随行。游玩时途经闹市，孔子感到羞耻。颜亥说："夫子为什么感到羞耻呢？"孔子说："《诗》中说：'遇见你并能与你喜结连理，真是让我心安。'"又叹道："我从未见过喜好美好的品德像喜好美色一样的人啊。"

司马耕，宋人，字子牛。牛为性躁，好言语。见兄桓魋行恶①，牛常忧之。

【注释】①桓魋（tuí）：即向魋，子姓，春秋时期宋国人，任宋国司马。

【译文】司马耕，宋国人，字子牛。子牛生性急躁，喜欢说话。他发现兄长桓魋做坏事，常为兄长担忧。

巫马期，陈人，字子期，少孔子三十岁。孔子将近行，命从者皆持盖，已而果雨。巫马期问曰："且无云，既日出，而夫子命持雨具。敢问何以知之？"孔子曰："昨暮月宿于毕①。《诗》不云乎：

'月离于毕,俾滂沱矣②。'以此知之。"

【注释】①毕:星名,二十八宿之一。

②"月离"二句:语出《诗经·小雅·渐渐之石》。

【译文】巫马期,陈国人,字子期,比孔子小三十岁。孔子要到离家不远的地方出游,让随行之人都带好伞,不久果然下雨了。巫马期问:"早上无云,后来又出了太阳,夫子您却嘱咐我们带上雨具。请问您是如何得知今天会下雨的呢?"孔子说:"昨夜月亮临近毕星。《诗经》中不是说:'月亮靠近毕星,滂沱大雨紧随而至'吗?我就是因此而得知的。"

梁鳣,齐人,字叔鱼,少孔子三十九岁。年三十未有子,欲出其妻。商瞿谓曰:"子未也。昔吾年三十八无子,吾母为吾更取室。夫子使吾之齐,母欲请留吾。夫子曰:'无忧也,瞿过四十,当有五丈夫①。'今果然。吾恐子自晚生耳,未必妻之过。"从之,二年而有子。

【注释】①丈夫:此指男孩儿。

【译文】梁鳣,齐国人,字叔鱼,比孔子小三十九岁。他三十岁时还没有子嗣,便打算休妻。商瞿对他说:"你先不要休妻。当年我三十八岁了还没有子女,母亲便为我另娶了一房妻室。夫子派我出使齐国,母亲却想让我留下。夫子说:'无需担忧,商瞿四十岁后,会有五个儿子。'如今果然应验了。我猜想你的子女是出生的晚吧,未必是你妻子的过错。"梁鳣听从了商瞿的话,两年后便有了子嗣。

琴牢，卫人，字子开，一字张。与宗鲁友^①，闻宗鲁死，欲往吊焉。孔子弗许，曰："非义也。"

【注释】①宗鲁：春秋时卫国人，是卫灵公兄长公孟絷的骖乘。公孟絷虽为人不善，但待宗鲁很好，宗鲁为保护公孟絷而死。

【译文】琴牢，卫国人，字子开，一字张。他与宗鲁是好友，听闻宗鲁去世，想去吊唁。孔子不允，说："此事不合道义。"

冉儒，鲁人，字子鲁，少孔子五十岁。

颜辛，鲁人，字子柳，少孔子四十六岁。

伯虔，字楷，少孔子五十岁。

公孙龙，卫人，字子石，少孔子五十三岁。

曹卹，少孔子五十岁。

陈亢，陈人，字子元，一字子禽，少孔子四十岁。

（以上译文略）

叔仲会，鲁人，字子期。少孔子五十四岁，与孔璇年相比。每孺子之执笔记事于夫子，二人迭侍左右。孟武伯见孔子而问曰："此二孺子之幼也，于学岂能识于壮哉？"孔子曰："然。少成则若性也，习惯若自然也。"

【译文】叔仲会，鲁国人，字子期。他比孔子小五十四岁，与孔璇年龄相仿。有任何事情时，叔仲会与孔璇这两个孩童都会执笔记录

孔子的言行,他们还会轮流服侍在孔子左右。孟武伯见了向孔子请教道:
"这两名孩童如此年幼,在治学上哪有那些成年人懂得多呢?"孔子说:
"确实如此。但是自幼养成的习惯就像天性,习惯后就成了自然。"

秦祖,字子南。

奚箴(一作葴),字子楷。

公祖兹,字子之。

廉洁,字子曹。

公西舆,字子上。

罕(一作宰)父黑,字子索(一作黑)。

公西葳(一作减),字子尚。

穰驷赤,字子从。

冉季,字子产。

薛邦,字子从。

石处,字子里。

悬亶,字子象。

左郢,字子行。

狄黑,字哲之。

商泽,字子秀。

任不齐,字子选。

荣祈,字子祺。

颜哙,字子声。

原忼(一作桃),字子籍。

公宾(一作肩),字子仲。

秦非,字子之。

漆雕从,字子文。

燕伋,字子思。

公夏守,字子乘。

勾井疆,字子疆。

步叔乘,字子车。

石作(一作子)蜀,字子明。

邽巽(一作选),字子敛。

施之常,字子恒。

申绩,字子周。

乐欬(一作欣),字子声。

颜之仆,字子叔。

孔忠(一作弗),字子蔑。

漆雕哆(一作侈),字子敛。

悬成,字子横。

颜相,字子襄。

右夫子弟子七十二人,皆升堂入室者。

(以上译文略)

本姓解第三十九

【题解】这一篇对孔子的家世作了诸多介绍，也写了齐国太史对孔子的评价。对研究孔子生平有极其重要的作用。

孔子之先，宋之后也。微子启^①，帝乙之元子^②，纣之庶兄^③，以圻内诸侯^④，入为王卿士。微，国名，子爵。初，武王克殷，封纣之子武庚于朝歌^⑤，使奉汤祀。武王崩，而与管、蔡、霍三叔作难^⑥，周公相成王东征之。二年，罪人斯得，乃命微子于殷后，作《微子之命》申之^⑦。与国于宋，徙殷之子孙，唯微子先往仕周，故封之贤。其弟曰仲思，名衍，或名泄，嗣微子后，故号微仲。生宋公稽，胄子虽迁爵易位^⑧，而班级不及其故者，得以故官为称。故二微虽为宋公，而犹以微之号自终。至于稽乃称公焉。

【注释】①微子启：即微子，周代宋国的始祖。名启，商纣王的庶兄。

②帝乙：殷代帝王，纣王与微子的父亲。

③庶兄：庶出的兄长。

④圻（qí）：畿，京畿。

⑤朝歌：殷纣的都城，在今河南淇县东北。

⑥管、蔡、霍：即管叔、蔡叔、霍叔，均为周文王之子，周武王的弟弟。三叔作难：武王驾崩后，成王嗣立，因其年幼由周公摄政，引起管叔、蔡叔及群弟的猜疑，与武庚一起发动叛乱。周公东征，诛武庚，杀管叔，流放蔡叔，废霍叔为庶民。

⑦《微子之命》：三监之乱后，微子启代替武庚为殷之后裔，《微子之命》即是史官记录周成王封微子启的诰命。申：原作"由"，此处依《史记·宋微子世家》改。

⑧胄子：帝王或贵族的长子。

【译文】孔子的先祖，是宋国后裔。微子启，是商王帝乙的长子，商纣王帝辛庶出的兄长，以畿内诸侯的身份入朝任纣王的卿士。微，是国名，爵位为子爵。当初，武王灭掉殷商后，把纣王之子武庚封到朝歌，让他奉守商汤的祭祀。武王驾崩后，武庚与管叔、蔡叔、霍叔谋反，周公辅佐周成王东征讨伐乱臣。历时两年，有罪之人都得到应有的惩罚，于是命微子启替代武庚为殷商后嗣，作《微子之命》宣告此事。分封微子于宋国，迁殷人的子孙入宋，只因微子启率先归顺周朝为官，所以因贤能而被分封。微子启的弟弟仲思，名衍，或名泄，继承微子启的爵位，因此又称微仲。仲思生宋公稽，微子启作为长子，他的爵位虽有变动，但等级不及祖辈，仍旧以原来的爵位相称。所以微子启与宋微仲虽是宋公，但始终以"微"为称号。宋公稽继位才称"公"。

宋公生丁公申，申公生缗公共及襄公熙，熙生弗父何及厉公方祀。方祀以下，世为宋卿。弗父何生宋父周，周生世子胜，胜生正考甫，考甫生孔父嘉。五世亲尽，别为公族^①，故后以孔为氏焉。

【注释】①公族：诸侯或君王的同族。

【译文】宋公稽生丁公申，申公生缗公共与襄公熙，熙生弗父何及厉公方祀。从方祀往后，弗父何后人世代为宋国卿。弗父何生宋父周，宋父周生世子胜，世子胜生正考甫，正考甫生孔父嘉。五代之后，与王室亲缘关系渐疏，另立公族，所以后代都以孔为氏。

一曰孔父者，生时所赐号也，是以子孙遂以氏族。孔父生子木金父，金父生睪夷，睪夷生防叔，避华氏之祸而奔鲁。防叔生伯夏，伯夏生叔梁纥。曰虽有九女是无子。其妾生孟皮，孟皮一字伯尼，有足病。于是乃求婚于颜氏。颜氏有三女，其小曰徵在。颜父问三女曰："陬大夫虽父祖为士^①，然其先圣王之裔。今其人身长十尺，武力绝伦，吾甚贪之。虽年长性严，不足为疑。三子孰能为之妻？"二女莫对。徵在进曰："从父所制，将何问焉？"父曰："即尔能矣。"遂以妻之。徵在既往，庙见^②。以夫之年大，惧不时有男，而私祷尼丘之山以祈焉。生孔子，故名丘而字仲尼。

孔子三岁而叔梁纥卒，葬于防。至十九，娶于宋之上官氏^③，生伯鱼。鱼之生也，鲁昭公以鲤鱼赐孔子。荣君之贶，故因以名曰鲤，而字伯鱼。鱼年五十，先孔子卒。

【注释】①陬大夫：此指孔子的父亲叔梁纥（hé），因功被封为陬邑大夫。

②庙见：古婚礼，妇入夫家，若公婆已故，则于三月后至家庙参拜公婆神位，称为"庙见"。

③上官氏：部分典籍作"亓（qí）官氏"。

【译文】一说孔父其名，是孔父嘉出生时君王赐予的，所以子孙后代以此为氏。孔父生子木金父，金父生睪夷，睪夷生防叔，防叔为躲避华氏之祸逃往鲁国。防叔生伯夏，伯夏生叔梁纥。叔梁纥有九个女儿但没有儿子。叔梁纥的妾室生了孟皮，孟皮字伯尼，有足疾。叔梁纥向颜氏求亲。颜氏有三个女儿，小女儿名徵在。颜父问三个女儿："陬邑大夫的祖上虽然世代为士，但却是圣王的后裔。现今叔梁纥身高十尺，武力超群，我很中意他。虽然其人年纪稍长为人又严肃，但不足为虑。你们三人谁愿做他的妻子？"大女儿和二女儿都沉默无言。徵在上前说："我听从父亲的安排就可以了，还有什么可问的呢？"颜父说："那你就是他的妻子了。"随后将徵在许配给叔梁纥做妻子。徵在嫁给叔梁纥，三个月后到家庙参拜。因叔梁纥上了年纪，徵在担心不能及时诞下子嗣，便私下到尼丘山祈祷。后来诞下孔子，所以孔子名丘字仲尼。

孔子三岁时叔梁纥去世，葬于防山。孔子十九岁时，与宋国上官氏结亲，生下伯鱼。伯鱼诞生时，鲁昭公赐予孔子一条鲤鱼。孔子得君王赏赐倍感荣幸，所以给儿子取名鲤，字伯鱼。伯鱼享年五十岁，先于孔子去世。

齐太史子与适鲁，见孔子。孔子与之言道，子与悦，曰："吾鄙人也,闻子之名,不睹子之形,久矣而未知宝贵也,乃今而后知泰山之为高,渊海之为大。惜乎,夫子之不逢明王,道德不加于民,而将垂宝以贻后世。"

遂退而谓南宫敬叔曰:"今孔子先圣之嗣,自弗父何以来,世有德让,天所祚也。成汤以武德王天下,其配在文。殷宗以下,未始有也。孔子生于衰周,先王典籍错乱无纪,而乃论百家之遗记,考正其义,祖述尧舜①,宪章文武②,删《诗》述《书》,定礼理乐,制作《春秋》,赞明《易》道,垂训后嗣,以为法式,其文德著矣。然凡所教诲,束脩已上三千余人③,或者天将欲与素王之乎④?夫何其盛也!"

敬叔曰:"殆如吾子之言,夫物莫能两大。吾闻圣人之后,而非继世之统,其必有兴者焉。今夫子之道至矣,乃将施乎无穷,虽欲辞天之祚,故未得耳。"

子贡闻之,以二子之言告孔子。子曰:"岂若是哉?乱而治之,滞而起之,自吾志,天何与焉?"

【注释】①祖述:效法、遵循前人的学说或行为。

②宪章:效法。

③束脩(xiū):老师的酬金。脩,古时称干肉。

④素王:有王者的道德而无王者的权位。

【译文】齐国太史子与出使鲁国,前去拜访孔子。孔子与他论道,子与很高兴,说:"我是乡野之人,久仰您的大名,一直没有机会一睹您的真容,这么久以来也未能领受您学问的高远,今日才知泰山的高峻，渊海的浩淼。可惜，您未遇明君，您的道德无法推行于百姓，可您高贵的美德必将流传下来福泽后世。"

子与出去后对南宫敬叔说："如今的孔子是先圣的后裔，自弗父何以来，孔氏世代德行昭著谦逊礼让，这是天降福祉给孔氏。成汤借武德称王，需以文政相辅。殷商享有天下之后，没有出现文德之士。孔子生于周朝衰微之际，先王的典籍杂乱无章，孔子论述百家著作，考证其中奥义，遵循尧、舜的学说，效法文王、武王的典章制度，删订《诗经》，注解《尚书》，制订礼，整理乐，编撰《春秋》，阐释《周易》之道，垂训后人，以此作为法式，孔子的文德教化举世无双。受他教诲的弟子，敬奉束脩者就有三千之多，或许是上天让他成为无冕之王吧？他的教化何其兴盛！"

南宫敬叔说："大抵真如你所说，事难两全。我听闻圣人后裔，若不能继承大统，那么必定能成大事。现今孔子之道已臻极致，定将流芳百世，教化万代，就算他想推拒上天的福祉，也是不可能的。"

子贡听后，将二人所言转告孔子。孔子说："怎么可能是这样呢？逢乱世便治理，有滞涩便整顿，这是我的志向，与上天何干？"

终纪解第四十

【题解】孔子临终前感叹自己的主张得不到推行。孔子去世后，弟子们对老师怀有深深的敬意，以丧父之礼为孔子治丧，很多弟子都服丧三年，子贡甚至服丧六年。安葬孔子时，有人远从燕国来观看孔子的葬礼。可见孔子在弟子及时人心目中的地位之高。本篇是研究孔子及丧葬礼仪的珍贵史料。

孔子蚤晨作，负手曳杖，逍遥于门，而歌曰："泰山其颓乎！梁木其坏乎！哲人其萎乎！①"既歌而入，当户而坐。

子贡闻之，曰："泰山其颓，则吾将安仰？梁木其坏，则吾将安杖？哲人其萎，吾将安放？夫子殆将病也。"遂趋而入。

夫子叹而言曰："赐，汝来何迟？予畴昔梦坐奠于两楹之间②。夏后氏殡于东阶之上，则犹在阼。殷人殡于两楹之间，则与宾主夹之。周人殡于西阶之上，则犹宾之，而丘也即殷人。夫明王不兴，则天下其孰能宗余？余殆将死。"遂寝病，七日而终，时年七十二矣。

【注释】①"泰山"三句：即《曳杖歌》，意为：泰山快要崩塌了么？屋梁快要断裂了么？哲人快要去世了么？

②畴昔：往昔。此指昨夜。楹：堂屋前部的柱子。

【译文】孔子晨起，反手拿着拐杖，在门口悠闲漫步，吟唱道："泰山其颓乎！梁木其坏乎！哲人其萎乎！"唱罢回屋，对着门坐定。

子贡听后，说："如果泰山倾颓，我还瞻仰什么呢？如果梁木腐坏，我还倚仗什么呢？如果哲人去世，我还效仿何人呢？夫子怕是要生病了。"随即快步走进室内。

孔子感叹道："赐，你怎么来得这样迟？我昨夜梦到自己坐在两楹间被祭奠。夏后氏停灵于东阶之上，位于主位。殷人停灵于两楹之间，位于宾主之间。周人停灵于西阶之上，位于客位，而我是殷人。当今无明君，天下谁人能遵奉我的学说呢？我大抵是死期将至了。"随后卧病在床，七日后去世，享年七十二岁。

哀公诔曰①："旻天不吊②，不慭遗一老③，俾屏余一人以在位，茕茕余在疚。於乎哀哉！尼父，无自律。"

子贡曰："公其不没于鲁乎？夫子有言曰：'礼失则昏，名失则愆。'失志为昏，失所为愆。生不能用，死而诔之，非礼也；称一人，非名。君两失之矣。"

【注释】①诔（lěi）：叙述死者生平以示哀悼。

②旻天：泛指天。不吊：怜悯，悲悯。

③慭（yìn）：宁愿。

【译文】哀公悼念孔子道："上天无悲悯之心，不愿将圣人留下，只留我一人高居君位，茕茕孑立，心中痛苦。呜呼哀哉！尼父一去，此后我再无效仿的榜样。"

子贡说："您难道不愿在鲁国善终吗？夫子曾说：'礼不周便会昏聩，名不正便会犯错。'丧失心志是昏聩，有失身份是犯错。夫子在世时不得您重用，去世后您在此吊唁，这不符合礼法；您自称'一人'，这不符合名分。这两项您都违背了。"

既卒，门人疑所以服夫子者。子贡曰："昔夫子丧颜回也，若丧其子而无服，丧子路亦然。今请丧夫子若丧父而无服。"于是弟子皆吊服而加麻①，出有所之，则由绖。子夏曰："入宜绖可也②，出则不绖。"子游曰："吾闻诸夫子，丧朋友，居则绖，出则否。丧所尊，虽绖而出可也。"

【注释】①吊服：吊丧之服。

②绖（dié）：古代丧服上的麻带子。

【译文】孔子去世后，门下弟子不知穿哪种等级的丧服来操办丧仪。子贡说："昔日夫子对待颜回的丧事，像自己孩子去世时一样却不着丧服，对待子路的丧事也是如此。如今请大家按照为父亲服丧的礼制来为夫子服丧，但不要穿相应的丧服。"于是弟子们都在孔子家穿上吊丧之服，系上麻带，出门去别的地方时，也系着麻带。子夏说："进门应系麻带，出门可免。"子游说："我听闻夫子说过，吊唁朋友时，在丧礼上系麻带，出门不系。吊唁尊长时，即便出门在外也要系好麻带。"

孔子之丧，公西掌殡葬焉。晗以疏米三具①，袭衣十有一称②，加朝服一，冠章甫之冠，佩象环，径五寸，而綦组绶③。桐棺四寸，柏棺五寸，饬棺墙④，置翣⑤，设披⑥，周也；设崇⑦，殷也；绸练设旐⑧，夏也。兼用三王礼，所以尊师，且备古也。葬于鲁城北泗水上，藏入地，不及泉。而封为偃斧之形⑨，高四尺，树松柏为志焉。弟子皆家于墓，行心丧之礼⑩。

【注释】①晗：古同"含"。

②袭衣：成套的衣服。

③綦（qí）：青黑色。组绶：古人佩玉，用以系玉的丝带。

④棺墙：遮挡灵柩的围挡。

⑤翣（shà）：古代出殡时的棺饰。

⑥披：古夹具，即用在枢车两旁牵挽的帛。

⑦崇：崇牙，旌旗的齿状边饰。

⑧旐（zhào）：引魂幡。

⑨偃斧：仰斧。堆土为坟，坟顶窄狭如仰斧形状。

⑩心丧：古时谓老师去世，弟子守丧，身无丧服而心存哀悼。

【译文】孔子的丧事，由公西赤主持殡葬事宜。孔子口中含着三勺粳米，棺中备有十一套衣服，外加一套朝服，孔子头戴章甫冠，佩戴象环，直径五寸，系着青黑丝带。桐木内棺厚四寸，柏木外棺厚五寸，装点了停枢的帷帐，设置棺饰，又设了牵挽枢车的披具，这是遵循周礼；设置崇牙，这是遵循殷礼；以素帛缠绕引魂幡，这是遵循夏礼。兼用三代礼制，意在敬奉先师，同时又保全了古礼。孔子葬于鲁城北泗水边上，棺木埋在地下，未及地下泉水处。坟墓封土为仰斧形状，高四尺，种植松柏为标记。弟子都在墓地周围住上三年，为老师行心丧之礼。

既葬，有自燕来观者，舍于子夏氏。子夏谓之曰："吾亦人之葬圣人，非圣人之葬人，子奚观焉？昔夫子言曰：'吾见封若夏屋者①，见若斧矣，从若斧者也。'马鬣封之谓也②。今徒一日三斩板而以封③，尚行夫子之志而已，何观乎哉？"

二三子三年丧毕，或留或去，惟子贡庐于墓六年。自后群弟子及鲁人处墓如家者百有余家，因名其居曰孔里焉。

【注释】①夏屋：王肃注："夏屋，今之殿形，中高而四方下也。"

②马鬣：坟墓封土的一种形状，亦指坟墓。

③斩板：谓斩断约束筑土板的绳索。

【译文】葬礼结束后，有人从燕国前来观礼，借住在子夏处。子夏对他说："我们是普通人安葬圣人，不是圣人安葬普通人，您来看什么呢？昔日夫子说：'我见过坟墓有的好似夏屋，有的形如斧子，我赞同这种斧形的坟墓。'此种坟墓称为马鬣封。现今我们一日三次换板来封土，旨在践行夫子的意志，有什么可参观的呢？"

孔子弟子守丧三年结束后，有的离开有的留下，唯独子贡在墓旁守了六年。此后孔子门生及鲁国人在墓地周围安家的有百余户，因而称此地为孔里。

正论解第四十一

【题解】在本篇中，孔子讲述了尊老敬老的原因、重要作用和具体的做法，以表达治理国家、管理百姓时敬老所起到的教化作用。之后又向哀公论述了损人利己、弃老取幼、不重用贤才、老不教幼不学、贤匿愚出这五种不祥之事的危害。

孔子在齐，齐侯出田，招虞人以弓①，不进，公使执之。

对曰："昔先君之田也，旃以招大夫②，弓以招士，皮冠以招虞人③。臣不见皮冠，故不敢进。"乃舍之。

孔子闻之，曰："善哉！守道不如守官。"君子韪之。

【注释】①虞人：古代掌山泽之官，亦主苑囿田猎。

②旃：古代一种赤色曲柄的旗。

③皮冠：古代狩猎所戴的帽子。

【译文】孔子在齐国的时候，齐侯出去狩猎，他挥舞着弓召唤虞人，虞人没来晋见，齐侯便派人把虞人抓了起来。

虞人说："从前先君狩猎时，挥动着旗子招呼大夫，挥舞着弓招呼士人，挥动皮冠招呼虞人。臣没看见皮冠，所以不敢晋见。"齐侯听罢便放虞人回去了。

孔子听闻此事后，说："真好啊！遵守恭敬之道不如恪守职责。"君子都认为孔子说得对。

齐国书伐鲁①，季康子使冉求率左师御之，樊迟为右。师不逾沟，樊迟曰："非不能也，不信子②，请三刻而逾之③。"如之。众从之，师入齐军，齐军遁。冉有用戈，故能入焉。

孔子闻之曰："义也。"

既战，季孙谓冉有曰："子之于战，学之乎？性达之乎？"

对曰："学之。"

季孙曰："从事孔子，恶乎学？"

冉有曰："即学之孔子也。夫孔子者，大圣，无不该④，文武并用兼通。求也适闻其战法，犹未之详也。"

季孙悦。

樊迟以告孔子，孔子曰："季孙于是乎可谓悦人之有能矣。"

【注释】①国书：王肃注："国书，齐卿。"

②不信子：不信任季康子。王肃注："言季孙德不素著，为民所信也。"

③三刻：发三次号令。王肃注："与众要信，三刻而逾沟也。"

④无不该：无不完备。该，通"赅"，完备。

【译文】齐国正卿国书带领军队讨伐鲁国，季康子派冉求率领左军抵挡齐军，派樊迟率领右军。鲁军不敢跨过壕沟迎击齐军，樊迟说："鲁军不是不能迎击齐军，而是他们不信任季康子，请您发出三次号令，并带头跨过壕沟。"冉求如其所言行事。士兵们都跟着跨过壕沟，鲁军冲入齐军阵营，齐军战败逃跑。冉求用戈作为武器，所以能冲入敌阵之中。

孔子听闻此事后，说："这是符合道义的。"

战争结束后，季孙问冉求："对于打仗，你是后来学会的？还是天生就会呢？"

冉求回答说："是后来学会的。"

季孙说："你跟随在孔子身边侍奉，怎么会带兵打仗呢？"

冉求说："我就是从孔子那里学到的啊。孔子是大圣人，他的学识无所不包，文武兼通并用。我也是刚从他那里学了一些战法，但还不够详尽。"

季孙听了很高兴。

樊迟把冉求与季孙的对话告诉给孔子，孔子说："从这件事上可以说季孙还是喜欢有才能的人啊。"

南宫说、仲孙何忌既除丧^①，而昭公在外^②，未之命也^③。定公即位，乃命之。辞曰："先臣有遗命焉，曰：'夫礼，人之干也，非礼则无以立。'嘱家老，使命二臣，必事孔子而学礼，以定其位。"公许之。

二子学于孔子，孔子曰："能补过者，君子也。《诗》云^④：'君子是则是效。'孟僖子可则效矣。惩己所病，以诲其嗣，《大雅》所谓'贻厥孙谋，以燕翼子'，是类也夫！"

【注释】①除丧: 守孝期满, 脱除丧服。

②昭公在外: 鲁昭公被季孙驱逐, 逃亡在外。

③未之命也: 王肃注:"未命二人为卿大夫。"

④《诗》: 指《诗经·小雅·鹿鸣》。

【译文】南宫说与仲孙何忌为父亲孟僖子守孝期满, 脱去丧服, 当时鲁昭公被季孙驱逐, 逃亡在外, 没来得及任命他们为卿大夫。鲁定公即位后, 才任命他们。二人推辞道:"先父留有遗命, 说:'礼, 就好像人的身体一样, 如果没有礼就不能立身。'他嘱咐家中的长者, 让他们命令我们二人, 一定要先侍奉孔子并学礼, 以此来确定自己的地位。"定公答应了他们的请求。

二人便向孔子学礼, 孔子说:"能够弥补过错的人, 就是君子啊。《诗经》上说:'君子是人们效仿的榜样。'孟僖子就可作为榜样了。他改正自己的过错, 并以此来教导后代, 正如《诗经·大雅》所说'遗赠子孙好谋略, 荫泽子孙得安康', 说的就是孟僖子这类人啊!"

卫孙文子得罪于献公①, 居戚②。公卒未葬, 文子击钟焉。

延陵季子适晋过戚③, 闻之, 曰:"异哉! 夫子之在此, 犹燕子巢于幕也, 惧犹未也, 又何乐焉? 君又在殡, 可乎?"

文子于是终身不听琴瑟。

孔子闻之, 曰:"季子能以义正人, 文子能克己服义④, 可谓善改矣。"

【注释】①孙文子: 即孙林父, 春秋时卫国卿大夫。献公: 即卫献公, 春秋时卫国第二十五任国君。

②戚: 春秋时卫邑, 旧址在今河南濮阳西北。

③延陵季子: 春秋时吴王寿梦的第四个儿子季札。

④克己服义: 克制自己服从道义。

【译文】卫国的孙文子得罪了卫献公, 住在戚邑。卫献公死后还没安葬, 孙文子就敲钟娱乐。

延陵季子在去晋国的路上恰好经过戚邑, 听说这件事后, 就对孙文子说: "这件事不同寻常啊! 你如今住在这里, 就好像燕子在帷幕上筑巢一样危险, 惊恐还来不及呢, 又有什么值得高兴的呢? 况且国君尚未安葬, 你这样做合适吗?"

孙文子从此终身不再听琴瑟之声。

孔子听说此事后, 说: "季子能用道义矫正他人的过失, 文子能够克制自己服从道义, 可谓善于改正自己的错误啊。"

孔子览晋志①, 晋赵穿杀灵公②, 赵盾亡③, 未及山而还。史书"赵盾弑君"。盾曰: "不然。"史曰: "子为正卿, 亡不出境, 返不讨贼, 非子而谁?"盾曰: "呜呼! '我之怀矣, 自诒伊戚④', 其我之谓乎!"

孔子叹曰: "董狐⑤, 古之良史也, 书法不隐。赵宣子, 古之良大夫也, 为法受恶。惜也, 越境乃免。"

【注释】①晋志: 王肃注: "晋之史记。"

②赵穿: 王肃注: "穿, 赵盾从弟也。"

③赵盾: 即赵宣子, 春秋时晋国卿大夫。

④自诒伊戚: 自己招致祸患。

⑤董狐：春秋时晋国史官。

【译文】孔子阅读晋国的史书，看到上面记载着赵穿杀了晋灵公，他的堂兄赵盾当时正在逃亡，听说此事后还没越过国境就返回来了。史书上说"赵盾弑君"。赵盾说："不是这样的。"史官说："你是晋国的正卿，向外逃跑却没越过国境，回来后又不讨伐贼子，弑君的不是你又能是谁？"赵盾说："唉！《诗经》上说'因为我的怀念，却给自己招来祸患'，说的就是我啊！"

孔子感叹道："董狐，是古代的好史官，记录史实从不隐瞒。赵宣子，是古代的好大夫，却因法度而蒙受恶名。可惜啊，他要是越过国境就能免去弑君的恶名了。"

郑伐陈，入之，使子产献捷于晋①。晋人问陈之罪焉。

子产对曰："陈亡周之大德，介恃楚众②，冯陵敝邑③，是以有往年之告④。未获命，则又有东门之役⑤。当陈隧者⑥，井堙木刊⑦，敝邑大惧。天诱其衷，启敝邑心。陈知其罪，授首于我，用敢献功。"

晋人曰："何故侵小？"

对曰："先王之命，惟罪所在，各致其辟⑧。且昔天子一圻，列国一同⑨，自是以衰，周之制也。今大国多数圻矣，若无侵小，何以至焉？"

晋人曰："其辞顺。"

孔子闻之，谓子贡曰："《志》有之⑩：'言以足志⑪，文以足言⑫'，不言谁知其志？言之无文，行之不远。晋为伯，郑入陈，非文辞不为功。慎辞哉！"

【注释】①献捷：战胜后进献所获的战果。

②介恃：倚仗。

③冯陵：进迫，侵凌。

④往年之告：往年郑国向晋国汇报被陈国侵凌之事。

⑤东门之役：王肃注："与楚共伐郑，陈至其东门也。"

⑥当陈隧者：陈国军队经过的道路。隧，道路。

⑦井堙木刊：水井被堵塞，树木被砍斫。刊，砍斫。

⑧各致其辟：一一给予惩罚。

⑨天子一圻（qí），列国一同：天子的土地方圆千里，诸侯国的土地方圆百里。圻，方圆千里的地方。同，方圆百里的地方。

⑩《志》：王肃注："《志》，古之书也。"

⑪言以足志：王肃注："言以足成其志。"

⑫文以足言：王肃注："加以文章，以足成其言。"

【译文】郑国讨伐陈国，攻入陈国境内，派大臣子产向晋国进献战果。晋人问陈国有什么罪。

子产回答说："陈国忘记了周朝施与他的大德，倚仗楚国人多势众，侵凌我国，所以才有了往年郑国向晋国汇报被陈国侵凌之事。然而没有获得贵国的允许，紧接着又有了陈国攻打郑国东门的战役。当时陈军经过的道路，水井被堵塞，树木被砍斫，我们举国上下都异常惊恐。好在上天引导陈国人从善，启发了我们讨伐陈国的心思。陈国知道自己的罪过，只得向我们投降，因此我们才敢对贵国进献战果。"

晋国人问："你们为什么侵占小国呢？"

子产回答说："根据先王的命令，只要有罪过存在，就要一一给予惩罚。况且从前天子的土地方圆千里，诸侯国的土地方圆百里，接下来依据等级逐渐减少，这是周朝的制度。如今大国的土地多数达到了方圆千里，如果不是侵占小国，怎么能达到这个程度呢？"

晋国人说："他的话很有道理。"

孔子听说这件事后，对子贡说："《志》上记载：'语言会表达人的意愿，文采会增加语言的魅力'，不经过语言的表达，谁会知道你的意愿？不通过文采增加语言的魅力，就不能久远流传。晋国成为诸侯霸主，郑国进入陈国，如果没有动听的文辞就不能成功。你们要慎重地使用文辞啊！"

楚灵王汰侈①，右尹子革侍坐②，左史倚相趋而过③。王曰："是良史也，子善视之，是能读《三坟》《五典》《八索》《九丘》④。"

对曰："夫良史者，记君之过，扬君之善。而此子以润辞为官，不可为良史。臣又尝问焉：昔周穆王欲肆其心⑤，将过行天下，使皆有车辙马迹焉。祭公谋父作《祈昭》⑥，以止王心，王是以获殁于文宫。臣问其诗焉而弗知；若问远焉，其焉能知？"

王曰："子能乎？"

对曰："能。其诗曰：'祈昭之愔愔乎，式昭德音⑦。思我王度，式如玉，式如金。刑民之力，而无有醉饱之心。'"

灵王揖而入，馈不食，寝不寐。数日则固不能胜其情，以及于难。

孔子读其《志》，曰："古者有志：'克己复礼为仁。'信善哉！楚灵王若能如是，岂其辱于乾谿⑧？子革之非左史，所以风也，称诗以谏，顺哉！"

【注释】①楚灵王：春秋时期楚国国君。汰侈：过分奢侈。

②右尹：官名。子革：即然丹，郑穆公孙，楚灵王右尹。

③左史：职官名。周代史官分为左史、右史，左史记事，右史记言。一说左史记言，右史记事。倚相：春秋时楚国史官。

④《三坟》《五典》《八索》《九丘》：相传均为远古典籍。王肃注："《三坟》，三皇之书。《五典》，五帝之典。《八索》，索法。《九丘》，国聚也。"

⑤周穆王：姓姬名满，周昭王之子，西周第五位国君。

⑥祭公谋父：春秋时期周王室卿士，很有智慧。《祈昭》：诗名。

⑦"祈昭"二句：王肃注："言祈昭乐之安和，其法足以昭其德音者也。"愔愔，和悦安舒貌。

⑧辱于乾谿：王肃注："灵王起章华之台于乾谿，国人溃畔，遂死焉。"

【译文】楚灵王奢侈无度，右尹子革在一旁侍坐，左史倚相快步经过他们身边。楚灵王说："这是位优秀的史官啊，你可要善待他，他能读《三坟》《五典》《八索》《九丘》等古籍。"

右尹子革回答说："优秀的史官，能记录国君的过错，宣扬国君的美德。而左史倚相则是凭借虚浮不实之词为官的，不能称作优秀的史官。臣又曾问过他：从前周穆王想放纵私欲，去周游天下，使全天下都有他的车辙马迹。祭公谋父就作了《祈昭》来阻止他，周穆王因此得以在文宫善终。臣向左史倚相询问《祈昭》这首诗，他竟然不知道；如果问他更久远的事，他又怎能知道呢？"

楚灵王问右尹子革:"你知道吗?"

右尹子革回答说:"臣知道。《祈昭》这首诗是说:'祈求和悦安舒,宣扬国君的善言。想到我们国君的风范,像玉那样洁净,如金一般纯美。可是国君现在滥用民力,竟然没有醉饱之心。'"

楚灵王听后向右尹子革作了揖便进入屋内,不再吃送上的食物,躺在床上不能入睡。过了几日还是不能克制自己奢侈的行为,以至于最终遭受灾难。

孔子读到关于楚灵王的这段记载,说:"古代有这样的话:'克制自己的私欲,使言行举止合乎礼,称之为仁。'说得确实不错啊!楚灵王如果能这样,又怎会在乾谿遭受耻辱呢?右尹子革不是左史,只能讽谏,他用《祈昭》这首诗来劝谏楚灵王,是符合义理的!"

叔孙穆子避难奔齐①,宿于庚宗之邑②。庚宗寡妇通焉而生牛。穆子返鲁,以牛为内竖③,相家④。牛谗叔孙二子,杀之。叔孙有病,牛不通其馈,不食而死。牛遂辅叔孙庶子昭而立之⑤。

昭子既立,朝其家众曰:"竖牛祸叔孙氏,使乱大从,杀嫡立庶,又披其邑,以求舍罪,罪莫大焉,必速杀之。"遂杀竖牛。

孔子曰:"叔孙昭子之不劳,不可能也。周任有言曰:'为政者不赏私劳,不罚私怨。'《诗》云:'有觉德行,四国顺之⑥。'昭子有焉。"

【注释】①叔孙穆子:即叔孙豹,春秋时期鲁国大夫。
②庚宗:邑名,位于今山东泗水东南。
③内竖:传达琐碎事物的小臣。

④相家：管理家务。

⑤昭：即叔孙婼，历史上称叔孙昭子。叔孙穆子的儿子。

⑥"有觉"二句：语出《诗经·大雅·抑》。

【译文】鲁国大夫叔孙穆子投奔齐国避难，住在庚宗邑。他与庚宗邑的寡妇私通后生下一个儿子，取名牛。后来叔孙穆子返回鲁国，让牛做了内竖，又让他管理家务。牛在叔孙穆子面前说两个嫡子的坏话，导致二人被杀。叔孙穆子生病后，牛不让人给他送吃的，最后竟被活活饿死。牛随即辅佐叔孙穆子的庶子叔孙昭子，并拥立他为继承人。

叔孙昭子掌权后，召集他的家众说："竖牛为害叔孙氏，使祸乱接连不断，杀掉嫡子拥立庶子，又辟出城邑用来行贿，以求免罪，再没有比这更大的罪行了，必须速速杀掉他。"于是便杀了竖牛。

孔子说："叔孙昭子认为竖牛虽然拥立自己，但是并无任何功劳，因为不应这样做。古代史官周任说过这样的话：'为政者不奖赏只对个人建立私功的人，不处罚只对个人有私怨的人。'《诗经》上说：'君子有正直的德行，整个天下都会顺服他。'叔孙昭子就是这样的人。"

晋邢侯与雍子争田①，叔鱼摄理②，罪在雍子。雍子纳其女于叔鱼，叔鱼弊其邢狱③。邢侯怒，杀叔鱼与雍子于朝。韩宣子问罪于叔向④，叔向曰："三奸同罪，施生戮死可也⑤。雍子自知其罪，而赂以置直⑥，鲋也鬻狱⑦，邢侯专杀，其罪一也。己恶而掠美为昏⑧，贪以败官为默⑨，杀人不忌为贼。《夏书》曰：'昏、默、贼，杀，皋陶之刑也。'请从之。"乃施邢侯，而尸雍子、叔鱼于市。

孔子曰："叔向，古之遗直也。治国制刑，不隐于亲。三数叔鱼之罪，不为末⑩，或曰义，可谓直矣。平丘之会，数其贿也，以宽卫国，晋不为暴⑪。归鲁季孙⑫，称其诈也，以宽鲁国，晋不为虐。邢侯之狱，言其贪也，以正刑书，晋不为颇。三言而除三恶，加三利。杀亲益荣，由义也夫。"

【注释】①邢侯与雍子：皆为春秋时期晋国大夫。

②叔鱼：即羊舌鲋，春秋时晋国大夫。摄理：代理狱官之职。

③弊其邢狱：判邢侯有罪。王肃注："弊，断。断罪归邢侯。"

④韩宣子：即韩起，春秋时期晋国卿大夫。叔向：春秋时晋大夫羊舌肸，字叔向，叔鱼的哥哥。

⑤施生：给生者治罪。王肃注："施，宜为与，与犹行，行生者之罪也。"戮死：对死者陈尸示众。

⑥赂以置直：施行贿赂以求自己胜诉。

⑦鬻（yù）狱：借讼案而收受贿赂。

⑧己恶而掠美为昏：王肃注："掠美善，昏乱也。己恶，即以赂求善为乱也。"

⑨败官：居官不法。默：不廉洁，贪污。

⑩末：王肃注："末，薄。"

⑪"平丘"四句：王肃注："诸侯会于平丘，晋人淫刍荛者于卫，卫人患之，赂叔向，叔向使与叔鱼，客末追而禁之。"

⑫季孙：即季平子，春秋时期鲁国正卿。

【译文】晋国的邢侯与雍子争夺田地，当时代理狱官的叔鱼从中调解，此事罪在雍子。雍子把自己的女儿嫁给了叔鱼，叔鱼就判邢侯有罪。邢侯大怒，便在朝廷上杀了叔鱼与雍子。韩宣子问叔向这件案子该如何判定，叔向回答说："他们三人都作奸犯科，所犯的罪是一样的，对生者治罪，将死者陈尸示众。雍子自知有罪，却把女儿嫁给叔鱼以求自己胜诉，叔鱼借讼案贪赃枉法，邢侯擅自杀人，这三人的罪行一样严重。自己有罪恶却夺取他人的美名就是昏，贪图贿赂居官不法就是墨，杀人而毫不顾忌就是贼。《夏书》上说：'具备昏、墨、贼这些罪行，理当处死，这是咎陶制定的刑法。'请依此办理。"于是便杀了邢侯，将雍子与叔鱼的尸体在街头示众。

孔子说："叔向，坚守直道，有古人的遗风。他治国断案，不因叔鱼是自己的弟弟而包庇他。三次指出叔鱼的罪过，没有减轻其罪行，有人说这是义，我认为这可称得上是正直了。平丘盟会，指出叔鱼贪图财物，因而宽免了卫国，晋国做到了不暴虐。让鲁国的正卿季孙氏回去，说出叔鱼使诈的事来，从而宽免了鲁国，晋国做到了不凌虐。邢侯这个案件，指出了叔鱼的贪得无厌，从而严格了刑法，晋国做到了不偏颇。三次说话不但免掉了三次罪恶，还增加了三种利益。叔向大义灭亲，使自己更加荣光，这是因为他做事符合道义啊。"

郑有乡校①，乡校之士非论执政②。鬷明欲毁乡校③。子产曰："何以毁为？夫人朝夕退而游焉，以议执政之善否。其所善者，吾则行之；其所否者，吾则改之。若之何其毁也？我闻忠善以损怨，不闻立威以防怨。防怨犹防水也，大决所犯，伤人必多，吾弗克救也。不如小决使导之，不如吾所闻而药之。"

孔子闻是言也，曰："吾以是观之，人谓子产不仁，吾不信也。"

【注释】①乡校: 古代地方学校。

②非论: 议论、批评。

③馺（zōng）明: 春秋时期郑国大夫。

【译文】郑国有乡校, 乡校里的人经常非议时政。郑国大夫馺明就想毁掉乡校。子产说:"为什么要毁掉呢? 人们早晚忙碌后到这里来交游, 顺便议论政事的好坏。他们认为是好的政策, 我们就施行; 他们所否定的, 我们就加以改正。为什么要毁掉它呢? 我听说忠诚善良能减少怨谤, 没听说树立威严能防止怨谤的。防止怨谤就像是防水一样, 如果大水决堤, 受到伤害的人一定很多, 到那时我们就无法挽救了。不如少量放水加以疏导, 不如让我们把听到的话作为治病的良药。"

孔子听到这些话, 说:"从此事看来, 人们说子产不仁, 我是不相信的。"

晋平公会诸侯于平丘, 齐侯及盟。郑子产争贡赋之所承①, 曰:"昔者天子班贡②, 轻重以列尊卑, 而贡, 周之制也。卑而贡重者, 甸服③。郑伯, 男也, 而使从公侯之贡, 惧弗给也, 敢以为请。"自日中争之, 以至于昏。晋人许之。

孔子曰:"子产于是行也, 是以为国也。《诗》云:'乐只君子, 邦家之基④。'子产, 君子之于乐者。"且曰:"合诸侯而艺贡事⑤, 礼也。"

【注释】①所承: 王肃注:"所承之轻重也。"

②班贡: 确定献贡的次序。

③甸服：古制称离王城五百里的区域。

④"乐只"二句：语出《诗经·小雅·南山有台》。

⑤艺：王肃注："艺，分别贡献之事也。"

【译文】晋平公与诸侯在平丘会盟，齐侯也参加了。郑国的子产争论承担贡赋的轻重次序，说："从前天子确定献贡的次序，是按诸侯地位的尊卑决定的，而贡赋，是周朝立下的制度。地位卑下而贡赋重的，是甸服。郑伯，是男服，却让我们依照公侯的标准进献贡赋，恐怕无法按要求如数供给，谨以此作为请求。"子产从中午开始争论，一直到黄昏。晋人最后同意了子产的请求。

孔子说："子产这次行为，是为了维护自己国家的利益。《诗经》上说：'君子以能为国家做贡献而感到快乐，他们是国家的根基。'子产，就是君子中追求快乐的人。"又有人说："会合诸侯而确定进贡的标准，是符合礼制的。"

郑子产有疾，谓子太叔曰①："我死，子必为政，唯有德者能以宽服民，其次莫如猛。夫火烈，民望而畏之，故鲜死焉；水濡弱②，民狎而翫之③，则多死焉，故宽难。"

子产卒，子太叔为政，不忍猛而宽，郑国多掠盗。太叔悔之，曰："吾早从夫子，必不及此。"

孔子闻之，曰："善哉！政宽则民慢，慢则纠于猛。猛则民残，民残则施之以宽。宽以济猛，猛以济宽，宽猛相济，政是以和。《诗》云：'民亦劳止，汔可小康。惠此中国，以绥四方④。'施之以宽也。'毋纵诡随，以谨无良。式遏寇虐，惨不畏明⑤。'纠之以猛也。'柔远能迩，以定我王⑥。'平之以和也。又曰：'不竞不絿，不刚不柔。布政优优，百禄是遒⑦。'和之至也。"

子产之卒也，孔子闻之，出涕曰："古之遗爱。"

【注释】①子太叔：即游吉，春秋时郑国正卿。

②濡弱：柔弱，懦弱。

③翫：戏弄。

④"民亦"四句：语出《诗经·大雅·民劳》。汔，接近。

⑤"毋纵"四句：语出《诗经·大雅·民劳》。诡随，诡谲善变。式遏，抵御。寇虐，侵掠残害之行。

⑥"柔远"二句：语出《诗经·大雅·民劳》。

⑦"不竞"四句：语出《诗经·商颂·长发》。絿，急。

【译文】郑国子产患病，对子太叔说："我死后，你定会执掌政权，只有有德之人才会以宽和之政让百姓信服，如果不能如此，就不如采取严厉的措施了。大火猛烈，百姓看到就会害怕，所以很少有人死于火患；水性柔弱，人们就会经常到水中随意嬉戏，正因如此，死于水中的人就很多，所以用宽和之政来治理天下就很困难。"

子产去世后，子太叔执政，他不忍采取严厉的政令而采用宽和之政，郑国从此便多了很多抢掠事件。子太叔对此很后悔，说："我要一早就听子产的话，就不至于到此地步了。"

孔子听说这件事后，说："确实如此啊！施政宽和百姓就会怠慢，百姓怠慢就要用严厉的政令来纠正。政令严苛百姓就会受到伤害，百姓受到伤害就要施以宽和之政。用宽和补益严厉，用严厉补益宽和，二者相互补益，政事才会平稳调和。《诗经》上说：'百姓实在太劳苦，稍事休息保康宁。惠及中原老百姓，安抚四境诸侯国。'这是实施宽和之政。'不要放纵诡谲善变,谨慎提防不良之行。抵御侵掠残害,恶毒者不畏天理之威。'这是用严厉之政来纠正。'怀柔偏远地方百姓,安抚邻国并与之和睦相处,使国君地位稳固。'这是用平和来治理国家。《诗经》又说:'不争不急,不刚不柔。施政平和宽容,百种福禄汇聚而来。'这是达到了和的极致。"

子产去世,孔子听到消息,流着泪说:"子产真是具有古代仁爱遗风之人啊!"

孔子适齐,过泰山之侧,有妇人哭于野者而哀。夫子式而听之①,曰:"此哀一似重有忧者。"使子贡往问之。而曰:"昔舅死于虎,吾夫又死焉,今吾子又死焉。"子贡曰:"何不去乎?"妇人曰:"无苛政。"子贡以告孔子。子曰:"小子识之,苛政猛于暴虎。"

【注释】①式:通"轼",古代车厢前面用作扶手的横木。此处用作动词,扶轼。

【译文】孔子到齐国,从泰山旁经过,有位妇人在田野里哭得很伤心。夫子扶着车前横木听着她的哭泣声,说:"这种悲哀像是来自多重忧伤。"便让子贡去问妇人哭泣的原因。妇人回答说:"从前我的公公死于虎口,后来我的丈夫也死于虎口,如今我的儿子又死于虎口。"子贡问:"你为什么不离开这里呢?"妇人说:"这里没有苛刻残酷的政治。"子贡把这件事告诉了孔子。孔子说:"你们要知道,苛政猛于凶残的老虎啊。"

晋魏献子为政①，分祁氏及羊舌氏之田②，以赏诸大夫及其子成，皆以贤举也。又谓贾辛曰："今汝有力于王室，吾是以举汝，行乎？敬之哉，毋堕乃力③。"

孔子闻之，曰："魏子之举也，近不失亲，远不失举，可谓美矣。"又闻其命贾辛，以为忠："《诗》云：'永言配命，自求多福④。'忠也。魏子之举也义，其命也忠。其长有后于晋国乎！"

【注释】①魏献子：姬姓，魏氏，名舒，又名荼，谥号献，春秋时期晋卿。

②分祁氏及羊舌氏之田：因作乱，祁氏及羊舌氏都被灭族，魏献子分了他们的封地。

③毋堕乃力：不要毁损你的功劳。

④"永言"二句：语出《诗经·大雅·文王》。

【译文】晋国魏献子执掌政权，分割了因作乱而被灭族的祁氏与羊舌氏的封地，赏赐给众大夫和他自己的儿子魏成，这些人都是因贤明而被魏献子举荐选用的。魏献子又对贾辛说："如今你对王室有功，因此我要推举你，你认为可行吗？你要恭敬行事啊，不要毁损了你的功劳。"

孔子听闻此事后，说："魏献子提拔人才，对于关系亲密的不会忘记亲戚，对于关系疏远的也不会失去被举用之机，可说是很完美了。"又听说他任命贾辛一事，认为是对国君的忠心："《诗经》上说：'永远与天命相合，自己求得更多福禄。'真是忠诚啊。魏献子的举用符合义理，他任命贾辛体现了他的忠诚。他的后代子孙在晋国也会长享禄位吧！"

赵简子赋晋国一鼓钟^①，以铸刑鼎，著范宣子所为刑书^②。

孔子曰："晋其亡乎，失其度矣。夫晋国将守唐叔之所受法度^③，以经纬其民者也^④。卿大夫以序守之，民是以能遵其道而守其业。贵贱不愆，谓度也。文公是以作执秩之官，为被庐之法^⑤，以为盟主。今弃此度也而为刑鼎，民在鼎矣，何以尊贵？何业之守也？贵贱无序，何以为国？且夫宣子之刑，夷之蒐也，晋国乱制，若之何其为法乎？"

【注释】①鼓：王肃注："三十斤谓之钧，钧四谓之石，石四谓之鼓。"

②范宣子：即范匄，谥号宣，春秋时期晋国大夫。

③唐叔：晋国的始祖。姬姓，名虞，字子于，周成王的弟弟。

④经纬：规划、治理。

⑤为被庐之法：王肃注："晋文公既霸，蒐于被庐，作执秩之官，以为晋国法也。"

【译文】晋国的赵简子从国内征收到四百八十斤金属，打算用来铸造刑鼎，在上面铸上范宣子写的刑书。

孔子说："晋国要灭亡了吧，它已经失去法度了。晋国应该遵守始祖唐叔留下来的法律制度，以此来治理百姓。卿大夫应按照等级次序加以遵守，这样百姓才能遵从道义守护家业。在地位尊卑上不会发生错乱，这就是度。晋文公因此设置主管爵秩的官员，在被庐制定法律，因而成为盟主。如今放弃这个法度铸造刑鼎，百姓在鼎上就能阅读相关的法律制度，那么尊贵之人还凭什么来显示其尊贵呢？百姓要靠什么来守家业呢？贵贱无序，怎么治理国家呢？况且范宣子写的刑书，是在夷地阅兵时制定的,这是晋国的乱制,怎么能把它作为法律呢?"

楚昭王有疾,卜曰:"河神为祟。"王弗祭,大夫请祭诸郊。王曰:"三代命祀,祭不越望①。江、汉、沮、漳,楚之望也。祸福之至,不是过乎?不谷虽不德,河非所获罪也。"遂不祭。

孔子曰:"楚昭王知大道矣,其不失国也宜哉!《夏书》曰:'维彼陶唐,率彼天常②,在此冀方③。今失厥道,乱其纪纲,乃灭而亡。'又曰:'允出兹在兹',由己率常可矣。"

【注释】①祭不越望:王肃注:"天子望祀天地,诸侯祀境内,故曰祭不越望也。"望,遥祭,指古代帝王祭祀山川、日月、星辰。

②天常:天之常道。

③冀方:古代指中原地区。王肃注:"中国为冀。"

【译文】楚昭王患病,占卜者说:"这是黄河之神在作祟。"楚昭王不去祭祀,大夫们请求在郊外祭祀。楚昭王说:"夏、商、周三代时制定的祭祀制度,诸侯祭祀不能超过本国边界。长江、汉水、沮水、漳水,都是楚国境内的大川。这么说来,祸福来临,不是越过国界了吗?我虽然没有德行,可也没得罪国境外的黄河之神啊。"于是没有祭祀。

孔子说:"楚昭王懂得大道啊,他没有失去国家也是理所应当的了!《夏书》上说:'只有国君唐尧,遵循天之常道,拥有中原之地。如今失去正道,扰乱了法纪纲常,于是便走向灭亡。'又说:'付出什么就得到什么',只要自己遵守天道常规就可以了。"

卫孔文子使太叔疾出其妻①,而以其女妻之。疾诱其初妻之娣②，为之立宫，与文子女加二妻之礼。文子怒，将攻之。孔子舍蘧伯玉之家，文子就而访焉。

孔子曰："簠簋之事，则尝闻学之矣。兵甲之事，未之闻也。"退而命驾而行，曰："鸟则择木，木岂能择鸟乎？"文子遽自止之，曰："圉也岂敢度其私哉？亦访卫国之难也。"将止，会季康子问冉求之战，冉求既对之，又曰："夫子播之百姓，质诸鬼神，而无憾，用之则有名。"康子言于哀公，以币迎孔子，曰："人之于冉求，信之矣，将大用之。"

【注释】①孔文子：名圉，春秋时卫国大夫。太叔疾：即世叔齐，又称太叔悼子，姬姓，谥号悼，春秋时卫国大夫。

②娣：古代姐姐称妹妹。

【译文】卫国大夫孔文子让太叔疾休掉妻子，而把自己的女儿嫁给了他。太叔疾又引诱其前妻的妹妹，为她建造宫室，让她与孔文子的女儿拥有同样的地位，以妻子的身份对待这两位女子。孔文子大怒，准备攻打太叔疾。当时孔子住在好友蘧伯玉家，孔文子就去拜访孔子征询意见。

孔子说："祭祀的事，我曾听说也学习过。战争的事，我却没听说过。"孔子退下后就让人驾车离开，说："鸟儿可以选择树木，树木怎么可以选择鸟儿呢？"孔文子急忙拦住孔子，说："我怎么敢只考虑个人的私利呢？我也是怕卫国有难啊。"孔子打算停下来，恰好鲁国的季康子来向冉求请教战术，冉求回答他后，又说："我们夫子的学说在百姓中传播，就是让鬼神来质询也没有令人遗憾之处，若能任用他将会使鲁国声名大振。"季康子把这些话告诉了鲁哀公，哀公派人带着礼物来迎接孔子，说："人们对于冉求是很相信的，我们将重用孔子。"

齐陈恒弑其君简公，孔子闻之，三日沐浴而适朝，告于哀公曰："陈恒弑其君，请伐之。"公弗许。三请，公曰："鲁为齐弱久矣，子之伐也，将若之何？"

对曰："陈恒弑其君，民之不与者半，以鲁之众，加齐之半，可克也。"公曰："子告季氏。"孔子辞，退而告人曰："以吾从大夫之后，不敢不告也。"

【译文】齐国的陈恒杀了自己的国君齐简公，孔子听说后，斋戒沐浴三天后才上朝，对鲁哀公说："陈恒杀了自己的国君，请您出兵讨伐他。"哀公不同意。孔子再三请求，哀公说："鲁国被齐国削弱已经很久了，你要讨伐他们，准备怎么做呢？"

孔子回答说："陈恒杀了自己的国君，有一半百姓不拥护他，以鲁国的军队，再加上齐国的一半百姓，就可以战胜他了。"哀公说："你把这些话告诉季氏吧。"孔子辞别了哀公，退出后对人说："因为我曾任大夫，所以不敢不告知。"

子张问曰："《书》云①：'高宗三年不言，言乃雍②。'有诸？"

孔子曰："胡为其不然也？古者天子崩，则世子委政于冢宰三年。成汤既没，太甲听于伊尹③；武王既丧，成王听于周公。其义一也。"

【注释】①《书》：指《尚书·无逸》篇。

②雍：王肃注："雍，欢声貌。"

③太甲：商朝第四位国君，商汤之孙。即位后便纵欲无度，伊尹将他放逐到桐宫，三年后悔过向善，伊尹将其迎回，百姓得以安宁。

【译文】子张问孔子："《尚书》上说：'高宗三年不论政事，一谈论就充满和谐欢畅。'有这样的事吗？"

孔子说："为什么说没有呢？古时候天子驾崩，世子就把政事委托给冢宰管理三年。成汤去世后，太甲就听任伊尹掌管政事；武王去世后，成王听任周公掌管政事。这些道理都是一样的。"

卫孙桓子侵齐，遇，败焉①。齐人乘之，执。新筑大夫仲叔于奚以其众救桓子，桓子乃免。卫人以邑赏仲叔于奚，于奚辞，请曲悬之乐②，繁缨以朝③。许之，书在三官④。子路仕卫，见其政，以访孔子。

孔子曰："惜也！不如多与之邑。惟器与名，不可以假人，君之所司也。名以出信，信以守器，器以藏礼，礼以行义，义以生利，利以平民，政之大节也。若以假人，与人政也，政亡，则国家从之，不可止也。"

【注释】①卫孙桓子侵齐，遇，败焉：王肃注："桓子，孙良夫也。侵齐，与齐师遇，为齐所败也。"

②曲悬之乐：王肃注："诸侯轩悬，轩悬阙一面也。故谓之曲悬之乐。"古代诸侯陈列乐器三面悬挂。此处仲叔于奚请求享用曲悬之乐，是以大夫身份用了诸侯之礼。

③繁缨：古代天子、诸侯所用辂马的带饰。繁，马腹带。缨，马颈革。

④三官：司徒、司马、司空的总称。

【译文】卫国大夫孙桓子入侵齐国，双方交战后，孙桓子战败。齐人乘胜追击，捉拿了很多俘虏。新筑大夫仲叔于奚率领部众救了孙桓子，孙桓子这才幸免于难。卫国人把城邑赏给仲叔于奚，仲叔于奚婉言谢绝了，他请求享用曲悬之乐，并用诸侯专用的繁缨装饰马匹朝见卫国国君。他的请求得到允许，三官记录了此事。子路在卫国做官，看到这段记录，就去向孔子请教。

孔子说："真是可惜啊！不如多赠送他一些城邑。只有礼器与名号，不能借给他人，这是国君所掌握的。名号用来彰显威信，威信用来守护礼器，礼器用来体现礼制，礼制用来推行道义，道义用来产生利益，利益用来平定百姓，这是为政的大节。如果把礼器与名号借给他人，就是把政权借给了他人，政权没有了，国家也就跟着灭亡了，这是不可阻止的。"

公父文伯之母①，纺绩不解②，文伯谏焉。其母曰："古者王后亲织玄紞③，公侯之夫人加之纮綖④，卿之内子为大带，命妇成祭服⑤，列士之妻加之以朝服，自庶士已下，各衣其夫。社而赋事，烝而献功⑥，男女纺绩，愆则有辟，圣王之制也。今我寡也，尔又在位，朝夕恪勤，犹恐亡先人之业，况有怠惰，其何以避辟？"

孔子闻之，曰："弟子志之，季氏之妇可谓不过矣。"

【注释】①公父文伯：姬姓，名歜，春秋时鲁国大夫。

②纺绩：把丝麻等纤维纺成纱或线。不解：不懈怠。

③玄紞（dǎn）：古代礼冠上系塞耳玉的丝带。

④纮綖（yán）：古代冠冕上装饰的绳带。

⑤命妇：受有封号的妇人。王肃注："大夫之妻为命妇。"

⑥烝而献功：王肃注："男女春秋而勤岁事，冬烝祭而献其功也。"烝，古代特指冬天的祭祀。献功，谓在冬祭时奉献谷、帛等。

【译文】公父文伯的母亲纺纱毫不懈怠，文伯便劝说她。他的母亲说："古代的王后亲自织玄紞，公侯的夫人除了玄紞还要织纮綖，卿的妻子织大带，大夫的妻子缝制祭服，列士的妻子除了缝制祭服外还要加缝朝服，那些庶士以下之人的妻子，各自为她们的丈夫缝制衣服。社祭的时候要承担劳作之事，冬祭的时候要奉献谷、帛，男女都要有所奉献，犯错就会依法制裁，这是圣王的制度。如今我守寡在家，你又在朝为官，早晚恭敬勤勉，还担心辱没先人的业绩，更何况做事怠惰，又怎会逃脱律法的惩罚呢？"

孔子听说此事后，说："弟子们要记住了，公父文伯的母亲可说是没有过错了。"

樊迟问于孔子曰："鲍牵事齐君①，执政不挠，可谓忠矣。而君刖之，其为至暗乎？"

孔子曰："古之士者，国有道则尽忠以辅之，国无道则退身以避之。今鲍庄子食于淫乱之朝，不量主之明暗，以受大刖，是智之不如葵，葵犹能卫其足②。"

【注释】①鲍牵：鲍叔牙的曾孙，谥号庄子，春秋时齐国大夫。

②葵犹能卫其足：王肃注："葵倾叶随日转，故曰卫其足也。"

【译文】樊迟问孔子说："鲍牵侍奉齐国国君，为政刚正无私，可说是忠臣了。可是齐君却砍掉了他的双脚，齐君也太昏庸了吧？"

孔子说："古代的士人，如果国家有道就竭尽忠诚辅政，国家无道就退身隐居。如今鲍牵在淫乱的朝廷中为官，不考虑国君明智还是愚昧，因此遭受砍掉双脚的刖刑，他的智慧还不如葵，葵还能保护自己的脚呢。"

季康子欲以一井田出法赋焉①，使访孔子。

子曰："丘弗识也。"

冉有三发，卒曰："子为国老，待子而行，若之何子之不言？"

孔子不对，而私于冉有曰："求，汝来，汝弗闻乎？先王制土，藉田以力，而底其远近；赋里以入，而量其有无；任力以夫，而议其老幼。于是鳏、寡、孤、疾、老者，有军旅之出则征之，无则已。其岁，收田一井，出稯秉缶米②，刍藁③，不是过，先王以为足。君子之行必度于礼，施取其厚，事举其中，敛从其薄。若是其已，丘亦足矣④。不度于礼而贪冒无厌，则虽赋田，将有不足。且季孙若以行之而取法，则有周公之典在；若欲犯法，则苟行之，又何访焉？"

【注释】①井田：古代的一种土地制度。以方九百亩为一里，划为九区，形如"井"字，故名。其中为公田，外八区为私田，八家均私百亩，同养公田。公事毕，然后治私事。

②稯（zōng）：古代计算禾束的单位，四十把为一稯。秉：古代容量单位，一秉合十六斛。缶：一种古容量单位，等于十六斗。一说三十二斗。

③刍藁（gǎo）：喂牲畜的干草。

④丘：王肃注："丘，十六井。"

【译文】季康子想按一井田来征收赋税，派人去向孔子请教。

孔子说："我不懂这些。"

冉有问了三次，最后说："夫子是国家的元老，大家都等着您的意见去施行，您为何不说话呢？"

孔子当时没有回答，而是私下对冉有说："冉求，你过来，你没听过吗？先王制定土地制度，按照劳力多少来分配公田作为税收，并且会根据土地的远近来调节平衡；在市廛征收赋税，要考虑到商贾收入的多少；征发徭役，要考虑到年龄的老幼。对于鳏、寡、孤、疾以及老年人，如果有用兵之事就征税，没有就免税。有用兵之事的那一年，就征收一井田的赋税，若是交纳粮草，也不会超过赋税之数，先王认为这就足够了。君子的行为必须在礼的范围内，施与要丰厚，做事要执中，赋税要薄收。若能如此，按丘来征税就足够了。不依礼行事却贪得无厌，即使按田亩来征收赋税，也是不够的。况且季孙氏若能依法行事，那么周公的典章制度还在；若想触犯法律，那么随意去做就行了，又何必来向我询问呢？"

子游问于孔子曰："夫子之极言子产之惠也，可得闻乎？"

孔子曰："谓在爱民而已矣。"

子游曰："爱民谓之德教，何翅施惠哉①？"

孔子曰："夫子产者，犹众人之母也，能食之，而不能教也。"

子游曰："其事可言乎？"

孔子曰："子产以所乘之车济冬涉者，是爱而无教也。"

【注释】①何翅：同"何啻"，何止。

【译文】子游向孔子请教道："夫子您极力称赞子产的仁惠，能说给我听听吗？"

孔子说："子产的仁惠也只是爱民罢了。"

子游说："爱民说的是道德教化，何止是施与仁惠呢？"

孔子说："子产，就像常人的母亲一样，能给他们提供食物，却不能教化他们。"

子游说："您能举个例子来说说吗？"

孔子说："子产用自己乘的车子帮助冬天过河的人，这就是只知爱护而没有教化。"

哀公问于孔子曰："二三大夫皆劝寡人，使隆敬于高年，何也？"

孔子对曰："君之及此言也，将天下实赖之，岂唯鲁哉！"

公曰："何也？其义可得闻乎？"

孔子曰："昔者有虞氏贵德而尚齿①，夏后氏贵爵而尚齿，殷人贵富而尚齿，周人贵亲而尚齿。虞、夏、殷、周，天下之盛王也，未有遗年者焉②。年者，贵于天下久矣，次于事亲。是故朝廷同爵而尚齿，七十杖于朝，君问则席；八十则不仕朝，君问则就之,而悌达乎朝廷矣。其行也肩而不并,不错则随,斑白之老不以其任于路,而悌达乎道路矣。居乡以齿,而老穷不匮,强不犯弱,众不暴寡,而悌达乎州巷矣。古之道,五十不为甸役③,颁禽隆之长者④,而悌达乎蒐狩矣⑤。军旅伍什⑥,同列则尚齿,而悌达乎军旅矣。夫圣人之教孝悌,发诸朝廷,行于道路,至于州巷,放于蒐狩,循于军旅,则众感以义,死之而弗敢犯。"

公曰:"善哉,寡人虽闻之,弗能成。"

【注释】①尚齿:尊崇年长者。

②遗年:遗弃老年人。

③甸役:古代天子田猎征发的徒役。

④颁禽:古代天子将田猎所获的禽兽分赐群臣。

⑤蒐(sōu)狩:古代帝王春、冬时的射猎活动。

⑥伍什:古代军队以五人为伍,二伍为什。后用以指部队。

【译文】鲁哀公问孔子:"大夫们都劝我,让我多敬重老年人,这是为什么呢?"

孔子回答说:"如果您能做到他们说的那样,那么全天下都将真正仰赖您,又岂止鲁国呢!"

哀公说:"这是为什么呢?能说说其中的道理吗?"

孔子说:"从前有虞氏重视仁德而且尊重长者,夏后氏重视爵位而且尊重长者,殷人重视富贵而且尊重长者,周人重视亲人而且尊重长者。虞、夏、殷、周,是天下隆盛的王朝,都没有遗弃老者。年长者被天下人所尊重的传统早就由来已久了,它的重要性仅次于侍奉父母。所以在朝廷中爵位相同的,年长者更受尊重,七十岁的人拄着拐杖上朝，国君若是有所询问，就要先安置好座位让他坐下；八十岁的老者就不在朝廷任职了，国君要有所询问就要到他家里去，这样孝悌之道就可以在朝廷通达无碍了。走路时不能与长者并肩而行，如果不能错开，就跟随在长者后面，不让头发斑白的老人负重走路，这样孝悌之道就在道路上通达无碍了。居住在乡里也要按年龄大小论尊长，那么年老穷困之人就不会生活匮乏，强者就不会欺凌弱者，人多的也不会欺负人少的，这样孝悌之道就在州巷通达无碍了。古人的准则是，五十岁就不再做甸役，分配猎物要优待年长之人，这样孝悌之道就在狩猎中通达无碍了。军队之中，级别相同的，年长者更受尊重，这样孝悌之道就在军旅中通达无碍了。圣明的君主用孝悌教化百姓，从朝廷开始发起，然后推行到道路上，达于州巷，在田猎中传播，在军队里施行，那么百姓都会受到敬老之道的感染，宁肯死去也不敢违犯。"

哀公说："好啊！我虽然听到了，但却做不到啊。"

哀公问于孔子曰："寡人闻东益不祥①，信有之乎？"

孔子曰："不祥有五，而东益不与焉。夫损人自益，身之不祥；弃老而取幼，家之不祥；释贤而任不肖，国之不祥；老者不教，幼者不学，俗之不祥；圣人伏匿，愚者擅权，天下不祥。不祥有五，东益不与焉。"

【注释】①东益：向东面扩展房屋。

【译文】鲁哀公问孔子："我听说向东扩展房屋不吉利，真有这样的事吗？"

孔子说："不吉利的情况有五种，而向东扩展房屋之事却不在其中。损人利己，对自身不吉利；遗弃老人而只关爱幼小，对家庭不吉利；放弃贤才而任用不肖之人，对国家不吉利；老者不教育后代，幼者不好好学习，对社会不吉利；圣人隐居遁世，愚者专揽政权，对天下不吉利。不吉利的情况有这五种，向东扩展房屋不在其中。"

孔子适季孙，季孙之宰谒曰："君使求假于田，将与之乎？"季孙未言。

孔子曰："吾闻之：君取于臣，谓之取；与于臣，谓之赐。臣取于君，谓之假；与于君，谓之献。"

季孙色然悟曰："吾诚未达此义。"遂命其宰曰："自今已往，君有取之，一切不得复言假也。"

【译文】孔子到季孙氏那里，恰巧碰上季孙氏的家臣来求见，说："国君派人来请求借我们的田地，您要借给他吗？"季孙氏没有回答。

孔子说："我听说：国君从大臣那里拿东西，称为取；国君送给大臣东西，称为赐。大臣从国君那里拿东西，称为借；大臣送给国君东西，称为献。"

季孙氏脸色大变，幡然醒悟道："我确实没明白这个道理。"于是命令家臣说："从今以后，国君要来拿东西，一律不能再说'借'字了。"

卷十

曲礼子贡问第四十二

【题解】这一篇记述了诸多事件。比如，桓魋为自己制作石椁，孔子表示反对，体现了孔子丧事从俭的思想。孔子批评南公敬叔以富得罪后又以富求官，"若是其货也，丧不若速贫之愈"。齐国遇大旱，出现饥荒，孔子劝齐景公节约减役，体现了孔子以民为本的思想。……"晋将伐宋"体现了仁者爱人的思想。本篇记事虽然琐碎，却总体反映了孔子"以礼立身"的人生信条。

子贡问于孔子曰："晋文公实召天子，而使诸侯朝焉。夫子作《春秋》云①：'天王狩于河阳②。'何也？"

孔子曰："以臣召君，不可以训，亦书其率诸侯事天子而已。"

【注释】①《春秋》：史书名。儒家经典之一，相传为孔子据鲁国编年史修订而成。

②河阳：古地名，在今河南省孟州市西。

【译文】子贡问孔子："晋文公在温地举行会盟，实际是召请周天子，而让各路诸侯前来朝见。夫子您在编写《春秋》时却说：'天子在河阳狩猎。'这是何意呢？"

孔子说："晋文公以臣下的身份召请天子，这不可以作为典范垂训于后世，我也就是将其写成晋文公率各路诸侯来侍奉天子罢了。"

孔子在宋，见桓魋自为石椁①，三年而不成，工匠皆病。夫子愀然曰②："若是其靡也，死不如速朽之愈。"

冉子仆，曰："礼，凶事不豫，此何谓也乎？"

夫子曰："既死而议谥③，谥定而卜葬④，既葬而立庙，皆臣子之事，非所豫属也，况自为之哉！"

【注释】①桓魋(tuí)：又称向魋，子姓，春秋时期宋国司马，掌管宋国兵权。石椁：石制的外棺。

②愀(qiǎo)然：容色骤变的样子。

③谥：谥号。

④卜葬：古代埋葬死者，先占卜以择吉日与葬地。

【译文】孔子在宋国时，看见桓魋为自己制作石椁，用了三年时间还没完工，工匠都因此而身心俱疲。夫子神色骤变说："像他这样奢侈浪费，死后不如赶快腐烂的好。"

当时冉有正为孔子驾车，说："根据礼制，凶事不可预先做准备，这说的是什么意思呢？"

夫子说："人死后才能议定谥号，谥号确定后才可占卜下葬的地点与日期，安葬后才可设立宗庙，这些事情都应由臣子去办，并不是预先就准备好的，更何况是亲自为自己操办后事呢！"

南宫敬叔以富得罪于定公，奔卫。卫侯请复之。载其宝以朝。

夫子闻之，曰："若是其货也，丧不若速贫之愈。"

子游侍，曰："敢问何谓如此？"

孔子曰："富而不好礼，殃也。敬叔以富丧矣，而又弗改，吾惧其将有后患也。"

敬叔闻之，骤如孔氏，而后循礼施散焉。

【译文】南公敬叔因为富有而得罪了鲁定公，跑到卫国。卫侯请求鲁定公恢复南公敬叔的职位。南公敬叔就用车装着他的珍宝来朝见鲁定公。

夫子听闻此事后，说："如此用财货贿赂，丢掉官位还不如快速贫苦好呢。"

子游在孔子身边陪侍，说："敢问夫子何出此言？"

孔子说："富而不好礼，必会遭殃。南宫敬叔因为富有而丧失了官位，但是仍然不知悔改，我担心他将来可能会有后患啊。"

南宫敬叔听到孔子的话，立即跑去拜见孔子，此后他便遵循礼节行事，还将自己的钱财布施给百姓。

孔子在齐，齐大旱，春饥。景公问于孔子曰："如之何？"

孔子曰："凶年则乘驽马①，力役不兴，驰道不修②，祈以币玉，祭祀不悬，祀以下牲。此贤君自贬以救民之礼也。"

【注释】①驽马：筋疲力竭的、衰弱得不能动的，或者在其他方面不健康的马。

②驰道：古代供君王行驶车马的道路。

【译文】孔子在齐国时，齐国大旱，春季出现饥荒。齐景公问孔子："这该如何是好呢？"

孔子说："遇到饥荒的凶年，国君出门应乘用劣马，不可征用民役，不要修建驰道，祈祷时只用币和玉，祭祀时不要奏乐，祭祀所用的牲畜要降一等。这些都是贤君自己降低身份来拯救百姓的礼节啊。"

孔子适季氏，康子昼居内寝，孔子问其所疾，康子出见之。言终，孔子退。子贡问曰："季孙不疾，而问诸疾，礼与？"

孔子曰："夫礼，君子不有大故①，则不宿于外。非致齐也②，非疾也，则不昼处于内。是故，夜居外，虽吊之，可也。昼居于内，虽问其疾，可也。"

【注释】①大故：指重大变故，如父母之丧。

②致齐：古代在举行祭祀前清心洁身的礼式。齐，同"斋"。

【译文】孔子去季康子家，只见康子白天还在内室睡觉，孔子询问他的病情，康子出来接见孔子。言谈结束后，孔子就退了出来。子贡问孔子："季康子并没有生病，而您却来探问他的病情，这样做合乎礼吗？"

孔子说："根据礼制，君子若是没有遇到重大变故，就不会宿歇在外室。如果不是举行祭祀前的清心洁身，或者不是身体有病，也不会白天跑到内室去睡觉。因此，夜里睡在外室，即使前去吊问，也是可以的。白天居于内室，即使前去探问病情，也是可以的。"

孔子为大司寇，国厩焚[1]，子退朝而之火所。乡人有自为火来者，则拜之。士一，大夫再。子贡曰："敢问何也？"

孔子曰："其来者，亦相吊之道也。吾为有司，故拜之。"

【注释】①国厩（jiù）：王室的马舍。

【译文】孔子任鲁国大司寇时，王室的马舍起火，孔子退朝后赶到起火现场。有乡亲自发赶来帮助救火，孔子对他们行礼拜谢。对士人拜谢一次，对大夫拜谢两次。子贡问："请问夫子为何要这么做呢？"

孔子说："他们赶到这里，也是遵守相互吊问的礼节。我是主管这里的官员，因此要拜谢他们。"

子贡问曰："管仲失于奢，晏子失于俭。与其俱失也，二者孰贤？"

孔子曰："管仲镂簋而朱纮[1]，旅树而反坫[2]，山节藻棁[3]。贤大夫也，而难为上。晏平仲祀其先祖而豚肩不掩豆[4]，一狐裘三十年。贤大夫也，而难为下。君子上不僭下，下不逼上。"

【注释】①镂簋：刻有花纹的盛食物的器具。簋，盛食物的器具。朱纮：古代天子冠冕上的红色系带。

②旅树：谓当门道立屏。反坫（diàn）：宴乐嘉宾时置空酒杯的设备，用土制成。坫，土筑的平台。

③山节藻棁：古代天子的庙饰。后用以形容居处豪华奢侈，越等僭礼。山节，刻成山形的斗拱；藻棁，画有藻纹的梁上短柱。

④豚肩：猪腿。

【译文】子贡问道："管仲的过错在于过分奢侈，晏子的过错在于过分节俭。与其谈论他们二人都有过错，还不如说说二人谁更贤德呢？"

孔子说："管仲盛放食物的器具上雕刻着花纹，冠冕上系着红色的系带，他在大门前设立影壁，在堂上两楹间设置宴乐嘉宾时放置空酒杯的土台，屋顶上有雕刻成山形的斗拱与绘有藻纹的梁上短柱。管仲虽然是位贤能的大夫，却让居于上位的君主感到为难。晏平仲在祭祀先祖时，所供奉的猪腿都不能盖住器皿豆的上口，一件狐皮大衣竟穿了三十年。晏平仲虽然是位贤能的大夫，却使他的下属们感到为难。作为君子，应做到对上不僭越，对下不逼迫。"

冉求曰："臧文仲知鲁国之政，立言垂法，于今不亡，可谓知礼者矣？"

孔子曰："昔臧文仲安知礼？夏父弗忌逆祀而不止①，燔柴于灶以祀焉。夫灶者，老妇之所祭，盛于瓮，尊于瓶，非所祭也。故曰礼也者，犹体也，体不备，谓之不成人，设之不当，犹不备也。"

【注释】①夏父弗忌：或作夏父弗綦。春秋时鲁国人。鲁文公时任宗伯，祀于太庙。因崇尚鲁僖公，便将其祭祀之位安置在鲁闵公之上。按当时的礼制，被认为是失礼的逆祀之行。

【译文】冉求说:"臧文仲主持鲁国国政时,他制定的礼法制度以及垂示法则,至今也没有消亡,能说他是知礼的人吗?"

孔子说:"从前的臧文仲怎能算得上知礼呢?夏父弗忌违背祭祀之礼,把鲁僖公的神位安置在鲁闵公之上,而臧文仲却不加阻止,还在灶前焚烧玉帛、牺牲等祭品。灶神,是老妇们所祭祀的,祭祀时只需把食物放在瓮里,把酒置于瓶中,烧柴祭祀是不对的。所以说礼就犹如人的身体,身体不完备,称为不成人,礼若设置不当,就如人的身体不完备一样。"

子路问于孔子曰:"臧武仲率师与邾人战于狐鲐①,遇,败焉。师人多丧而无罚,古之道然与?"

孔子曰:"凡谋人之军,师败则死之;谋人之国,邑危则亡之,古之道也。其君在焉者,有诏则无讨②。"

【注释】①邾(zhū):周武王时期封的古国,是鲁国的附庸。狐鲐(tái):地名,在今山东境内。

②讨:惩罚有罪之人。

【译文】子路向孔子请教:"臧武仲率军与邾国人在狐鲐作战,两军相遇后,鲁军就败了。鲁军丧亡惨重,而臧武仲却没有受到惩罚,古代的制度就是这样的吗?"

孔子答道:"凡是率军作战之人,如果军队战败就要以死谢罪;凡是为人管理国家都邑之人,如果都邑遭遇危难就要逃亡他国,这是古代的制度。如果他们的国君参与了此事,并在其中做了决策,那么臣子就可免于惩罚了。"

晋将伐宋，使人觇之①。宋阳门之介夫死②，司城子罕哭之哀③。觇者反，言于晋侯曰："阳门之介夫死，而子罕哭之哀。民咸悦，宋殆未可伐也。"

孔子闻之曰："善哉！觇国乎！《诗》云：'凡民有丧，匍匐救之。'子罕有焉。虽非晋国，其天下其孰能当之！是以周任有言曰：'民悦其爱者，弗可敌也。'"

【注释】①觇（chān）：偷偷地察看。

②阳门：宋国城门名。介夫：身穿盔甲的守门人。

③司城：春秋时宋国设置的官职名，掌水土之事。原称司空，因宋武公讳司空，故改为司城。子罕：即乐喜，为人乐善好施，是春秋时期宋国的司城。

【译文】晋国要讨伐宋国，先派人偷偷到宋国察看虚实。宋国都城阳门有个守门的卫士死了，司城子罕哭得十分悲伤。到宋国侦察的人返回晋国，对晋侯说："宋城阳门有个守门的卫士死了，而司城子罕哭得十分伤心。百姓对他的行为都心悦诚服，大概还不能讨伐宋国。"

孔子听闻此事，说："这个到宋国侦察的人很厉害啊！《诗经》上说：'但凡百姓有难事，奔走相助不延迟。'司城子罕就具备了这一点。不只是晋国，就是全天下的国家，又有谁能与宋国抗衡呢！所以上古史官周任说过这样的话：'百姓喜欢爱护他们的人，这样的人是不可战胜的。'"

楚伐吴，工尹商阳与陈弃疾追吴师①。及之，弃疾曰："王事也，子手弓而可。"商阳手弓。弃疾曰："子射诸。"射之，毙一人，韔其弓②。又及，弃疾谓之，又毙二人。每毙一人，辄掩其目，止其御曰："吾朝不坐，燕不与③，杀三人，亦足以反命矣。"

孔子闻之曰："杀人之中，又有礼焉。"

子路怫然进曰④："人臣之节，当君大事，唯力所及，死而后已。夫子何善此？"

子曰："然，如汝言也。吾取其有不忍杀人之心而已。"

【注释】①工尹：官名。春秋时期楚国设置，掌管百工及官营手工业。陈弃疾：楚国公子。

②韔（chàng）：把弓装进弓袋。

③燕：通"宴"。

④怫然：忿怒的样子。

【译文】楚国讨伐吴国，楚国工尹商阳与公子陈弃疾追击吴军。追上后，弃疾说："这是王命差遣之事，你可以把弓拿在手里了。"商阳便把弓拿在了手里。弃疾说："你可以射箭了。"商阳便开始射箭，一箭射死了一个敌兵，就把弓装进弓袋。他们继续前行，又追上了吴军，弃疾又对商阳说了同样的话，商阳又射死了两个吴兵。每当商阳射死一人，弃疾就把双眼遮起来，后来他让驾车的人停止追赶吴军，说："我这样一个卑下之人，朝拜国君时没有座位，举行宴会时不能参加，杀死三个敌兵，也足以回去复命了。"

孔子听说此事后说："杀人之中也有礼节在啊。"

子路忿然进前对孔子说："作为人臣的节操，为国君承担大事时，要竭尽全力，死而后已。夫子您为何要称赞他呢？"

孔子说："确实如你所言。我只是称赞他有不忍杀人之心罢了。"

孔子在卫，司徒敬子卒^①，夫子吊焉。主人不哀，夫子哭不尽声而退。

蘧伯玉请曰："卫鄙俗不习丧礼，烦吾子辱相焉^②。"

孔子许之。掘中溜而浴^③，毁灶而缀足，袭于床^④。及葬，毁宗而躐行^⑤，出于大门。及墓，男子西面，妇人东面，既封而归，殷道也。孔子行之。

子游问曰："君子行礼，不求变俗，夫子变之矣。"

孔子曰："非此之谓也，丧事则从其质而已矣。"

【注释】①司徒敬子：卫国贵族。

②吾子：古时对人的尊称。辱：谦辞，屈尊。相：礼相。

③中溜：亦作"中霤"，屋子的中央。

④袭于床：在床上穿衣。

⑤毁宗：毁宗庙之墙，古代举行葬礼时的一种形式。躐（liè）行：殷代贵族的一种葬礼。谓灵柩经过行（路神）坛，如生时祈求途中安稳。

【译文】孔子在卫国时，司徒敬子去世，孔子前去吊唁。主人看起来并不哀伤，孔子还没放声大哭就退了出来。

蘧伯玉向孔子请求："卫国习俗鄙陋，不太明白丧礼的流程，烦请您屈尊担任礼相。"

孔子答应了。他派人在屋子中央挖了一个坑，把床架在坑上给尸体洗澡，让水流进坑里，又拆掉炉灶，用上面的砖支起并固定死者的双脚，在床上给死者穿上衣服。等到下葬时，把宗庙的西墙拆了一个豁口，穿越庙门西边的行坛，把灵车拉出大门。到了墓地，孔子让男子面向西，妇女面向东，一直到下葬完毕堆土成坟后才回来，这是殷朝人举办丧礼的仪式。孔子就是按照这种丧葬礼仪为司徒敬子送葬的。

子游问道："君子主持丧礼，不求改变风俗习惯，夫子您却改变了它。"

孔子说："并不是你说的那样，办理丧事只要与它的本质相应就可以了。"

宣公八年六月辛巳①，有事于太庙②，而东门襄仲卒③，壬午犹绎。子游见其故，以问孔子曰："礼与？"

孔子曰："非礼也，卿卒不绎④。"

【注释】①宣公：即鲁宣公，春秋时期鲁国第二十任君主。

②有事：此指禘祭，古代对天神、祖先的大祭。

③东门襄仲：即公子遂，鲁庄公的儿子，鲁国上卿。

④绎：王肃注："绎，祭之明日又祭也。"

【译文】鲁宣公八年六月辛巳日，鲁国在太庙举行禘祭，正赶上东门襄仲去世，第二天壬午日，又举行了一次祭祀。子游看到关于此事的记载，便问孔子："这符合礼吗？"

孔子说："不符合礼，国家的卿士去世不应该举行绎祭。"

季桓子丧，康子练而无衰①。子游问于孔子曰："既服练服，可以除衰乎？"

孔子曰："无衰衣者，不以见宾，何以除焉？"

【注释】①衰（cuī）：古代用粗麻布制成的毛边丧服。

【译文】季康子在为父亲季桓子服丧期间，练祭后就脱下了衰衣。子游向孔子请教说："穿过练服后，就可以脱下衰衣了吗？"

孔子说："不穿衰衣的人，是不能见宾客的，怎么可以脱下呢？"

郑人以同母异父之昆弟死，将为之服①，因颜克而问礼于孔子②。

子曰："继父同居者，则异父昆弟从为之服；不同居，继父且犹不服，况其子乎？"

【注释】①服：穿丧服。

②颜克：即颜高，孔子弟子。

【译文】郑国有个人因为同母异父的兄弟去世了，准备为他穿丧服，便通过颜克向孔子请教相关礼仪。

孔子说："如果是和继父住在一起，那么不同父亲的兄弟也要跟着穿丧服；如果不和继父住在一起，就算继父去世都不用穿丧服，更何况他的儿子呢？"

齐师侵鲁，公叔务人遇人入保，负杖而息①。务人泣曰："使之虽病②，任之虽重③，君子弗能谋，士弗能死，不可也。我则既言之矣，敢不勉乎！"与其邻嬖童汪锜乘，往奔敌，死焉。皆殡，鲁人欲勿殇童汪锜④，问于孔子。

子曰："能执干戈以卫社稷，可无殇乎？"

【注释】①公叔务人：鲁昭公之子。遇人入保，负杖而息：王肃注："遇，见也。见先避齐师将入保，疲倦，加杖于颈上，两手掖之休息者也。保，县邑小城也。"

②使之虽病：徭役使百姓感到痛苦。王肃注："谓时徭役。"

③任之虽重：征收的赋税十分繁重。王肃注："谓时赋税。"

④殇：未成年而死。亦指为未成年人举行的比较简单的丧礼。

【译文】齐国军队侵犯鲁国，鲁国公子公叔务人见到前面有个人进城，因为疲倦，将木杖架到脖颈上休息。公叔务人哭泣着说："虽然徭役使百姓感到痛苦，征收的赋税也十分繁重，可是君子不能为国家出谋划策，士人不能为国家尽忠效死，这样可不行啊！我已经用这话说了别人，自己又怎敢不为国家竭尽全力呢！"于是就和邻居受宠爱的少年汪锜一起乘上战车，前往战场杀敌，二人最后都牺牲在战场上。他们出殡时，鲁国人不想用未成年人的殇礼安葬汪锜，就向孔子请教。

孔子说："他都能手执干戈保卫国家了，应该可以不用殇礼来安葬了吧？"

鲁昭公夫人吴孟子卒①，不赴于诸侯。孔子既致仕②，而往吊焉。适于季氏，季氏不绖，孔子投绖而不拜。

子游问曰："礼与？"

孔子曰："主人未成服③，则吊者不绖焉，礼也。"

【注释】①鲁昭公：姬姓鲁氏，名稠，春秋时期鲁国国君。吴孟子：鲁昭公夫人的称号。春秋时期，国君夫人的称号一般是她的国名加上她的本姓。鲁昭公的夫人是吴国人，应称"吴姬"。而鲁昭公也姓姬，这就违背了"同姓不婚"的礼制，因此改称"吴孟子"。

②致仕：辞官退休。

③成服：死者入殓后，亲属各依服制穿着丧服。

【译文】鲁昭公的夫人吴孟子去世，鲁昭公未将夫人丧亡的消息通知各诸侯。此时孔子已经辞去官职，也前往吊唁。到了季氏家中，看见季康子没有系绖带，于是，孔子也摘下自己系着的绖带而没有下拜。

子游问孔子："夫子这样做合乎礼吗？"

孔子说："主人若是没有穿丧服，那么前去吊唁的人也可以不系绖带，这是符合礼的。"

公父穆伯之丧^①，敬姜昼哭^②；文伯之丧，昼夜哭。

孔子曰："季氏之妇，可谓知礼矣。爱而无私，上下有章。"

【注释】①公父穆伯：姬姓，春秋时鲁国三桓季悼子之子，公父文伯之父。

②敬姜：姜姓，名戴己，齐国莒县人。是鲁国大夫公父穆伯的妻子，公父文伯的母亲。敬姜是慈母的典范，她的《敬姜论劳逸》是当时家训中的代表作。

【译文】敬姜在为去世的丈夫公父穆伯治丧期间，只在白天哭；在为儿子公父文伯治丧期间，白天黑夜都哭。

孔子说："季氏家的这位妇人，可说是知礼了。她对丈夫和儿子的爱都是无私的，但在哀悼他们时却能做到上下有别。"

南宫绦之妻①，孔子兄之女，丧其姑。夫子诲之髽曰②："尔毋从从尔，毋扈扈尔③。盖榛以为笄④，长尺，而总八寸。"

【注释】①南宫绦：即南宫适，孔子弟子。

②髽（zhuā）：古代妇女服丧时用麻扎成的发髻。

③扈扈：广大的样子。

④笄（jī）：古代的一种簪子，用来插住挽起的头发，或插住帽子。

【译文】南宫绦的妻子，是孔子兄长的女儿，她的婆婆去世了。孔子教导她服丧时用麻扎成发髻的方法，说："你不能做得高高的，不能做得大大的。要用榛木做发簪，长一尺，发髻上系的带子要下垂八寸。"

子张有父之丧，公明仪相焉①，问稽颡于孔子②。

孔子曰："拜而后稽颡，颓乎其顺也③；稽颡而后拜，颀乎其至也④。三年之丧，吾从其至也。"

【注释】①公明仪：鲁国人，孔子弟子子张的门人。

②稽颡（sǎng）：古代一种跪拜礼，屈膝下拜，以额触地，表示极度的虔诚。

③颓：恭顺貌。

④颀：通"恳"，诚恳。

【译文】子张的父亲过世了，要办理丧事，公明仪担任礼相，他向孔子请教孝子跪拜礼的仪式。

孔子说："先拜然后再叩头，这种拜法突出了对来宾的恭敬，又很顺便；先叩头然后再拜，这种拜法突出了孝子的哀思之情，感情恳切真挚。为父亲守孝三年，最重要的是真挚之心，我认为应该遵从后一种拜法。"

孔子在卫，卫之人有送葬者，而夫子观之，曰："善哉！为丧乎，足以为法也。小子识之。"

子贡问曰："夫子何善尔也？"

曰："其往也如慕，其返也如疑。"

子贡曰："岂若速返而虞哉①？"

子曰："此情之至者也，小子识之，我未之能也。"

【注释】①虞：王肃注："返葬而祭，谓之虞也。"

【译文】孔子在卫国时，卫国有人送葬，孔子在一旁观看，说："这丧事办得真好啊！这位送葬的孝子，完全可以作为后人的榜样了。你们要好好记住他啊。"

子贡问道："老师您为何如此称赞他呢？"

孔子说："那个孝子在前往墓地送灵柩时，就像婴儿思念亲人般哭泣不已，埋葬完毕返回家时，又像是担心亲人的灵魂不能跟着一起回来而迟疑不决。"

子贡说："这难道能比得上赶快回家为虞祭做准备吗？"

孔子说："这是他情到极致的表现，你们应牢记这个榜样，我还没有达到他那个程度啊。"

卞人有母死，而孺子之泣者。孔子曰："哀则哀矣，而难继也。夫礼，为可传也，为可继也，故哭踊有节^①，而变除有期^②。"

【注释】①哭踊：丧礼仪节，边哭边顿足。

②变除：指古丧礼中变服除丧。

【译文】卞地有个人的母亲去世了，他像小孩子一样放声痛哭。孔子说："这种哭法，悲哀是足够悲哀的了，不过一般人很难像他那样做。礼，在制定的时候，是要考虑到传布于众人，是要人们都能够做得到的，所以丧礼中边哭边顿足是有一定节度的，而变服除丧也是有一定期限的。"

孟献子禫^①，悬而不乐，可御而不处内。子游问于孔子曰："若是则过礼也？"

孔子曰："献子可谓加于人一等矣。"

【注释】①禫（dàn）：古代除去孝服时举行的祭祀。

【译文】孟献子服丧期满举行了除服的禫祭后，将家中的乐器都悬挂起来而不演奏，原本可以与妻妾共寝却不住进内室。子游向孔子请教说："孟献子这样做是不是逾越了礼制呢？"

孔子说："孟献子能做到这些，可以说是超过常人一等了。"

鲁人有朝祥而暮歌者^①。子路笑之。

孔子曰："由，尔责于人终无已。夫三年之丧，亦以久矣。"子路出，孔子曰："又多乎哉，逾月则其善也。"

【注释】①朝祥：谓朝行祥祭。

【译文】鲁国有个人为父母服丧期满，早上才举行了祥祭，晚上就唱起歌来。子路讥笑此人。

孔子说："仲由，你责备人时总是没完没了。人家能服丧三年，时间也够久的了。"子路退出后，孔子又说："其实也不用再等很长时间，只要这个月过去再唱，就很好了。"

子路问于孔子曰："伤哉！贫也。生而无以供养，死则无以为礼也。"

孔子曰："啜菽饮水①，尽其欢心，斯谓之孝。敛手足形，旋葬而无椁，称其财，斯谓之礼，贫何伤乎？"

【注释】①啜菽（chuò shū）饮水：吃豆粥，喝清水。形容家贫而孝子曲尽孝心。

【译文】子路向孔子请教说："真是令人悲伤啊！都是因为家境贫寒。父母在世时无法好好供养，去世后又不能以礼安葬。"

孔子说："有豆粥可以为食，有清水可以饮用，这样虽然清苦，却能让父母心生欢喜，这就可以称得上是孝了。父母入殓时，如果衣被能遮盖住身体，不使其外露，殓毕随即安葬，哪怕仅用薄棺而没有椁材，所有花销都与自己的财力相称，这样也可称作礼了，贫穷又何妨呢！"

吴延陵季子聘于上国①，适齐。于其返也，其长子死于嬴、博之间。

孔子闻之，曰："延陵季子，吴之习于礼者也。"往而观其葬焉。其敛，以时服而已，其圹掩坎②，深不至于泉，其葬无明器之赠③。既葬，其封广轮掩坎④，其高可肘隐也。既封，则季子乃左袒，右还其封，且号者三，曰："骨肉归于土，命也。若魂气则无所不之，无所不之。"而遂行。

孔子曰："延陵季子之于礼，其合矣。"

【注释】①上国：春秋时称中原各诸侯国为上国，与吴、楚诸国相对而言。

②圹：墓穴，亦指坟墓。坎：墓坑。

③明器：古代陪葬的物品。

④广轮：土地的面积，东西为广，南北为轮。

【译文】吴国的延陵季子前往中原各诸侯国进行访问，到了齐国。在返回的路上，他的大儿子死在了嬴、博两邑之间。

孔子听闻后，说："延陵季子，是吴国懂礼之人。"于是前往观摩延陵季子是如何操办葬礼的。延陵季子装殓死者时，给他穿的只是平时所穿的衣服，开挖的墓穴正好和放棺材的墓坑相当，墓坑的深度也没有挖到有泉水的地方，入葬时没有任何陪葬品。埋葬以后，又积土为坟，坟头的宽度与长度正好将墓坑掩盖住，坟顶的高度可让常人以肘凭依。堆好坟头后，延陵季子便袒露左臂，从右侧开始绕着坟头走，并哭号了三次，说："骨肉归于泥土之中，这都是命啊！而你的神魂精气却无所不在，无所不在啊。"说完就上路了。

孔子说："延陵季子举办的葬礼，完全合乎礼啊。"

子游问丧之具。

孔子曰："称家之有亡焉。"

子游曰："有亡恶乎齐？"

孔子曰："有也，则无过礼。苟亡矣，则敛手足形，还葬悬棺而封①，人岂有非之者哉？故夫丧礼，与其哀不足而礼有余，不若礼不足而哀有余也。祭礼，与其敬不足而礼有余，不若礼不足而敬有余也。"

【注释】①还葬：立即安葬。还，同"旋"。

【译文】子游向孔子请教丧葬用具问题。

孔子说："这些应与家境贫富相称。"

子游又问："那要如何把握贫富的分寸呢？"

孔子说："即使家境富裕，也不可超过礼的规定。如果家境贫寒，只需在装殓时用衣被遮盖住身体，殓毕随即安葬，将棺材用绳子悬吊着下放到墓坑中，只要尽力而为，又怎会有人责备他失礼呢？所以举办丧事时，与其缺少悲哀之情而使用太多形式上的礼仪，不如礼仪不足却悲哀有余呢。祭祀的礼仪，与其敬意不足而礼仪有余，还不如礼仪不足而恭敬有余呢。"

伯高死于卫，赴于孔子。子曰："吾恶乎哭诸？兄弟，吾哭诸庙；父之友，吾哭诸庙门之外；师，吾哭之寝；朋友，吾哭之寝门之外；所知，吾哭之诸野。今于野则已疏，于寝则已重。夫由赐也而见我，吾哭于赐氏。"

遂命子贡为之主，曰："为尔哭也，来者汝拜之，知伯高而来者, 汝勿拜。"既哭, 使子张往吊焉。

　　未至, 冉求在卫, 摄束帛乘马而以将之。孔子闻之, 曰: "异哉! 徒使我不成礼于伯高者, 是冉求也。"

　　【译文】伯高在卫国去世, 他的家人向孔子报丧。孔子说: "我该到哪里去哭伯高呢? 如果是本家兄弟去世了, 我可以在祖庙里哭他; 如果是父亲的朋友去世了, 我可以在庙门外哭他; 如果是老师去世了, 我可以在内寝里哭他; 如果是朋友去世了, 我可以在寝室门外哭他; 如果是一般认识的人去世了, 我可以在野外哭他。现在伯高去世了, 在野外哭他会显得太疏远, 在内寝哭他又会显得礼太重。伯高是由端木赐介绍结识我的, 我就去端木赐的家里哭他吧。"

　　于是孔子命子贡代为主人, 说: "凡是因你而来哭悼的, 你就要拜谢他, 因伯高的交情前来哭悼的, 你就不用拜谢了。"孔子哭完伯高后, 派子张前往卫国吊唁。

　　子张还没到那里, 冉求当时正好在卫国, 便代孔子准备了一束帛与四匹马送了过去。孔子听到此事后, 说: "这事真是奇怪啊! 徒然使我失礼于伯高的人, 却是冉求啊。"

　　子路有姊之丧, 可以除之矣, 而弗除。

　　孔子曰: "何不除也?"

　　子路曰: "吾寡兄弟, 而弗忍也。"

　　孔子曰: "行道之人皆弗忍。先王制礼, 过之者俯而就之, 不至者企而望之。"

　　子路闻之, 遂除之。

【译文】子路为姐姐服丧，到了可以除掉丧服的日子，却没有除。

孔子问："为何不除去丧服呢？"

子路回答说："我的兄弟姐妹很少，所以不忍心到期就除去丧服啊。"

孔子说："践行仁义之道的人都不忍心。先王制定的礼仪制度，为的是让做得更好的降低标准俯就礼制，让做得还不够的努力达到礼制的标准。"

子路听了孔子的话，便除去了丧服。

伯鱼之丧母也，期而犹哭。

夫子闻之曰："谁也？"

门人曰："鲤也。"

孔子曰："嘻！其甚也，非礼也。"

伯鱼闻之，遂除之。

【译文】伯鱼为母亲服丧，过了一年还在哭。

孔子听到哭声问："是谁在哭？"

弟子们回答："是孔鲤。"

孔子说："嘻！这也太过分了，不符合礼啊。"

伯鱼听到后，便除去丧服不再哭了。

卫公使其大夫求婚于季氏，桓子问礼于孔子。

子曰："同姓为宗，有合族之义，故系之以姓而弗别，缀之以食而弗殊,虽百世,婚姻不得通,周道然也。"

桓子曰:"鲁卫之先虽寡兄弟^①,今已绝远矣。可乎?"

孔子曰:"固非礼也。夫上治祖祢^②,以尊尊之;下治子孙,以亲亲之;旁治昆弟,所以教睦也。此先王不易之教也。"

【注释】①寡兄弟:嫡出的亲兄弟。

②祖祢:先祖和先父,也泛指祖先。

【译文】卫公派大夫前往鲁国向季氏求亲,季桓子向孔子请教相关的礼制。

孔子说:"同一姓氏的人为同一宗族,有会合族人之意,因此对相同姓氏联结起来的这些人若不加分别,在相同宗庙聚餐上也不会有什么不同,这些人就算是过了百代,也不能通婚,周朝的制度就是这样规定的。"

季桓子问:"鲁、卫两国的先祖,虽是嫡出的亲兄弟,但如今他们后人的血缘关系已极其疏远了。像这种情况可以通婚吗?"

孔子说:"这肯定不合礼制啊。向上确立好先祖和先父的名分次序,是尊重正统至尊;向下确定子孙们的亲疏关系,是亲爱至亲之人;从旁理顺兄弟关系,是教导他们和睦亲近。这是先王不可改变的教化之方。"

有若问于孔子曰:"国君之于同姓,如之何?"

孔子曰:"皆有宗道焉。故虽国君之尊,犹百世不废其亲,所以崇爱也。虽于族人之亲,而不敢戚君,所以谦也。"

【译文】有若向孔子请教："国君对于同姓之人，应如何对待？"

孔子说："那些都有宗法的原则。所以即使以国君那般尊贵，过上百世也不会废除这种亲属关系，这是尊崇爱亲之情的缘故。那些疏远的族众虽然与国君有同族的亲情，却不敢以国君的亲戚自居，这是谦虚谨慎之故。"

曲礼子夏问第四十三

【题解】本篇是孔子向子夏解释为何周公辅佐成王要用世子之礼节的原因，是让成王明白君臣、父子、长幼的人伦关系，进而懂得用人、治国之道而成为一代贤君。

子夏问于孔子曰："居父母之仇如之何？"

孔子曰："寝苫枕干^①，不仕，弗与共天下也。遇于朝市，不返兵而斗^②。"

曰："请问居昆弟之仇，如之何？"

孔子曰："仕，弗与同国，衔君命而使，虽遇之，不斗。"

曰："请问从父昆弟之仇，如之何？"

曰："不为魁，主人能报之，则执兵而陪其后。"

【注释】①寝苫（shān）枕干：古时父母被人所杀，子女卧草枕盾，表示时刻不忘报仇。苫，草垫子。干，盾牌。

②不返兵：不返回去取武器。王肃注："兵常不离于身。"

【译文】子夏向孔子请教:"如何对待杀害父母的仇人?"

孔子说:"在草垫上睡觉,头枕盾牌,不入仕为官,与仇人不共戴天。若是在街市或官府中遇见仇人,马上拿出身上的兵器与他决斗。"

子夏又问:"请问如何对待杀害兄弟的仇人?"

孔子说:"可以入仕为官,但不与仇人在同一个国家,若是奉命出使他国,即便与仇人相遇,也不与他决斗。"

子夏又问:"请问如何对待杀害叔伯兄弟的仇人?"

孔子说:"自己不要先动手,死者的至亲若是能为他报仇,你就手执兵器跟随其后。"

子夏问:"三年之丧既卒哭①,金革之事无避②,礼与,初有司为之乎?"

孔子曰:"夏后氏之丧三年,既殡而致事③,殷人既葬而致事,周人既卒哭而致事。《记》曰:'君子不夺人之亲,亦不夺故也。'"

子夏曰:"金革之事无避者,非与?"

孔子曰:"吾闻老聃曰:'鲁公伯禽有为为之也④。'今以三年之丧从利者,吾弗知也。"

【注释】①卒哭:古代丧礼,百日祭后,止无时之哭,变为朝夕一哭,名为卒哭。

②金革:军械和军装。借指战争。

③殡:停放灵柩或把灵柩送到墓地去。致事:辞官。

④鲁公伯禽：姬姓，名禽，周公旦之子，受封于鲁国。在伯禽母丧期间，徐戎发生叛乱，伯禽不得已率兵平叛。

【译文】子夏问："为父母守三年之丧，百日哭祭结束后，若是遇到战事，守丧者则不能躲避兵役，这是出于礼法，还是因为当初有关官员定下的规矩呢？"

孔子说："夏朝时，要为父母服丧三年，守丧者在停灵待葬时，就辞官守丧，殷商时是在下葬后辞官守丧，周朝时是在哭祭结束后辞官守丧。《记》中讲：'君子不能剥夺他人的亲情，也不能剥夺他人对故去之人的追思。'"

子夏说："遇到战事不能躲避兵役，这是错误的吗？"

孔子说："我听老聃说过：'鲁公伯禽是因特殊情况才率兵出征的。'现在有人因私利而在三年丧期参与战事，对此我就不知是怎么回事了。"

子夏问于孔子曰："《记》云'周公相成王，教之以世子之礼'，有诸？"

孔子曰："昔者成王嗣立，幼未能莅阼①，周公摄政而治，抗世子之法于伯禽②，欲王之知父子君臣之道，所以善成王也。夫知为子者，然后可以为父；知为人臣者，然后可以为人君；知事人者，然后可以使人。是故，抗世子法伯禽，使成王知父子、君臣、长幼之义焉。凡君之于世子，亲则父也，尊则君也。有父之亲，有君之尊，然后兼天下而有之，不可不慎也。行一物而三善皆得，唯世子齿于学之谓也③。世子齿于学，则国人观之，曰：'此将君我，而与我齿让④，何也？'曰：'有父在，则礼然。'然而众知父子之道矣。其二曰：'此将君我，而与我齿让，何也？'曰：'有君在⑤，则礼然。'然而众知君臣之义矣。其三曰：'此将君我，而与我齿让，何也？'曰：'长长也，则礼然。'然而众知长幼之节矣。故父在，斯为子；君在，则为臣。居子与臣之位，所以尊君而亲亲也。在学，学之为父子焉，学之为君臣焉，学之为长幼焉。父子、君臣、长幼之道得，而后国治。语曰：'乐正司业⑥，父师司成⑦，一有元良⑧，万国以贞⑨。'世子之谓。闻之曰：'为人臣者，曰杀其身有益于君，则为之。'况于其身以善其君乎⑩？周公优为也。"

【注释】①莅阼(lì zuò)：帝王登位执政。

②抗：举。

③齿于学：指世子入学，不敢居人之前，与公卿之子依年龄大小为序，以示谦卑。

④齿让：以年岁大小相让，示长幼有序。

⑤君：此据《礼记》改。

⑥乐正：官名，周代乐官之长。司业：主管世子学业教育。

⑦父师：即大司成。世子的师傅，掌国学之教。司成：主管世子品德教育。

⑧元良：太子的代称。

⑨贞：正，定。

⑩况于其身：不必牺牲生命。

【译文】子夏向孔子请教："《记》中讲：'周公辅佐成王，教导成王世子的礼仪'，有这样的事吗？"

孔子说："昔日成王继位，因为年幼而无法理政，周公摄政治国，列举出世子需遵行的礼法，要求伯禽照做，是想让成王知晓父子君臣之道，这是为了让成王成为优秀的君王。知晓如何为人子，然后才可以为人父；知晓如何为人臣，然后才可以为人君；知晓如何侍奉人，然后才可以指使人。所以，周公列举出世子要遵行的礼法，让伯禽照做，这样就可以让成王知晓父子、君臣、长幼之义了。君王对于世子来讲，在亲情上是父亲，在地位上说却是尊贵的君王。既有父亲的亲情，又有君王的尊贵，还有治理天下的大权，不可不慎重啊。做一事而能得到三方面的利益，是说世子入学后不论尊卑，而与同学依照年龄大小排序之事。世子入学后按年龄排序，那么在国人看到了就会问："此人将成为我的君王，却与我依照年龄大小相互礼让，这是为什么呢？'有人会回答：'他的父亲健在，这是礼法所致。'这样众人就会知晓父子之道了。又会有人问："此人将成为我的君王，却与我依照年龄大小相互礼让，这是为什么呢？'有人会回答：'因为有君王在，这是礼法所致。'这样众人就会知晓君臣之义了。还会有人问："此人将成为我的君王，却与我依照年龄大小相互礼让，这是为什么呢？'有人会回答：'有比他年长的人在，这是礼法所致。'这样众人就会知晓长幼之礼了。因此父亲在，即为子；君王在，即为臣。身居人子与人臣之位，所以会尊敬君王而亲近至亲。在学校中，学的是父子之道，学的是君臣之道，学的是长幼之道。知晓了父子、君臣、长幼之道，而后国家就会长治久安。俗话说：'乐正主管世子的学业，父师负责世子的品德，培养一位贤德的太子，万国都会安定太平。'这说的就是世子啊。听闻有句话说：'为人臣者，若说牺牲生命会有益于君王，那也会去做。'更何况无需牺牲生命就可以有利于君王呢？周公在这方面做得特别好。"

子夏问于孔子曰："居君之母与妻之丧,如之何?"

孔子曰："居处言语饮食衎尔^①,于丧所,则称其服而已^②。"

"敢问伯母之丧,如之何?"

孔子曰："伯母、叔母,疏衰期而踊不绝地^③,姑、姊、妹之大功踊绝于地^④。若知此者,由文矣哉^⑤。"

【注释】①衎(kǎn)尔:和适自得的样子。

②称:适合。

③疏衰:即齐衰。丧服中"五服"之一,规格次于斩衰。

④大功:丧服中"五服"之一。用熟麻布做成,较齐衰稍细,较小功为粗。于已婚的姑、姊妹、侄女及众孙之丧时服之,为期九个月。

⑤由文:遵循礼仪。

【译文】子夏向孔子请教:"如何对待君王母亲及妻子的丧事?"

孔子说:"日常的仪容举止、言谈饮食都要保持从容,前往祭奠吊唁之时,只要穿着合适的丧服就可以了。"

子夏又问:"请问如何对待伯母的丧事?"

孔子说:"对于伯母、叔母的丧事,要身穿齐衰,为其服丧一年,但在哭踊时前脚掌不离开地面,对于姑姑、姐姐、妹妹的丧事,应当身穿大功,哭踊时脚要离开地面。若是知道了这些道理,就是遵循礼仪了。"

子夏问于夫子曰:"凡丧,小功已上^①,虞、祔、练、祥之祭皆沐浴^②。于三年之丧,子则尽其情矣。"

孔子曰:"岂徒祭而已哉?三年之丧,身有疡则浴,首有疮则沐, 病则饮酒食肉。毁瘠而病③, 君子不为也。毁则死者, 君子为之无子。且祭之沐浴, 为齐洁也, 非为饰也。”

【注释】①小功: 旧时丧服名, 五服之第四等。其服以熟麻布制成, 视大功为细, 较缌麻为粗。服期五月。凡本宗为曾祖父母、伯叔祖父母、堂伯叔祖父母, 未嫁祖姑、堂姑, 已嫁堂姊妹, 兄弟之妻, 从堂兄弟及未嫁从堂姊妹; 外亲为外祖父母、母舅、母姨等, 均服之。

②虞、祔、练、祥: 均为古代的祭祀。既葬而祭称为虞。奉新死者的木主于祖庙与祖先的木主一起祭祀称为祔。祥, 有小祥、大祥之分: 周年祭为小祥, 又称练; 两周年祭为大祥。

③毁瘠: 因居丧过哀而极度瘦弱。

【译文】子夏向孔子请教: “服丧之时, 只要穿小功以上丧服的人, 在举行虞祭、祔祭、练祭、祥祭时, 都要沐浴。为父母服三年之丧, 孝子则要尽情表达自己的哀思之情, 是这样吗?”

孔子说: “难道只有祭祀时沐浴吗? 三年之丧, 身上若有溃疡就要沐浴, 头上若有痛疮就要洗头, 若是生病则可以饮酒吃肉。倘若因为过度哀伤而极其虚弱生病, 那不是君子所为。倘若因过度哀伤而死去, 君子认为那样会没有子嗣。况且祭祀时沐浴, 是为了斋戒, 并非为了修饰外表。”

子夏问于孔子曰: “客至无所舍, 而夫子曰: ‘生于我乎馆。’客死无所殡矣, 夫子曰: ‘于我乎殡。’敢问礼与? 仁者之心与?”

孔子曰: “吾闻诸老聃曰: ‘馆人①, 使若有之, 恶有有之而不得殡乎？'夫仁者，制礼者也。故礼者，不可不省也。礼不同不异，不丰不杀，称其义以为之宜，故曰：'我战则克，祭则受福。'盖得其道矣。"

【注释】①馆人：负责管理馆舍招待宾客之人。

【译文】子夏向孔子请教："客人到来却没有地方住宿，而您说：'住我家。'客人去世没有地方停灵，您说：'在我家停灵。'请问这样做是出于礼法？还是出于仁者之心？"

孔子说："我听老聃说：'管理馆舍之人，要使客人有宾至如归的感觉，哪有客人以此为家却不能在此停灵的呢？'仁者，是制定礼法的人。所以对于礼法，仁者不可不多加省察。礼法既有不同，又有相同之处，不能随意增加，也不能随意删减，与其意旨相符就算适宜，所以说：'我若出战则能取得胜利，我若祭祀则能得到福祉。'大概就是了解其中的道理了吧。"

孔子食于季氏，食祭①。主人不辞，不食，客不饮而餐。子夏问曰："礼与？"

孔子曰："非礼也，从主人也。吾食于少施氏而饱②，少施氏食我以礼。吾食祭，作而辞曰：'疏食③，不足祭也。'吾餐而作辞曰：'疏食，不敢以伤吾子之性。'主人不以礼，客不敢尽礼；主人尽礼，则客不敢不尽礼也。"

【注释】①食祭：饮食前以少量酒食祭献先代。
②少施氏：鲁惠公施父之后。

③疏食：粗糙的饭食。

【译文】孔子在季氏家吃饭，饭前进行食祭。主人没有说祝辞，也没有进食，所以客人也没有喝酒而只是吃饭。子夏问："这样做合乎礼法吗？"

孔子说："这样做并不合乎礼法，而是遵从主人的做法而已。我在少施氏家中吃饭时，就吃得很饱，少施氏依礼为我提供饭食。在我饭前食祭时，少施氏作辞说：'饭食粗陋，不足以祭祀祖先。'在我吃饭时少施氏又作辞说：'饭食粗陋，不要伤害了您的身体。'主人不依照礼法相待，客人也不敢竭尽礼法相还；主人竭尽礼法相待，那么客人也不敢不竭尽礼法相还。"

子夏问曰："官于大夫，既升于公，而反为之服，礼与？"

孔子曰："管仲遇盗，取二人焉，上之为臣①。曰：'所以游辟者②，可人也③。'公许。管仲卒，桓公使为之服。官于大夫者为之服，自管仲始也。有君命焉。"

【注释】①上：呈报，举荐。

②游：交往，结交。辟：邪僻。

③可人：可用之人。一说为可怜之人。

【译文】子夏问："在大夫家为官，后来到朝廷任职，反过来为原来的大夫服丧，这符合礼法吗？"

孔子说："管仲遇见强盗，从中挑选二人向朝廷举荐，让他们成为齐桓公的臣子。管仲说："他们之所以成为强盗，是因为与坏人交往，他们是可用之人。'齐桓公准许了。后来管仲去世，齐桓公让他们为管仲服丧。原本在大夫家为官，而为大夫服丧的先例，是从管仲开始的。这是因为有君王的命令。"

子贡问居父母丧。

孔子曰："敬为上，哀次之，瘠为下。颜色称情，戚容称服^①。"

曰："请问居兄弟之丧？"

孔子曰："则存乎书笑矣^②。"

【注释】①戚容：忧伤的容色。

②书笑（cè）：书籍。笑，同"策"。古代用竹片或木片记事著书，成编的称为策。

【译文】子贡问为父母服丧该怎么办。

孔子说："尊敬为上，哀痛次之，因忧伤而憔悴消瘦为下。仪容与心情相称，忧伤的容色与丧服相称。"

子贡又问："请问为兄弟服丧该怎么办？"

孔子说："那些内容在书策典籍中有记载。"

子贡问于孔子曰："殷人既窆而吊于圹^①，周人反哭而吊于家^②，如之何？"

孔子曰："反哭之吊也，丧之至也。反而亡矣，失之矣，于斯为甚，故吊之。死，人卒事也。殷以悫，吾从周。殷人既练之明日，而祔于祖，周人既卒哭之明日，祔于祖。祔，祭神之始事也。周以戚^③，吾从殷。"

【注释】①窆（biǎn）：下葬，将棺木葬入墓穴。

②反哭：古代丧葬仪式之一，安葬后，丧主捧神主归而哭。

③戚：假借为"促"，疾速。

【译文】子贡向孔子请教："殷人在下葬之后就在坟墓旁吊唁慰问亲属，周人则是在下葬之后返回家哭祭时才去吊唁慰问亲属，您觉得这两种做法如何？"

孔子说："返回家哭祭时去吊唁慰问亲属，实际是在亲属的哀痛到了极点的时候。返回家中发觉亲人已经去世，在世上永远消失了，没有比这更令人悲痛难过的了，所以这时要去吊唁慰问亲属。死亡，是人这一生最后的事情。殷人的做法过于质朴耿直，我赞成周人的做法。殷人练祭结束的第二天，在祖庙举行袷祭，周人则在百日哭祭结束的第二天，在祖庙举行袷祭。袷祭，是祭神刚开始时的头等大事。周人的做法过于仓促，我赞成殷人的做法。"

子贡问曰："闻诸晏子，少连、大连善居丧①，其有异称乎？"

孔子曰："父母之丧，三日不怠，三月不解，期悲哀，三年忧。东夷之子②，达于礼者也。"

【注释】①少连、大连：均为人名。

②东夷：古代对我国中原以东各族的统称。

【译文】子贡问孔子："我听晏子说，少连、大连在服丧时礼节十分周到，他们有什么特别之处吗？"

孔子说："父母之丧，三天之内不可怠慢，三月之内不可松懈，一年之内悲哀不已，三年之内忧伤不断。他们虽然是东夷的后代，但也是精通礼仪的人。"

子游问曰："诸侯之世子丧慈母^①，如母，礼与？"

孔子曰："非礼也。古者男子，外有傅父^②，内有慈母，君命所使教子者也，何服之有？昔鲁孝公少丧其母，其慈母良，及其死也，公弗忍，欲丧之。有司曰：'礼，国君慈母无服。今也君为之服，是逆古之礼而乱国法也。若终行之，则有司将书之，以示后世，无乃不可乎？'公曰：'古者天子丧慈母，练冠以燕居^③。'遂练冠以丧慈母。丧慈母如母，始则鲁孝公之为也。"

【注释】①慈母：古称抚育自己成人的庶母。

②傅父：古代保育、辅导贵族子女的老年男子。

③练冠：古代亲丧一周年祭礼时所戴，由厚缯或粗布所制。燕居：闲居。

【译文】子游向孔子请教："诸侯世子的慈母去世，像生母一样为其服丧，这是礼法所规定的吗？"

孔子说："这并不是礼法所规定的。古代诸侯的世子，外有傅父，内有慈母，他们是承君命来教养君王子嗣的，为什么要为他们服丧呢？从前鲁孝公年少丧母，鲁孝公的慈母良善，等到慈母去世，鲁孝公不忍心，想为她服丧。有关官员上奏说：'依礼，国君的慈母去世不需要为其服丧。如今君王要为慈母服丧，这是违背古礼而扰乱国法的行为。若君王坚持要这么做，那么就应当由有关官员将此事记录下来，传于后世，这样做恐怕不好吧？'鲁孝公说：'古代天子的慈母去世，要在闲居时头戴练冠。'此后便头戴练冠来为慈母服丧。如同为生母一般为慈母服丧，就是从鲁孝公开始的。"

孔子适卫，遇旧馆人之丧，入而哭之哀。出，使子贡脱骖以赠之。

子贡曰："于所识之丧，不能有所赠。赠于旧馆，不已多乎？"

孔子曰："吾向入哭之，遇一哀而出涕。吾恶夫涕而无以将之，小子行焉①。"

【注释】①小子：长辈对晚辈的称呼。

【译文】孔子出使卫国，遇到以前馆舍主人的丧礼，便前往吊唁且哭声甚哀。出来后，让子贡解下驾车的马送给丧主。

子贡问："对于虽然认识但关系一般的人的丧礼，不需要赠送什么物品。如今将马赠给以前馆舍的主人，这礼不会太重了吗？"

孔子说："我刚才进去哭丧，心情哀痛而流下了眼泪。我不喜欢那种仅仅流泪哭泣却没有什么实际行动的做法，你照做就行了。"

子路问于孔子曰："鲁大夫练而床①，礼与？"

孔子曰："吾不知也。"

子路出，谓子贡曰："吾以为夫子无所不知，夫子亦徒有所不知也。"

子贡曰："子所问何哉？"

子路曰："由问鲁大夫练而床礼邪？夫子曰：'吾不知

也。'"

子贡曰②："止，吾将为子问之。"遂趋而进，曰："练而床，礼与？"

孔子曰："非礼也。"

子贡出，谓子路曰："子谓夫子而弗知之乎？夫子徒无所不知也，子问非也。礼，居是邦则不非其大夫。"

【注释】①练而床：练祭之后睡在床上。《礼记·间传》记载："父母之丧，期而小祥，居恶室，寝有席；又期而大祥，居复寝；中月而禫，禫而床。"禫是指古代除去孝服时举行的祭祀。意思是在禫祭之后可以睡在床上。

②"由问"至"子贡曰"二十字：原文脱，据《荀子·子道》补。

【译文】子路向孔子请教："鲁国大夫在练祭之后就睡在床上，这样做合乎礼法吗？"

孔子说："我不知道。"

子路出来后，对子贡说："我以为夫子无所不知，原来夫子也有不知道的事情啊。"

子贡说："你向夫子请教的是什么问题？"

子路说："我向夫子请教鲁国大夫在练祭之后就睡在床上，是否符合礼法？夫子说：'我不知道。'"

子贡说："等一下，我替你去向夫子请教。"于是子贡快步进入，问孔子说："练祭之后睡在床上，是否符合礼法？"

孔子说："这样做不符合礼法。"

子贡出来后，对子路说："你此前不是说夫子有的事情也不知道吗? 夫子无所不知, 是你问的话不对。依照礼法, 生活在这个国家就不要非议国中的大夫。"

叔孙武叔之母死, 既小敛①, 举尸者出户。武叔从之, 出户乃袒, 投其冠而括发②。子路叹之。

孔子曰: "是礼也。"

子路问曰: "将小敛则变服, 今乃出户, 而夫子以为知礼, 何也? "

孔子曰: "汝问非也。君子不举人以质事。"

【注释】①小敛: 古代丧礼之一, 给死者沐浴, 穿衣、覆衾等。

②括发: 束发, 表示服丧。

【译文】叔孙武叔的母亲去世, 小敛之后, 众人抬着尸体出了门。叔孙武叔跟随在后, 出了门才脱去左袖, 摘掉帽子, 将头发束起。子路看到后发出感叹。

孔子说: "这样做符合礼法。"

子路向孔子请教: "将要小敛时就应脱去左袖, 束起头发, 如今叔孙武叔出门后才这样做, 而夫子却认为符合礼法, 这是为什么呢? "

孔子说: "你问的话不对。君子是不会以具体的人来举例验证事物对错的。"

齐晏桓子卒①, 平仲粗衰斩, 苴绖、带、杖②, 以菅屦③, 食粥, 居傍庐④, 寝苫枕草。其老曰⑤: "非大夫丧父之礼也。"

晏子曰："唯卿大夫。"

曾子以问孔子。

孔子曰："晏平仲可谓能远害矣。不以己之是驳人之非，逊辞以避咎，义也夫。"

【注释】①晏桓子：即晏弱，春秋时齐国大夫，晏婴之父。

②苴（jū）绖：丧服中麻布制的无顶冠与腰带。带：系于腰间的麻带。杖：居丧时所执的丧棒。

③菅屦（jiān jù）：古代服丧时所穿的草鞋，用菅草所制。

④庐：古人为守丧而构筑在墓旁的小屋。

⑤老：此指晏家管理事务的家臣。

【译文】齐国的晏桓子去世，晏平仲身穿斩衰丧服，头戴麻布制的无顶冠、腰间系着麻布腰带、手执丧棒，穿着草鞋，吃着粥羹，住在坟墓旁的庐舍中，睡在草席上，以草为枕。他的家臣说："这不是大夫丧父的礼仪。"

晏子说："只有卿才能被称为大夫。"

曾子向孔子请教此事。

孔子说："晏平仲可谓是懂得远离祸患的道理了。不以自己正确的观点来驳斥他人错误的观点，言辞谦逊以躲避灾祸，这样做与道义相符。"

季平子卒，将以君之玙璠敛①，赠以珠玉。

孔子初为中都宰，闻之，历级而救焉②，曰："送而以宝玉，是犹曝尸于中原也。其示民以奸利之端，而有害于死者，安用之？

且孝子不顺情以危亲,忠臣不兆奸以陷君③。"

乃止。

【注释】①玙璠(yú fán):美玉。

②历级:即历阶。王肃注:"历级,遽登阶不聚足。"救:禁止,阻止。

③兆奸:对奸邪之端不加制止,任其成长。

【译文】季平子去世,要用君王用的美玉装殓,并用许多珠宝玉石随葬。

孔子当时刚任中都宰,听闻此事,快速沿阶而上进行阻止,说:"以宝玉来陪葬,犹如曝尸荒野。这种做法会引发百姓非法牟利,而对于死者也是不利的,为什么还要这样做呢?况且孝子不会为了顺从自己的愿望而伤害至亲,忠臣不会助长奸邪的事情来陷害君王。"

于是便没有那样做。

孔子之弟子琴张与宗鲁友①。卫齐豹见宗鲁于公子孟絷②,孟絷以为参乘焉。及齐豹将杀孟絷,告宗鲁,使行。宗鲁曰:"吾由子而事之,今闻难而逃,是僭子也。子行事乎,吾将死以事周子③,而归死于公孟可也。"

齐氏用戈击公孟,宗鲁以背蔽之,断肱,中公孟,宗鲁皆死。

琴张闻宗鲁死,将往吊之。

孔子曰:"齐豹之盗,孟絷之贼也,汝何吊焉?君不食奸,不受乱,不为利病于回④,不以回事人,不盖非义,不犯非礼。汝何吊焉?"

琴张乃止。

【注释】①琴张：即琴牢，字子开，一字子张。

②齐豹：卫国司寇。

③周：密，保密。

④回：奸邪，邪僻。

【译文】孔子的弟子琴张与宗鲁是好友。卫国的齐豹将宗鲁举荐给公子孟絷，孟絷让宗鲁担任参乘。等齐豹打算杀孟絷时，便将此事告诉了宗鲁，让宗鲁逃走。宗鲁说："我因为你的举荐而侍奉公子孟絷，如今听闻他要遭难就逃走，这有违你对我的举荐。你尽管做你的事，我到死都会为你保密，而我也会以死侍奉公子孟絷的。"

齐氏用戈攻击孟絷，宗鲁以背保护孟絷，被砍断了胳膊，齐氏击中了孟絷，宗鲁和孟絷都死了。

琴张听闻宗鲁已死，就要前往吊唁。

孔子说："宗鲁使齐豹变成盗匪，使孟絷遭受杀害，你为何还要前往吊唁？君子不会享受奸邪之利，不会身处动乱之中，不会因为利益而行事邪僻，不会以邪僻的行径来侍奉他人，不会掩盖不义之举，不会做出不合礼法之事。你为何还要前往吊唁？"

琴张听了孔子的话便打消了这个念头。

郕人子蒲卒①，哭之呼灭②。子游曰："若哭，其野哉③! 孔子恶野哭者。"

哭者闻之，遂改之。

【注释】①郕（chéng）：地名，位于今山东省宁阳县东北。

②哭之呼灭：一说是指子蒲名叫灭，其父哭泣呼喊着儿子的名字灭；另一说是指哭喊自身孤苦穷困，将要灭亡。

③野：不合礼制。

【译文】郕人子蒲去世，他的父亲呼天抢地的哭，呼唤着他的名字"灭"。子游说："你这样哭丧，实在是不合礼制！孔子对不合礼制的哭丧很厌恶。"

哭丧的人听到这些话，便将自己失礼的行为改了过来。

公父文伯卒，其妻妾皆行哭失声。敬姜戒之曰："吾闻好外者①，士死之；好内者②，女死之。今吾子早夭，吾恶其以好内闻也。二三妇人之欲供先祀者，请无瘠色③，无挥涕，无拊膺④，无哀容，无加服，有降服⑤。从礼而静，是昭吾子也。"

孔子闻之，曰："女智无若妇，男智莫若夫。公父氏之妇智矣！剖情损礼，欲以明其子为令德也。"

【注释】①好外：喜好结交朋友。

②好内：贪恋妻妾姬侍。

③瘠色：损其容貌。

④拊膺（fǔ yīng）：拍胸，表示悲痛。

⑤降服：丧服降低一等。

【译文】公父文伯去世，他的妻妾都失声痛哭。敬姜告诫她们说："我听闻喜好结交朋友的人，那些士人会为其而死；喜好女色的人，那些女子会为其而死。如今我的儿子早逝，我讨厌他以喜好女色而闻名。你们几位妇人若是想在此继续奉祀祖先，那就不要把自己弄得面容枯槁，不要痛哭流涕，不要捶胸顿足，不要显现出哀痛的神色，丧服的等级不要增加，还可以降低一等。你们遵从礼法而行事平静，这样方能彰显我儿子的品德。"

孔子听闻此事，说："年少的女子不如年纪大的妇人有智慧，年少的男子不如年纪大的男子有智慧。公父氏家的这位妇人确实有智慧啊！剖析情理，减少礼仪，是想以此来彰显她儿子的美德啊。"

子路与子羔仕于卫，卫有蒯聩之难。孔子在鲁闻之，曰："柴也其来，由也死矣！"

既而卫使至，曰："子路死焉。"

夫子哭之于中庭。有人吊者，而夫子拜之。已哭，进使者而问故。使者曰："醢之矣①。"遂令左右皆覆醢，曰："吾何忍食此！"

【注释】①醢：古代酷刑，把人杀死后剁成肉酱。

【译文】子路和子羔在卫国为官，卫国发生蒯聩之难。孔子在鲁国听闻卫国的内乱，说："高柴会回来，仲由会在这次内乱中死去！"

不久卫国使者到来，说："子路在这次内乱中死了。"

孔子在厅堂中痛哭。有人前来吊唁，孔子回拜。哭泣之后，孔子让使者进来询问事情的经过。使者说："子路已经被剁成肉酱了。"于是孔子命令随从将肉酱全部倒掉，说："我怎么忍心吃这个呢！"

季桓子死，鲁大夫朝服而吊。子游问于孔子曰："礼乎？"夫子不答。他日,又问。

夫子曰:"始死则已,羔裘玄冠者①,易之而已,汝何疑焉?"

【注释】①羔裘:用紫羔制的皮衣。古代是诸侯、卿、大夫的朝服。玄冠:黑色的冠,古代的朝服冠名。

【译文】季桓子去世,鲁国大夫身穿朝服前去吊唁。子游问孔子说:"这样做符合礼法吗?"孔子没有回答。过了几天,子游又问。

孔子说:"人刚去世时,前去吊唁的人身着朝服也就罢了,之后去吊唁的人,身上的羊皮衣、头戴的玄冠,要换成深衣、素冠,对此你有什么疑虑吗?"

子罕问于孔子曰:"始死之设重也①,何为?"

孔子曰:"重,主道也②。殷主缀重焉,周人彻重焉③。"

"请问丧朝④?"

子曰:"丧之朝也,顺死者之孝心,故至于祖考庙而后行。殷朝而后殡于祖,周朝而后遂葬。"

【注释】①重:古代丧礼在逝者刚去世时设置的代替神主、木主之物。

②主道:古代在丧礼中为死者立神主的道理。主,神主,为死者立的牌位。

③彻重:撤去丧礼中暂代神主之物。

④丧朝:王肃注:"丧将葬,朝于庙而后行焉。"

【译文】子罕向孔子请教："人刚去世时就要设置重，这是为什么？"

孔子说："重，与神主的作用是一样的。殷人在有了神主后，还会把神主与重连在一起，周人在有了神主之后，会撤去重。"

子罕又问："请问要下葬时，先要祭拜祖庙，这是为什么？"

孔子说："下葬时祭拜祖庙，这是为了顺从死者的孝心，所以前往祖庙祭拜祖先后才下葬。殷人在祭拜之后要在祖庙中停灵，周人在祭拜之后就下葬。"

孔子之守狗死①，谓子贡曰："路马死②，则藏之以帷，狗则藏之以盖，汝往埋之。吾闻，弊帏不弃，为埋马也；弊盖不弃，为埋狗也。今吾贫无盖，于其封也与之席，无使其首陷于土焉。"

【注释】①守狗：看家狗。

②路马：平常所骑的马。王肃注："路马，常所乘马。"

【译文】孔子的看家狗死了，孔子对子贡说："骑的马死了，要用帷布裹好之后再埋葬，狗要用车盖盖好之后再埋葬，你去把它埋了吧。我听说，破旧的帷布不丢弃，是为了葬马；破旧的车盖不丢弃，是为了葬狗。但我现在一贫如洗，没有车盖，就用席子把狗裹好再埋吧，不要把它的头直接埋在土里。"

曲礼公西赤问第四十四

【题解】本篇主要论述了孔子对丧葬、祭祀礼仪的见解，以及具体的处理方式。

公西赤问于孔子曰："大夫以罪免，卒，其葬也，如之何？"

孔子曰："大夫废其事，终身不仕，死则葬之以士礼；老而致事者①，死则从其列。"

【注释】①致事：《四部丛刊》本《家语》作"致仕"。

【译文】公西赤向孔子请教道："大夫因罪被罢免，去世后，他的葬礼该依哪种礼制操办？"

孔子说："大夫被废黜，终身不再入仕，死后依士礼下葬；年迈辞官者，死后依他致仕前的职位操办葬礼。"

公仪仲子嫡子死①，而立其弟②。檀弓谓子服伯子曰③："何居？我未之前闻也。"

子服伯子曰:"仲子亦犹行古人之道。昔者文王舍伯邑考而立武王④;微子舍其孙腯立其弟衍。"

子游以问诸孔子,子曰:"否,周制立孙。"

【注释】①公仪仲子:春秋时期鲁国贵族。

②而立其弟:此指公仪仲子的庶子。

③檀弓:又称檀公,战国时鲁国人。

④伯邑考:姬姓,名考,周文王姬昌的嫡长子。

【译文】公仪仲子的嫡子去世,选立庶子承袭爵位。檀弓对子服伯子说:"这有何道理? 对此我可是前所未闻啊。"

子服伯子说:"仲子此行是遵循古人之道。昔日文王舍弃嫡长子伯邑考而选立武王;微子舍弃嫡孙腯选立嫡子的弟弟衍承袭爵位。"

子游向孔子请教此事。孔子说:"这不符合礼法,依周朝的礼制应选立嫡孙。"

孔子之母既丧,将合葬焉。曰:"古者不祔葬①,为不忍先死者之复见也。《诗》云:'死则同穴②。'自周公已来祔葬矣。故卫人之祔也,离之,有以间焉。鲁人之祔也,合之,美夫,吾从鲁。"遂合葬于防。

曰:"吾闻之,古者墓而不坟。今丘也,东西南北之人,不可以弗识也。吾见封之若堂者矣,又见若坊者矣,又见若覆夏屋者矣,又见若斧形者矣。吾从斧者焉。"于是封之,崇四尺。

孔子先反虞③,门人后。雨甚,至墓崩,修之而归。孔子问焉,曰:"尔来何迟?"对曰:"防墓崩。"孔子不应。三云,孔子泫然而流涕,曰:"吾闻之,古不修墓。"及二十五月而大祥,五日而弹琴不成声,十日过禫而成笙歌。

【注释】①祔(fù):合葬。

②死则同穴:语出《诗经·王风·大车》。死后夫妻合葬。

③反虞:古代送葬返回时举行虞祭。

【译文】孔子的母亲去世,将与他的父亲合葬。孔子说:"古代先民不曾合葬,是因不忍再见先去世的亲人。《诗经》中说:'死则同穴。'自周公以来合葬才开始兴起。卫国人的合葬,是各自有独立的墓穴,其中有间隔。鲁国人的合葬,是在同一墓穴中,这种方式很好,我选择鲁国合葬的方式。"于是依此将父母合葬在防山。

孔子说:"我听闻,古代先民造墓穴但不立坟。现今我孔丘是个四处奔走、居无定所之人,不可不标识墓穴的位置。我见过将坟头筑成四方形像堂屋形状的,也见过狭长像堤防形状的,也见过覆盖在墓上像大殿屋顶形状的,还见过像斧子形状的。我选择斧状坟头。"于是在墓穴上筑了斧状坟头,高四尺。

孔子送葬后先行返回举行虞祭,门人随后。当时下起了倾盆大雨,以致墓穴崩塌,门人修葺后返回。孔子问门人,说:"为何这么迟才回来?"门人回答:"防地的墓穴崩塌。"孔子无言。门人重复再三,孔子不禁泫然泪下,说:"我听闻,古时不修筑坟头。"孔子在母亲去世二十五个月后举行大祥祭,大祥祭后五日孔子弹曲还不成调,十日后除去孝服举行禫祭后方能吹笙成曲。

孔子有母之丧，既练，阳虎吊焉，私于孔子曰："今季氏将大飨境内之士，子闻诸？"

孔子答曰："丘弗闻也。若闻之，虽在衰绖，亦欲与往。"

阳虎曰："子谓不然乎？季氏飨士，不及子也。"

阳虎出，曾参问曰："语之何谓也？"

孔子曰："已则衰服，犹应其言，示所以不非也。"

【译文】孔子母亲去世后，练祭结束，阳虎前来吊唁，私下对孔子说："今日季氏将大宴境内名士，您可知道此事？"

孔子答："我不曾听闻。若我知晓，即便在服丧期内，也会前往参加。"

阳虎说："您认为没有此事对吧？应是季氏宴请名士，没有请您吧。"

阳虎离去，曾参问道："您所言何意？"

孔子说："我在服丧期内，仍给了他回应，以示我不责怪他的无礼。"

颜回死，鲁定公吊焉，使人访于孔子。

孔子对曰："凡在封内，皆臣子也。礼，君吊其臣，升自东阶，向尸而哭，其恩赐之施，不有笇也①。"

【注释】①笇（suàn）：古同"算"。

【译文】颜回去世，鲁定公前来吊唁，派人向孔子请教相关礼仪。

孔子答道："凡身在鲁国之人，皆是您的臣子。依礼，君王吊唁臣子，需登上东阶，面向逝者哀哭，这样的悼念，对逝者的恩赐真是不可估量。"

原思言于曾子曰^①："夏后氏之送葬也，用明器，示民无知也；殷人用祭器，示民有知也；周人兼而用之，示民疑也。"

曾子曰："其不然矣。夫以明器，鬼器也；祭器，人器也。古之人胡为而死其亲也？"

子游问于孔子。

曰："之死而致死乎，不仁，不可为也；之死而致生乎，不智，不可为也。凡为明器者，知丧道也。备物而不可用也，是故竹不成用，而瓦不成膝，琴瑟张而不平^②，笙竽备而不和，有钟磬而无簨虡^③。其曰明器，神明之也。哀哉！死者而用生者之器，不殆而用殉也！"

【注释】①原思：即原宪。

②平：协调。

③簨虡（sǔn jù）：古代悬挂钟磬鼓的木架，横杆叫簨，直柱叫虡。

【译文】原思对曾子说："夏后氏送葬，选用明器，以此告知百姓人死后无知；殷人选用祭器，以此告知百姓人死后有知；周人二者兼用，以此告知百姓他们对人死后是否有知觉一事存疑。"

曾子说："不是这样的。明器，是鬼器；祭器，是人器。古代先人如何能知道逝者有没有知觉呢？"

子游就此请教孔子。

孔子说："送葬后认为逝者无知无觉，有违仁义，不可如此；送葬后认为逝者仍有知觉，有违理智，不可如此。以明器送葬，是通晓丧礼之道啊。随葬的器物虽然准备齐全却不能实际使用，竹器尚未编制完成而不能使用，瓦器尚未烤制而不能使用，琴瑟有弦但音调不准，笙竽只有外形但不能吹奏，有钟磬但无簨虡。此为明器，是将逝者当神明来供奉。悲哀啊！逝者如果用生者的器物陪葬，这不等于让生者来殉葬了吗？"

子游问于孔子曰："葬者涂车刍灵①，自古有之。然今人或有偶②，是无益于丧。"

孔子曰："为刍灵者，善矣；为偶者，不仁。不殆于用人乎？"

【注释】①涂车：泥车，古代送葬用的明器。刍灵：用茅草扎成的人马，为古人送葬之物。

②偶：用木头或泥土等制成的人形。

【译文】子游向孔子请教道："用涂车刍灵来陪葬，自古便有。但今人有用人偶陪葬的，此举于丧葬无益。"

孔子说："用刍灵陪葬的人，是良善之人；用人偶陪葬的人，是不仁之人。此举与用人陪葬有何区别？"

颜渊之丧既祥，颜路馈祥肉于孔子。孔子自出而受之。入，弹琴以散情，而后乃食之。

【译文】颜渊去世祥祭结束后，颜路将祭肉赠给孔子。孔子亲自出门收下。进门后，先抚琴抒发哀思，之后才开始食用。

孔子尝，奉荐而进其亲也悫，其行也趋趋以数。已祭，子贡问曰："夫子之言祭也，济济漆漆焉①。今夫子之祭，无济济漆漆，何也？"

孔子曰："济济漆漆者，容也远也。漆漆者，以自反。容以远，若容以自反，夫何神明之及交？必如此，则何济济漆漆之有？反馈乐成②，进则燕俎③，序其礼乐，备其百官。于是君子致其济济漆漆焉。夫言岂一端而已哉？亦各有所当。"

【注释】①济济漆漆：庄敬貌。济，通"齐"。

②反馈乐成：指天子诸侯举行大祭时，先进献血、腥祭品，然后向尸主献酒，再返回举行馈食之礼，合乐成毕。

③燕俎：宴饮，亦指宴席。燕，通"宴"。

【译文】孔子主持秋祭，手捧祭品恭敬地献给亲人，行走时步伐匆匆。秋祭结束后，子贡问道："夫子之前说到祭祀时，都是庄严肃穆的。今日夫子主持秋祭，却并无庄严肃穆之貌，这是为何？"

孔子说："庄严肃穆，是疏远之态。所谓"漆漆"，有自矜之意。以疏远之态，加上骄矜自持，又能与哪位神明沟通呢？如此，又何须庄严肃穆？反馈之礼完成，乐声响起，进献宴席用的俎豆，依序准备礼乐，安排各司官员。此时君子的姿态自然是庄严肃穆的。这怎能一概而论呢？不同场合理当有所不同。"

　　子路为季氏宰。季氏祭，逮昏而奠，终日不足，继以烛。虽有强力之容，肃敬之心，皆倦怠矣。有司跛倚以临事，其为不敬也大矣。

　　他日祭，子路与焉，室事交于户^①，堂事当于阶^②，质明而始行事^③，晏朝而彻^④。

　　孔子闻之，曰："以此观之，孰为由也而不知礼！"

　　【注释】①室事：谓在室内举行的祭祀。

　　②堂事：谓于正厅祭祀祖先之事。

　　③质明：天刚亮的时候。

　　④晏朝：黄昏。

　　【译文】子路任季氏宰。从前季氏举行祭祀，一直延续至黄昏，耗费了整个白天也没结束，晚间又点上灯继续。即便是体力强健，心怀敬慕之人，也疲惫不堪。专职祭祀之人歪着身体倚着外物继续祭祀，实在是大不敬。

　　又一日祭祀时，子路正好在场，当时是在室内举行祭祀，祭品由室外传到室内，在堂上招待尸时，所需物品在正厅西阶交接，天刚亮时开始，一直到黄昏时才结束。

　　孔子听闻此事，说道："由此看来，谁能说仲由不知礼呢！"

　　卫庄公之反国，改旧制，变宗庙，易朝市^①。高子皋问于孔子曰："周礼绎祭于祊^②，祊在庙门之西，前朝而后市。今卫君欲其事事一更之，如之何？"

　　孔子曰："绎之于库门内，祊之于东市^③，朝于西方，失之矣。"

【注释】①朝市：天子、诸侯的都城内，王宫的北面有三市，中间称为大市，东边称为朝市，西边称为夕市。

②绎（yì）祭：古代祭祀的一种仪式，正祭之次日续祭称"绎祭"。祊（bēng）：古代在宗庙门内举行的祭祀，亦指在宗庙门内设祭的场所。

③东市：《礼记·郊特牲》作"东方"。

【译文】卫庄公返回卫国，变革旧制，更改宗庙，改变朝市的位置。高子皋向孔子请教道："按照周礼，绎祭在祊举行，祊在庙门西侧，前面是朝市后面是大市。现今卫庄公事事都要变更，您觉得如何？"

孔子说："绎祭在库门之内举行，将祊设在庙门东边，朝市设在西方，这样做是错误的。"

季桓子将祭，齐三日，而二日钟鼓之音不绝。冉有问于孔子。

子曰："孝子之祭也，散斋七日①，慎思其事，三日致斋而一用之。犹恐其不敬也，而二日伐鼓，何居焉？"

【注释】①散斋：古礼于祭祀父母前七日不御、不乐、不吊。

【译文】季桓子即将举行祭祀，斋戒三日，其间却有两日钟鼓之声不断。冉有就此请教孔子。

孔子说："孝子的祭祀，散斋七日，谨慎考虑一应事宜，三日斋戒用心专一。即使这样仍担心不够敬重，而季恒子却有两日敲鼓奏乐，意欲何为呢？"

公父文伯之母，季康子之从祖母。康子往焉，侧门而与之言，内皆不逾阈。文伯祭其祖悼子，康子与焉，进俎而不受①，彻俎而不与燕，宗老不具则不绎，绎不尽饫则退②。

孔子闻之，曰："男女之别，礼之大经。公父氏之妇，动中德，趋度于礼矣。"

【注释】①进俎：进献盛放着牛羊等肉食的礼器。

②饫（yù）：古代家庭私宴的名称。

【译文】公父文伯的母亲，是季康子的从祖母。季康子前去探望从祖母，二人在门侧交谈，从祖母的身体未曾越过门槛。公父文伯祭祀先祖悼子，季康子在场，他进献祭品时从祖母没有接受，直到祭品撤去从祖母也没有参加宴会，同族尊长没有到齐不举行绎祭，绎祭时，不等饫礼结束便提前离席。

孔子听闻此事，说："男女有别，是礼法的关键。公父家的这位妇人，行止有德，符合礼法。"

季康子朝，服以缟①。曾子问于孔子曰："礼乎？"

孔子曰："诸侯皮弁以告朔②，然后服之以视朝。若此，礼者也。"

【注释】①缟：未经染色的绢。此指以白绢制成的衣服。

②告朔：周制，天子于每年季冬把第二年的历书颁发给诸侯。

【译文】季康子上朝，身着白衣。曾子向孔子请教道："这符合礼法吗？"

孔子说："诸侯头戴皮弁参与告朔，然后身着朝服上朝听政。如此，才符合礼法。"

谦德国学文库丛书

（已出书目）